James Cook

Tagebuch einer Entdeckungsreise nach der Südsee in den Jahren 1776 bis 1780

weitsuechtig

James Cook

Tagebuch einer Entdeckungsreise nach der Südsee in den Jahren 1776 bis 1780

ISBN/EAN: 9783943850062

Auflage: 1

Erscheinungsjahr: 2013

Erscheinungsort: Bremen, Deutschland

@ weitsuechtig in Access Verlag GmbH, Fahrenheitstr. 1, 28359 Bremen. Alle Rechte beim Verlag und bei den jeweiligen Lizenzgebern.

weitsuechtig

Ein Anführer von Unalaschka

Tagebuch
einer
Entdekkungs Reise
nach der
Südsee
in den Jahren 1776 bis 1780.
unter Anführung der Capitains
Cook, Clerke, Gore und King.

Mit einer neuen verbesserten Karte
und Kupfer
nach der originellen Handschrift getreulich beschrieben.

Eine Uebersetzung nebst Anmerkungen
von
Johan Reinhold Forster
der Rechte, Medizin, und Weltweisheit Doktor,
Professor der Naturgeschichte zu Halle.

Mitglied der Rußisch Kaiserl. Akademie zu Petersburg, der Societäten der Wissenschaften, der Antiquarier, und zu Beförderung der Künste, des Handels und der Gewerbe zu London, wie auch der Akademie der Medizin und Wissenschaften zu Madrid, der Societäten der Wissenschaften zu Göttingen, Kopenhagen, und Upsala, der Akademie der Wissenschaften zu Stockholm und Neapel, der Naturforschenden Gesellschaften zu Danzig und Berlin, der Societät der Antiquarier zu Kassel, der Societät der Wissenschaften und schönen Künste zu Gothenburg, und der Gesellschaft des Akkerbaues und der Künste zu Kassel, wie auch correspondirendes Mitglied der Akademie der Wissenschaften und der schönen Wissenschaften und Inschriften zu Paris.

Berlin,
bey Haude und Spener. 1781.

Dem
Durchlauchtigsten Fürsten
und Herrn
Herrn
Friedrich August
Herzog zu Sachsen,
Jülich, Cleve, Berg, Engern und Westphalen,
des H. Röm. Reichs Erzmarschaln und Kur=
fürsten, Landgrafen in Thüringen, Markgrafen
zu Meissen, auch der Ober= und Nieder=Lausitz,
Burggrafen zu Magdeburg, Gefürsteten Grafen
zu Henneberg, Grafen zu der Mark, Ravensberg,
Barby, und Hanau, Herrn zu Ravenstein
ꝛc. ꝛc. ꝛc.

Meinem Gnädigsten Herrn.

Durchlauchtigster
Kurfürst
Gnädigster Herr.

Ew. Kurfürstl. Durchlaucht nehme die Freiheit die Uebersetzung der Nachrichten von einer Reise zu Füßen zu legen, welche ursprünglich bestimmt war,
die

die unbekannten Theile der Welt mit den mehr Bekannten durch Aufsuchung einer näheren Durchfahrt in eine genauere Verbindung zu setzen, und dadurch Licht der Erkentnis, Tugend und Wohlthätigkeit, samt den Gewerben und Künsten unseres Europa mit der Zeit dahin zu verbreiten. Ew. Kurfürstl. Durchlaucht große ausgebreitete Kenntniße in diesem Zweige der Wissenschaften, Dero weltbekannte erhabenen Wünsche und Bestreben Tugend und Rechtschaffenheit überall blühen zu sehen und besonders die Spuren Dero fürstlichen Gnade und Wohlthätigkeit auch über die

Gränzen

Gränzen Dero glükklichen Staaten auszubreiten; und Künste, Handlung, alle bürgerliche Gewerbe nebst den Wissenschaften unter Dero fürstlichem Einfluße in Aufnahme zu bringen, sind Vorzüge die Ew. Kurfürstl. Durchlaucht mit Recht den Nahmen eines der Besten Fürsten unseres deutschen Vaterlandes bei Ausländern; und bei Dero Unterthanen den Nahmen eines Vaters des Vaterlandes erworben haben.

Erlauben Ew. Kurfürstl. Durchlaucht nachdem ich so kürzlich noch einen Beweis von Dero hohen Gnade und
Milde

Milde empfangen, daß ich mit der tief=
sten Ehrerbietung und Dankbarkeit mich
zu nennen die Ehre habe

Ew. Kurfürstl. Durchlaucht
Meines Gnädigsten Herren

unterthänigst gehorsamster
Johann Reinhold Forster.

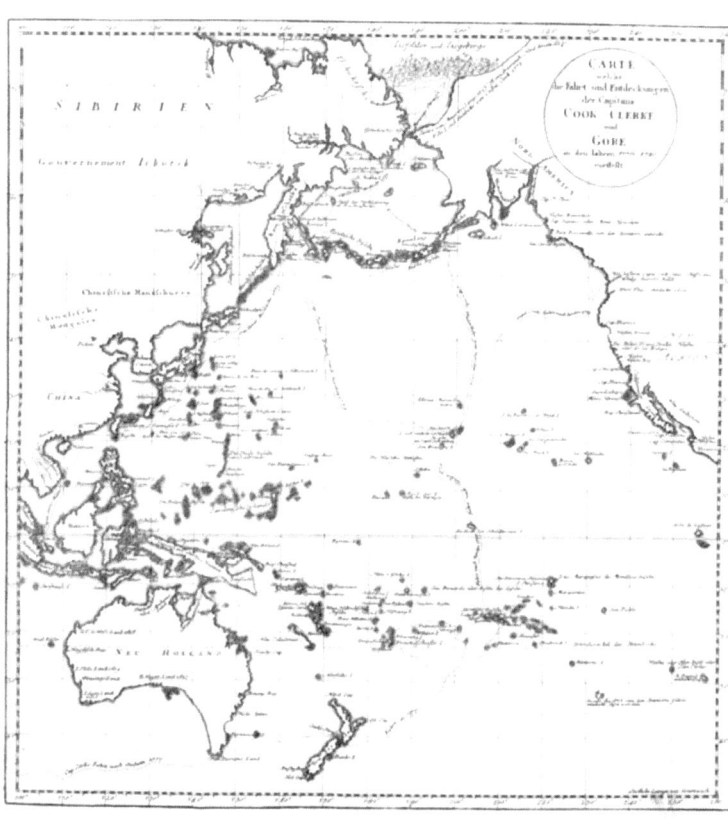

Die vorläufige Nachricht von der grossen mehr als vierjährigen Reise, welche die brittischen Kapitaine Cook, Clerke, Gore und King glücklich beendigt haben, war so interessant, daß es unrecht wäre gewesen unser deutsches Publikum auf die ausführliche Beschreibung der Reise, welche unter der Aufsicht der brittischen Regierung aus den Original Handschriften der sämtlichen Befehlshaber, mit vieler Umständlichkeit herauskommen soll, warten zu lassen. Besonders da ich noch kürzlich durch Briefe aus England benachrichtigt bin, daß diese zu hoffende ausführliche Nachricht, nicht eher als in anderthalb Jahren wird können zum Vorschein kommen; weil über achtzig Kupfertafeln von den besten Meistern nach den Zeichnungen der Herren Webers, der die Reise mitgemacht hat, gestochen werden, die das Werk zieren sollen. Herr Weber ist ein Sohn eines in England seit ein paar Jahren gestorbenen deutschen Künstlers, und hat in den bildenden Künsten kein gemeines Verdienst.

Der Verfasser dieser Reise, scheint auf der Discovery die Reise mitgemacht zu haben; ausser daß er nach dem Tode des Herren Clerke auf die Resolution gekommen. In England müste es ein leichtes seyn denselben heraus zubekommen, ob er sich gleich nicht genannt hat. Ich habe zwar ausdrücklich deswegen nach England hingeschrieben um dieses zu erfahren; allein die Unsicherheit und Langsamkeit der Posten im Kriege zur See sind Schuld dran, daß ich von meinen Freunden auf den Punkt noch keine Antwort bekommen habe. Indessen muthmasse ich, daß es einer der Unterwundärzte der Discovery gewesen; weil kurz zuvor auf der Resolution der Oberwundarzt Herr Anderson gestorben war; und daß es also wahrscheinlich ist, man werde einen an dessen Stelle, bei der Beförderung der anderen Wundärzte auch von der Discovery herüber gehohlt haben.

Der Charakter des Schriftstellers und seine Kenntnisse sind sich nicht allezeit gleich. Man kann ihm nicht absprechen, daß er in einigen Fällen ein sehr edles, gefühlvolles Herz nebst einem gesunden Menschenverstande verrathen habe; an anderen Orten geräth man über seine falschen und schielenden Grundsätze in Versuchung ihn einen schlechten Menschen zu schelten: besonders hat er Lust gehabt sein Buch durch Einschiebung grosser Stellen aus Kapitain Cooks und meines Sohnes Reisebeschreibung anzuschwellen. Der Sprache der Südseeinseln scheint er auch, ungeachtet des langen Aufenthaltes und vielen Umganges mit den Einwohnern in der Südsee, doch nicht mächtig genung gewesen zu seyn. Zu Berichtigung der falschen Namen, und unrichtig angegebener Umstänstände, und zu Erläuterung solcher Umstände die mitten in Deutschland unverständlich seyn möchten, habe ich vorzüglich meine Anmerkungen angewendet: so wie ich überhaupt geglaubt meinem Vaterlande einen Dienst geleistet zu haben, daß ich diese Uebersetzung übernommen; weil nur wenige Uebersetzer, die englische Sprache so vollkommen verstehen, daß sie auch die See-Redensarten übersetzen könten, und dabei über viele Umstände der Reise-Erläuterungen mittheilen könten.

Ein Engländer der in einer ansehnlichen Bedienung steht, schreibt mir unter dem 26sten Aug. dieses Jahres. Captain Cooks Voyage will not be printed till the Plates are engraved, which will require I suppose a year and half still. The Captains Character is not the same now as formerly. His head seems to have been turned. „Kaptain Cooks „Reise wird nicht eher gedruckt werden, bis die „Kupfertafeln gestochen sind, welches, wie ich „muthmasse, noch wohl anderthalb Jahre Zeit „haben muß. Der Charakter des Kaptains ist „nicht mehr so gewesen als wie zuvor. Seine „Denkungsart scheint ganz geändert gewesen zu „seyn." So urtheilt ein Engländer von diesem grossen Seemanne, und eben das scheint der Verfasser dieses Buchs in vielen Stellen seiner Nachrichten anzugeben. Ich will nur dies anmerken, daß die eigenmächtige Art des Lord Sandwich zu handeln, nebst seinen Vorurtheilen für seine Günstlinge hinlänglich sind, anderen Leuten die Köpfe zu verdrehen; denn das sagt eigentlich meines Freundes Ausdruck, in seinem Briefe. So ward durch Lord Sandwichs Freundschaft dem Ritter Palliser der Kopf verdreht; so ward im Greenwicher Hospital, in der Ostindischen Kompagnie und in vielen andern Orten den Leuten von ihm der Kopf verdreht; und so gar auch dem guten Kaptain Cook. Als Herr King ein Mann von einer feinen Denkungsart, der ein Gelehrter von Profeßion ist, im Jahre 1776 Befehl bekam, mit Kapitain Cook als zweiter Lieutenant und Astronom auszugehen; so besuchte er den Kapitain und sagte ihm: Er schätze sich glücklich, daß er unter einem so grossen Seemanne diese wichtige Seereise antreten solle; aber er beklage zugleich, daß auf dieser Reise nicht so als auf den vorigen Gelehrte mitgehen würden. Cook dem Lord Sandwich den Kopf verdreht hatte; sagte, Verflucht sind alle Gelehrten und alle Gelehrsamkeit oben drein: welche unhöfliche Antwort dem guten Herren King so auffallend war, daß er sie mir denselben Tag noch erzählte; und keine gute Meinung von dem Manne mitnahm, unter dessen Befehlen er solte ausgehen; bis ich Gelegenheit nahm, ihn zurechte zu weisen, und ihm Cooks Charakter zu schildern; der eigentlich im Grunde nicht böse war, der aber ein Sauertopf war, den Geitz und üble Laune zuweilen zu sehr regierten; wozu denn noch der Uebermuth kam, der ihm, vom Verdrehn des Kopfes durch

Lord

Lord Sandwich, nunmehro anhing. Dieser lezte ist zum Theil Schuld an den unnöthigen Grausamkeiten gewesen, die während Cooks Anführung auf der lezten Reise sind in der Südsee verübt worden, und die ihm zulezt auch seinen Untergang zugezogen. Cook hatte auf der ersten Reise Herren Banks und Solander mit sich, welche die Wissenschaften und Künste gebildet, (emollit mores nec sinit esse feros). Auf der zweeten war ich mit meinem Sohne seine Reisegefährten, Tischgenossen und täglicher Umgang. Er muste demnach vor uns allen eine Art von Ehrerbietung, und Achtung vor seinen eignen Charakter und Namen bekommen. Unsere Denkungsart, unsere Grundsätze, unsere Sitten wirkten, durch die Länge der Zeit, und das tägliche vor Augen haben, auf ihn ein, und liessen es ihm nicht zu, grausam gegen die armen harmlosen Insulaner der Südsee zu verfahren: es ist auch kein einziges Beispiel vorhanden, wo er im eigentlichen Verstande als Befehlshaber hart und grausam gegen sie verfahren wäre; ausser einmahl da er um eines kleinen Diebstahls willen, die Kanonen nach einem flüchtiggewordenen Ehrieh, und seinem Bote lösen lies, wobei zum Glücke niemand zu Schaden kam. Allein da er keine solche Zeugen seiner Handlungen, die nicht unter seinen unmittelbahren Befehlen standen, auf dieser Reise bei sich hatte; da es lauter ihm untergebene Leute waren, oder doch solche die ohne Erziehung und einer gewissen Reputation die Ehr-
er-

erbietung und Achtung einflösset; selbst den Astronom Herren Bailey und den Kräutersammler Herren Nelson nicht ausgenommen; so war es kein Wunder, daß er die sich selbst und seinem Charakter schuldige Achtung vergas, und Lord Sandwichs Verdrehen des Kopfes mehr nachgab und daher einige höchst grausame und unmenschliche Handlungen begieng. Ich bin daher überzeugend gewis, daß woferne die Herrn Banks und Solander, oder ich und mein Sohn und Dr. Sparrmann mit Kapitain Cook auf dieser Reise mitgewesen, wäre er gewis nicht auf die Art ums Leben gekommen.

Ich muß bei dieser Gelegenheit anmerken, daß ausser den wenigen Nachrichten von dieser lezten Reise des Kapitain Cooks, die man in des Herren Oberconsistorial=Rath Büschings wöchentlichen Nachrichten Jahrgang 1780 findet, und in dem Londoner Magazin für die Monate Julius und December 1780, und denen welche mein Sohn der Prof. George Forster zu Kassel ins Göttinger Magazin aus dem Munde zweier Deutschen, die als Matrosen die Reise mitgethan, eingerückt hat; auch noch Heinrich Zimmermanns von Wißloch in der Pfalz Reise um die Welt mit Kapitain Cook, Manheim 1780. 8vo. erschienen ist. Der Verfasser war einer der zwei Matrosen die mein Sohn gesprochen, er beschreibt seine Reise recht sehr brav, auf 110 Seiten: allein der Freund der ihm wie ich
sehe

sehe etwas im Schreiben geholfen, hätte ihn doch hindern sollen, dies nicht eine Reise um die Welt zu nennen, da sie es wirklich nicht ist. Was zur Erläuterung unserer Nachrichten draus dienen konte, ist in Noten mitgetheilt worden.

Diese Uebersetzung ist sehr eilfertig jedoch treu gemacht worden. Die Neuheit ist das einzige Verdienst in Werken dieser Art. Wäre es nicht zur Messe fertig geworden, so hätte das Buch viel von seinem Werthe verlohren. Der Leser wird also Nachläßigkeiten des Ausdrucks und manche Druckfehler müssen freundschaftlich übersehen, da nicht mehr als der September Monat auf Ueber= setzung, Durchsicht, Anmerkungen und Druck hat können verwendet werden. Daher ist es auch gekommen, daß in den zwei ersten Bogen allezeit Kook statt Cook ist gedruckt worden, und Seite 99 in der Anmerkung ist der Name der schönen Stadt Camden am Wattihrifluß in Süd Karo= lina zu lesen, statt Kampbell, welcher bei der Korrektur übersehen ist worden.

Die Karte des englischen Originals, war nichts weiter, als eine etwas verbesserte Kopei derjenigen Karte, welche im London Magazine in den Monaten July und December 1780 ein= gerückt gewesen. Ich habe aber vieles darin ge= ändert, und dagegen alle die nordlichen Gegenden nach des Herren Akademikus Pallas Karte und manchen handschriftlichen, die ich besitze, verbessert. Wäre mehr Zeit gewesen, wären die Verbesserun=
gen

gen gewiß noch besser gerathen. So viel kann ich aber doch sagen, daß der südliche Theil der Karte bis Japan gewis besser ist, als die Original-Karte.

Da der Verleger Herr J. C. Spener in Berlin, Anstalten gemacht hat, die Bögen der grossen ausführlichen Nachricht von der Reise so bald sie in England die Presse verlassen werden, zu bekommen: so hat man gegründete Hofnung, daß derselbe die englische Entdeckungs Reisen, bald werde dem deutschen Publikum mit eben der Pracht des Papiers und Drucks liefern, als die fünf ersten Theile derselben; da denn manches, welches bisher unaufgeklärt geblieben, alsdenn weit deutlicher und richtiger wird bestimmt werden. Geschrieben auf der Königl. Preußl. Friedrichs Universität zu Halle in der Michaelismesse. 1781.

Johann Reinhold Forster.

Nachrichten von einer Entdeckungsreise unter Anführung derer Kapitaine Kook, Clerke, Gore und King.

Wir nahmen in der Gegend der Themse, die unter dem Namen Galleons*) den Seefahrern bekannt genug ist, unsere Canonen ein, versorgten uns mit der nöthigen Kriegs-Ammunition, und hierauf ankerten beyde Schiffe, die Discovery und Resolution, den 14ten Junius an dem Nore**); aber da unsere frischen Lebensmittel beinahe aufgezehrt waren, lichteten wir den folgenden Tag die Anker, und liessen die Resolution zurück; die auf ihren Befehlshaber wartete.

Den 16ten kamen wir auf die Höhe von Deal, und nahmen eine grosse Menge Rind- und Hammelfleisch an Bord, und ein Boot zum Gebrauch des Kapi-

*) Die Themse von London bis zur See, wird von den Seefahrern in gewisse Reviere oder Strecken (Reach) abgetheilt, deren jede seinen besondern Namen hat. Z. E. Woolwich Reach, Gallions Reach, Guzzard, Long Reach, St. Clements Reach, Gravesend Reach etc. Die Strecke Gallions liegt hinter Woolwich, wo die Niederlage des Artillerie-Wesens ist, und wo alle königliche, im Themsflusse ausgerüstete Schiffe ihr Geschütz und Ammunition einnehmen. F.

**) Nore ist eine Sandbank in der Mündung der Themse, wo das Wachtschiff vor Anker liegt, und wo alle Schiffe, die noch auf etwas zu warten haben, gewöhnlich zu ankern pflegen. F.

Kapitains. Der Wind blies diese Nacht und den ganzen folgenden Tag sehr stark.

Den 18ten lichteten wir die Anker, und seegelten weiter; aber kaum waren wir in den Kanal gekommen, so erhub sich ein Sturm, der uns in die Rhede von Portland trieb, wo unser Schiff sehr beschädiget wurde. Wir hatten ungestümes Wetter bis

Den 26sten. Diesen Tag kamen wir zu Plymouth an. Hier fanden wir eine grosse Flotte von Kriegs- und Transport-Schiffen, die für Amerika bestimmte Truppen an Bord hatten, und begrüßten den Admiral mit 11 Kanonen. Der Sturm hatte sie herein getrieben, und viele von ihnen waren sehr beschädiget. Um 12 Uhr Mittags kamen wir im Sunde *) vor Anker.

Den 30sten kam die Resolution an, begrüßte den Admiral, und legte sich dicht bey uns vor Anker.

Wir fanden jezt nöthig, um den erlittenen Schaden auszubessern, in den Hafen einzulaufen, und die Resoulution beschloß zu warten bis wir fertig seyn würden; aber wir hatten viele Mühe, Zimmerleute zum Ausbessern zu bekommen. Denn die Reparatur der nach Amerika bestimmten Flotte wurde für viel wichtiger gehalten, als die Ausbesserung eines einzelen Schiffes.

Dieser Aufschub ward zulezt, unsern Gefährten in dem andern Schiffe zu lange, und da gerade der 12te Julius der Tag war, an dem sie ihre vorige Reise angetreten hatten, und die Schiffsgesellschaft diese glückliche Vorbedeutung nicht aus der Acht lassen, sondern

---

*) Der Eingang des Hafens von Plymouth heißt Plymouth Sound, der Sund von Plymouth. Ueberhaupt nennen die Engländer jede ansehnliche Bucht, die inwendig sich in verschiedene Aerme vertheilet, wie die bei Plymouth, einen Sund. F.

dern mit diesem Tage ihre neue Entdeckungsreise anzutreten wünschten, so muste Kapt. Kook ihren Wünschen nachgeben. Er gieng also dem 12ten Julius unter Segel, hinterließ Kapt. Clerke unserm Befehlshaber die Ordre, ihm nach Sankt Jago einer von den Inseln des grünen Vorgebürges zu folgen, und wenn er ihn da nicht finden sollte, seinen Lauf gerade nach dem Vorgebürge der guten Hoffnung fortzusetzen.

Dieses war eine unwillkommene Nachricht für die Schiffsgesellschaft der Discovery, welche mit der nähmlichen Ungeduld abzureisen wünschten, und eben so gut ihre Vorbedeutungen, Zeichen und Einbildungen hatten als ihre Brüder; aber die Nothwendigkeit diese unwiederstehliche Siegerin, deren Macht sich alle menschliche Leidenschaften unterwerfen müssen, zwang sie zur Geduld, ob sie gleich ihre Bedenklichkeiten nicht heben konnte.

Während dem langwierigen Zwischenraume dieses unvermeidlichen Aufschubes, wird eine kurze Nachricht von Omai, dem Eingebohrnen von Ulietea *), welcher sich mit Kapt. Kook an Bord der Resolution einschiffte um nach seiner Heimath zurückzukehren, denjenigen, die ihn niemals gesehen haben, einen kleinen Begriff von seiner Person und seinem Charakter geben. (Seit der Zurückkunft des Verfassers, hat er aus den Schriften der Herren, die die beste Gelegenheit hatten, Omai während seinem Aufenthalt in England kennen zu lernen und mit ihm umzugehen ihre

A 2

---

*) Der Verfasser hat es mit vielen Engländern gemein, daß er Ulietea, als den Namen einer der Societäts-Inseln angiebt; allein eigentlich heißt er O-Raiedea, welcher im gemeinen Leben oft mit dem ersten Namen von schlechten Leuten verwechselt wird; jedoch vornehme und unterrichtete Leute sagten O-Raiedea. F.

Meinungen von ihm samlen können, und ob sie gleich öfters mit den seinigen nicht übereinstimmen, (wie man in der Folge sehen wird) so glaubt er sich doch aus Achtung für das Publikum verbunden, nichts zu verhehlen was zu seinem Vortheile erschienen ist. Aus dieser Ursache muß man sich erinnern, wenn man ihn in der Folge dieser Reise auf eine verschiedene Art vorgestellt findet, daß unsere Bemerkungen hier nur von Hörensagen genommen, aber für dies, was ins= künftige gesagt werden soll, wird der Verfasser selbst stehen.)

Dieser Mann, wie aus dem Zeugnisse des Ka= pitain Kook erscheint, hatte einst ein kleines Eigen= thum in seinem eigenen Lande, woraus er von den Einwohnern von Bola=Bola vertrieben wurde. Ka= pitain Kook wunderte sich zuerst, daß sich Kapitain Fourneaux mit einem so häßlichen Menschen beladen wollte, der nach seiner Meinung gar kein schickliches Muster von den Einwohnern dieser glücklichen Inseln war; und Herr Forster sagt, er thue ihm kein Unrecht, wenn er behauptete, daß unter allen Einwohnern von Otahaite und den Societäts=Inseln, wenige so häßli= che Leute als Omai zu finden wären. Auch schien er keine Vorzüge des Ranges und der Geistesgaben, eben so wenig als der Gestalt=Bildung und Gesichts= farbe zu haben, um die Aufmerksamkeit einer erleuchte= ten Nation an sich zu ziehen. Vielmehr sezt Herr Forster hinzu, war er einer von den gemeinen Leuten, wie sein Betragen auf dem Schiffe beweist, da er der Gesellschaft des Kapitains, den Umgang mit dem Waffenschmiede, und den gemeinen Matrosen vorzog. Doch ohngeachtet der verächtlichen Meinung, welche diese beiden Herren zuerst von ihm gehabt zu haben scheinen, gab er sich, so bald er das Vorgebürge der guten Hoffnung erreicht hatte, und ihm der Kapitain

seine

seine eigenen Kleider gegeben, und ihn in die beste
Gesellschaft eingeführt hatte, für keinen Tautau oder
von der gemeinen Klasse aus, sondern für einen Hoa
oder einen aus dem Gefolge des Königs; und Kapitain Kook gesteht, daß er, seit dem er in England angekommen, zweifle, ob irgend einer der Eingebohrnen
die allgemeine Erwartung mehr befriediget haben würde als Omai. Jezt will ich hier die Schilderung seines Charakters nach Kapitain Kook und Herren Forster bei den Beschreibungen ihrer im Jahre 1772 un-
ternommenen Reisen, um das Daseyn eines amerikanischen festen *) Landes zu bestimmen, einschalten.

„Omai,“ sagt Kapitain Kook, „hat ganz gewiß einen gesunden Verstand, einen lebhaften Geist, und
rechtschaffene Grundsätze, er hat eine ungezwungene
gute Aufführung, die ihn der besten Gesellschaft angenehm macht, und einen gehörigen Grad von Stolz,
der ihm den Umgang von gemeinen Leuten vermeiden
lehrt. Er hat Leidenschaften wie alle andere jungen
Leute, aber zu gleicher Zeit Vernunft genug, um ihnen nicht den Zügel schiessen zu lassen. Ich glaube
nicht, (sezt der Kapitain hinzu) daß er eine Abnei-
gung an starken Getränken hat, und wäre er in Gesellschaft gerathen, wo der größte Trinker den größten
Beyfall erhält, so zweifle ich nicht, daß er sich würde
bemühet haben, das Lob seiner Kammeraden zu gewinnen; aber zu seinem Glücke bemerkte er, daß der
Trunk nur unter dem gemeinen Volke üblich sey; und
da er die Sitten und das Betragen der Personen von
Stande, die ihn ihres Schutzes würdigten, sehr sorgfältig beobachtete, so war er mäßig und bescheiden;
und

---

*) Nicht das Daseyn des amerikanischen festen Landes zu be-
stimmen, ward die Reise von 1772—1775 unternom-
men; sondern um zu sehen, ob noch Länder von beträchtlicher Größe sich um den Südpol befänden. F.

und ich habe nicht gehöret, daß er ein einzigesmal während seinem zweyjährigen Aufenthalte in England berauscht gewesen, oder je ein Verlangen gezeigt, die strengsten Regeln der Mäßigkeit zu übertreten. Bald nach seiner Ankunft in London, stellte ihn der Graf von Sandwich seiner Majestät dem Könige zu Kew vor; hier flößte ihm die gnädige Aufnahme die stärksten Eindrücke der Pflicht und Dankbarkeit gegen diesem grossen und liebenswürdigen Prinzen ein, welche er, wie ich überzeugt bin, bis auf den lezten Augenblick seines Lebens beibehalten wird. Verschiedene Personen von dem größten Adel erwiesen ihm während seines Aufenthalts in England viel Freundschaft; aber seine vornehmsten Gönner waren der Graf von Sandwich, Herr Banks und Doktor Solander.

Obgleich Omai in England von Vergnügungen umgeben war, so dachte er doch stets an seine Zurückkehr in sein Vaterland, und ohne seine Abreise mit Ungeduld zu erwarten, bezeigte er doch eine Art von Zufriedenheit, so wie sich die Zeit seiner Zurückkehr näherte."

So weit geht Kapitain Kooks Beschreibung; und obgleich man einige Züge dieses Charakters in Herrn Forsters Gemälde findet, sind doch seine guten Eigenschaften da, so mit läppischen Wesen und Thorheit vermischt, daß man kaum glauben kann, daß von der nämlichen Person die Rede wäre.

„Omai, sagt Herr Forster, ward in England für sehr dumm, oder auch für besonders gescheut angesehen, je nachdem die Leute selbst beschaffen waren die von ihm urtheilten. Seine Sprache die keine rauhen Mitlauter hat, und in welcher sich alle Worte mit einem Vocal endigen, hatte seine Organe so wenig geläuffig gemacht, daß er unfähig war, die mehr zusammengesezten englischen Töne hervorzubringen: die-

ser

ſer phyſiſche oder vielmehr Gewohnheits-Fehler ward aber oft unrecht ausgelegt. Kaum war er in England angekommen, ſo führte man ihn in groſſe Geſellſchaften, machte ihn mit den ſchimmernden Luſtbarkeiten der wollüſtigen Hauptſtadt bekannt, und ſtellte ihn im glänzenden Kreiſe des höchſten Adels bey Hofe vor. Natürlicherweiſe ahmte er jene ungezwungene Höflichkeit nach, die an allen dieſen Orten üblich, und eine der gröſsten Zierden des geſelligen Lebens iſt; die Manieren, Beſchäftigungen, Ergözlichkeiten ſeiner neuen Geſellſchafter wurden auch die ſeinigen, und gaben ihm häufige Gelegenheit ſeinen ſchnellen Verſtand und lebhafte Einbildungskraft ſehen zu laſſen. Um von ſeinen Fähigkeiten eine Probe anzuführen, darf ich nur erwähnen, daß er es im Schachſpiel ſehr weit gebracht. Er konnte aber ſeine Aufmerkſamkeit nicht beſonders auf Sachen richten, die ihm und ſeinen Landsleuten, bey ſeiner Rückkehr hätten nüzlich werden können: die Mannichfaltigkeit der Gegenſtände verhinderte ihn daran. Keine allgemeine Vorſtellung unſers civiliſirten Syſtems wollte ihm in den Kopf; und folglich mußte er auch die Vorzüge deſſelben nicht zum Nuzen und zur Verbeſſerung ſeines Vaterlandes anzuwenden. Schönheit, Symmetrie, Wohlklang und Pracht bezauberten wechſelsweiſe ſeine Sinne; die wollten befriedigt ſeyn, und er war gewohnt ihrem Ruf zu gehorchen. Der beſtändige Schwindel des Genuſſes ließ ihm keinen Augenblick Zeit auf das Künftige zu dencken; und da er nicht von wahrem Genie belebet war, wie Tupaia, der an ſeiner Stelle gewiß nach einem feſtgeſezten Plan gehandelt hätte, ſo blieb ſein Verſtand immer unbebauet."

Herr Forſter ſezt hinzu, daß nachdem er beinahe zwey Jahre in England zugebracht, ſeine Beurtheilungskraft doch noch kindiſch war; daher verlangte er
auch

auch wie ein Kind nach allem was er sahe, und vorzüglich nach Dingen, die ihn durch irgend eine unerwartete Würkung vergnügt hatten. Diese kindischen Triebe zu befriedigen, (denn aus bessern Absichten konnte es wohl nicht geschehen) gab man ihm eine Drehorgel, eine Elektrisir-Maschine, ein Panzer-Hemd und eine Ritter-Rüstung."

Dies sind die Nachrichten, und der Charakter von diesem Sohne der Neugierde, der sein Vaterland und seine Verbindungen verließ, um nach einem unbekannten Lande ohne Absicht zu reisen; indem ihm nie einfiel, die Künste, Manufakturen, und den Handel seiner Landsleute zu verbessern, oder irgend eine nützliche Wissenschaft unter ihnen einzuführen. Nebst den oben erwähnten Dingen, führte er noch eine grosse Menge Sachen von allen Gattungen mit sich, Beile, Sägen, Meissel und Zimmerwerkzeuge; alle Arten von Waaren die zu Birmingham und Scheffield verfertiget werden; Flinten, Pistolen, kurze Säbel, Pulver und Ammunition; Nähnadeln, Stecknadeln, Angeln und verschiedene Werkzeuge zur Jagd; Netze von allen Gattungen; Handkloben und eine vollständige Drechselbank. Er hatte auch Kleider von verschiedenen Zeugen und Farben mit Tressen besezt; und ohne dergleichen einige nach der Mode seines Landes und einige auf englische Art gemacht. Verschiedene von diesen leztern vertauschte er, nach dem wir bey Neu-Seeland vorbey waren, an unsere Unterofficiere gegen rothe Federn. Mit Gläsern, Porzellan, Korallen, Galanterie-Waaren, wovon einige von grossem Werthe waren, wie auch Denkmünzen von verschiedenen Metallen, war er reichlich versehen; eine Person von Stande hatte ihm eine Uhr geschenkt: kurz es fehlte ihm nichts zum Handel mit seinen Landsleuten, oder zur Befriedigung ihrer Neugierde.

Als

Als er an Bord der Resolution kam, schien er vor Freuden entzückt zu seyn; aber da er von den Herren, die ihn begleitet hatten, Abschied nahm, flossen seine Thränen, wie Herr Forster bemerkt, reichlich; doch es waren kindische Thränen; und den Augenblick, nachdem seine alten Freunde das Schiff verlassen hatten, war er so lebhaft und munter als zuvor. Er schien nicht bekümmert, daß er dieses Land verlassen mußte, sondern freute sich vielmehr über seine Abreise.

Wir werden in der Folge sehen, wie er sich am Bord betrug, und wie er bey seiner Zurückkunft zu Hause aufgenommen ward. Und nun da unser Schiff fertig war, und wir alles nothwendige wieder eingeschifft hatten, hoben wir den 1sten August den Anker, und stachen mit aufgespannten Seegeln in die See, um uns mit der Resolution zu vereinigen. Während der Zeit, daß unser Schiff ausgebessert ward, bemerkte man, daß diejenigen, die noch niemalen zu Entdeckungen gebraucht worden waren, ihrer Reise mit viel grösserer Ungeduld entgegen sahen, als die, welche schon die Mühseeligkeiten einer südlichen Schiffarth in und neben dem Polar-Kreise erfahren hatten. Es war ziemlich unterhaltend, die lustigen Anmerkungen dieser leztern über ihre süß Wasser Seegler, wie sie sie nannten, anzuhören. Sie sagten ihnen zuvor, daß sie, wie die Israeliten in der Wüsten am ersten murren, und nach dem Lauch und den Zwiebeln Egyptens lüstern seyn werden. Sie verstanden hierunter, daß wenn diese unerfahrnen Seeleute zwischen die Eis-Inseln in den kalten Himmelsstrich kommen, und die Würkungen von schlechter Kost und saurer Arbeit fühlen würden, so würden sie ihren Ungestüm bald bereuen, und nach dem Rindfleisch und Bier des Landes seufzen, welches sie jezt so begierig waren zu verlassen.

Wir seegelten mit guten Winde bis den 9ten, da wir das Kap Finisterre erblickten; hier fingen die Wolken an sich zu verdunkeln, das Meer bewegte sich, und verkündigte den nahen Sturm. Wir hatten verschiedene Schiffe im Gesicht, und konnten deutlich sehen, daß sie sich, so wohl als wir, auf den Sturm bereiteten. Während vier und zwanzig Stunden blies und regnete es unaufhörlich, aber am 9ten erfolgte eine Wind=Stille von kurzer Dauer, denn noch denselben Abend fing es an zu donnern und zu blitzen, und der Regen fiel in Strömen herab. Die Tropfen waren so groß wie sie noch kein Mensch an Bord je gegesehen hatte. Um den Würkungen des Blitzes vorzubeugen, hielt man es für nothwendig die Ableitungs= Kette von der Spitze des Mastes herunter zu lassen; eine Vorsorge, die Kapitain Clerke niemals unterließ, wenn von der angehäuften elektrischen Materie in der Atmosphere, Gefahr zu befürchten war.

Den 20sten sahen wir ein Schiff von der Windseite, welches geschwinde auf uns zu seegelte; da wir vermutheten, daß es ein amerikanischer Kaper wäre, erhielt die Mannschaft Befehl sich zum Gefecht zu bereiten. Es zeigte sich aber, daß es ein Lissabonsches Kauffarthey=Schiff war, welches den vorigen Tag durch die Heftigkeit des Windes viele Meilen westwärts von seinem Laufe abgetrieben, und in einiger Noth war. Wir überließen ihnen was sie am meisten brauchten, und sezten unsere Reise fort.

Nichts merkwürdiges geschah bis auf den 18ten, da die Schiffs=Gesellschaft kleinere Portionen Wasser erhielte, und die Maschine zum Distilliren des Seewassers aufgerichtet ward. Dieses brauchte man von Zeit zu Zeit während der Reise, und es taugte sehr gut zu einigen Dingen, aber nie wolte es den Seeleuten behagen ihr Fleisch darinn zu kochen. Man
nahm

nahm diese Vorsicht, aus Furcht, die Resolution möchte Sankt Jago schon verlassen haben, und die Discovery also gezwungen seyn, ihre Reise nach dem Kap fortzusetzen, ohne sich frischen Vorrath verschaffen zu können.

Den 19ten paßirten wir den Zirkel des Krebses zum erstenmal, und

Den 28sten erblickten wir Sankt Jago, gegen Nordwesten, in einer Entfernung von sechs oder sieben Meilen. Wir seegelten gerade nach der Bay von Porto Praya und erreichten das Land um acht Uhr des Morgens. Ein Officier wurde eiligst ans Land geschickt um Nachricht von der Resolution einzuziehn. Wir erfuhren durch ihn, daß sie in diesen Hafen eingelaufen wäre; aber ihre Abreise beschleuniget hätte, weil die regnichte Zeit sich näherte, und es unsicher wäre, sich während derselben lange hier aufzuhalten. Die nämlichen Gründe, die die Resolution bewogen, ihre Reise fortzusetzen, hatten ein doppeltes Gewicht für uns. Die regnichte Zeit kam jetzt heran, ob wir gleich ihre Vorboten noch nicht bemerkt hatten. Sie wird gemeiniglich durch einen starken Südwind und grosse Wogen verkündigt. Die See wälzt sich heran, und verursacht eine fürchterliche Brandung, indem sie mit Wuth an das felsichte Ufer schlägt. Manchmal erheben sich heftige Wirbelwinde bey der Küste, und vermehren die Gefahr. Aus dieser Ursache wird Porto Praya von der Mitte des August bis zum Monate November wenig besucht.

Sobald der Officier zurückgekommen, und wir unser Boot eingenommen hätten, so seegelten wir ab, mit einem sanften Winde der bis zum

Ersten September anhielt, da sich ein fürchterlicher Sturm erhob, indem wir alle Augenblicke erwarteten von der See verschlungen zu werden. Der

Donner und Blitz waren nicht schrecklicher als die Regengüsse, die so schwer waren, daß unser Schiff in Gefahr zu versinken war, und uns bey hellem Tage, mit einer Wolke von Finsterniß umhüllte. Glücklicherweise hielt dieser Sturm nicht lange an, den er erhob sich ohngefähr um neun Uhr des Morgens; und vor zwölf Mittags war der ganze Luftkreis schon vollkommen heiter, und kein Flecken oder Schatten zu sehn, der den Ort dieses Streits der Elemente hätte andeuten können. In dieser kurzen Periode erlitten wir beinahe so viel als wir gefürchtet hatten; denn unsere grossen Raa hatte der Wind entführt, und das Seegel in tausend Stücke zertissen; die Blinde und das mittelste Stagseegel war ganz abgerissen und das Schiff zerarbeitet, daß wir alle an den Pumpen zu thun hätten. Den Nachmittag waren wir beschäftigt den Schaden auszubessern, und das Wasser, welches so wohl am Himmel als von der See eingedrungen war, herauszuschaffen.

Vom 1sten bis zum 4ten September blieb das Wetter stürmisch und regnicht; aber als wir uns der Linie näherten, erfolgte eine Windstille, und die Luft ward heiter; aber so neblicht und ermattet als wenn die Ströhmung der Luft, wie Wasser im Gleichgewicht sich nur durch seinen eignen Trieb bewegt hätte. Nichts konnte verdrießlicher und unangenehmter seyn, als diese Windstille; zum Glück aber dauerte sie nicht lange.

Den 5ten September, um acht des Morgens sahen wir ein Schiff, das zweite so wir gesehn, nachdem wir Kap Finisterre an der Küste von Spanien paßirt hatten. Wir waren jezt mit Fischen beschäftiget; und da wir einen ungeheuer grossen Hayfisch gefangen hatten, bemühten sich beides die Officiere und Matrosen ihn an Bord zu bringen. Als er auf-
ge-

geschnitten ward, fand man sechs junge in seinem Bauche, jeden von ohngefähr zwey Schuh lang. Diese wurden unter die Officiere vertheilet, und einer ward für die grosse Kajüte zurecht gemacht. Den alten aß daß Schiffsvolk, für welches frische Nahrung von irgend einer Gattung, ein Leckerbissen geworden war.

Da das Wetter schön blieb, befahl der Kapitain, daß man sich im Gebrauch der Kanonen und kleinen Gewehre üben, das Schiff räuchern, und die Betten auslüften solte. Es ist nothwendig ein für allemal anzumerken, daß dieses leztere während der ganzen Reise, wenn es das Wetter erlaubte, niemals unterlassen ward: aber bey Paßirung der Linie ist es besonders nothwendig. Da man bemerkt hat, daß das Holzwerk zwischen den Verdecken, in dieser niedrigen Breite, eher schimmlicht wird und das Eisen eher rostet,*) als in den höhern Breiten. Dies kömmt vermuthlich von der Schwere der Luft, deren schon vorher erwähnt worden ist; und gegen welche die häufigen Stürme und Wirbelwinde, denen dieser Theil des Ozeans unterworfen ist, von der Natur zu Hülfsmitteln ausersehn zu seyn scheinen.

Nichts

*) Es ist nicht der Schwere der Luft zuzuschreiben, daß in warmen Gegenden alles so leicht zur See schimmelt, beschlägt und rostet, sondern da durch die grosse Hitze und wegen der verbrennlichen Theile von faulen Seethieren ein grosser Theil der Ausdünstungen mit sauren Theilchen geschwängert ist, so frißt die Säure des Seesalzes die Metalle auf der See in warmen Gegenden an. Die Wärme trägt aber auch sonst dazu bey, daß alle Säuren mit mehr Wirksamkeit die Metalle angreifen als im Kalten. Siehe über diese Materie, Forsters Reise Aug. den 8ten 1772. Ellis Reise nach der Hudsons Bay S. 308. — 314. Oldendorps Mißions-Geschichte Theil I. S. 69. 70.

Nichts das der Meldung werth war, trug sich zu bis den 19ten, da wir die Linie paßirten. Das Wetter war stürmisch, also unterblieb die gewöhnliche Ceremonie, diejenigen Seeleute zu taufen, welche sie niemals vorher paßirt hatten. Diese Ceremonie ist so bekannt, daß es überflüßig seyn würde, sie hier zu beschreiben.

Den 20sten ward das Wetter mäßig, und nach einer Untersuchung fanden wir, daß am grossen Maste, das Steuerbord Eselshaupt zerbrochen war.

Den 20sten fiel Georg Harrisson, Corporal der Seesoldaten über Bord, als er nachläßig auf dem Beegspriet saß, und dem Spiel der Fische zusah. Man sah ihn fallen, und das Schiff wurde gleich gewendet, und die Boote mit aller möglichen Eile herausgehoben, aber er kam niemals mehr herauf. Seine Holländische Mütze ward bey dem Hintertheil des Schiffes aufgenommen; und da er so gut schwimmen konnte als irgend ein Mann an Bord, fuhren die Boote weit herum, in Hoffnung ihn wieder zu bekommen, aber es war alle Bemühung vergeblich.

Es ist merkwürdig, daß in Kapitains Kook's voriger Reise, einer von des Zimmermann's Gehülfen, genannt Heinrich Smock, ungefähr an diesem Orte und auf die nämliche Art über Bord fiel, und dasselbe Schicksal hatte. Beide waren gesezte junge Leute von einem guten Charakter. Ihr Verlust ward von den Officiers sehr beklagt, aber noch mehr von ihren Kammeraden unter den Schiffsleuten. Es ist sehr wahrscheinlich, daß beide gleich von den Hayfischen verschlungen worden, welche die Schiffe beständig begleiten

Den 1sten August fiengen wir auch einen grossen Hayfisch, der zehn Schuh lang war, und verschiedene junge Doraden in seinem Bauch hatte: ein
Theil

Theil der Eingeweide ward in der grossen Kajüte gegessen, und der Fisch denen gegeben, die ihn gefangen hatten. In der Pfanne gebraten, schmeckt er ziemlich gut, aber das Fett ist sehr eckelhaft.

Den 15ten erhub sich ein Sturm, mit Donner Bliß und Regen begleitet. Da er nicht so heftig war als diejenigen, die wir schon erlebt hatten, war er uns eher angenehm als schrecklich, indem er die Schiffs-Gesellschaft mit einer ziemlichen Menge frischen Wassers versah, welches sie in wollenen Decken, oder auf andere Art auffingen. Was man in den Seegeln auffing, war zum Gebrauch der Officiere.

Den 20sten hatten wir Sturm, wir nahmen alle Seegel ein und lagen bey ohne ein Seegel auszuhaben.

Den 25sten legte sich der Sturm, die Luft wurde heiter, und wir sahen ein Schiff gegen Süden, welches wir nach seinem Laufe für die Resolution hielten. Wir spannten alle Seegel auf, eilten ihm nach, und holeten es bald ein. Es war eine holländsche Advißjagt, welche nach dem Kap seegelte.

Den 28sten fingen unsere Leute an sich nach Land umzusehen; und die Erscheinung einiger Vögel, die niemals weit vom Ufer fliegen, bestätigte sie in den Gedanken, daß die äusserste Spitze der afrikanischen Küste nicht weit entfernt sey. Unser Astronom war indessen von einer verschiedenen Meynung, und der Ausgang zeigte, daß er recht hatte.

Den 1sten October. Da wir jezt eben zwey Monathe zur See gewesen waren, ohne einmal den Fuß an Land zu setzen, fing man an einen ganz verschiedenen Ausdruck auf den Gesichtern derer zu lesen, die an solche lange Seereisen nicht gewohnt waren. Indessen munterte sie die Heiterkeit und Frölichkeit die aus allen Blicken den auſſer den ihrigen hervorleuchtete, ein wenig auf; denn ſie ſchloſſen daraus, daß die unangenehmen Empfindungen eines einſamen Seelebens in wenig Tagen durch den Genuß der Vergnügungen würden belohnt werden, die ihrer am Lande erwarteten. Dieſes waren vielleicht die Empfindungen des Verfaſſers dieſes Tagebuchs.

Den 3ten October beobachteten wir eine groſſe Anzahl verſchiedener Fiſche und Vögel, die das Schiff begleiteten, einige von welchen wir niemals vorher geſehen hatten; und wir konnten nicht umhin, die Verſchiedenheit zu bemerken, die in dieſem Betracht zwiſchen der Weſtlichen Küſte des alten feſten Landes und der Weſtlichen Küſte des Neuen in den nämlichen Breiten iſt. Kaum hatten wir den Wendezirkel des Krebſes paßirt, ſo wurden wir durch das Spiel der Fiſche, oder eigentlicher zu reden, durch ihre unaufhörliche Bemühungen ſich ihre tägliche Nahrung zu verſchaffen beluſtigt. Fliegende Fiſche ziehen gemeiniglich zuerſt die Aufmerkſamkeit derjenigen an ſich, die noch niemals in dieſer See geweſen ſind, und es iſt angenehm ihren unzähligen Wendungen zuzuſehen, um den Angriffen der Doraden und Boniten ihren geſchwornen Feinden zu entgehen. Was auch immer die Abſicht der Vorſehung bey der Erſchaffung dieſer Fiſche geweſen ſeyn mag, ſo kann man ſich doch nicht enthalten ihr Daſeyn als einen immerwährenden Stand der Strafe anzuſehen. So lange ſie im Waſſer bleiben, ſind ihre Feinde da, und obgleich ihnen die Natur das Vermögen gegeben hat, dieſes Element zu verlaſſen, und Zuflucht in der Luft zu ſuchen, ſo lauren doch auch da andere eben ſo grauſame Verfolger auf ſie. Tölpel, Fregatten-Vögel und anderes See-Geflügel, ſuchen beſtändig die fliegende Fiſche zu erhaſchen, unterdeſſen daß die raub-

ſüchti-

süchtigen Hayfische nicht weniger wachsam sind, um die Doraden und Bonitos zu fangen. So stellt eine Reise durch die tropischen Breiten dieser See, eine beständige Scene des Krieges dar, da indessen in der anderen See alles in Friede und einförmiger Ruhe lebt. Diese Betrachtungen bieten sich von selbst dar, wenn die Seele unbeschäftigt durch Veränderungen zum Nachdenken gestimmt ist.

Den 4ten trugen wir auch etwas bey, einen Aufzug dieses tragischen Drama's auszufüllen, und verminderten durch den Fang eines Hayfisches die Zahl der Tirannen im Ozean.

Den 7ten um sechs des Morgens, rief der Mann im Mastkorbe Land; und um achte konnten wir es in neblichten Wolken verhüllet sehen. Es war der Tafelberg, und lag gegen Südwesten, in der Entfernung von zehn Meilen; dieses bewog uns unsern Lauf von Ost-Südost gegen Süd-Südost zu wenden.

Den 10ten liefen wir in der Tafel-Bay ein, und

Den 11ten ankerten wir in sechs Faden Wasser, und fanden zu unserer großen Freude die Resolution hier.

Wir begrüßten die Besatzung mit 13 Kanonenschüssen, welche mit eben so vielen beantwortet wurden; Kapitain Kook mit den vornehmsten Officieren und Herren aus dem Schiffe, kamen an Bord uns zu bewillkommen. Von ihnen erfuhren wir, daß sie schon beynahe drey Wochen am Kap wären; daß sie sich nur drey Tage zu Vera-Kruz*) aufgehalten, und etwas Wein an Bord genommen hatten, wovon sie so gütig waren, uns einen Theil anzubieten;

zu

---

*) Vermuthlich Santa Kruz einer Rhede und Stadt, auf der östlichen Seite der Insel Teneriffe. F.

zu Porto Praya hatten sie einige Ziegenböcke zu Geschenken für die Chefs der südlichen Inseln gekauft.

Bey unserer Landung, kamen die Officiere der Besatzung und die Bedienten der holländischen ostindischen Gesellschaft, unserm Kapitain entgegen, begrüßten ihn sehr höflich, und luden ihn ein sich von ihnen am Lande bewirthen zu lassen.

Den Unterofficiern des Schiffes begegneten eine andere Klasse von geringeren Leuten, die zu der nämlichen Gesellschaft gehörten, mit derselben Einladung, aber unter verschiedenen Bedingungen. Beinahe jeder Bediente bey der holländischen Kompagnie beherberget Fremde, welche für einen billigen Preiß, von zwey bis vier Schillingen des Tages bey ihm wohnen und speisen.

Nichts in der Natur kann ein schrecklicher Ansehen haben, als die rauhen Berge die die Bay einschliessen. Man sollte beinahe denken die Holländer hätten den unfruchtbarsten Ort auf der Erde gewählt, um zu zeigen was langsamer Fleiß, und fortdauernde Beharrlichkeit bewirken können; denn ausser den spitzen Felsen, welche das flache Land beinahe unzugänglich machen, ist der Boden so sandicht und arm, daß er in einer Entfernug von einigen Meilen vor der Stadt, kaum eine Staude oder Baum hervorbringt, so daß der große Ueberfluß an allen Arten von Lebensmitteln, als Rindfleisch, Hammelfleisch, Geflügel, Mehl, Butter, Käse, und alles übrige was zum Leben nothwendig ist, von vier bis fünf und zwanzig Tagereisen nach der Stadt gebracht wird, wo der Gouverneur und die Gesellschaft ihre Wohnung haben.

Diese Stadt ist schon so ausführlich durch Kapitain Kook in seiner vorigen Reise, und durch andre Schriftsteller vor ihm, beschrieben worden, daß
sich

sich wenig mehr darüber sagen läßt. Sie ist nett gebauet und wird nach dem National-Charakter der Holländer eben so nett gehalten. Ein kleines Flüßchen fließt durch dieselbe, vermittelst dessen man in den vornehmsten Straffen Kanäle gemacht hat, welche auf beyden Seiten mit Reihen von stattlichen Eichen besetzt sind. Die Stadt liegt unter den Bergen, und hat, wenn man von ihren Höhen herab auf sie sieht, ein sehr malerisches Ansehen, mit den Gärten und Pflanzungen die sich längst dem Ufer erstrecken: keine Aussicht kann romantischer und anmuthiger seyn.

Sobald das Schiff vor Anker lag, war die ganze Mannschaft beschäftigt das Tauwerk abzunehmen, und den Vorrath auszuladen; gehörige Oerter um das erstere auszubessern, und den andern auszulüften und zu untersuchen, waren schon im voraus von Kapitain Kook bestellt worden. Wir suchten unsere Reise so viel als möglich zu beschleunigen, da die Zeit zum befahren der höheren Breiten, durch welche wir paßiren solten, heran kam, und die Resolution bereits zur Reise fertig war.

Was für Kapitain Kook bey unserer Ankunft zu thun übrig blieb, war hauptsächlich lebendiges Vieh zu Geschenken für die Eriehs in der Südsee zu kaufen, wie auch zum Gebrauch des Schiffes; dieses wird allezeit zu letzt angeschaft, weil es nothwendig ist dessen Aufenthalt an Bord so viel als möglich zu verkürzen. Er hatte schon einen genugsamen Vorrath von Rindfleisch, Hammelfleisch, Geflügel und Gartengewächsen zum gegenwärtigen Gebrauch eingekauft, und sich mit einer grossen Menge gesalzenem Rindfleische versehen, um das zu sparen, was wir aus England mitgebracht hatten, weil sich dieses besser hält, als das was auf dem Kap eingesalzen wird, obgleich dieses letztere besser zum gegenwärtigen Gebrauch ist.

Unter dem eingekauften Vieh, waren vier Pferde und Stutten von einer sehr schönen Art, für Omai: verschiedene Büffelkühe und Bullen, welche sich besser für den heissen Himmelsstrich schicken, als die Europäischen; gleichfals einige Afrikanische Widder und Mutter-Schafe; Hunde von der nämlichen Gattung; Katzen hatten wir in Menge am Bord, und Ziegen hatte Kapitain Kook zu San Jago gekauft.

Mit diesen versehen, glich die Resolution der Arche, in welcher alle Thiere versammlet waren, die die Erde anfüllen solten; und mit ihrem Futter nahmen sie keinen kleinen Theil des Raums ein.

Unterdessen, daß die Zutakeler, Seegelmacher, Zimmerleute, Kalfaterer, Schmiede, Böttcher, und Aufseher über den Vorrath in ihren verschiedenen Gewerben eifrig beschäftigt waren, machten die Astronomen ihre Beobachtungen, und die Wundärzte besuchten die wenigen Kranken die wir hatten, welche sich so bald sie ans Land kamen, zusehends erholten.

Die trockene milde Luft von den Afrikanischen Bergen ist ein besseres Heilungsmittel, als alle Arzneyen in der Welt. Die Holländischen Ostindienfahrer, erfahren die Wirksamkeit dieser gesunden Luft in jeder Reise, von oder nach Indien.

Während daß wir am Kap waren, kamen zwey Schiffe voll kranker Soldaten an, die man in Holland angeworben hatte, und die jetzt aus Mangel der Gesundheit, und der gemeinen Bedürfnisse des Lebens in einem elenden Zustande waren*). Sie
hat-

---

*) Die Hauptursache, daß allezeit an Bord der holländischen
 Schiffe so viele Kranke sind, rührte vor diesem von den See-
 lenverkäufern her. Diese Pest der Menschheit lauert in
Am-

hatten beinahe fünf Monate auf ihrer Reise von Amsterdam zugebracht, und durch Unsauberkeit und Zusammensperrung mehr Leute verloren als wir auf unsern beyden Schiffen am Leben hatten. Es ist merkwürdig daß keine Schiffe von auffen netter und von innen garstiger aussehen, als die Holländischen.

Amsterdam und in den anderen Städten Hollands, bis sie einen von Mangel und Noth getriebenen Menschen, oder einen unerfahrnen neuen Jüngling ansichtig werden; diese sind die Beute dieser boshaften Menschen. Sie geben denselben, in verschlossenen und mit eisernen Gattern versehenen Zimmern 5. 6. und mehrere Monate kaum so viel Unterhalt, daß sie am Leben können bleiben. Die ungesunde eingeschlossene Luft, schlechte Nahrung, Mangel der Bewegung und Wechsels der Wäsche, vereinigen sich, diese unseelige Beuten des schändlichsten Eigennutzes und Menschen-Handels gänzlich zu entkräften und so zu sagen auszuzehren; wenn sie in solchen Umständen an Bord der ostindischen Schiffe kommen, wo allezeit 3 bis 400 Menschen in einem sehr kleinen Raume zusammengepreft werden, wo die salzen Speisen, viele Arbeiten bey Ausrüstung und Ladung der Schiffe, und Veränderungen der Witterung von Kälte bis zur größten Hitze noch mehr beitragen die Gesundheit der armen Menschen zu bestürmen; so werden sie gemeiniglich vom Scharbock und anderen faulen Fiebern angegriffen und entweder hingerafft, oder doch so entkräftet, daß sie in Batavia und anderen ungesunden Orten der ostindischen holländischen Besitzungen bald sterben, oder doch zeitlebens kränkeln und elend sind. Die mehresten dieser Unglücklichen sind Deutsche. Es hat aber die ostindische Kompagnie endlich den grossen Schaden eingesehen, den sie von dieser Art von Werbung erlitten und hat seit kurzem angefangen, die nöthige Mannschaft auf eine vernünftigere und weniger schädliche Art anzuwerben. Die holländischen Schiffs-Wundärzte sind auch zu unwissend und tragen mit dazu bey das Unheil der armen Kranken zu verlängern und oft auch zu verschlimmern. S. Forsters Reisen Kapitel 3. 1 Theil. F.

Eine sehr besondere Begebenheit trug sich bey unserm Aufenthalte am Kap zu, die uns mit der dortigen Regierung hätte in Streit verwickeln können, wenn der Schuldige nicht ausgefunden und bestraft worden wäre. Man hatte entdeckt, daß eine Anzahl falscher Schillinge, und Zweystüberstücke a), circulirten und verschiedene von unsern Leuten sie für Gold eingewechselt hatten. Unsere Officiere führten Klagen gegen die Einwohner, daß sie sich die Unwissenheit der Fremden zu nutze machten, und ihnen falsches Geld gäben, indem man wohl nicht vermuthen könnte, daß sie von der Güte der Kapischen Münzsorten urtheilen konnten. Die Einwohner ihrer Seits schoben die Schuld auf uns. Beide Theile waren hitzig in ihren Vorstellungen, und bestanden auf ihrer Meynung. Man hielt es für unmöglich, daß irgend einer von unsern Leuten fähig seyn möchte holländisches Geld zu machen, und doch war kein Beyspiel, daß man vor unserer Ankunft falsche Münze am Kap gesehen hätte. Die Sachen blieben eine Zeitlang so, bis ein Koch von einem der Schiffe, der Erlaubniß erhalten hatte ans Land zu gehen, sich betrank, und schlechtes Geld zur Bezahlung anbot. Er ward angehalten, und man ließ es seinem Befehlshaber melden, der ihn durchsuchen ließ, worauf man verschiedene andere Stücke schlechtes Gled bey ihm antraf; und als man seine Kiste untersuchte, fand man die Werkzeuge darinnen versteckt, die ihn in den Stand gesetzt hatten, diesen Betrug fortzusetzen. Er wurde gleich dem holländischen Gouverneur überliefert, um nach den Gesetzen des
Lan-

a) Im Original steht Double Keys, ein Wort das der Verfasser aus Dubbeltje, so heissen Zweystüberstücke holländisch, anglisirte; und wo das beste deutsche Wörterbuch, den mühsamsten Uebersetzer im Stich lassen muste. S.

landes gerichtet zu werden, wo er das Verbrechen begangen hatte; aber da man nicht gewiß wußte, ob die falsche Münze am Lande, oder am Bord des Schiffes seiner Britanischen Majeſtät gemacht worden ſey, ſo ſchickte ihn der Magiſtrat ſehr höflich zurück, um behandelt zu werden, wie es der Befehlshaber für gut finden würde. Da dieſer nun in Gerichtlichen Fällen, nicht Macht über Leben und Tod hat, ließ er ihm die Disciplin des Schiffes geben und er ward in dem Oſtindienfahrer, der Hampſhire zurück nach England geſchickt. So endigte ſich dieſe kritiſche Sache, von der kein Beyſpiel vorhanden iſt.

Den 27ſten November ward Befehl gegeben, ſich zum Seegeln bereit zu halten. Und

Denn 28ſten deſſelben Monats ward der Gouverneur und die vornehmſten Officiere der Kompagnie auf der Reſolution bewirthet; und nahmen von unſern Kapitains Abſchied, indem wir in ein paar Tagen abzuſeegeln gedachten, da die Schiffe völlig ausgebeſſert waren. Der Vorrath war ſchon vor einigen Tagen an Bord geſchaft worden, und man hatte eine große Menge Bier für das Schiffsvolk bey der einzigen Brauerey gekauft, die in der Gerichtsbarkeit der Stadt öffentlich geduldet wird. Alles was man braucht, um ein Schiff auszubeſſern, und mit Lebensmitteln zu verſehen, findet man am Vorgebürge der guten Hoffnung zu ſehr billigen Preiſen. Man hat den Kapwein für theuer gehalten; weil der von der beſten Weinleſe ſehr ſelten, und wie der Engliſche Aepfelmoſt auf einen kleinen Fleck eingeſchränkt iſt. Von dem ächten Conſtantia b), welches der Wein iſt der in Europa ſo ſehr ge-

---

b) Nach Raynal T. I. p. 338. der neuen Ausgabe, wächſt der ächte Conſtantia-Wein nur auf einer kleinen Strecke

von

geschätzt wird, erndtet man auf der ganzen Plantage wohl nicht mehr als vierzig Pipen jährlich, obgleich zwey oder drey hundert unter den Namen verkauft werden. Der Wein der gemeiniglich an Bord der Schiffe zum Gebrauch der Officiere genommen wird, gleicht dem Madera Wein, nur ist sein Geschmack besser, indem die Weine hier durch die Wärme der Sonne und die Trockenheit des Bodens viel vortreflicher werden. *)

Den

von sieben franz. Arpens. (Ein Arpent beträgt 2000 pieds du Roi) auf dem ehemals Persische Reben von Schiras gepflanzt wurden. Von dem rothen werden jährlich etwa 50 bis 60. Legers geketert, und von weissem beynahe eben so viel. Im Jahr 1762 ward zu Amsterdam in der Auction der O. J. Comp. das Ohm des ersten Weins zu den verschiedenen Preisen von 510. bis 800. Gl. verkauft. Vom weissen kostete das Ohm 560. bis 590. Gl. — Die andere Sorte Kapischen Weins die unser Verf. hier beschreibt, und welche frembde Schiffe einzunehmen pflegen, kommt von Reben, die aus Madera hieher verpflanzt sind. Der Gouverneur am Kap bekommt von jedem ausgehenden Fasse zehn Thaler. Sehr viel von diesem Wein geht auch nach dem holländischen Ostindien; auf dem Kap gilt das Faß vier und zwanzig Reichsthaler — S.

*) Allein die Kompagnie zahlt doch vierzig Rthlr. davon sechszehn, dem Gouverneur und Unter-Gouverneur zukommen, und den Ueberrest bekommt der Pflanzer. Der Acker ist 666 Rheinländische Quadrat=Ruthen, jede zu 12 Fuß Rheinisch, und also 42904 Quadrat=Fuß Rheinisch, muß also mehr als 2000 Fuß französisch Maas seyn. Der Wein, den Ober-Constantia eine Pflanzung, die damahls dem Herren van der Spy gehörte, liefert, beträgt nicht über 30 Leeger alle Jahre; und ist unstreitig der wahre Constantia Wein. Herr van der Spy hat die Pflanzung an Herren Serrurier verkauft, und dieser wieder an einen andern Kapschen Bürger. Beide haben angefangen die Weinstöcke stark zu wässern, dadurch sie zwar saftigere

Trau-

Den 29ſten ward unſer lebendiger Vorrath ein⸗
geſchifft, und an eine ſichere Stelle gebracht. Und
nun nachdem wir unſere Briefe an unſere Freunde
fortgeſchickt hatten, blieb uns nichts übrig als den
Anker zu heben und fortzuſeegeln.

Den 30ſten nachdem wir unſern Anker⸗Grund
verlaſſen, ankerten wir in 18 Klafter Waſſer. Die

B 5 Pin⸗

Trauben zu tragen angefangen; der Wein der dadurch
ſich beträchlich vermehrt hat, iſt aber auch viel ſchlech⸗
ter geworden. Nieder⸗Conſtantia obgleich nur durch
einen Bach getrennt, der kaum 2 Fuß breit iſt, trägt
nicht mehr ſo guten Wein, und Alphen eine andere
Pflanzung, die noch niedriger an demſelben Bache gele⸗
gen iſt, trägt auch einen guten Wein, der aber noch ge⸗
ringer als der von Ober⸗ und Nieder⸗Conſtantia iſt;
allein Ausländern, die nicht ſehr genaue Bekanntſchaft
da haben, werden die beyden letzten Sorten auch für
Conſtantia verkauft. Der Leeger koſtet zur Stelle vom
beſten Conſtantia an die 300. bis 350. Reichsthaler in
Golde. Man findet aber auch noch am Kap rothen und
weiſſen Muſkateller, der dem Conſtantia Weine ſehr nahe
kommt und der die Hälfte wohlfeiler iſt. Man hat auch
Burgunder, Frontignan und Spaniſche Reben gepflanzt,
die eine Art von Burgunder, Frontignan und Tinto⸗
wein liefern, die dem ächten Gewächſe nahe kommen. Der
Kapiſche Madeira Wein, iſt lange nicht ſo gut als der beſte
ächte Madeira Wein, von Madeira, davon die Pipe zur
Stelle an die 31 Pfund Sterlinge, ohne dem Faſſe, und
alſo an die 217 Reichsthaler koſtet. Die Weine am Kap
haben alle etwas von dem originellen Reben⸗Geſchmacke
beibehalten, allein auch etwas von dem Erdreiche und dem
Klima eigenthümliches bekommen, das ſie ſehr unterſchei⸗
det. Ueberhaupt ſind alle Kapweine ſehr feurig. Da we⸗
nig Land zum Weinbaue taugt, und die Kompagnie ſchon
lange aufgehört hat, Pflanzungen und Ländereyen eigen⸗
thümlich den Beſitzern zu überlaſſen, ſo iſt der Wein und
Ackerbau dadurch ſehr eingeſchränkt worden. G. For⸗
ſters Reiſen 1. Theil, 3. Hauptſtück. F.

Pinguin Insel lag gegen Nord bey West, fünf oder sechs Meilen von uns.

Am 1sten December grüßten wir das Fort mit 11 Kanonenschüssen, welche es mit der nämlichen Anzahl beantwortete, und stachen in See. Um diese Zeit bemerkten wir die leuchtende Erscheinung um unsere Schiffe, welche verschiedene Reisende, verschiedenen Ursachen zugeschrieben haben, und die Doktor Franklin nach den Grundsätzen der Elektricität zu erklären gesucht hat *). Um fünf Uhr Nachmittags erhub sich einer von denen schrecklichen Windstößen, die bey Umseeglung des Kaps so gewöhnlich sind; er zerriß unser grosses Seegel, aber glücklicherweise litten wir keinen andern Schaden; das südlichste Land lag damals S. bey O. in einer Entfernung von neun oder zehn Meilen. Beide Schiffe waren beisammen.

Den 4ten des Morgens wehete ein heftiger Sturm, der unser Blinden Lauffstaggseegel zerriß. Um zwey Uhr nahmen wir es ab und befestigten ein anderes.

Den 9ten klärte sich das Wetter auf, das seit unserer Abreise vom Kap neblicht und stürmisch gewesen war. Im 39 Grad 57 Minuten südlicher Breite, kam das Boot der Resolution mit Herrn King, dem zweiten Unter-Steuermann und Omai, um

---

*) Die Elektricität ist nicht die einzige Ursache des Leuchtens des Seewassers, sondern es gehört noch dazu, daß die faulenden Fische und Seethiere eine Art von Phosphorus bilden, der da verursacht, daß die ganze See zuweilen mit einem wundervollen Glanze zu leuchten scheint; und endlich, so giebt es zahlreiche Geschlechter von Seethieren, welche gewis auch im Finstern scheinen, und die See erleuchten helfen, wie solches mit mehrerem ist abgehandelt worden, in Forster's Observations, davon bald die deutsche Uebersetzung meines Sohnes erscheinen wird. F.

um die Längen Uhren zu vergleichen, und fanden keinen wesentlichen Unterschied.

Den 10ten im 43 Grad 57 Minuten südlicher Breite, entstand ein erschrecklicher Sturm, der beide Schiffe zwang, diese und die folgende Nacht beyzulegen.

Am 12ten, im 46°, 18' südlicher Breite, fieng es an zu schneyen und zu hageln, und das Wetter ward entsetzlich kalt. Von der brennenden Hitze die wir am Kap gefühlt hatten, hatte es sich in einer Zeit von dreyzehn Tagen so verändert, daß wir genöthigt waren die Schiffslucken mit Kanvas auszuschlagen, um die Leute unten so viel als möglich vor den Wirkungen der Kälte zu beschützen. Albatrosse und andere Seevögel fiengen an sich sehen zu lassen, auch sahen wir Robben und Meerschweine um das Schiff herum spielen, welches uns Hoffnung gab, daß Land nahe sey. *)

Den 13ten, um sechs Uhr des Morgens, erblickten wir Land, welches wie zwey Inseln aussah, die östlichste lag gegen S. S. O. $\frac{1}{2}$ O, und die Westlichste S. bey W. $\frac{1}{2}$ W. Um zehn des Vormittags liefen wir durch eine sehr schmale Straße, zwischen den beiden Inseln. Wir hatten nun durchdringende Kälte, Regen und Schnee, womit auch die Inseln etwas

---

*) Albatrossen, Robben und Meerschweine sind keine Vorboten von nahem Lande, denn wir haben sie 700 grosse See-Meilen weit, von irgend einem Lande angetroffen. Was aber die andern Seevögel anbetrift, da sie nicht bestimmter ausgedruckt sind, so kann man nichts draus schliessen. See-Raben (Pelecanus Linn.) gehen nie sehr weit vom Lande, und sind die einzigen bisherigen sicheren Anzeigen von Land in der südlichen Halbkugel gewesen: da ich die nördliche nie so weit nach Norden besucht, so kann ich davon nicht urtheilen, welche Vögel da, ein nahes Land ankündigen können. F.

etwas bedeckt waren, aber weder Baum noch Staude war zu sehen oder irgend ein lebendiges Geschöpf, auſſer Pinguins und Seeraben; die erſteren waren so zahlreich, daß die Felſen damit wie mit einer Rinde bedeckt zu ſeyn ſchienen. Dieſes waren die bekannten Marions Inſeln*) Herr von Marion hatte, als er dieſe Inſeln entdeckte, zwey Schiffe unter ſeinem Befehl, le Maſcarin vom Kapitain Krozet, und le Kaſtrie vom Kapitain de Kleſmure geführt. Sie giengen nach dem ſüdlichen Ende von Neuholland, und von da nach der Inſel Bay in Neu-Seeland, wo Herr von Marion mit acht und zwanzig ſeiner Leute von den Einwohnern erſchlagen ward. Er war gezwungen, da er ſeine Maſte verlohren hatte, ſich in den Wäldern dieſes Landes neue auszuſuchen; aber da er einige Bäume zu dieſer Abſicht tüchtig gefunden, mußte er erſt einen drey Meilen langen Weg durch das Dickicht hauen, um ſie ans Ufer bringen zu können. Unterdeſſen daß ein Theil ſeiner Leute hiemit beſchäftiget war, hatte er einen anderen auf einer Inſel in der Bay poſtirt, um die Fäſſer zu reinigen, und mit Waſſer anzufüllen; und ein Dritter ward von Zeit zu Zeit ans Land geſchickt, um Holz zum Gebrauch des Schiffes zu fällen. Unter dieſen Be-

*) Die Reiſe Heinrich Zimmermanns, giebt die Marions-Inſeln als unter 42° Südl. Beite an; da doch die Karte des Herzogs de Croy die 1773 von Vaugondy herausgegeben, ſolche im 47° ſetzet. Woferne die Angabe Zimmermanns richtig iſt, ſo iſt noch mehr Land gegen Süden zu finden, als Kapitain Kook geſehen hat; denn Vaugondys Karte giebt noch 4 Eilande an, die mehr öſtlich von den zwey erſten lagen. Ueberhaupt glaubte Kook die ganze Entdeckung der Franzoſen, insbeſondere die von Kerguelen falſch zu ſeyn, und hatte daher 1775 auf ſeiner Karte. Kerguelens Land ſo gezeichnet, als wäre er mit ſeinem Schiffe drüber weggeſeegelt. Hat aber doch das Land in ſeiner zweyten Reiſe dahin 1776 gefunden. F.

Beschäftigungen hatten sie hier drey und dreyßig Tage zugebracht. Die Einwohner wahren sehr freundschaftlich, und boten von selbst ihre Weiber den Matrosen an. Herr von Marion, der keine Verrätherey vermuthete, ging eines Morgens wie gewöhnlich aus, um die verschiedenen Partheyen bey ihrer Arbeit zu besuchen, ohne Nachricht zu hinterlassen, daß er gedächte des Abends wiederum bey den Schiffen zu seyn. Nachdem er bey denen, die die Fässer anfüllten, gewesen war, gieng er zu dem Hippah der Festung der Einwohner, wo er gewöhnlich auf seinem Wege zu den Zimmerleuten, die unter der Anführung des Kapitain Krozet im Walde waren, Halte zu machen pflegte. Hier ward er plötzlich umgeben, und mit seinem wenigen Begleitern grausamer Weise erschlagen. Die Mannschaft des Boots das ihn an Land brachte, hatte das nämliche Schicksal. Den andern Morgen schickte der an Bord kommandirende Lieutenant, welcher nicht wußte was geschehen war, eine Parthey an Land um Holz zu bauen; die Einwohner nahmen die Gelegenheit wahr, als alle bey der Arbeit waren; überfielen sie gleichfals und tödteten alle, ausgenommen einen einzigen Matrosen, welcher entlief, und sich verwundet in die See warf. Da man ihn von den Schiffen gesehen hatte, ward er geschwind an Bord genommen, und verbreitete Schrecken durch seine Erzählung. Herrn Krozets Lage in den Wäldern mit seiner kleinen Parthey war jezt sehr kritisch. Ein Korporal mit vier Seesoldaten ward gleich abgeschickt, um ihn von seiner Gefahr zu benachrichtigen, und verschiedene Böte waren bereit ihn und seine Leute einzunehmen, an einem Orte wo man Gezelte für die Kranken aufgeschlagen hatte. Er ordnete alles so gut als es die Kürze der Zeit zulieſ, und bewerkstelligte seinen Zurückzug

an

an den Strand. Hier fand er eine grosse Anzahl der Einwohner versammelt, die ihre Kriegskleidung an, und verschiedene Anführer an ihrer Spitze hatten. Herr Krozet befahl den Seesoldaten die ihn begleiteten, im Fall er es nöthig finden würde Feuer zu geben, so solten sie nach denjenigen Personen zielen, die er ihnen zeigen würde. Hernach gab er den Zimmerleuten und Wiedergenesenden Befehl, die Zelter abzubrechen und zuerst die Kranken einzuschiffen, unterdessen daß er mit dem Oberhaupt reden würde. Dieser Mann sagte ihnen gleich, daß Herr Marion von einem andern Führer erschlagen worden wäre, worauf Herr Krozet eine Stange ergrif, sie mit Gewalt in die Erde trieb, und ihm durch Zeichen zu verstehen gab, nicht näher zu kommen. Der ernste Ausdruck des Gesichts mit dem diese Handlung begleitet war, setzte den Wilden in Erstaunen, und da Herr Krozet sein Schrecken bemerkte, bestand er darauf, daß er seinen Leuten befehlen solte, sich nieder zu setzen, welches auch geschah. Nun ging er vor dem Feinde auf und nieder, bis alle seine Leute eingeschiffet waren, darauf ließ er seine Soldaten in das Boot gehen, und er war der lezte der hereinstieg. Kaum hatten sie abgestossen, als der ganze Haufe der Eingebohrnen ihren Herausfoderungs-Gesang anstimmten, und einen Hagel von Steinen nach ihnen warfen, aber ein Schuß vom Schiffe zerstreuet sie bald, und die Gesellschaft kam unbeschädigt an Bord. Von dieser Zeit an, machten ihnen die Wilden viele Mühe, und versuchten verschiedenemal sie zu überfallen. Sie machten einen Angriff auf die Parthey die Wasser holte, welcher ohne die Wachsamkeit der Wache sehr unglücklich für sie hätte werden können, hernach griffen sie die Schiffe öffentlich mit mehr als hundert grossen Kanoes an, aber sie hatten Ursache genug ihre Verwegenheit

zu

zu bereiten, und fühlten die Wirkungen der Europäischen Waffen sehr nachdrücklich. Da Herr Krozet zuletzt fand, daß es unmöglich seyn würde die Schiffe mit Masten zu versehen, wenn er nicht die Neuseeländer aus der Nachbarschaft verjagte, so machte er einen Angriff auf ihr Hippah, welches sie für unzugänglich hielten. Er stellte die Zimmerleute in die Fronte, welche in einem Augenblick die Pallisaden ausrissen; hernach hieben sie den Wall ein und machten den Graben eben hinter welchem ihre Krieger in großer Anzahl auf ihren Streitgerüsten stunden. *)

Ein Führer mit einem Speer bewaffnet, stellte sich gleich in die Breche. Er ward von Herrn Krozets Scharfschützen todt geschossen, und ein anderer trat gleich auf den todten Körper und nahm seine Stelle ein. Auch dieser wurde ein Opfer seines unerschrocknen Muths, und auf diese Art folgten acht Führer einander und fielen auf dem Posten der Ehre. Da die übrigen ihre Führer todt sahen, ergriffen sie die Flucht, und die Franzosen verfolgten sie und erschlugen eine grosse Anzahl. Herr Krozet bot jedem funfzig Thaler, der ihm einen lebendigen Neuseeländer bringen würde, es war aber nicht möglich. Ein Soldat ergriff zwar einen alten Mann, und fieng an, ihn zu seinem Kapitain zu schleppen, aber der Wilde, der unbewafnet war, biß ihn in den fleischigten Theil der Hand;

der

---

*) Der Verfasser dieser Nachricht, hat alles das hier gesagte aus meines Sohnes Reise geschöpft, wo es Th. 2. S. 362—365. stehet, denn sonst ist von Krozets Reise nirgends eine Nachricht; allein seine Liebe alles zu verschönern, zu dehnen und nach seiner Meynung unterhaltend zu machen, hat ihn auch diesmal verleitet den Hippahs oder Festungen der Neuzeeländer, ausser den Pallisader, noch einen Wall und Graben anzudichten, von denen meines Sohns Nachricht nichts saget, und von welcher Befestigungsart der Neuzeeländer nichts weis. F.

der graufame Schmerz hievon, machte den Soldaten so
wüthend, daß er ihn mit seinem Bajonet niederstieß.
Herr Krozet fand eine grosse Menge Waffen, Werkzeuge und Kleider in diesem Hippah, mit einem Vorrath von gedörrten Fischen und Wurzeln, welches vermuthlich ihre Winter-Provision war. Jetzo besserte
er sein Schiff ohne Störung aus, und setzte seine Reise
fort, nachdem er sich vier und sechszig Tage in der
Insel-Bay aufgehalten hatte. Von hier paßirte er
durch den Westlichen Theil der Süd-See, und kehrte
über die Philippinischen Inseln nach der Insel Frankreich zurück.

Wir können nicht umhin zu bemerken, daß einige
Umstände in dieser Erzählung mit einander zu streiten
scheinen. Es ist unwahrscheinlich, wenn Herr Marion
in dem Hippah, welches auf der Spitze eines unzu-
gänglichen Felsens liegt, erschlagen ward, daß die Bootsleute die ihn an Land brachten, nicht entkommen sollten, noch unwahrscheinlicher ist es, daß man weder den
Führer, noch seine Leute eher vermißt, bis die Holzhauer
den folgenden Tag von den Wilden niedergemacht wurden. Ueberhaupt, wenn wir die Stärke des Ortes in
Betracht ziehen, sind wir geneigt zu glauben, daß die
Franzosen diesen Verlust in offener Schlacht erlitten.
Vielleicht hielt es Herr Marion für die Sicherheit
seiner Leute nöthig, die Wilden von ihrem Hippah oder
Festung, welches eins von den stärksten in Neu-Seeland ist, wegzutreiben. Kapitain Kook setzt, seiner Beschreibung hinzu; daß man es als einen sehr festen Ort
ansehen muß, den eine kleine Anzahl entschlossener Leute,
gegen die ganze Macht eines Volks, das keine andere
Waffen als sie hätte, vertheidigen könnte. Herr Krozet mochte es also, für weniger entehrend halten, den
Verlust seines Befehlshabers und so vieler Leute der
Verrätherey als der Tapferkeit der Wilden zuzuschreiben

ben. Er gesteht selbst, daß sie den Ort gut vertheidigten. *)

Den 14ten, klärte sich das Wetter auf, und da diese Inseln keine Erfrischungen versprachen, sezten beide Schiffe ihren Lauf gegen Südosten fort; ein frischer Wind wehete aus W. S. W. die Kälte aber war durchdringend. Der Kapitain ließ jezo die Wämser Schyffshosen, wollenen Decken und andere warme Kleidungsstücke austheilen, welche das Admiralitäts Collegium

---

*) Das Unwahrscheinliche fällt nicht allen so in die Augen als dem Verfasser. Leute die gefunden, daß sie ganzer 33 Tagen wohl aufgenommen und freundlich behandelt worden, sind gar nicht mehr auf ihrer Hut gegen einen unversehenen treulosen Angriff. Der Wilde ist leicht beleidigt, und denkt gleich auf Rache, auch wenn man ihn nicht zu beleidigen die Absicht hat. Und ein Boot, mit vielem Eisenwerke ist für ihn eine grosse Versuchung; eine von den Ursachen oder beyde sind hinlänglich ihm den Anschlag die Leute eines Boots mit ihrem Führer zu ermorden an die Hand zu geben. Die Bootsleute gingen wahrscheinlich aus ihrem Boote ans Land, wurden abgeschnitten und ermordet. Da die Holzhauer ankamen, ging jeder an den ihm angewiesenen Baum um ihn zu fällen, die im Boote sind nicht allemahl vorsichtig und der Wilde ist schlau genug, um dergleichen Leute mit Handel oder Geschenken von Fischen oder sonst was zu beschäftigen, zahlreich und dabey am Leibe stark genug sind sie auch um eine Handvoll Wehrlose und nicht auf ihrer Hut seyende Europäer zu übermannen. Der eine, der ans Schiff, obgleich mit einem Wurfspiesse verwundet entkam, zeigt zur Gnüge, daß die Wilden selbst nicht alle mögliche Vorsicht entdeckt zu werden genommen hätten. Ich kenne den Hauptmann Krozet zu gut, um in seine Erzählung ein Mistrauen zu sezen. In Frankreich wird Krozet sehr hoch geschäzt. Allein er ist ein Franzose und der Verfasser ein Engländer, der jezt die Franzosen als Feinde ansieht, und Krozet muß also in seinen Augen unrecht haben. F

gium zur Beschützung gegen die Strenge des kalten Himmelsstrichs angeordnet hatte, und welche von unendlichem Nutzen für die Gesundheit der Leute waren, die der Kälte am meisten ausgesetzt sind.

Den 19ten, im 48.° 27' südlicher Breite entstand ein so dicker Nebel, daß wir die größten Gegenstände in der Entfernung der Länge des Schiffs nur eben sehen konnten. Da wir dieses vorher gesehen hatten, wurden Nebelsignale bestimmt, und alle halbe Stunde wiederholt. Es geschah nichts merkwürdiges bis

Den 20sten, da wir die Resolution aus dem Gesicht verlohren. Verschiedene Kanonen wurden wieder als Signale abgefeuert, Feuer angezündet, und Lichter an dem Mastkorbe ausgehangen, aber wir erhielten keine Antwort

Den 21sten, des Morgens hielt der Nebel noch immer an, und wir hatten einen Sturm mit Schneegestöber, Regen und Hagel begleitet. Diesen ganzen Tag fuhren wir fort, Signale zu machen die aber alle vergeblich waren.

Den 22sten nahm der Wind zu, riß unser blinde laufend Stagseegel, und die Brassen desselben entzwey. Des Abends aber klärte es sich auf, und zum Glücke für beide Schiffe, erblickten wir die Resolution wieder; dieses richtete die traurigen Gemüther unserer Leute einigermassen auf, welche der Gedanke auf einem unermäßlichen stürmischen Meere allein zu seyn, und in einem unglücklichen Augenblicke, der durch den beständigen Abgang von diesem oder jenem Stücke unsers Tauwerkes sehr zu befürchten war, keine Hülfe erwarten zu können, sehr beunruhigt hatte.

Wir wurden jetzt von einer Menge verschiedener Seevögel begleitet, unter welchen Pintaden, schwarze und graue Sturmvögel und graue Sturmfinken waren,
wel-

welche leztere selten in einer beträchtlichen Entfernung vom Lande erscheinen. *)

Den 23sten (ungefähr die Mitte des Junius in der Nördlichen Hemisphere) klärte sich das Wetter auf, und wir seegelten mit ausgelassenen Reffen sehr geschwinde fort, als sich das Wetter plötzlich umzog, und endlich ein Nebel entstand, in welchem wir die Resolution wieder aus dem Gesichte verlohren; aber nachdem wir die Nebel-Glocke geläutet, und eine Kanone abgefeuert hatten, erhielten wir zu unserer unaussprechlichen Freude Antwort von unserer Begleiterin.

Um 12 Uhr Mittags, zertheilte sich der Nebel, der schönste Sonnenschein erhellte den Horizont, und zeigte uns, daß wir nicht weit vom Lande wären. Dieses war desto angenehmer, je unerwarteter es war. Der Mann im Mastkorbe kündigte es an; aber da es in einer grossen Entfernung zu seyn schien, sehr hoch war, und die Spitzen der Hügel in Nebel verhüllt waren, bezeigten verschiedene Officiere, welche Kapitain Cook auf seiner vorigen Reise begleitet hatten, und öfters durch die betrügliche Aehnlichkeit der Eis-Inseln mit dem Lande in ihren Hoffnungen betrogen worden waren, ihre Zweifel wegen dessen Wirklichkeit. Aber je näher wir

C 2 ka-

---

*) Die hier genannten Vögel, sind alle vom Geschlechte der Procellaria und daher oft sehr weit von irgend einem Lande zu finden; und können daher nie als Vorboten eines nahen Landes angesehen werden. Pintaden sind Procellaria capensis L. die schwarze Sturmvögel Procellaria aequinoctialis, der graue Sturmvogel Proc. glacialis, die graue Sturmfinke ist eine neue Art und entweder die von uns genannte Proc. vittata oder die Proc. similis. Es giebt auch noch einen anderen neuen schwarzen Sturmvogel, den wir Proc. fuliginosa genennet, die man alle näher kennen wird, so bald uns das Publikum Ermunterung genung giebt, die Beschreibung derselben und einige Zeichnungen herauszugeben. F.

kamen, je mehr wurden wir davon überzeugt. Es schien uns sehr sonderbar, daß die See hier die Farbe veränderte, und anstatt dunkelgrün, weiß wie Milch aussah; wir hatten dieses Phenomen zwar schon einmal als wir den Wendezirkel in der nördlichen Hemisphere kreuzten, bemerkt, ich erinnere mich aber nicht, daß diese Erscheinung in diesen hohen südlichen Breiten von vorigen Reisenden erwähnt worden.

Den 24sten bemerkten wir eine grosse Menge Seegras, welches auf der Oberfläche herum trieb, und die Seevögel vermehrten sich; bis wir um Mittag dem Lande so nahe waren, daß wir Felsen entdecken konnten, die, unsern Bedunken nach, zu einer unermeßlichen Höhe aufeinander gethürmt waren; wir erblickten aber keine Pflanzungen oder andere Anzeigen, daß es bewohnt sey. Da die Küste rauh und felsicht zu seyn schien, fanden wir es nöthig behutsam zu seyn. Als wir das Land zuerst entdeckten, lag es gegen Süden, aber da wir näher kamen, sahen wir eine Insel, gegen S O bey S; welche in der vorigen Richtung, nur einen Theil der andern auszumachen schien.

Den 25sten um sechs des Morgens, wendeten wir das Schiff, und steuerten gegen das Land zu; wir kamen bey dem fürchterlichen Felsen vorbey, den wir zuerst zu Gesichte bekommen hatten, und welcher sich in Gestalt eines Zuckerhuts zu einer erstaunlichen Höhe erhub; und nun richteten wir unsern Lauf zu der See-Insel, wo wir eine Bay mit einem guten Ankerplatze fanden. Der Grund war morastig, aber die Brandung rauh und unbequem zum Landen und Wasser einfüllen.

Den 26sten um vier des Morgens wurden die Boote ausgeschickt um die Küste zu untersuchen, und eine bequemeren Hafen zum Wasser einfüllen auszufinden. Um sieben kamen sie zurück, und brachten eine Bouteille mit

37

mit einem Briefe, die sie gefunden hatten. Der Brief enthielt die Nachricht, daß diese Insel im Januar 1772 zuerst vom Herrn von Kerguelen entdeckt worden; daß sie Ueberfluß an Wasser aber kein Holz enthalte, unfruchtbar und unbewohnt sey; daß aber am Ufer Fische und am Lande Robben, See-Löwen und Pinguins in Menge zu finden wären. Da der Hafen, in dem man diese Bouteille fand, bequemer war als der, in welchem unsere Schiffe vor Anker lagen, und Kapitain Cook willens war, die Weihnachtzeit hier zuzubringen, und seine Leute zu erfrischen, gab er Befehl die Anker zu lichten, und die Schiffe in den andern Hafen einlaufen zu lassen, welches gleich geschah.

Der Inhalt des in der Bouteille enthaltenen Briefes ward in jedem Betracht wahr befunden; also wird eine kurze Nachricht von dem Reisenden, der ihn hier ließ, nothwendig seyn, um unsere Berichte von den Entdeckungen in der Südsee vollständig zu machen.

Herrn von Kerguelen, Lieutenant bey dem französischen Seewesen, hatte das Kommando über zwey Schiffe La Fortune und le gros Ventre genannt. Er seegelte am Ende 1771 von der Insel Mauritius ab, und am 13ten Januar 1772 sah er die zwey eben erwähnten Inseln, welche er die Inseln des Glücks nannte. Bald hernach sah Herr von Kerguelen Land das sehr hoch und von ziemlichen Umfange zu seyn schien, worauf er einen seiner Officiere in dem sechsrudrigen Boote vor dem Schiffe her schickte und sondiren ließ. Des frischen Windes wegen aber kam Herr von St. Allouarn der Kapitain des andern Schiffes, dem Boote zuvor, und fand eine Bay die er nach seinem Schiff Grosventre Bay nannte, und von welcher er durch einige Leute in seiner Jölle Besiz nehmen ließ. Mittlerweile ward Herr von Kerguelen vom Lande abgetrieben, und da er nicht wieder in seine vorige Lage kommen konnte,

C 3

kehrten beide Boote an Bord des Grosventre zurück, und das sechsrudrige Boot ging hernach in einem Sturm verloren. Herr von Kerguelen kehrte nach Mauritius zurück, und Herr von St. Allouarn fuhr fort die Lage des Landes aufzunehmen. Als er um das nördliche Ende der Insel herum kam, fand sichs, daß die Küste nach Süd-Osten herablief, und nachdem er ohngefähr zwanzig Meilen längst derselben hingeseegelt war, und das Land überall bergig, unzugänglich und von Holz entblößt gefunden hatte, so richtete er seinen Lauf nach Neuholland, und kam endlich über Timor und Batavia nach der Insel Frankreich zu Hause, wo er bald nachher starb. Herr von Kerguelen ward hernach mit einem Schiffe von 64 Kanonen, der Rolland genannt, und einer Fregatte L'Oiseau abermals ausgeschickt, um die Entdeckung dieses vorgegebenen Landes zu Stande zu bringen, kehrte aber mit Schande zurück, nachdem er es, seiner Aussage nach, eben zu Gesichte bekommen hatte. Ohne Zweifel waren die Inseln, an die wir geriethen, die nämlichen die Herr von Kerguelen entdeckt hat: daß er aber wie er vorgiebt neben diesen Inseln ein grosses Land gesehen hat, ist sehr zweifelhaft. Die Erfahrung eines jeden Tages beweist wohl, daß in diesem beinahe unermeßlichen Ozean unzählige Inseln hin und wieder zerstreuet liegen, es ist aber ausser allem Zweifel, sie möchten, das Aufsuchen schwerlich belohnen, in dem sehr zu vermuthen, daß sie sich weder durch neue Reichthümer, noch durch bessern Anbau von den bereits entdeckten unterscheiden.

Wir waren jetzo an Bord beschäftigt unser Tauwerk auszubessern, welches von den häufigen Stürmen, seit unserer Abreise vom Kap sehr beschädigt war; die am Lande wendeten mitlerweile ihre Zeit eben so nützlich an, um das Schiff mit Wasser zu versehen, und uns frische Lebensmittel zu verschaffen, welche eben nicht von der feinsten Gattung waren; aber sogar Robben, Pinguins und Seevögel waren schmackhafte Speisen für Leute die sich beinahe einen Ekel am gesalzenem Fleische gegessen hatten.

Den 27sten, da wir unsere Ausbesserungen beinahe beendiget, und wir auch sehr viel Wasser an Bord hatten, wurde die Weihnachtsfeier angekündigt; jeder gemeine Mann bekam eine doppelte Quantität Grog oder Rum mit Wasser vermischt; und jeder Unterofficier ein gewisses Maas Wein und Brantwein: die Kranken erhielten Erlaubniß an Land zu gehen, um die Luft zu geniessen; und die Officiere beider Schiffe besuchten einander; vergangene Gefahren wurden vergessen, und die Matrosen brachten den Tag eben so fröhlich und sorglos zu, als wenn sie in dem Hafen von Portsmouth ruhig vor Anker gelegen hätten.

Den 28sten wurden Parthien ausgeschickt um Kräuter zur Erfrischung mitzubringen, fanden aber keine zum Küchen-Gebrauch, ausser einer Art wilden Kohl, die in unbeträchtlicher Menge wuchs, und mit grosser Mühe zwischen den Spitzen der Felsen gesammelt werden mußte. Herr Nelson der von Herrn Banks mitgeschickt worden war, um die Produkte der Inseln und verschiedener Himmelsgegenden die er auf seiner Reise antreffen würde einzusammeln, fand zwischen diesen Klippen eine Gattung gelbes Mooß, so weich wie Seide, welches er noch nie vorher gesehen hatte.

Den 29sten lichtete die Resolution die Anker, um die Insel zu umschiffen, und die andere Seite zu untersuchen. Sie war eben so unfruchtbar, felsigt, steil und öde, als diejenige die wir eben verlassen hatten. Pinguins und Seelöwen waren ihre vornehmsten Bewohner, unter welchen unsere Leute eine grosse Verwüstung anrichteten; die erstern, welche sich frisch oder eben gesalzen gut essen liessen, nahmen wir als Vorrath mit, und von den zweiten brauchten wir den Trahn, welcher bey unserer Ankunft zu Neu-Seeland gekocht ward.

Den 30sten hoben wir den Anker, und verliessen diese Insel, welche nach unseren Bemerkungen unter dem 49° 30' südlicher Breite und dem 78° 10' südlicher Länge lag. Hierauf richteten wir unsern Lauf nach Van Diemen's Land, und da wir keine Entdeckungen zu machen hatten, seegelten wir so geschwind, als das Wetter es zulassen wollte.

Den 1sten Januar 1779 bemerkten wir eine grosse Menge Seegraß, welches von der Windseite bey uns vorbey trieb, in einer entgegengesezten Richtung von dem, welches wir bey der Insel gesehen hatten, dieses gab uns Anlaß zu vermuthen, daß dort andere Länder in keiner grossen Entfernung waren, und unterstüzte des Herrn von Kerguelens Vorgeben einigermassen.

Den 14ten erhub sich ein Sturm, mit einem so dicken Nebel begleitet, daß die Schiffe alle Augenblicke in Gefahr waren gegen einander zu laufen. Wir läuteten beständig die Nebel-Glocke und feuerten Kanonen ab, die die Resolution erwiederte. Der Wind blies mit solcher Heftigkeit, daß wir gezwungen waren, alle unsere Seegel einzunehmen, unsere Bramstengen alle herunter zu nehmen, und ohne Seegel zu treiben.

Dieser Sturm dauerte mit mehr oder weniger Heftigkeit bis den 19ten, während dieser Zeit ward der Resolution ihre grosse Stenge und die Fockebramstenge und Raa weggeführt, die Discovery verlohr ihre Bramseegel. Das mittelste Stagseegel war zerrissen, und es war nicht eine Elle von der Blinde laufenden Stagseegeln übrig geblieben.

Den 20sten legten wir bey, um unser Tauwerk auszubessern; und da das Wetter sich den Nachmittag aufheiterte, und wir einen frischen aber doch mäßigen Wind hatten, so spanten wir so viel Seegel auf als wir

wir konnten, liessen aus unserm Bramseegel die Reffe aus, und seegelten ohngefähr 7 bis 8 Meilen in einer Stunde nach der Schiffsrechnungschnur. (log)

Den 22sten blieb das Wetter heiter, und Herr King, der zweite Unter-Steuermann auf der Resolution kam an Bord die Längen Uhren zu vergleichen. Er meldete uns, daß das Schiffs-Volk vollkommen gesund sey, ausgenommen diejenigen, die am Kap krank geworden wären, und auch diese konnten ihre Arbeit verrichten; und daß der Schaden, den sie durch den Sturm erlitten nicht so beträchtlich sey, als man hätte befürchten können.

Am 24sten des Morgens rief der Mann vom Mastkorbe, Land, in einer Entfernung von ohngefähr fünf Meilen, von Kapitain Furneaur im Jahr 1773 der Mewstone genannt, es lag gegen N O½ O. Wir machten das Signal es gesehen zu haben, welches von der Resolution erwiedert ward.

Den 25sten warfen wir das Senkblei und fanden in 55 Faden einen sandigten Grund.

Den 25sten lavirten wir, um die Bay zu finden, welche Tasmann Friedrich Heinrichs Bay genannt hat.

Den 27sten steuerten wir gegens Land, und ankerten nebst der Resolution in 14 Faden Wasser. So bald die Schiffe sicher lagen, befahl der Kapitain das Kapitains-Boot auszusetzen, die andern Boote gleichfals zu bemannen, und alle waren beschäftigt Wasser zu holen, Holz zu hauen, das Tauwerk durchzugehen und alles zur Fortsetzung unserer Reise in Bereitschaft zu setzen.

Die Officiere, Astronomen, und andere Herren an Bord beider Schiffe ergriffen begierig die Gelegenheit ans Ufer zu gehen, um dieses herrliche Land, dessen Erscheinung alle an Bord entzückte, in Augenschein zu nehmen. Das erste, was unsere Aufmerksamkeit an sich zog, waren die Bäume, die an Höhe und Grösse alle

diejenigen übertrafen die wir je gesehen hatten; merkwürdig war es, daß wir viele fanden die bis zur Erde abgebrannt waren, und nicht wenige lagen in einer horizontalen Lage, sehr versengt, und von der Heftigkeit des Windes niedergerissen.

Den 28sten trat Kapitain Cook von den Officieren und Herren beider Schiffe begleitet, und einer Parthey Seesoldaten bedeckt, eine zweite Reise in das Land an, um Entdeckungen zu machen, und wo möglich eine Unterhandlung mit den Einwohnern anzufangen; sie gingen verschiedene Meilen durch Wege, welche betreten zu seyn schienen, ehe sie ein lebendiges Geschöpf zu Gesicht bekommen konnten, bis sie endlich am Strande eines beinahe undurchdringlichen Dickichts ein Geräusch hörten, welches sie zuerst für das Aufstehn irgend eines wilden Thieres nahmen; aber nach einigem Suchen fanden sie, daß es ein ganz nackendes Mädchen sey. Sie schien im anfange sehr erschrocken zu seyn, aber da man ihr gütig begegnete, und die Furcht vor dem Tode benahm, ward sie gelehrig und beantwortete alles was man ihr verständlich machen konnte. Wir frugen sie nach ihrer Wohnung, indem wir auf jeden gebahnten Weg zeigten, erst auf einem ein wenig gingen und denn zurückkehrten und einen andern nahmen, wobey wir ihr zu gleicher Zeit durch Zeichen zu verstehen gaben, sie sollte uns führen und wir würden ihr folgen. Um sie ganz ruhig zu machen, nahm einer von der Gesellschaft sein Halstuch ab, und hieng es ihr um den Hals, ein anderer sezte ihr seine Müße auf, und darauf ließen wir sie gehen. Sie lief in das Gebüsch, und in weniger als einer Stunde, kamen neun Männer von mitlerer Grosse hervor, sie waren nackend aber nach ihrer Landesart bewafnet. Unsere Gesellschaft begegneten ihnen sehr gütig, und jeder gab ihnen etwas von seiner Kleidung ab, so daß sie alle irgend einen kleinen Zierrath

für

für ihre Person erhielten, worauf sie alle auf einmal die Flucht nahmen, und in einem Augenblick verschwanden. Es wåhrte aber nicht lange, so kam das Mådchen, daß wir zuerst gesehen hatten zurück, und brachte verschiedene Weiber mit, von denen einige Kinder mit hånfenen Stricken auf den Rücken gebunden hatten. Diese wurden auch gut aufgenommen, und an den Ort geführt wo die Holzhauer bey der Arbeit waren, mit denen sie sehr bald bekannt wurden. Es waren indessen so elende Geschöpfe, daß Omai den doch ein natürlicher Trieb zur unmåßigen Begierde verleitete, einen solchen Abscheu vor ihnen hatte, daß er seine Flinte in die Luft abfeuerte um sie zu verscheuchen, welches auch die gewünschte Wirkung hatte. Bey Anbruch der Nacht kehrten wir alle an Bord der Schiffe zurück.

Am 29sten machten wir einen Spaziergang weiter ins Land hinauf, und fanden überall die reizendste Abwechselung, von Hügeln und Thälern, Wåldern von stattlichen Båumen; Flüssen, Wiesen, grossen Ebenen, Gebüschen voll Vögel von dem schönsten Gefieder, worunter sich grosse und kleine Papageyen und Gesangvögel, deren Melodien uns entzückte, befanden; auch waren hier einige Seen voll von Enten, Kriechenten und anderm wildem Geflügel, von denen wir eine grosse Anzahl erlegten. Unterdessen beluden sich unsere Naturalisten mit den von selbst hervorsprossenden Produkten des Erdreichs; eines Erdreichs von dem wir uns getrauen zu sagen, daß es das reichste und fruchtbarste auf der bewohnbaren Erde ist; indem die Båume zu einer erstaunenswürdigen Höhe und Grösse wuchsen, und die eben so schön für das Auge als lieblich für den Geruch waren. Einige stiegen zu einer Höhe von neunzig Schuh, ohne den geringsten Ast, und ihr Umfang war so groß, daß man die Wahrheitsliebe des Erzåhlers in Zweifel ziehen möchte, wenn wir ihn

hier

hier angeben sollten. Es war jezt in der Jahrszeit, in der die Natur ihren überschwänglichen Reichthum über dieses Land ausschüttet, und es mit jeder Schönheit bekleidet; aber die wenigen Einwohner desselben die wir sahen, hatten kein Gefühl für diese Wohlthaten des Himmels, und schienen wie die Thiere des Waldes in herumschweifenden Partheyen zu leben; Künste von irgend einer Art hatten sie nicht; des Sommers schliefen sie wie Hunde in hohlen Bäumen, oder in Hütten mit Hürden vermacht, wozu ihnen die Zweige von immergrünen Stauden dienen mußten, die sie in einer kleinen Entfernung von einander in die Erde stecken, und oben zusammen biegen, wie bey uns die Korn Garben auf dem Felde, nach der Erndte.

Unsere Fischer waren während unserm Aufenthalte hier eben so glücklich als die Vogler; so daß es uns an nichts fehlte, um unsern Tisch köstlich zu besetzen.

Am 30sten kamen die armen Eingebohrnen, die jezt ihre Furcht schon abgelegt hatten aus den Gebüschen hervor, wie Heerden von Rehe aus einem Walde, stellten sich in Reihen an das Gestade, und winkten unsern Leuten ans Land zu kommen, vermuthlich in der Absicht Geschenke von uns zu bekommen. Denn gewißlich waren sie gar nicht willens uns zu schaden. Sie waren zwar mit Lanzen bewafnet, die ohngefähr zwey Schuh lang,*) und am Ende mit dem Zahn eines Hayfisches, oder einen spitzen Knochen versehen waren, und welche sie sehr weit und mit grosser Geschicklichkeit warfen; aber dieses waren auch ihre einzigen Waffen.

Sie hatten, wie alle Einwohner der Länder in dem südlichen Ozean Leute unter sich, denen die Menge
Ge-

---

*) So steht im Original, aber es werden wahrscheinlicher weise sollen Faden oder Klafter seyn, die der Verfasser gemeint hat. F.

Gehorsam zu leisten schien, ob sie sich gleich durch keine andere Merkmahle unterscheiden, als durch die, mit welcher die Natur sie begabet hatte. In allen Klassen der thierischen Schöpfung zeichnet diese unauslöschliche Würde einige zur Herrschaft aus, und die andern, denen diese Vorzüge fehlen, unterwerfen sich ihnen freiwillig und gehorchen. Diesen Oberhäuptern gab Kapitain Cook, einen Eber und eine Sau, weil wir hier keine vierfüßigen Thiere von irgend einer Gattung sahen; er machte ihnen Zeichen sie frey in den Wäldern herumlaufen zu lassen: und vermuthlich werden sie sich hier eher vermehren als unter den wildern Einwohner von Neu-Seeland, wo man vormals verschiedene gelassen hatte. Er bot ihnen auch Nägel, Messer, Korallen, und andere Kleinigkeiten an, um welche sie sich aber wenig bekümmerten, und nur nach Stückchen rothen Tuchs begierig waren.

Es scheint nicht, daß die Einwohner dieses Landes Menschenfresser sind, oder daß sie Fleisch überhaupt essen, indem wir keine Spuren dieser Nahrung unter ihnen entdecken konnten. Fische, Früchte, und die natürlichen Produkte der Erde waren die einzigen Lebensmittel die wir bey ihren Feuerplätzen bemerkten; noch befremdender aber war es, daß wir weder Kanoes noch Boote bey ihnen sahen, ob gleich das Land sehr reich an Zimmerholz ist. Es läßt sich also vernünftigerweise schliessen, daß diese Einwohner Flüchtlinge sind, welche man aus einer mächtigern Gesellschaft vertrieben hat, und die hier in einem Stande der Verbannung leben, denn auf eine andere Art kann man sichs kaum begreiflich machen, wie ein so schönes Land von Leuten bewohnt seyn kann, denen alle Künste des civilisirten Lebens gänzlich unbekannt sind.

Kaptain Cook schenkte ihren Oberen Medaillen, die in grosser Anzahl mitgenommen worden waren, um

un-

unter die Vorgesetzten der verschiedenen Länder ausgetheilt zu werden. Sie waren mit den Namen der Schiffe und der Befehlshaber, mit der Jahrszahl der Abreise, und der Regierung ihrer Majestät überschrieben, und sollten das Andenken der Reise zu verewigen dienen, wofern noch irgend ein künftiger Europäischer Abentheurer, durch unnütze Neugierde angespornt, die entfernten Gegenden der südlichen Hemisphere besuchen sollte.

Den 31sten gab man das Signal die Anker zu lichten, nachdem wir hier und auf der Küste beinahe sieben Tage zugebracht hatten, und Ueberfluß an Wasser, Holz und was sonst das Land anbot, bekommen. Um zehn des Morgens waren die Schiffe unter Seegel, und um zwölf sahen wir Kap Friedrich Heinrich gegen Nord bey Osten liegen. Wir reisten mit einem sanften Winde ab, aber ehe die Nacht ankam, ward es stürmisch, und wir waren genöthigt unsere Bramseegel doppelt einzureffen, und so bis Anbruch des Tages zu bleiben.

Den 1sten Februar spannten wir unsere Bramseegel auf und richteten unsern Lauf gerade nach Neu=Seeland. In neun Tagen erblickten wir die Adventurers Insel,*) die ohngefähr neun oder zehn Meilen von Charlotten Sund entfernt ist.

Den 10ten waren wir auf der Höhe von Charlotten=Bay, die wir zu unserm Zusammenkunftsplatze bestimmt hatten.

Den

---

*) Es muß dies entweder Entry=Island seyn, die im Eingange von Cooks Straße liegt, oder es sollen die Admiralitäts=Inseln seyn. Ich kenne auf zehn Meilen vom Charlotten Sunde keine Adventurers=Insel, ob ich gleich Charlotten Sund dreymahl besucht, und jedesmahl drey Wochen darin gelegen habe. F.

Den 12ten hatte die Discovery das Unglück auf einen Felsen zu stoßen; aber durch den Beistand der Resolution wurde sie ohne wesentlichen Schaden wiederum losgehoben; und um 1 Uhr zwey Nachmittags ankerten beide Schiffe in neun Klafter Wasser.

Jedem am Bord schien es jezt, als wenn er zu Hause wäre, so groß ist die Aehnlichkeit zwischen Großbrittannien und Neu-Seeland. Sie ist ohngefähr sechs bis sieben hundert englische See-Meilen lang = 150 bis 175 deutsche Meilen und von verschiedener Breite, indem sie in der Mitte am breitesten ist, und gegen die beiden Ende zu schmaler wird. Hierin scheint sie von der gewöhnlichen Ordnung der Natur bey Bildung der Inseln oder auch des festen Landes abzugehen, welche wie Insekten in der Mitte getheilt zu seyn scheinen, und nur durch eine schmale Strecke verbunden sind. Beinahe jede Insel von einigem Umfang in dem südlichen Ozean ist auf diese Art getheilt. Das feste Land von Europa, Asien und Amerika, wird durch die Erdenge von Suez wie durch einen Faden zusammen gehalten, und so auch Nord und Süd Amerika durch den von Darien.

Kaum lagen wir mit der Resolution in Charlotten Sund sicher vor Anker, so kamen die Eingebornen in Menge uns zu bewillkommen; sie brachten uns Fische, und wollten mit uns handeln, da wir aber alle beschäftiget waren, gaben wir wenig Achtung auf ihre Anträge; einige von unsern Leuten trugen die Zelte an Land, andere richteten sie auf; noch andere machten Schanzen zur Sicherheit unsers Vorraths, und schafften denselben an Land; da auf diese Art niemand müßig genug war, sich mit den Wilden abzugeben, hielten sie sich für vernachläßigt und kehrten dem Anschein nach sehr unzufrieden zurück.

Den

Den 13ten hatten wir stürmisches Wetter, und starke Regengüsse. Während den Zwischenzeiten da die Sonne schien, bemerkten wir verschiedene Wasserhosen, von denen aber keine in der Nähe war. Herr Forster hatte auf seiner Fahrt von Dusky Bay nach diesem Sunde verschiedenemal Gelegenheit diese Erscheinung zu beobachten, und giebt folgende Beschreibung davon. Die Basis der Säulen, sagt er, woran sich das Wasser heftig bewegte, und nach einer Spirallinie gleich einem Dunst empor stieg, nahm einen grossen Raum in der See ein, der, wenn die Sonne darauf schien, schön und gelblich in die Augen fiel. Gerade über diesem Raum senkte sich eine Wolke langsam herab, und nahm nach und nach die Gestalt einer langen dünnen Röhre an. Diese schien sich mit dem Dunst-Wirbel vereinigen zu wollen, der unterdessen hoch aus dem Wasser aufgestiegen war, es währte auch nicht lange, so hiengen sie beide zusammen, und machten eine gerade, aufstehende cylindrische Säule aus. Man konnte deutlich sehen, wie das Wasser innerhalb des Wirbels mit Gewalt aufwärts gerissen ward, und es schien als ließ es in der Mitte einen hohlen Zwischenraum. Er setzt hinzu, daß diese Wasserhosen die ältesten Seeleute verlegen machten; denn ob sie gleich noch niemals so damit umringt gewesen als diesmal, so hatten sie doch alle fürchterliche Erzählungen von ihren schrecklichen Wirkungen gehört, wenn sie über ein Schiff weggiengen, oder sich gegen dasselbe brächen.

Den 14ten, wurden die Pinnassen beider Schiffe um sieben Uhr des Morgens bemahnt, und die beiden Kapitains und verschiedene andere Herren gingen an das Land, um es zu untersuchen; doch wolten sie sich das erstemal, aus Furcht eines Ueberfalls nicht zu weit wagen. Da sie anlandeten, wurden sie von einem alten Manne bemerkt, der sich der Küste näherte, und

einen

einen grünen Zweig, den er in seiner Hand hielt zum
Zeichen des Friedens, hin und her bewegte, worauf
wir gleich eine weisse Flage aussteckten. Nachdem wir
die Freundschaft auf diese Art zwischen uns befestiget hatten, landeten wir alle, und der alte Mann fing eine
Rede an, die mit sehr bedeutenden Geberden begleitet
war, und bey der er seine Stimme gleichsam zum Ausdruck verschiedener Leidenschaften auf mannichfaltige Weise
erhob und wieder sinken ließ, bis er zulezt mit einem kla-
genden Ton endigte, den wir als ein Zeichen der Unterwerfung auslegten. Als dieses vorbey war, begrüßte
er die Gesellschaft, nach der Sitte der südlichen Insulaner, durch Berührung der Nase, und Friedens-
halber mußten wir uns diese Gewohnheit die eben
nicht die angenehmste ist, gefallen lassen. Kapitain
Cook, welcher begierig war, den Zustand der Pflanzungen zu untersuchen, die er auf seiner vorigen Reise
hatte anlegen, und mit Garten-Saamen besäen lassen, ließ die andern Herren bey den Vergnügungen
des Fischens und Vogelschießens, mit denen sie sich gemeiniglich so lange sie am Lande waren, beschäftigten,
und ging mit Kapitain Clerke die Umzäunungen auf
Long-Island zu besuchen, hier fand er daß viele von
den Pflanzen und Wurzeln sehr schön stunden, obgleich es nicht schien, daß die Eingebohrnen sich hatten
angelegen seyn lassen, sie anzubauen, oder auch nur
das Unkraut auszujäten. Es scheint wirklich, daß
dieser Theil des Landes gleich wie der von Dusky
Bay, schlecht, und vermuthlich nur zu gewissen Zeiten
bewohnt ist, indem man in einer ziemlichen Entfernung vom Ufer keine von ihren Städten sieht. Zuweilen entdeckten wir freilich tief in den Wäldern, hin
und wieder Hütten, in denen einzelne Familien wohnten; aber ordentliche Pflanzungen, die Wirkungen
eines anhaltenden Fleisses, bemerkten wir an keinem

D Thei-

Theile dieses Sundes. Ihre Kanoes und Kleidungsstücke waren sehr mühsam gearbeitet; wo aber die erstern gemacht wurden, konnten wir niemals erfahren;
die leztern werden blos von den Weibern verfertiget.
Ob wir gleich während unserm Aufenthalte hier nichts
als Pflanzen und Fische bekamen, so war doch der
Ueberfluß an beiden so groß, daß wir uns so oft wir
wollten ganze Bootsladungen der erstern verschaffen
konnten, und für einen einzigen Nagel bekamen wir
so viel Fische als eine Person in einem ganzen Tage
essen konnte.

Es ist von vorigen Reisenden bemerkt worden,
daß als Europäer zuerst diese Insel besuchten, die
Weiber darauf viel keuscher waren, als die in den
heissern Gegenden, welches vermuthlich von den phy-
sischen Wirkungen eines kältern Temperaments her-
rührt; und weder dem Zwange der Gesetze, noch der
Macht der Gewohnheit, noch der Feinheit der Em-
pfindung zuzuschreiben ist, welche bey einem höhern
Grade der Verfeinerung die sympathetischen Gefühle
vermehrt, und beide Geschlechter in den Banden einer unverbrechlichen Treue vereiniget. Dem sey
wie ihm wolle, so haben doch die unordentlichen Leidenschaften, die zuerst von den Europäischen Matrosen hieher verpflanzt worden, so stark zugenommen,
daß sie jezt alle andere Völker in Befriedigung derselben übertreffen. Auch die Männer waren jezt so ver-
derbt geworden, daß sie sogar ihre Weiber für einen
Nagel feil bothen, und ihre Töchter, um die sich überhaupt die Väter wenig bekümmern, nicht im geringsten abhielten. Sobald es bekannt war, daß unsere
Schiffe im Charlotten Sunde vor Anker lagen, so kamen die Einwohner haufenweise aus den entferntesten
Theilen der Insel um Nägel, Stückchen Glaß, Corallen und anderes elendes Zeug einzuhandeln; für
die-

dieses gaben sie uns ihre Waffen, Kleider, und was sie nur immer besaßen, auch sogar ihre Werkzeuge, die sie sich nicht ohne unendliche Mühe wieder machen konnten, behielten sie nicht zurück. Die Weiber welche diese handelnden Herumtreiber begleiteten, waren eben so feil als die Waaren die sie mit brachten: die Matrosen erkauften ihre Gunstbezeugungen, und obgleich der erste Preis nichtsbedeutend war, so kamen sie ihnen doch am Ende theuer genug zu stehen. Dieser Handel ward bis zu einer schändlichen Höhe getrieben, und Omai, dem seine natürliche Neigung und die ausschweifenden Sitten seines Vaterlandes keinen Einhalt thaten, überließ sich seinen beinahe unersättlichen Begierden, mit mehr denn wilder Zügellosigkeit.

Vor unserer gegenwärtigen Ankunft hatte sogar Kapitain Cook gezweifelt, ob diese Insulaner ihre Kinder an Fremde verkaufen würden; aber die Erfahrung lehrte uns, daß es nichts giebt, daß sie nicht vor Eisen verkaufen, so groß ist ihre Begierde nach diesem Metalle. Die Liebe des Goldes ist nicht stärker in Europa, als die Liebe des Eisens in Neu-Seeland. Die Erzählung, welche Kapitain Cook als einen Beweis anführt, von der unwiederstehlichen Macht, mit welcher die Natur auf sie wirkt, und sie zwingt ihre Kinder bey sich zu behalten, zeigt nur, daß er sich in den Folgen die er daraus gezogen geirrt hat.

Den 16ten des Morgens kamen verschiedene Eingebohrne, zur Resolution, um wie gewöhnlich zu handeln. Omai der mit allen Arten von Eisen Waaren reichlich versehen war, stellte sie auf das vortheilhafteste auseinander, und die Wilden vor Begierde diesen Reichthum zu besitzen entflammt, zitterten, und waren bereit das Schiff zu ersteigen, um sich dessen zu be-

bemächtigen, was ihnen ein so großer Schatz schien. Dieses wird einem Europäer, für den Nägel, Stückchen Glaß, schmale Streifen rothes Tuch, keinen oder doch sehr wenigen Werth haben, übertrieben scheinen; aber wer auf der Erde herumgereiset ist, und bemerkt hat, wie heftig die Leidenschaften der Wilden sind, wenn sie einmal auf einen gewissen Grad erregt worden, wird eher sich wundern, wie es möglich war sie zurückzuhalten, als daß sie in Versuchung geriethen eine verwegne That zu begehen, um sich in den Besitz von Dingen zu setzen, die in ihren Augen einen so grossen Werth hatten. Omai der wohl nicht viel besser war als der Wilde, den er verachtete, war dennoch listig genug, sich die von ihm erregten Begierden zu nutz zu machen, und nachdem er ihnen alles abgekauft hatte, was ihm gefiel, frug er eine Parthey, ob sie ihr Boot verkaufen wollten? welches sie mit Vergnügen thaten. Hernach bemerkte er in einer andern Gesellschaft an Bord zwey hübsche Jünglinge, und erkundigte sich bey ihrem Vater, ob er sie ihm nicht überlassen wollte. Die jungen Leute sahen den Vater begierig an, als wenn sie wünschten dem reichen Manne zu folgen, und da der Vater eben so bereit schien ihm die Jungen abzutreten, wurde der Kauf gleich geschlossen, und vor zwey Beile und etliche Nägel, bekam er zwey schöne Knaben, der älteste Taibura genannt war ohngefähr funfzehn, und Gauah, der jüngste zehn Jahr alt.

Den 19ten schifften sich die Kapitaine beider Schiffe, mit verschiedenen Officieren und Herren, von einer Parthey Seesoldaten begleitet, auf der Pinnasse ein, und steuerten gegen Nordwesten, um Kanibal Bay, nach Long-Island und Graß-Bucht; hier besuchten sie den Ort wo die Besatzung des Boots der Adventure vor ohngefähr vier Jahren erschlagen ward;

ward; fanden aber keine Spuren mehr von diesem schrecklichen Blutbad, auch keinen von den Einwohnern von dem sie etwa die Veranlassung erfahren könnten. *) Omai ward als ein Liebling des Kapitains Cook immer ausersehn um mit den Einwohnern zu reden, ob er sich ihnen gleich kaum verständlich machen konnte, und sie auch lange nicht so gut verstand, als viele von den Matrosen die öfters hier gewesen waren. Jezt ward ihm aufgetragen, wenn er einige von den Eingebohrnen allein begegnete, sie wegen des Streits, der sich vor einigen Jahren zutrug und dessen Ursachen, zu befragen. Kapitain Cook war sehr begierig die Wahrheit zu erfahren, da die Einwohner jezt sehr freundschaftlich waren, und bereit schienen das Schiff mit allen was das Land anbot zu versehen, er konnte aber von Omai nichts hören, daß ihn befriediget hätte.**) Es scheint daß

*) Bey der Zurückkunft der Resolution im Oktober 1774, war der Kapitain nebst mir nach demselben Orte hingewiesen, wo die That geschehen und wir konnten nichts mehr entdecken, welches auch nur auf die entferntestete Art hätte können eine Spur, der hier verübten That, seyn. Heinrich Zimmermanns Nachricht sagt, daß der Neuzeeländer Pedro viel von dem verübten Morde erzählt hätte, und daß er der Urheber gewesen. Dies kann seyn, denn er war sehr furchtsam, da wir ihm zuerst in Schagcove fanden. Er heißt aber nicht Pedro, sondern Pihterre. F.

**) Heinrich Zimmermanns Nachricht erzählt, daß Pihterre gesagt, einer der Matrosen habe etwas aus einer Hütte der Eingebohrnen entwendet, und als die Zeeländer das Entwendete zurückverlangt, so hätte einer von Ihnen Schläge bekommen, welches die Rache der Eingebohrnen veranlasset. Als wir die tragische Geschichte von Pihterre hörten, sagte er ebenfalls, daß ein Kleidungsstück wäre entwendet worden, und wir verstanden allezeit, es
sey

in Otaheiti wie in beinahe jedem andern Theile der Welt zwey Dialeckte gesprochen werden, der eine von den Priestern und Chefs, und der andere war den gemeinen Leuten bekannt. Dieses zeigte sich hier ganz deutlich; denn Tupaya welcher Herrn Banks auf Kapitain Cooks erster Reise um die Welt hieher begleitete, konnte sehr fertig mit den Eingebohrnen reden, und erwarb sich eine solche Achtung unter ihnen, daß sein Andenken noch in der ganzen Insel geehrt wird. Auch Ohedidi, der von der Klasse der Eriks oder Edelleute war, und Kapitain Cook auf seiner lezten Reise von Otaheiti zu den Thrum Inseln, den Hebriden,*) Neu=Seeland Oster Insel, und die Marquesas begleitete, konnte mit den Neu=Seeländern reden; daß dem Omai dieses nicht möglich war, zeigt seine niedrige Abkunft hinlänglich. **) Während der Zeit daß wir uns hier aufhielten, hatte
er

---

sey von den Eingebohrnen aus dem Boote genommen worden. Die Matrosen und selbst der Bootsmann hatten schon einmahl, da wir da waren, die Einwohner geplündert, musten es aber ersetzen, und die gemeinen Matrosen wurden gestraft, der Bootsmann aber bekam einen derben Verweis. F.

*) Was der Verfasser hier Thrum Inseln nennt versteh ich nicht. Ohedidi hat nie die Hebriden gesehen, und ist nur nach den Freundschafts=Inseln mitgewesen, als wir zum erstenmahle da waren. F.

**) Daß Omai kein Priester oder Vornehmer gewesen, war mir allezeit einleuchtend gewesen; allein daß die Erihs und Priester eine besondere Sprache gehabt, habe ich nie ausfindig machen können. Allein da sie ihre Lehren und väterliche Weisheit inne hatten, die wie an andern Oertern vorzeiten in Verse eingekleidet war, so schien mir die Sprache der Dichtkunst, die Gebete und Göttersprache mit poetischen Ausdrücken angefüllt zu seyn: und die war mir unverständlich, allein nicht den Eingebohrnen, selbst den Gemeinen. F.

er öfters Gelegenheit seinen wahren Charakter zu zeigen, wenn er ausser der Aufsicht seines Beschützers und Freundes war. Er konnte immer Grog *) haben, und manchmal vertraute man ihm die Austheilung an, insbesondere, wenn der Kapitain zur Belohnung schwerer Arbeit, oder an Festtagen eine grössere Quantität als gewöhnlich, hergeben ließ. Bey diesen Gelegenheiten gab man genau obacht auf ihn, und er berauschte sich niemals; als aber der Kapitain ganze Tage und Nächte ausblieb, und er Getränke in Verwahrung hatte, sezte er seiner Unmäßigkeit keine Gränzen, und trank bis er sich wie ein Schwein in seinem eignen Unflahte wälzte. Alsdenn übertraf er die rohsten Wilden in jeder Gattung viehischer Sinnlichkeit; und wenn er endlich erschöpft war, pflegte er den Betrunknen zu spielen; er tobte, brüllte, schwang seine Waffen, und bot nach der Gewohnheit seines Landes, durch Verzerrungen des Gesichts und Mundes, dem ganzen Heer seiner Feinde, das Matrosen vorstellen musten troz. Diese umgaben ihn gemeiniglich bey solchen Gelegenheiten, und nüzten seinen Zustand, wie er die Begierde der Neu-Seeländer nach Eisen. Er war keinesweges bösartig, rachgierig oder verdrüßlich; aber manchmal ein wenig närrisch. Von Natur war er demüthig, denn sein Stolz war nur angenommen; und kleidete ihn so schlecht, daß er immer froh war, wenn er ihn ablegen, und mit den Unter-Officieren recht ver-

---

*) Grog ist ein Matrosen Ausdruck, womit man Wasser und Brantwein vermischt anzeigt. Matrosen haben mehr dergleichen Worte: Flip heißt Brantwein und Bier und Zucker gemischt. Rumbo ist Grog mit Zucker, kommt aber Zitronensaft dazu so ists Puntsch. Kalibogas ist Tannensprossen Bier mit Zucker und Brantwein gemischt. F.

vertraut umgehen konnte. Dieses war der wahre Charakter Omais, welcher durch eine besondere Schickung, so zu sagen zu der höchsten Stufe menschlicher Glückseeligkeit erhoben ward, um wieder zu der niedrigsten Klasse vernünftiger Wesen herabzusincken. *)

Auf denen kleinen Reisen die die beiden Kapitains nach den Inseln machten, ward grosse Provision für unsern lebendigen Vorrath an Land gebracht, und die langen Boote der beiden Schiffe, kamen mit einer schweren Ladung von Graß für das Vieh und Speise für die Schiffsgesellschaft, von den Gärten zu Motuaro und Long-Island, welche in einem blühenden, obgleich vernachläßigten Zustande waren, zurück. Da die Schafe, welche nebst andern vierfüßigen Thieren, von den Kapitains Cook und Furneaux auf ihrer vorigen Reise hier gelassen waren, gleich im Anfange starben, liessen unsere Befehlshaber jezt zwey Mutter Schafe und einen Widder zurück. Die Ausbesserungen der Schiffe wurden ohne Unterlaß fortgesezt, auch war man mit Holzhauen, anfüllen der Fässer, und auslüften des Vorraths beschäftigt; daß Pulver ward getrocknet und aufs neue eingepackt, das Brod mußte untersucht und neues gebacken werden; auch wurden neue Bolzen und Angeln zu den Steuer-Rudern geschmiedet. Durch die Abwesenheit so vieler nüzlichen Leute, als: Schmiede, Büchsenschmiede, Büchsenmeister, Zimmerleute, Seiler und Seegelmacher, mit ihren Gehülfen blieben sehr wenige Menschen an Bord der beiden Schiffe. Von den Einwohnern hatten wir nichts zu befürchten. Da sie sich bishero mit ausserordentlicher Ehrlichkeit betragen hat-

―――――

*) Das mehreste von diesem hier angemerkten, ist in meines Sohnes Reisebeschreibung von Omai gesagt; ausser der Trunkenheit, die wir nie an ihm verspürt. F.

hatten, und beinahe keine Klagen irgend einer Art erregt hatten.

In dieser Lage, da kaum Leute genug an Bord waren um die Seegel zu handthieren, erhub sich am Morgen des 19ten ein Sturm, welcher die Discovery vor 10 Uhr von ihrem Ankerplatze weg, und gegen die Resolution trieb. Wir wären ohnfehlbar zu Grunde gegangen, wenn nicht die Brandung das Schiff gleich wieder abgeführet hätte, ohne es sehr zu beschädigen. Alle Leute am Bord waren in der äussersten Bestürzung, aber kaum war das Schiff loß, so warfen wir unsern besten Bug = Anker aus, nahmen die Bram Raaen herab, liessen die Raaen herunter, zogen die Kabeltaue ein, und befestigten das Schiff mit dem grossen Bug und dem Pflicht=Anker, und so hielten wir glücklich den Sturm aus.

Da Herr Blythe zweiter Unter=Steuermann der Resolution, und Herr Bentham unsers Kapitains Schreiber, die Gefahr der Schiffe sahen, versuchten sie in einem Kanoe an Bord zu kommen, es schlug um, sie wurden aber glücklicherweise von dem Booten der Schiffe wieder eingenommen, der Sturm dauerte diesen ganzen Tag, während welcher Zeit, kein Indianer mit uns zu handeln kam, oder kommen konnte.

Wir hätten bemerken sollen, daß die Brauer gleich nach unserer Ankunft anfingen zu brauen; und da die Sprossen=Tanne *) häuffig in den Wäldern

D 5 wächst,

---

*) Der Baum von dem man die grünen Sprossen klein hackte und mit der Neu=Zeeländischen Theestaude (Leptospermum zum Bierbrauen brauchte, ist keine Sprossen=Tanne, sondern ein neues Geschlecht, dessen Blüthen wir nie gesehen, weil sie nie zu der Jahrszeit auf dem Bäumen zu finden waren, wenn wir da ankamen. Herr Banks sagte; er käme dem Taxus oder Eibenbaume am

näch=

wächst, wurden die Equipagen beider Schiffe für die Zeit unsers Aufenthalts in Neu=Seeland und auch auf einige Wochen, nachdem wir zur See gegangen waren, mit diesem heilsamen Getränke versehen. Es rottete den Scharbock gänzlich aus, und ließ nicht das geringste davon unter unsern Leuten. Sorge ward getragen, daß die Matrosen täglich eine Menge Löffelkraut und wilde Sellery erhielten, welche sie mit ihrer Fleischbrühe kochten; die wir von England aus in Gelee verdickten und getrockneten Tafeln, mitgenommen hatten, und anstatt des gesalzenen Fleisches bekamen sie Fische, welche uns die Indianer in Menge, für eine Kleinigkeit verschaften. Sehr sonderbar war es, daß sie gemeiniglich am meisten fingen, wenn, unsere Fischer wenig oder gar keine kriegen konnten, obgleich ihre Werkzeuge lange nicht mit so vielem Scharfsinn verfertiget waren als diejenigen derer sich unsere Leute bedienten. Es ist schwer zu sagen durch welche Kunst sie die Fische anlockten; aber sie müssen gewiß irgend ein besonderes uns unbekanntes Mittel gebraucht haben; wir konnten sie aber niemals bereden uns ihr Geheimniß zu entdecken.

Bey unserem Aufenthalte im Charlotten Sunde trug sich eine Begebenheit zu, welche obgleich die Helden davon nicht von der höchsten Klasse sind, doch verdient erzählt zu werden.

Ein junges Seeländisches Mädchen von ohngefähr vierzehn Jahren, verliebte sich aufs heftigste

in

nächsten; er trug auch weisse halbdurchsichtige Beeren: und das Bier davon verursachte allemahl eine Art von Uebelkeit und Schwindel, wenn das davon gekochte Bier auf einen leeren Magen vor dem Essen getrunken ward; den man aber bey und nach der Mahlzeit getrunken, nicht verspürte. F.

in einen jungen Matrosen von der Discovery, dem
sie auch nicht ganz gleichgültig war. Wenn er eini=
ge Zeit übrig hatte, pflegte er sich mit ihr an einen
abgelegenen Ort zu begeben, und Tage aber noch öf=
ter die Nächte, vergingen ihnen bey einer Art von
stiller Unterredung, in welcher sie einander ihre Ge=
danken ohne Worte mittheilten. Wie geschwinde ver=
fliegen Augenblicke unter gegenseitigem Bestreben zu
gefallen! Sie hatte keinen Willen als den seinigen,
und aus Dankbarkeit war er eben so aufmerksam auf
den ihrigen. Bey so gestimmten Gemüthern ist der
Wunsch sich einander so angenehm als möglich zu
machen, sehr natürlich. Gleichförmigkeit der Sit=
ten und Kleidung verrathen Liebende sehr oft. Ob=
gleich er ihr in dem Anzuge eines Fremdlings lie=
benswürdig geschienen hatte, wünschte er dennoch es
noch mehr zu werden, indem er seine Person nach der
Gewohnheit ihres Landes zierte; er ließ sich also vom
Kopf bis zu den Füßen tatauen; sie war nicht we=
niger bemüht sich auf das vortheilhafteste zu schmü=
cken: ihr Haar war schön, und sie bildete sich vor=
züglich viel auf ihren Kopfputz ein. Die Mühe wel=
che sie sich gab, und die Verzierungen die sie ge=
brauchte, würden einer Europäischen Schönheit zur
Ehre gereichen, aber eins fehlte, sie noch angeneh=
mer zu machen. Gowannahi, so hieß das Mäd=
chen, trug die in ihrem Vaterlande vorzüglich häu=
figen Bewohner menschlicher Haare auch in den ih=
rigen; um diesem Uebel abzuhelfen, schenkte ihr der
Liebhaber Kämme und lehrte sie dieselbe zu gebrau=
chen. Nach dieser Vorbereitung pflegte er stunden=
lang mit ihren Haaren zu spielen, und Locken dar=
aus zu machen, die nachläßig ihren Hals herab fie=
len; ein Kranz den sie um ihre Schläfe gewunden
hatte, gab ihr ein edles ansehen, welches dem Feuer
ihrer

ihrer Augen neue Reize lieh. Das Mißfällige ihrer
dunkeln Farbe verlohr sich nach und nach gänzlich,
nur die heftige Begierde ihre Empfindungen einander deutlicher darzustellen, schuff eine neue Sprache,
die aus Worten, Bliken, Geberden und inartiku-
lirten Tönen bestand, und dem Ausdrucke des Vergnügens und Schmerzes eine Stärke gab, deren oft
die ausgebildeteste Sprache nicht fähig ist.

Da sie nun die Kunst erlanget hatten, ihre Gefühle einander mitzutheilen, brachten sie es bald so
weit darin, daß sie sich die Geschichte ihres Lebens
erzählen konnten. Liebe und Eifersucht gaben ihr
Fragen ein, die die Weiber in seiner Welt betra-
fen; sie wünschte das er bey ihr bleiben und ein
Aariki *) oder Chef werden möchte. Er gab ihr zu
verstehen, daß die Weiber in ihrer Welt alle Tatu**)
(Männer Mörderinnen) wären, und daß wenn er bey
ihr bliebe, sie ihn auch tödten würde. Sie antwortete nein; sie würde ihn lieben (ehnarou). †) Er
sagte, ihr Volk würde ihn tödten. Sie versezte
nein, wenn er nicht nach ihnen schösse. Hierauf
sagte er ihr, daß neun oder zehn von den Leuten
aus seiner Welt, von ihrem Volke getödtet und gegessen worden wären, obgleich sie nicht nach ihnen
geschossen hätten. Ihre Antwort war; daß sey schon
seit langer Zeit geschehen, und die Leute wären sehr
weit her (roa, roa) von den Hügeln gekommen.
Dies machte ihn begierig zu wissen, ob ihre Anverwandten auch unter den Mördern gewesen wären:
sie seufzte bey dieser Frage, und schien sehr bewegt.
Er frug sie ob sie bey dem Feste war, als die Männer gegessen wurden? Sie weinte, sah ihn ernstlich

---

*) Der Name Aerihki bedeutet einen Anführer oder Chef.
**) Tahe=ai heißt ein Menschenfresser. F.
†) Ehinahro heißt lieben. F.

lich an, und ließ den Kopf herab sinken. Da er
ihre Zurückhaltung bemerkte, ward er immer drin-
gender, und versuchte jede schmeichlende Kunst die
Liebe und Neugierde ihm eingaben, um von ihr zu
erfahren, was sie gewiß wußte, und so entschlossen
schien ihm zu verhehlen. Aber sie wich allen seinen
Fragen aus, und da er sie weiter fragte, warum sie
so verschwiegen sey, schien sie ihn nicht zu verstehen. Er wiederholte seine Frage, und sezte hinzu
warum sie ihn im Finstern ließ, indem er zu gleicher
Zeit die Augen zumachte und mit den Fingern fest
zudrückte. Sie fuhr fort zu weinen, und antwortete ihm nicht. Da seine ganze Ueberredungskunst
ohne Wirkung blieb, stellt er sich böse, wendte sich
von ihr, und drohte sie zu verlassen. Das arme
Mädchen fiel in der heftigsten Bewegung um seinem
Hals, und da er sie fragte, was dies zu bedeuten
hätte, und warum sie weinte, antwortete sie, man
würde sie tödten, wenn sie was erzählte. Er sagte,
niemand sollte es erfahren. Aber er würde sie has-
sen. Nein, sondern sie immer stärker lieben, indem
er sie an seine Brust drückte. Nun ward sie ruhiger, und sagte sie wollte ihm alles erzählen was
sie davon wüßte. Hierauf gab sie ihm zu verstehen,
daß ein gewisser Guboa*) ein böser Mann, der öfters auf dem Schiffe gewesen, und verschiedenes gestohlen hatte, so bald er merkte, daß sie sich zur Abreise bereiteten, in das Gebirge zu dem Hippah ging,
und die Krieger einlud herunter zu kommen, und die
Fremden zu tödten. Im Anfange weigerten sie sich,
und sagten die Fremden wären stärker als sie, und
würden sie mit ihren Puh Puh oder Schießgewehren
tödten. Er antwortete ihnen, sie dürften sich nicht
fürchten; denn er wüßte wo sie hinkommen müßten

---

*) Der Mann hies Ghubaya. F.

ten um Graß für ihre Guhri*) oder Vieh zu ho:
len, bey diesen Gelegenheiten pflegte sie ihre Puh
Puh im Schiffe zu lassen, oder es indem sie arbei:
teten auf die Erde hinzuwerfen. Sie sagten, sie wä:
ren keine Feinde sondern Freunde, und es sey nicht
erlaubt Menschen zu tödten mit denen sie in Freund:
schaft lebten. Guboa antwortete, sie wären bos:
hafte Feinde, und böse Leute, und klagte daß sie ihn
in Ketten gelegt und geschlagen hätten, zeigte ihnen
die Merkmahle der Schläge, die er auf dem Schiffe
bekommen hatte, und sagte ihnen auch, sie könnten
ihre Puh Puh zum stillschweigen bringen, wenn sie
nur Wasser darüber schütteten; alsdenn könnten sie
ihnen nichts schaden. Guboa nahm es auf sich, sie
sicher zu dem Ort zu führen, wo die Fremden hin:
kommen sollten, und zeigte ihnen wo sie sich verste:
cken sollten, bis er kommen würde um ihnen Nach:
richt von ihrer Ankunft zu geben. Indem die Leute
also sehr beschäftig waren, das Graß abzuschneiden,
und an keine Gefahr dachten, sprangen die Krieger
aus ihrem Hinterhalte hervor, schlugen sie mit ih:
ren Patupatus todt, und theilten ihre Körper un:
ter sich. Sie sezte hinzu, daß auch Weiber dabey
waren, und daß diese die Feuer anzündeten, indem
die Krieger die Todten in stücken zerschnitten; daß
sie sie nicht auf einmal auffraßen, sondern zuerst nur
die Herzen und Leber verzehrten; die Köpfe bekom:
men die Krieger weil sie für das beste gehalten wer:
den,

*) Guhri heißt eigendlich ein Hund, da aber dies und die
Ratte das einzige vierfüßige Thier ist, das die Neusee:
länder kennen, so geben sie allen vierfüßigen Thieren den
Namen Guhri; es waren aber die Ziegen der Adven:
ture die er meinte. Höchstens setzen sie hinzu, Guhri
nihu, d. i. ein Hund mit Zähnen, wodurch sie die Hör:
ner verstehen. F.

den, und der übrige Theil des Fleisches wurde unter das gemeine Volk vertheilt. Da er nun in dem Verlauf verschiedener Tage, ihr durch allerhand Fragen diese Erzählung an deren Wahrheit er gar nicht zweifelte, abgedrungen hatte, unterließ er sie zu fragen, was für einen Theil sie und ihre Anverwandten an diesem Trauerspiel nahmen, da er Ursache hatte zu glauben, daß alle gleich schuldig wären. Er war indessen sehr begierig zu erfahren, ob vielleicht jezt ein solcher heimlicher Anschlag gegen die Leute die zu dem nämlichen Geschäfte nach Graß-Cove oder irgend einem andern bequemen Orte geschickt werden möchten, geschmiedet würde. Sie antwortete, nein; die Krieger aber hätten sich im Anfange gefürchtet, daß diese Schiffe gekommen wären den Tod ihrer Freunde zu rächen, und deswegen hätte man ihr verboten davon zu reden, oder eine Kenntniß davon einzugestehen, im Fall sie befragt würde. Sie sagte, sie wär nur ein Kind von zehn Jahren gewesen als es geschah; erinnerte sich aber daß man davon als von einer tapfern grossen That geredet hätte, und Gesänge darauf gemacht.

Während seinen Unterredungen mit diesem Mädchen, die von der bessern Klasse zu seyn schien, erfuhr er vieles die Gemüthsart der Einwohner, und ihre häußliche Ordnung betreffend, daß dem Scharfsinne voriger Reisenden entgegen war. Sie sagte das Volk von T' Avai Poemanu, oder dem südlichen Theile der Insel, wären grimmige Blutgierige Leute, und hätten einen natürlichen Haß gegen das Volk von Ea-hei-no-maue, welche sie, so oft sie sie in ihren Lande anträfen, tödteten. Die Einwohner von Ea-hei-no-maue hingegen wären gute Leute, und sehr freundschaftlich gegen einander, erlaubten aber den Leuten von T' Avai Poemanu, niemals sich unter ih-

ihnen niederzulassen, weil sie ihre Feinde wären; daß diese beiden Nationen, an dem nördlichen und südlichen Theile des Sundes beständig mit einander Krieg führten, und ihre Gefangenen aufäßen, wenn aber die Leute jedes Landes unter sich kriegten fräßen sie einander nicht auf; (es scheint also daß eingewurzelte Antipathie, vieles zu der Neigung dieser Wilden einander zu verzehren beiträgt.) Was ihre häußliche Ordnung betrift, so sagte sie, die Knaben würden so bald sie gehen könnten einzig und allein der Aufsicht der Väter überlassen, und die Töchter stünden gänzlich unter dem Befehle der Mütter. Es wird einer Mutter als ein Verbrechen angerechnet, wenn sie ihren Sohn bestraft, nachdem er einmal unter dem Schutze des Vaters ist, hingegen nehmen es die Mütter sehr übel auf, wenn die Väter sich in die Erziehung ihrer Töchter mischen. Die Knaben sagte sie, werden von Kindheit an zum Kriege aufgezogen, und beide Geschlechter lernen Fischen, Netze weben und Angelhacken und Schnuren machen. Ihre Kanoes kommen aus einem entfernten Lande, und werden für Tuch welches vornämlich die Weiber verfertigen, eingehandelt. Ihre Waffen werden vom Vater auf den Sohn geerbt, und diejenigen die sie in der Schlacht gewinnen, sind zum Gebrauch ihrer Kinder. Sie hätten keine Könige, sagte sie, aber Männer die mit den Todten redeten, diese hielten sie sehr in Ehren, und fragen sie um Rath, ehe sie in den Krieg zögen; dies wären die Männer welche Fremde die an ihre Küste kämen, in der Sprache des Friedens anreden müßten und ihnen zu gleicher Zeit Rache ankündigen, wenn sie in feindlichen Absichten gekommen wären; Ihre Person ist heilig, und sie werden niemals in den Kriegen getödtet, der Sieg falle auf welche Seite er wolle. Wenn die Krieger von einer von den beiden

Na-

Nationen Gefangene machen, sind es niemals gemeine
Leute sondern Chefs, welche sie hernach tödten und
essen. Die gemeinen Leute tödten sie gleich; manch=
mal martern sie ihre Feinde, wenn sie sie einzeln in
den Wäldern finden, weil sie glauben, daß sie in kei=
ner guten Absicht dahin gekommen sind; sonst aber
geschieht dies niemals; des Sommers nähren sie sich
hauptsächlich von Fischen, die im Sunde gefangen
werden, des Winters aber begeben sie sich nach Nor=
den, wo sie von den Früchten der Erde leben, wel=
che sie sich durch Arbeit verschaffen, indem sie entwe=
der in den Pflanzungen arbeiten, oder denen die die
Boote verfertigen, bey ihrer Arbeit behülflich sind.

Die Nachrichten, die er auf diese Art von der
jungen Neu=Seeländerin erhielt, scheinen aus vielen
Umständen glaubwürdig zu seyn; wir hatten selbst be=
merkt, daß die grossen Fahrzeuge, die von Norden
mit uns zu handeln kamen, und von denen einige
90 bis 100 Leute an Bord hatten, niemals Fische
zum Verkauf brachten, sondern mit den verschiedenen
Arbeiten von Zeug und Holz und mit Werkzeugen
aus grünem Steine verfertiget, oder mit rohen Ma=
terialien zur Verarbeitung zubereitet beladen waren.
Ihre Besatzungen schienen Leute von einer besseren
Klasse zu seyn, als die so sich beständig im Sunde auf=
hielten, und wurden unter gehöriger Zucht gehalten.
Die Fischerboote aber schienen ganz das Eigenthum
derer zu seyn, die darinnen waren, über die sich nie=
mand eine Oberherrschaft anmaßte.

Den 23sten kam der alte Indianer, der die
Kapitains als sie an Land giengen angeredet hatte,
an Bord der Discovery und überreichte dem Kapi=
tain einen vollständigen Satz von ihren Waffen, und
einige sehr schöne Fische. Dies Geschenk ward sehr
gütig angenommen, und der Kapitain erwiederte es

E mit

mit einem kupfernen Patu-patu, welches vollkommen auf ihre Art gemacht war und worauf der Name und das Wappen seiner Majestät, wie auch der Name der Schiffe, die Zeit ihrer Abreise, und das Geschäfte weswegen sie ausgeschickt wurden, gestochen war. Er gab ihm auch ein Beil, einige Nägel, ein Messer, und einige gläserne Zierrathen, die der Indianer sehr schätzte, obgleich sie von wenigem Werthe waren. Heute verloren die Holzhauer ein Beil, welches einer von den Eingebornen so geschickt wegbrachte, daß niemand es bemerkte. Des Abends brachten sie einen Mann, welchen sie gebunden hatten, und boten ihn uns zum Kauf an, da wir aber ihr Anerbieten ausschlugen, trugen sie ihn wieder zurück, und in der Nacht hörten wir ein schreckliches Geheul in den Wäldern, welches die Neugierde der Herren an Bord erregte. Das sechsrudrige Boot wurde bemannt, und die Kapitains mit verschiedenen andern von einer Parthey Seesoldaten begleitet, stiegen hinein und steuerten gegen die westliche Seite der Bay, wo sie verschiedene eben angezündete Feuer sahen, und die Eingebornen zu überfallen hofften, ehe sie ihren armen Gefangenen getödtet hätten; aber in dieser Hoffnung betrogen sie sich, denn die Wilden verschwanden in einem Augenblick, und liessen keine Spuren eines begangenen Mordes hinter sich.

Um vier Uhr des Morgens, wurden die Gezelte abgebrochen, und Befehle gegeben, sich zum Seegeln bereit zu halten. Die Indianer kamen haufenweise um das Schiff, und brachten eine Menge Fische und andere Sachen die unter den Matrosen gut abgingen.

Obgleich die Einwohner sich während unserem Aufenthalte sehr freundschaftlich bezeigt hatten, ward es dennoch für gut befunden die Zeit unserer Abreise

ge-

geheim zu halten, bis alle unsere Sachen an Bord, und wir zum Abseegeln bereit wären. Diese Vorsorge hielt Kapitain Cook für desto nothwendiger, nachdem er die Verrätherey der Wilden erfahren hatte. Da er ihnen nicht Zeit ließ einen neuen Anschlag zu machen, sicherte er unsere fouragirende Partheien vor einem Ueberfalle, und unsere Leute wurden durch den plötzlichen Befehl zum Abseegeln verhindert den Weibern nachzulaufen, wenn ihre Arbeit vorbey war, welches sie niemals zu thun ermangelten, so oft es in ihrer Macht stand. Unter den fouragirenden Partheien begreif ich auch diejenigen, welche Sprossen-Bier in den Wäldern braueten. Von diesem ward so viel an Bord gebracht, daß das Schiffs-Volk dreißig Tage davon trinken konnte, während welcher Zeit kein Grog ausgetheilt ward. Graß und Kräuter nahmen wir auch in grosser Menge ein. Die Leute die in diesem Dienste gebraucht wurden, waren, immer gut bewafnet und von Seesoldaten bedeckt, obgleich Kapitain Cook hohe Begriffe von der Redlichkeit der Neu-Seeländer hatte.

Am 25sten kurz vor unserer Abreise, da die Mannschaft beider Schiffe auf das Verdeck gerufen ward, wo man ihre Namen wie gewöhnlich verlas, ward einer vermißt; als man aber nach ihm frug, fand man ihn krank und im Bette. Dieses war unser Abentheurer der eine Krankheit vorgab um seine Flucht zu erleichtern; so bald ihn also der Wundarzt besucht hatte, und er allein war, zog er die Kleidung eines Neu-Seeländers an, und da er über und über tattauirt war, hielt es schwer ihn von einem der Eingebornen zu unterscheiden. Gowannahi die um das Geheimniß wußte, versammelte ihre Freunde, und schickte sie an Bord um die Menge zu vermehren die bey dergleichen Gelegenheiten, wenn die Schiffe zum abseegeln bereit sind, gemeiniglich ziemlich zahlreich ist. Unter diese Parthey mischte er sich, und als die Verdecke geräumt werden musten, eilte er in ihr Kanoe, und sie ruderten geschwind an Land. Gowannahi's Freude als sie das Schiff ohne ihn abseegeln sah, läßt sich eher empfinden als ausdrücken; aber diese Freude war von kurzer Dauer.

Ohngefähr um sieben Uhr des Morgens seegelten die Schiffe aus der Bay, und um eilf warfen sie in der Mündung von Cook's Meerenge die Anker; und Kapitain Clerke, ging mit Herrn Burney seinem ersten Lieutenant an Bord der Resolution um mit Kapitain Cook zu speisen. Hier kamen die Freunde der zwey Neu-Seeländischen Bursche, welche Omai gekauft hatte, um von ihnen Abschied zu nehmen, und bezeigten ihren Schmerz auf eine sehr rührende Art, obgleich die Bursche bey ziemlich gutem Muthe waren. Omai beschenkte ihre Eltern, welche sich sehr ungern zu entfernen schienen.

Nachmittags ging der Kamerad unsers Abentheurers hinunter um nach seiner Gesundheit zu fragen, und erstaunte nicht wenig, als er keine Antwort erhielt. Er glaubte im Anfange er wäre bey Seite gegangen; aber da er ihn unten überall umsonst gesucht hatte, gab er gleich Nachricht davon, und nun ward es entdeckt, daß er mit Hab und Guth fort war; denn der Kasten in seiner Schlafstelle war leer. Ein Bote der gleich an Bord der Resolution geschickt ward, um zu fragen wie man sich hieben verhalten sollte, fand die Kapitains und Officiere sehr fröhlich bey ihrer Flasche. Die Nachricht gab also im anfange blos Stoff zum Scherz; als es aber hernach ernsthaft erwogen wurde, ob man den Menschen abholen, oder seinem Schicksale überlassen sollte, waren die meisten Officiers für das leztere; doch Kapitain Cook welcher dachte, dies möchte wenn wir

zu

zu den glücklichern Himmelsgegenden kämen, andere Verliebte aufmuntern seinem Beispiele zu folgen, hielt dafür, daß man bewafnete Leute ausschicken, und den Mann durchaus zurückholen müßte. Dieser Meynung war auch Kapitain Clerke, dessen Liebling er war; das sechsrudrige Boot ward also bemannt, ein Kommando Seesoldaten ging an Bord desselben, und der Kammerad des jungen Matrosen ward als Wegweiser mitgenommen, um sie an den Ort zu führen, wo er sich aufzuhalten pflegte. Es war Mitternacht ehe dies Boot den Landungs-Platz erreichen konnte, und erst um zwey Uhr des Morgens, fanden sie den Ort wo die Liebenden zusammen kamen. Hier fanden sie ihn in tiefem Schlafe: Schon sah er sich im Traume als Monarch und Stifter eines grossen Reichs, lebte mit seiner Gowannahi in königlicher Pracht; und ward der Vater einer zahlreichen Nachkommenschaft von Prinzen, die die Königreiche Ea-hei-no-maue und T'Avai-Poenamu, beherrschten! Aber plötzlich verschwand die täuschende Scene königlicher Grösse! er erwachte, und ward gefangen genommen, um für einen, nach seiner Meynung gut ausgedachten Plan zur Oberherrschaft zu gelangen, bestraft zu werden; und was noch trauriger war, er sollte sich von seiner treuen Gowannahi auf immer trennen. Ihr Abschied war zärtlich, und rührender als man es von einem brittischen Matrosen und einer wilden Seeländerinn erwarten sollte. Dieser Auftritt dauerte indessen nicht lange. Die Seesoldaten achteten nicht die häufigen Thränen, das Geschrey und Wehklagen des armen verlassenen Mädchens; und da sie sich in diesem öden Orte, wo nächtliche Klagen bald eine grosse Anzahl der Einwohner hätten zusammen bringen können, nicht sicher glaubten, führten sie ihn eilig ans Ufer. Gowannahi folgte ihm, und mußte, als sie sich einschiffen wollten, mit Gewalt von ihm gerissen werden.

Eine

Eine solche heftige Leidenschaft wird in unsern erleuchteten Ländern, wo die so sehr gerühmte Verfeinerung der Sitten, die Reinigkeit der Liebe zu genau beschränkt und auf blosse eheliche Treue heruntergewürdigt hat, nur in Romanen gefunden. Kaum war er im Boote als er sicher innerte, daß er seine ganze Habe, alles was ihm zur Grundlage seines künftigen Glückes dienen sollte, zurück gelassen hatte. Er mußte also mit den Seesoldaten zu dem Magazine zurückkehren wo er seinen ganzen Vorrath, der nicht klein war, verwahret hatte. Nebst seinen Werkzeugen hatte er auch noch einen kleinen Compaß, den er in Zukunft zu gebrauchen gedachte, und eine Vogel-Flinte, welche Gowannahi heimlich weggeschaft, sobald diese unglücklichen Liebhaber den Plan der Herrschaft gemacht hatten. Es würde die Geduld unserer Leser ermüden, wenn wir alle die Sachen nennen sollten, mit denen er sich versehen hatte. Kurz er und die Seesoldaten waren ziemlich schwer beladen, als sie dieselben an Bord des Boots brachten.

Er kam erst den andern Tag um zwölf Uhr bey den Schiffen an, und die Kapitains waren wegen der Parthey Seesoldaten schon in einiger Furcht gewesen. Sie waren, ehe er sich näherte einig geworden, ihm als einem Deserteur den Prozeß zu machen. Er ward demnach nicht nach seinem Schiffe, sondern an Bord der Resolution gebracht. Hier ward er verhört, und machte ein weitläuftiges Geständniß aller seiner Absichten, und der Mühe die er sich gegeben hätte sie auszuführen

Er sagte, er wäre zuerst auf den Gedanken hier zu bleiben gerathen, als er Kapitain Clerke auf der Spazierfahrt um die Bay begleitet hätte. Die Schönheit des Landes, und die Fruchtbarkeit des Bodens entzückten ihn; und da er die Gärten welche zu Motuaro, Long-Island und andern Oertern angelegt worden waren,

ren, in einem so blühenden Zustande sah, und überdachte, daß es hier Europäische Schafe, Schweine, Ziegen und Hühner genug gebe, um, wenn man sie zusammen triebe eine grosse Plantage damit zu versehen, so fiel es ihm auf einmal ein, daß wenn er ein Mädchen finden könnte, das ihm gefiele, er sich glücklich schätzen würde die Europäischen Künste in dieses schöne Land zu verpflanzen, und den Grund einer Regirungs-Form darin zu legen. Dieser Gedanke ward immer stärker in seiner Seele, und als er das oben erwähnte Mädchen bey den Gezelten antraf, und von ihr hörte, daß Liebe sie dahin geführt hätte, stieg seine Begierde aufs höchste. Da jezt ihre Bitten mit den Wünschen seines Herzens überein kamen, stand er nicht länger an, sondern entschloß sich der Stärke seiner Neigung zu überlassen, es möchte auch daraus entstehen was da wollte. Er wog, sagte er, die Gefahr gegen die Belohnung ab, und verabredete mit seiner Gowannahi den Plan zu seiner Flucht.

Als Kapitain Cook diese Erzählung gehört hatte, verwandelte sich sein Zorn in ein lautes Gelächter, über das ausschweifende seines romanhaften Plans, und anstatt ihn als einen Deserteur zu behandeln, schickte er ihn zu Kapitain Clerke, damit er ihn nach seinem Belieben bestrafen möchte; dieser ließ ihm zwölf Hiebe geben, und so endigten sich alle seine grossen Hoffnungen einer mächtigen Herrschaft.*) Das Elend der armen Go-

---

*) Ein jeder wahrer Weltbürger, wird gewiß mit mir bedauren, daß dieser Matrose nicht so glücklich gewesen der Nachforschung der Engländer zu entgehen. So romanhaft der Plan des jungen Menschen gewesen, so zeigt derselbe doch zugleich von einem Gemüthe, das eines edlen Stolzes fähig ist, der auf der Gründung des Glückes einer ganzen Völkerschaft und also auf wahrer Men-
schen-

Gowannahi läßt sich kaum begreifen. Sie blieb am Gestade, bejammerte ihr Schicksal, und drückte ihren Schmerz durch die Schnitte aus, die sie in ihrem Gesichte, Armen, und überall wo die Verzweiflung das blutige Instrument hinleitete, machte. Wir wünschen um ihrentwillen, daß diese wilden Völker, deren Körper beständig der Strenge der Jahrszeiten ausgesezt sind, weniger empfindlich gegen den Schmerz seyn mögen als wir; sonst müssen ihre körperlichen Empfindungen eben so schmerzhaft gewesen seyn, als die Leiden ihrer Seele.

Den 27sten seegelten beide Schiffe ab, und den 28sten verloren wir das Land aus dem Gesichte.

Den 1sten März erhub sich ein Sturm, da aber der Wind gut war, nahmen wir unsere Bram-Raaen herab, refften unsere Mars-Seegel ein, und sezten unsern Lauf gegen Osten bey Norden fort. Um vier Uhr des Nachmittags klärte sich das Wetter auf, und wir sprachen mit der Resolution; alle waren gesund ausser die beiden Neu-Seeländer, die so bald sie das Land ver-

schenllebe beruhete. Es war Enthusiasmus zu der Ausführung des Plans nöthig und selbst der Gedanke, daß er sich durch die Liebe eines unschuldigen und eben so begeisterten Mädchens gewußt zur Gewinnung der Freundschaft eines rohen Stammes zu bedienen, giebt schon ein gutes Vorurtheil zum Vortheile dieses Ebentheurers an die Hand. Wäre Neuzeeland auch nur einige wenige Schritte in der Kultur näher gekommen zu der Sittlichkeit, welche die Menschen wenigstens über die abscheuliche Menschenfresserei wegsezt, und hätte er auch nur Gartenfrüchte, und deren Anbau und die Viehzucht unter ihnen eingeführt, so wäre damit schon sehr viel gewonnen worden, und er verdiente mit dem Triptolemus, und anderen unter die Wohlthäter des menschlichen Geschlechts in diesem Welttheile gerechnet zu werden. Wie sehr wünschte ich, daß er wenigstens einige Früchte seiner schönen Hofnungen geerndtet hätte. F.

verliessen und nichts als die schäumenden Wellen sahen, allen Muth verloren, sich grämten, und nichts essen wollten, obgleich sie sich beständig an dem Rande des grossen Weltmeers aufgehalten, und von Kindheit auf an der Küste gefischet hatten.

Am 3ten da der Wind gut und gemäßigt war, ging Kapitain Clerke, mit Herrn Burney an Bord der Resolution, um bey Kapitain Cook zu speisen. Als die beiden Neu-Seeländer hörten, daß ein Boot an Bord käme, liefen sie fort, versteckten sich und schienen in der gröften Beängstigung zu seyn, obwohl wir nicht erfahren konnten, was sie eigentlich befürchteten. Es scheint nicht daß ihre Furcht aus dem Gedanken zurückgebracht zu werden entstand, denn als die Herren wieder wegfahren sollten, wollten sie mit ihnen gehn. Es ist wahrscheinlicher, daß sie einen Anschlag auf ihr Leben fürchteten; denn in ihrem Vaterlande ist eine Berathschlagung unter den Führern immer ein Vorbote eines beschlossenen Mordes. Dieses ward zum Theil durch ihre nachherige Aufführung bestätigt.

Bis den 7ten trug sich nichts merkwürdiges zu; diesen Tag aber kündigten uns die hohen Wellen von Süden einen nahen Sturm an. Albatrosse, Pelikane Fregatten, fliegende Fische, Meerschweine und Hayfische hatten seit einigen Tagen um die Schiffe herum gespielt, und einige von unsern Officiers schossen Albatrosse, die von der Spitze des einen Flügels bis zu dem andern eilf Schuhe breit waren. Heute ward ein grosser Hayfisch gefangen, der beinahe gänzlich von der Schiffs-Gesellschaft verzehrt ward; obwohl sie den Geschmack an Neu-Seeländischen Fischen noch nicht verloren hatten, auch noch genung vorhanden waren, indem die mehresten Matrosen eine grosse Menge zum einsalzen gekauft hatten, und man sie auf der Art für sehr schmackhaft hielt.

Den 8ten kam der Sturm den wir vorhergesehn hatten, mit Regen, Donner und Bliz begleitet, heran. Die See stieg entsezlich hoch, und der Wind ward so wütend, daß wir alle Seegel einnehmen und mit doppelt eingerefften Marsseegeln fahren mußten. Wir sezten unseren Lauf immer fort und steuerten nach Nord-Osten gegen Osten. Der Sturm dauerte die ganze Nacht und einen Theil des folgenden Tages, um vier Uhr des Nachmittags aber legte sich der Wind, und das Wetter blieb gut bis

Den 11ten des Morgens, als es wieder anfing zu stürmen, und ehe wir die Bramseegel einnehmen konnten, führte der Wind die grosse Bram=Raa weg; um zwey Uhr Nachmittags ward es wieder schön, aber von Süden her kamen grosse Wogen.

Den 14ten hatten wir guten frischen Wind, und waren noch in der Breite von 39 Grad. Wir gingen jezt sehr geschwinde und seegelten sieben oder acht kleine Seemeilen in einer Stunde, als sich der Wind plözlich drehte und südöstlich ward.

Den 15ten entstand ein heftiger Sturm, mit Regen und ungestümen Wellen begleitet. Sie ergossen sich über unsern Bug, und alles was auf dem Verdecke nicht hinlänglich befestigt war, ward herunter gespühlt. Die grosse Bram=Raa ward fortgerissen, und der Wind zersezte unser Focke Mars=Stagseegel in tausend Stücken. Des Nachts änderten wir unsern Lauf, und seegelten Nord gen Ost. Einige am Bord waren von Anfange an, über unsern genommenen Lauf unzufrieden, denn sie sahen voraus, wir würden, bey unserer zu schnell nach Norden angestelten Fahrt, allzubald in den Passat-Wind kommen, vorzüglich wenn der Wind vor unserer Ankunft unter dem Wendezirkel östlich werden sollte. Unter den Matrosen königlicher Schiffe finden sich immer einige erfahrne Seeleute, auf deren durch Urtheil

theil gereifte Erfahrung man sich verlassen kann, allein sie werden nie um Rath gefragt, und sie dürfen es nicht wagen ihrem Oberofficier nur den entferntesten Wink zu geben. Gleich zuschauenden Spielern bemerken sie die Fehler des Spiels, aber vor geendigtem Spiele dürfen sie diesen nicht anzeigen. Dies war wirklich der Fall mit den Leuten am Bord der Discovery, von denen manche ohne Umschweif vorhersagten, was uns begegnen möchte, wie wir unter dem 190. Grad östlicher Länge, den 39. Grad südlicher Breite verliessen. Sie sagten einander, daß anstatt 22 Grade ab von der Länge von Otaheiti (welches unter dem 212 Grade gegen Osten liegt) unsere Breite gegen Norden zu ändern, hätten wir wenigstens 12 Grade weiter gegen Osten steuern sollen; alsdann würden wir, gleich nach zurückgelegten Wendezirkel, sicherlich einen guten Wind bekommen haben, der uns in den erwünschten Hafen gebracht hätte, wenn wir auch noch so weit davon entfernt wären.

Da wir in den lezten 24 Stunden unsern Lauf gegen Nord Nord-Osten fortgesezt hatten, fanden wir uns am 18ten im 23 Grad 8 Minuten der südlichen Breite, und im 200 Grade östlicher Länge, also mehr als 12 Grad gegen Westen von Otaheiti. Eine Menge Seekraut, und ein grosser Baum trieb bey uns vorbey; hieraus schlossen wir daß wir nicht mehr weit vom Lande seyn könnten, fanden aber keines. Der Baum war ohngefähr 30 Schuh lang, und von einer beträchtlichen Dicke, und sah so frisch aus, als wenn er noch nicht lang im Wasser gewesen.*) Das Wetter blieb heiter bis

Den

---

*) Daß treibendes Seekraut und Bäume eben keine Beweise von nahem Lande sind ist mehr als zu bekannt. In dem Atlantischen Meere giebt es Stellen, wo man
stets,

Den 22sten, da wir den stärksten Regen bekamen, den je irgend ein Mensch an Bord gesehen hatte. Die Güsse waren so heftig, und der Wind ward so stark, daß die Matrosen welche die Segel einnahmen, in der größten Gefahr waren von den Raaen herabgespühlt zu werden. Er dauerte sechs Stunden ohne Unterlaß fort, und kam der Resolution sehr gut zu statten; denn die grosse Anzahl Pferde, Rindvieh, Ziegen und Schafe hatten ihren Vorrath von frischem Wasser sehr verringert, und wir waren noch sehr weit von unserem bestimmten Hafen. So wie wir uns dem Wendezirkel näherten, wendte sich der Wind gegen Osten. Dieses hatten viele unserer Seeleute befürchtet, und muthmaßten, daß da unsere Länge nicht in dem Maaße zunahm, als unsere Breite abnahm, wir Otaheiti auf dieser Fahrt nicht würden erreichen können.

Den

stets, ohne Fehl auf den bekannten schwimmenden See-Tang Sargazo stößt (Fucus natans Linn.) welcher ganz dicht vom Mexikanischen Meerbusen in einer schiefen Richtung bis an die Küste von Norwegen treibet. Zwischen diesen Seekräutern finden sich auch Bäume und allerhand Früchte, die zuweilen auf der Norwegischen Küste ausgeworfen werden. In der nordlichen Hudsons Bay, auf Labrador, Grönland und Island, längst den nordlichen Küsten von Sibirien und in Kamtschatka, so wie auch auf dem ganzen Archipelagus der Inseln zwischen Asien und Amerika ist Treibholz in Menge und wird auf der Küste ausgeworfen, obgleich kein Holz in allen diesen Ländern wächst, sondern anders woher, in ziemlicher Entfernung muß abgetrieben und mit den Flüssen ins Meer getrieben werden. Wenn man nun dies Treibholz im Meere begegnet, so ist es möglich, daß auf 100 Meilen kein Land ist. Es kann also nicht ein gewisser Vorbote des nahen Landes seyn. Sind die Bäume noch ganz belaubt und das Laub ziemlich frisch, so kann man wohl noch eher auf die nicht gar zu grosse Entfernung vom Laude schliessen. Allein Laub bleibt im Wasser viele Tage, ja Wochen frisch. F.

Den 24ſten nahm unſere Breite bis auf 24 Grad, 24 Minuten ab, und unſere Länge nur einen Grad zu. Der Wind kam von Süd Oſten, und unſer Lauf ging nach Norden bey Oſten, folglich konnten wir nicht ſehr geſchwinde ſeegeln. Da das Wetter ſchön blieb, giengen Kapitain Clerke und Herr Burney an Bord der Reſolution um bey Kapitain Cook zu ſpeiſen, und brachten uns als ſie zurück kamen eine ſehr traurige Nachricht von dem übeln Zuſtande dieſes Schiffes, aus Mangel an Lebensmitteln und Waſſer für das Vieh mit. Sie hatten den größten Theil ihrer Schafe, Schweine und Ziegen ſchlachten müſſen, weil ſie nicht Waſſer genug hatten ſie am Leben zu erhalten. Ihre Pferde und Rinder waren bloſſe Gerippe, da ſie auf die elende Portion von vier Pfund Heu und ſechs Maaß Waſſer alle 24 Stunden herabgeſezt worden waren. Die Matroſen bekamen für dieſelbige Zeit, nchit mehr als zwey Maaß. Der Wind blieb noch immer ſchlecht, wir gaben alſo alle Hofnung Otaheiti zu erreichen auf, und die Inſeln von Amſterdam und Rotterdam waren jezt unſere einzige Zuflucht.

Den 19ten ſahen wir im 26. Grade ſüdlicher Breite einen groſſen Wallfiſch nicht weit von uns; ein Anblick der in einer ſo niedrigen Breite der nördlichen Hemiſphere etwas ſeltnes iſt. Heute hatte unſer Bier, welches von Zeit zu Zeit aus der Sproſſen = Eſſenz gebraut war worden, die wir aus Neu Seeland mitgebracht, ein Ende, und wir bekamen Grog an deſſen Statt. Bis jezo war kein Mann an Bord der Discovery krank, auch wurden unſere Schiffs = Portionen nicht vermindert, der groſſe Vorrath an lebendigem Vieh verurſachte den Mangel an Waſſer an Bord der Reſolution, von dem die Discovery frey war, weil wir nicht mehr Vieh an Bord hatten, als zum Gebrauche des Schiffes nöthig war.

Den

Den 23sten, da das Wetter schön blieb, fingen wir an von unsern tropischen Gefährten begleitet zu werden, viele umgaben das Schiff und eine Pelikanfregatte hatte die Kühnheit sich auf unsern Mastkorb zu sezen.

Das Wetter war seit zwey oder drey Tagen sehr windig gewesen, auch hatte es öfters gedonnert und geblizet, und am 27ten bekamen wir einen Sturm, welcher uns nöthigte unsere Seegel, eins nach den andern einzunehmen, bis wir blos unsere doppelt eingereften Marsseegel behielten. Wir sahen viel Seegras, und einige Landvögel, welches Anzeigen eines nicht weit entfernten Landes waren.

Da das stürmische Wetter am 28sten noch immer anhielt, veränderten wir unsern Lauf gegen Norden. In den lezten 24 Stunden wehte der Wind meistens aus Süd Osten. Heute paßirten wir den südlichen Wendezirkel, das Wetter heiterte sich auf, ein schönes frisches Lüftchen begrüßte uns, und wir wurden von einer grossen Menge fliegender Fische, Boniten, Doraden, Hayfische und ganzen Schwärmen tropischer Seevögel begleitet, welche sich in grosser Anzahl bey den Inseln in den niedrigen Breiten aufhalten, aber selten auf dem offenen stillen Meere gefunden werden.

Am 29sten um zehn Uhr des Morgens, da die Luft heiter und das Wetter mäßig war, rief der Mann in dem Mastkorbe Land aus, welches gegen Nord Osten in einer Entfernung von ohngefähr 7 oder 8 grossen Seemeilen lag. Wir machten das Signal, welches die Resolution erwiederte. Um zwölf Uhr veränderte sich das Wetter, und der Wind wehte sehr stark vom Lande her. Um vier wandten wir das Schiff und steuerten auf das Land zu. So lange es Tag war sahen wir keine Zeichen von Einwohnern, bey der Nacht aber bemerkten wir verschiedene Feuer.

Den

Den 30sten sahen wir verschiedene Kanoes, welche sich den Schiffen näherten, und viele Einwohner standen am Gestade, und schienen bewafnet zu seyn, um sich unserer Landung zu wiedersezen. Um zehn Uhr wurden die Boote ausgehoben und bemannt, um die Küste zu untersuchen, und nach einem Anker=Grunde zu sondiren, aber zu unserm grossen Misvergnügen kamen sie unverrichteter Sache zurück.

Zwey von den Kanoes, wovon jeder drey Personen enthielt, kamen so nah, das wir ihnen zurufen konnten; aber keiner von ihnen ließ sich bereden an Bord zu kommen. Unser Kapitain zeigte ihnen verschiedene Stücke von Europäischer Manufaktur um ihre Neugierde zu erregen, sie schienen aber auf nichts einigen Werth zu setzen, als auf ein Stück Neu=Seeländisches Zeug, welches er über Bord warf, um dieses zu erlangen, tauchten sie ins Meer; aber kaum hatten sie's, so ruderten sie so geschwind als möglich davon, ohne uns etwas an dessen Statt anzubieten. Mittlerweile kamen eine grosse Menge Leute von der Küste, theils in Kanoes, theils schwimmend, umgaben unsere Boote, und bemühten sich so gar sie mit Gewalt zu ersteigen, und verschiedene befestigten ihre Zähne in ihren Seiten. Da sie auf diese Art in Gefahr waren zu Grunde zu gehen, kehrten sie zu den Schiffen zurück, damit sie nicht, um ihr eignes Leben sicher zu stellen, gezwungen seyn möchten, einige von diesen armen Leuten zu tödten, welches ihnen Kapitain Cook sehr oft während der Reise auf das schärfeste verboten hatte. Bey den gemeinen Matrosen war dieses Verbot sehr nothwendig, denn sie sind sehr geneigt zu vergessen, daß das Leben eines Indianers von einigem Werthe ist. Da die Resolution ohngeachtet des lezten Regens noch immer grossen Mangel an Wasser litte, ließ Kapitain Cook um zwölf Uhr das sechsrudrige Boot bemannen,

und

und fuhr selbst aus, um mit den Einwohnern zu reden, und die Küste zu untersuchen; aber nachdem er gesucht hatte, war er gezwungen zurück zu kommen, weil die Brandung es unmöglich machte die Fässer am Lande anzufüllen. Er legte das Boot einige Zeit bey, und unterhielt sich sehr freundschaftlich mit den Einwohnern, denen er auch einige Geschenke machte, welche sie mit anderen erwiederten; die aber weder zum Vorrath für sein Schiff, noch zur Erfrischung für seine Leute dienen konnten.

Diese Insel schien von Süd Süd West, zur Nord Nord Ost ohngefähr acht Seemeilen lang, und vier breit zu seyn. Sie hatte ein sehr herrliches Ansehen, und war, wie Kapitain Cook von den Einwohnern vernahm, im Ueberfluß mit allem was den Schiffen mangelte versehn. Es ist also leicht zu erachten, wie ungern wir sie verliessen. Die Leute welche den Kapitain begleiteten bemerkten etwas besonders in der Kleidung der Eingebohrnen von beiderlei Geschlecht; sie trugen nämlich eine Art von Sandalen*) aus Baumrinde an ihren Füssen, und auf dem Kopfe Mützen die sie wahrscheinlicher Weise selbst gemacht, mit vielen Zierrathen, und einer Reihe bunter Federn umgeben. Sie waren von mehr als mitlerer Grösse, gut gebauet, und tattavirt. Sie hatten keine Kleider wie die Einwohner der Freundschaftlichen Inseln, ausgenommen eine Schürze die um den Leib herum ging, und bis auf die Hälfte der Lenden herab reichte. Beide Geschlechter waren mit dreizehn

oder

---

*) Dieser hier genannte Sandalen, werden wohl nichts anders seyn, als die hölzernen Mudschue, der Taheiten, welche sie tragen wenn sie auf den spitzen Korallenryfen des Nachts herumgehen, um daselbst zu fischen. Sie sind von dickem Holze, mit einem Pflocke der einem Knopf hat, an dem die Schuhe zwischen den Zäen gehalten werden. F.

oder vierzehn Schuhe langen Speeren bewafnet; und die Männer hatten noch überdem grosse Keulen, von einem harten und sehr schweren Holze. Mit diesen Waffen versehen, standen fünf oder sechs hundert Leute an der Küste und staunten neugierig unser Schiff an, welches vermuthlich das erste war, so sie je gesehen. Diese und die herumliegenden Inseln, wurden in Kapitain Cooks voriger Reise entdeckt. Herr Hervey *) erster Piloten Gehülfe der Endeavour sah sie zuerst, und sie wurden nach ihm Hervey's Inseln genannt, und liegen im 19° 18′ südlicher Breite, und im 158°, 54′ westlicher Länge von Greenwich.

Am 31sten vor zehn Uhr des Morgens rief der Mann im Mastkorbe Land. Es lag vor uns, in einer Entfernung von sieben oder acht grossen Seemeilen. Zwölf Canoes näherten sich hier den Schiffen, die Leute darinnen hielten grüne Zweige, welche sie hin und her bewegten, wir erwiederten diese Friedenszeichen, und einer, dem Ansehen nach ein Führer, kam an Bord der Discovery, mit einem Zweige in seiner Hand, indem ein andrer die Resolution erstieg. Nachdem die gewöhnlichen Ceremonien vorbey waren, und man von beiden Seiten einige Geschenke von geringem Werthe gemacht hatte, bemühte sich Kapitain Clerke dem Indianer unsere Bedürfnisse zu er-

---

*) Die Herveys-Insel ward nicht nach dem Mitschipmann Hervey, sondern nach dem Herren Hervey nachmahligen Grafen von Bristol vom Kapitain Cook so genennt, wie aus seiner eigenen Reise von 1772—75. Th I. S. 190. des englischen Originals, erhellet. Auch war das Schiff darauf der Mitschipmann Hervey sich befand und in dem die Inseln entdeckt wurden nicht die Endeavour, sondern die Resolution. S Forsters Reisen Theil I. S. 317. der deutschen Uebersetzung. F.

erklären. Kapitain Cook der sich ihnen jezt selbst verständlich machen konnte, schickte uns Omai an Bord, an den der Chef gleich eine förmliche Rede hielt, von der wir sehr wenig verstanden, obgleich Omai sie uns verdollmetschte. Dieser führte ihn hierauf zum Kapitain, dem er den grünen Zweig überreichte, ihn zu gleicher Zeit ans Land lud, und versprach ihn mit allen Produkten der Insel zu versehen Wir nahmen die Einladung an, die Böte wurden ausgesezt, und der Kapitain und Omai, mit einer gehörigen Begleitung gingen an Land. Sobald es bekannt war, daß der Friede gestiftet sey, sahen wir eine Menge Canoes auf das Schiff zu rudern. Sie waren mit Koko-Nüssen, Yams, Brod-Frucht, und Pisangs beladen, welche die Eingebohrnen an die Matrosen für Stückchen zerbrochenes Glaß, Korallen, oder ander Kleinigkeiten, die man ihnen anbot verhandelten. Sie bezeigten ihr Erstaunen über alles was sie sahen, aber insbesondere über die Zimmerleute die an den Booten arbeiteten. Ihre Werkzeuge hatten eben so viel Reize für sie, als für die behenden Einwohner der andern Inseln; auch gelang es ihnen eben so gut, einige davon weg zu tragen, obgleich diejenigen deren Geschäfte es war, auf das sorgfältigste darauf Achtung gaben.

Um zwey Uhr Nachmittags, kehrte der Kapitain mit dem Chef zum Mittagessen zurück, und brachte ein kleines Schwein, und eine ganze Ladung von den Früchten der Insel mit sich, welche er beinahe alle unter das Schiffsvolk vertheilen ließ.

In dieser Insel fanden wir alle Arten von tropischen Früchten im Ueberfluß; auch Fische erhielten wir in Menge, und zwar von dem köstlichsten Gattungen, aber an Wasser woran es uns am meisten gebrach, war hier Mangel. Löffelkraut und Sellery
gab

gab es überall, und wir nahmen eine grosse Menge davon an Bord. Kein Volk auf Erden konnte sich freundschaftlicher gegen Fremde bezeigen als die Einwohner dieser glücklichen Insel, welche niemals froher waren, als wenn sie die Wünsche ihrer Gäste befriedigen konnten. Sie fanden sogar ein Vergnügen daran uns Unterhaltungen zu verschaffen, und stellten Spielgefechte unter sich an, um ihre Geschicklichkeit im Gebrauche ihrer Waffen zu zeigen. Indem sie eben damit beschäftigt waren, feuerte einer unserer Mitreisenden eine Kanone ab, welches die armen erschrockenen Krieger in einem Augenblicke verscheuchte, ihm aber einen scharfen und wohlverdienten Verweis zuzog.

Partheyen von beiden Schiffen wurden ausgeschickt um Wasser zu suchen, da sie aber keins in einer gehörigen Nähe finden konnten, ward gleich Nachmittag Befehl zum Abseegeln ertheilt. Um vier Uhr verliessen wir die Insel, und steuerten mit einem frischen Winde gegen Norden bey Westen zu.

Den 1sten April waren wir in der Breite von 20 Grad, 22 Minuten, und im 202 Grad 26 Minuten östlicher Länge von Greenwich, und sezten unseren Lauf gegen Süd-Westen fort.

Den 3ten rief der Mann im Mastkorbe Land, welches bald von der Resolution erwiedert wurde; und um drey Uhr des Nachmittags kamen wir zu einer kleinen Insel. Ob wir gleich hier unsere Fässer eben so wenig anfüllen konnten, als in den übrigen hier herumliegenden Inseln.

Einer von den Chefs welche des Abends an Bord kamen, gab Omai zu verstehen, daß drey von seinen Landsleuten auf dieser Insel wären, und erbot sich, im Fall er sie sehen wollte, zu seinem Wegweiser. Omai war neugierig zu erfahren, wie sie hieher gekommen wären. Bey ihrer Zusammenkunft waren beide Theile in gleichem Maaße erstaunt, und sehr begierig ihre gegenseitigen Begebenheiten zu hören. Omai nahm sie an Bord, und unterhielt sie mit einer angenehmen Erzählung alles dessen was ihm begegnet war, und hernach gaben sie ihm Nachricht von allem was ihnen zugestossen war. Ihre Geschichte war sehr traurig. Vor ohngefähr zwölf Jahren sagten sie, gingen funfzig Ulieteische Einwohner, von denen sie allein übrig geblieben waren, von Ulietea nach Otaheiti um sich dort niederzulassen. Auf ihrer Fahrt erhub sich ein schrecklicher Sturm, von dem sie auf das hohe Meer getrieben wurden; da er hier noch immer stärker ward, und die Wellen entsezlich hoch stiegen, wurden ihre Weiber und Kinder über Bord geschwemmt, und starben ehe ihr Elend noch grösser ward; nach drey Tagen nahm der Sturm ab, und sie sahen sich jezt auf einem unbekannten Meere, mit nicht mehr Lebensmitteln als hinreichend war ihren Hunger einen Tag zu stillen. Da sie keinen Steuermann hatten um ihnen den Weg zu zeigen, liessen sie sich einen Tag nach dem andern vom Winde herum treiben, bis der Hunger ihre Anzahl auf zwölf herabgesezt hatte; diese hatten nichts ihr Leben zu erhalten, als das Seegras was auf dem Meere schwamm, und das Wasser was sie auffingen wenn es regnete; da nunmehr zehn Tage verstrichen waren, und sie noch kein Land sahen, trat Verzweiflung an die Stelle der Hoffnung, und viele welche die Qualen des Hungers nicht länger ertragen konnten, sprangen in der Wuth ins Meer und fanden da einen leichteren Tod, das Aechzen und Wehklagen der Sterbenden, und die entsezliche Angst, mit welcher einige kämpften ehe der

Tod

Tod ihrem Leiden ein Ende machte, übertreffen alle Beschreibung.

In diesem traurigen Zustande hatten sie dreizehn Tage zugebracht, ob noch längere Zeit nachher wusten sie nicht, denn man fand sie ganz sinnlos, und dem Anscheine nach kaum von den Todten ausgemergelten Körpern unterschieden, neben denen sie lagen; bis sie wieder durch den menschenfreundlichen Beistand ihrer Retter zum Leben gebracht wurden. Sie sagten als sie sich wieder erholten, sie wären als wie von einem Traum erwacht; sie wußten nicht wo, noch wie sie ans Land gekommen wären. Nachdem sie aber allmählich ihrer Sinne mächtig wurden, und man ihnen sagte in welchem Zustande man sie auf der See getroffen hätten, erinnerten sie sich nach und nach aller oben erwähnten Umstände. Sie fügten hinzu, daß sie seit dieser Zeit beständig bey ihren Errettern geblieben wären, und sich in der Lage in welche sie der Etoa*) oder gute Geist gesetzt hatte, ganz glücklich und zufrieden befänden. Nachdem Omai ihre Erzählung angehört hatte, die ihn sehr zu rühren schien, sagte er ihnen sie sollten jetzt der Gelegenheit wahrnehmen, um mit ihm zu ihrer Heimath zurückzukehren; daß er für sie bitten würde, und gewiß wäre, die Befehlshaber der Expedition würden ihm seine Bitte gewähren. Sie dankten ihm für seine Güte, und ob sie gleich nicht erwarten konnten, daß ihnen je wieder ein ähnliches Anerbieten gemacht werden würde, waren sie doch entschlossen ihre übrigen Tage bey denjenigen zuzubringen, denen sie ihr zweites Leben zu verdanken hätten;

F 3

---

*) Die Gottheit bezeichnen die Taheitier mit dem Worte E atuha, die Einwohner der Freundschafts-Inseln sagen dafür E-atuka: und ein Bethaus nennen sie E-Faye-Tuka oder E-Farre-Tuka. F.

ten; da ihre nächsten Verwandten und Freunde unter der Zahl derer gewesen waren, welche umkamen, und die Rückkehr in ihr Vaterland nur dazu dienen würde, ihre Betrübniß zu erneuern, anstatt ihnen Vergnügen zu gewähren.

Wie Kapitain Cook, die Art gemeldet wurde, auf welche sich Omai beschäftigte, und wie viel Vergnügen ihm die Gesellschaft seiner Landsleute machte, ließ er die Schiffe beilegen, daß er nicht gestöhrt werden möchte, und Herr Burney, Herr Law der Chirurgus, und verschiedne andre unter uns, giengen blos mit unsren Seitengewehren versehen an Land, um uns zu belustigen und die Gegenden zu besehen. Wir waren nur wenige Meilen gegangen, da wir von einer Menge bewafneter Einwohner umringt wurden, welche sogleich, ohne Umstände und unsrem Bedünken nach ein wenig unfreundlich, anfiengen uns zu untersuchen. Wir glaubten anfänglich es wäre blos Neugierde, was sie zu solchen Freiheiten verleitet hätte. Wir fanden aber bald, daß obgleich unsre Personen für Gewaltthätigkeiten sicher waren, sie doch entschlossen waren, sich dessen was unsre Taschen enthielten zu bemeistern. Dem Zufolge nahmen sie uns alles, was wir ausser unsern Kleidern bey uns hatten; zerstreuten sich sodann, und liessen uns die Freiheit unsren Weg fortzusetzen; Herr Burney aber der sein Taschenbuch verloren hatte, welches für ihn von grösserem Werth war als alles übrige: entschloß sich, den freundschaftlichen Führer aufzusuchen, und ihn zu bitten, daß er ihn zur Wiedererlangung behülflich seyn möchte. Da wir fremd waren, war dies keine leichte Sache. Diejenigen an die wir uns wandten, stellten sich, als wenn sie uns nicht verstünden; und vielleicht war es wirklich der Fall, da jezt blos Weiber und Kinder zu

sehen

sehen waren. Wir hielten es daher für das rathsamste, so geschwind als möglich zu dem Schiffe zurückzukehren, und Omai und seine drey Freunde zu bewegen uns in unsern Nachforschungen behülflich zu seyn. Dies gelang uns bald, und man kann sich nicht vorstellen wie geschwinde unser Verlust ersezt wurde. Kein einziges Stück fehlte, nicht einmal ein eiserner Pfropfenzieher, welches doch für sie eine Sache von Werthe war.

Den 4ten des Morgens seegelten wir ab, und bekamen den 6ten eine andere Insel zu Gesicht.

Den 7ten ward das Schiff umgelegt und wir steuerten nach dem Lande zu, in den lezten 24 Stunden donnerte, blizte und regnete es beinahe beständig, so daß wir es nöthig fanden die Luken im Magazine zu bedecken, um das Pulver in Sicherheit zu bringen. Die Leute in beiden Schiffen waren jezt beschäftigt Wasser aufzufangen, welches ohngeachtet seines Teergeschmacks doch sehr hochgeschäzt wurde, und ein jeder der nur vier Maas des Tages sammlen konnte seit der Regen anfieng, hielt sich für seine Mühe reichlich belohnt. Da dieses aber die regnigte Jahrszeit war, füllten wir in wenig Tagen alle unsre ledigen Fässer, und jeder hatte die Erlaubniß so viel zu gebrauchen, als ihm beliebte. Ehe uns dieser Regen einen neuen Vorrath verschafte, hatten die Leute der Resolution grossen Mangel an Wasser gelitten wie schon oben erwähnt. Es ward jezt beschlossen, unsren Lauf nach der Insel A = Namoka oder Rotterdam zu richten, und diese Insel ward im Falle der Trennung zum Orte der Zusammenkunft bestimmt. Das Wetter blieb veränderlich, und obgleich es beinahe jeden Tag stark regnete, ward es für rathsam erachtet, sich der Maschiene an Bord der Resolution zu Distillirung des Wassers zu be-

die-

dienen, das auf diese Art erhaltene Wasser ward zu allem gebraucht, wozu es uns dienlich war. Es pflegte das Fleisch und andre Dinge so darin gekocht wurden mit einer unangenehmen Schwärze zu färben, ward aber doch dem Regenwasser, wegen des Teergeschmacks welchen dieses leztere mittheilte, vorgezogen.

Nichts bemerkungswürdiges fiel vor, bis zum 18ten, da wir Land gegen Südwesten bey Westen entdeckten, in der Entfernung von sechs oder sieben grossen See-Meilen; da wir aber bey starken Winde mit doppelt eingerefften Braamseegeln gingen, war es gefährlich näher zu kommen. Gegen Abend mußten wir beilegen, und blieben so während der ganzen Nacht. Des Morgens wurden die Böte ausgeschickt, und kamen gegen Mittag wieder, nachdem sie guten Ankergrund in 12 und 15 Faden Wasser, auf schönem sandigen Boden nahe am Ufer gefunden hatten. Die Böte brachten auch eine Menge Früchte der Insel mit welche sie ohne Umstände gesammelt hatten, ob sie gleich keine Einwohner sahen. Sobald wir Anker geworfen hatten, wurden Partien von beiden Schiffen ausgesandt um das Land zu untersuchen. Das Wetter fieng jezt an sich zu ändern. Die regnigte Jahrszeit welche in diesem Himmelsstriche gewöhnlich sechs bis acht Wochen anhält, war jezt beinahe zu Ende, da wir auf diese angenehme Insel stiessen, welche, obgleich sie von Einwohnern entblößt, dennoch voll von den verschiedenen Arten Fruchtbäumen war, welche den tropischen Ländern eigen sind. In unsren Streifereien fanden wir eine grosse Menge von Löffelkraut *) und andren eßbaren gesun-

---

*) Diese hier erwähnte Art von Löffelkraut, ist vielmehr eine Art von Kresse, die in den Inseln der Südsee welche

sunden Kräutern, von welchen unsre Matrosen einen grossen Vorrath sammelten; dabei aber war es ein unglücklicher Umstand für uns, daß wir nach der genauesten Nachforschung kein Wasser entdecken konnten. Ohne Zweifel wird es einen grossen Theil unsrer Leser sehr befremden, oder ihnen wohl gar unglaublich vorkommen, wenn sie von einer Menge volkreicher Insel hören, welche zu ihrem Unterhalte wenig, oder gar kein Wasser haben. Und doch ist es gewiß, daß es unter den kleinen niedrigen Inseln zwischen den Wendezirkeln wenige oder keine giebt, auf deren Oberfläche Wasser zu finden wäre, es sey denn in einer stehenden Lache, welches gewöhnlich etwas salzigt ist. Man findet auch nicht leicht welches durch graben. Glücklicherweise aber besteht die Nahrung der Einwohner hauptsächlich aus den Früchten der Erde; und ihr Getränke ist die Milch der Kokos-Nüsse. Sie brauchen kein Wasser ihre Speisen zu bereiten, da ihnen die Kochkunst gänzlich unbekannt war, bis sie solche von den Europäern lernten; auch hatten sie keine Gefässe zu dieser Absicht. Ihre Kleider brauchen sie auch nicht zu waschen, denn da die Materialien aus welchen sie solche verfertigen, papierartig sind, können sie die Nässe nicht vertragen. Salzwasser und sehr wenig frisches befriediget alle ihre Bedürfnisse. Ersteres giebt ihren Fischen einen angenehmen Wohlschmack, indem sie nachdem solche geröstet sind, beinahe jeden Bissen hineintauchen. Dies erklärt ziemlichermassen wie sie sich ohne

che zwischen den Wendezirkeln liegen, dicht am Seeufer zu wachsen pflegt, oder auch wohl eine Gauchblume; denn wir fanden zwei neue Gattungen dieser Geschlechte, denen wir die Namen Lepidium piscidium (Herr Banks aber Lepid: acre) und Cardamine sarmentosa gegeben haben. F.

Wasser behelfen können, ob es gleich in einem Clima wie das Englische schwer seyn würde, es eine einzige Woche zu entbehren. Nachdem wir jezt die Schiffe reichlich mit dem, was diese Insel hervorbringt, versehen hatten, und bey keiner der benachbarten Ankergrund finden konnten, sezten wir unsren Lauf weiter fort.

Den 17ten steuerten wir N. W. obgleich W. bey S. ½ W. unser Weg nach Rotterdam zu seyn schien. Die Inseln die wir eben verlassen hatten waren die Palmerston-Inseln, im 18ten Grad 11 Minuten südlicher Breite, und 164 Grad 14 Minuten westlicher Länge.

Den 20sten richteten wir unsren Lauf N. W.

Den 22sten helles Wetter und hohe Wogen von Süden ein sicherer Vorbote eines bevorstehenden Sturms *) Diesen Tag änderten wir unsren Lauf nach S. S. W. bey veränderlichem Winde.

Den 25sten kam der erwartete Sturm und stieg noch vor Einbruch der Nacht zu einer so furchtbaren Höhe mit Donner, Bliz, Regen und fürchterlichen Wellen begleitet, daß wir gezwungen waren, alle unsre Seegel einzunehmen, nebst der Raaen unsrer Bramstenge, und gänzlich ohne alle Seegel bis gegen Morgen beizuliegen.

Den 26sten nahm der Sturm etwas ab, und die Resolution welche wir aus dem Gesichte verloren hatten, seegelte auf uns zu, da wir sodann um fünf Uhr Nachmittages unter dicht eingereften Bramseegeln weiter fortgingen. Um eilf Uhr Abends waren

---

*) Nicht eben ein so sicherer Vorbote von bevorstehendem Sturme; sondern vielmehr eben so ofte, ein Zeichen, daß es in der Gegend und in der Richtung, wo die Wogen herkommen, vor wenigen Tagen sehr stark gewehet habe. F.

ren wir beinahe bey der Wilden Insel (Savage Island) ans Land gelaufen, denn da der Mann im Mastkorbe Land rief, entdeckten wir es schon dicht auf unsrem Leebuge. Wir legten sogleich um, und lösten eine Kanone als ein Signal für die Resolution (welche ohngefehr eine halbe Meile entfernt oberhalb des Windes war.) ein gleiches zu thun. Eine so wunderbare Rettung machte einen tiefen Eindruck auf das Schiffsvolk, welches ohngeachtet seines gewöhnlichen Leichtsinnes, sich nicht enthalten konnte dankbare Blicke gen Himmel zu senden. Den folgenden Morgen sahen wir diese verhaßte Insel, so bald es helle war, in der Entfernung von vier grossen Seemeilen.

Den 29sten hatte unsres Zimmermanns Gehülfe das Unglück auf das Verdeck zu fallen, wobey er das Bein brach. Wir konnten uns demohngeachtet glücklich schätzen, daß uns während des anhaltenden stürmischen Wetters, welches wir erlebt hatten, und welches wenige Schiffe hätten aushalten können, kein grösserer Unfall begegnete. Gegen 9 Uhr Morgens, da der Sturm noch fortdauerte, obgleich der Himmel anfieng sich aufzuklären, rief der Mann im Mastkorbe Land. Dies ward sogleich für Anamoka oder Rotterdam erkannt, welches seine Benennung von den Holländern erhielt die es zuerst entdeckten. Wir sahen es gegen S. W. in der Entfernung von fünf oder sechs grossen Seemeilen. Um zehen Uhr bekamen wir zwey Berge gegen S. S. W. zu Gesicht, neun oder zehn Seemeilen entfernt, und bald darauf entdeckten wir einen dicken Rauch, welcher von der niedrigsten Insel aufstieg. Da das Wetter noch stürmisch war, näherten wir Anamoka mit grosser Vorsicht. Gegen fünf Uhr Nachmittages machte die Resolution das Signal beizuliegen: diesem gehorchten wir sogleich, und warfen bald darauf den Anker.

Den

Den 30ſten lichteten wir wieder den Anker, und ſeegelten des Abends in die Rhede von Anamoka, wo wir wieder ankerten, und bald darauf fand ſich die Reſolution auch ein. Wir hatten jezt ſechzig Tage auf einer Farth zugebracht, welche uns bey einem geraden Laufe nicht mehr als zehn gekoſtet haben würde. Während dieſer Zeit waren wir vielem Ungemache ausgeſezt, welches wir ganz auf Rechnung einer wiedrigen Schickung ſchrieben, die uns zwang einen Lauf fortzuſetzen, den jeder an Bord misbilligte, und wobey wir keine Entdeckung vorzuhaben ſchienen, ſondern nur denſelben Strich folgten, den unſer Commodore vormals befahren hatte, auch keine einzige Inſel ſahen, die nicht ein und andrer umſrer lezten Seefahrer beſucht hatte. *) Wie dieſes zugieng läßt ſich nicht leicht erklären, aber auſſerordentlich iſt es bey alle dem, daß irgend jemand an Bord der Reſolution am Leben blieb, um den gegenwärtigen Hafen zu erreichen; denn dies hätten wir nicht hoffen können, wenn nicht die häufigen Regengüſſe, welche nachdem wir die Wendezirkel verlieſſen, bis zu unſrer Ankunft hier, täglich fielen, unſre Schiffe mit Waſſer zu ihrem Unterhalte verſehen hätten. Doch glücklich fanden wir uns bald ſicher an einer freundlichen Küſte, wir vergaſſen

*) Die Inſel die vom 29ſten zum 30ſten März entdeckt ward, iſt unſtreitig neu und nie von Seefahrern geſehen worden, und alſo iſt dieſe Angabe nicht vollkommen richtig. Die Langſamkeit der Farth iſt freilich den Leuten wegen des Waſſermangels ſehr unangenehm, und wegen des vielen bey ſich habenden Viehes nachtheilig geweſen; allein es ſind doch die Inſeln beſſer unterſucht worden, und man kennt die See in den Gegenden jezt weit beſſer als zuvor. Eine Entdeckungsreiſe unterſcheidet ſich von allen andern, durch unangenehme Umſtände; und erfodert Muth und Entſchloſſenheit alles dabey zufällige Ungemach zu ertragen. F.

gaffen die vergangenen Gefahren, und genoſſen die Annehmlichkeiten dieſer glücklichen Inſeln, deren Gewächſe die Luft auf eine ziemlich weite Strecke mit dem erquicklichſten Wohlgeruche erfüllten. Die Plantationen dieſer Inſel ſtellten uns bey unſrer Annäherung den reizendſten Anblick dar; der aus der herrlichen Miſchung verſchiedener Blüthen mit dem friſchen Grüne der Blätter, und der anmuthigen Abwechſelung kleiner waldigter Hügel mit grünen Wieſen und fetten niedrigen Thälern entſtand. Die lebhafteſte Beſchreibung dieſer blühenden Gegenden, kann nur einen ſchwachen Begriff davon geben; denn in der ganzen Natur läßt ſich für das Auge nichts angenehmeres, und für die Sinne nichts ſchmeichelhafteres denken.

Wir hatten kaum in dem Hafen Anker geworfen, als uns eine unzählichte Menge kleiner Böte oder Kanoen umringte, welche ſehr künſtlich zuſammengeſezt und artig geziert waren. Die Seiten waren ſo glat als Ebenholz polirt, und die Verdecke mit Perlmutter und Schildpadde eingelegt, welches an Nettigkeit der europäiſchen Arbeit gleich kam.

Ueberhaupt ſchienen dieſe Inſulaner in dieſer Art Arbeit überaus geſchickt zu ſeyn; ihre Waffen, ihre Keulen, die Haudhaben ihrer Werkzeuge, die Puder ihrer Kähne, und ſogar ihre Fiſchhaken ſind polirt und mit bunten Muſcheln eingelegt, wovon man auf ihren Ufern eine ungeheure Menge findet, unter welchen unſre Naturkündiger einige von auſſerordentlicher Schönheit entdeckten. Ihre Böte faſſen gewöhnlich drey Perſonen, und unter dem Verdecke, welches zwey Drittel der Länge beträgt, brachten ſie die Früchte ihter Plantationen, und die Manufakturen ihres Landes, welche auſſer vielen Zeugen von verſchiedener Arbeit, aus einer Menge andrer Sachen theils zur

Zier-

Zierde, theils zum Gebrauche bestanden. Zu den
lezteren gehören Kämme, Fischhaken, Angelschnuren,
Netze auf Europäische Art verfertiget, Nehnadlen
von Knochen, und Zwirn von verschiedener Feine,
Beutel, Körbe von Rohr oder Schilf so dicht geflochten, daß man Wasser hinein giessen konnte; und
eine Menge andrer Geräthe. Unter den ersteren
waren Armbänder, Brustschilde mit Federn von den
hellsten Farben geziert; Masken und Mäntel so künstlich aus Federn zusammengesezt, daß so gar unsre
Englischen Damen sich nicht schämen würden, damit
zu erscheinen. Diese sind von erstaunendem Werthe
in den Societäts-Inseln, wo Omai uns sagte, daß
man um eine rothe Feder ein ganzes Schwein kaufen könnte, daher er auch einen grossen Vorrath davon sammelte.

Die Einwohner dieser Inseln, sind schon so gut
von Kapitain Cook und Herrn Forster beschrieben
worden, daß was ich jezt noch hinzu fügen werde,
blos dazu dienen kann, ihre Nachrichten zu bestäti-
gen. Wir fanden sie von einer freundschaftlichen
Gemüthsart, offenherzig, gastfrey und dienstfertig.
Einige unter ihnen waren dem Diebstahle sehr ergeben. Sie schienen aber mit diesem Hange keinen
Begriff des Lasters zu verbinden, sondern hielten es
blos für eine erlaubte List. Wenn einer entdeckt und
bestraft wurde, ward er von seinen Nachbaren weder
bedauert noch verachtet, und sogar die Ehries oder
Grossen unter ihnen, hielten es für keine Schande
sich dieser List gegen unsre Befehlshaber zu bedienen, so oft sie die Gelegenheit dazu fänden, und
ertappte man sie, so pflegten sie blos zu lachen, so
wie bey uns ein verschlagner Kerl lachen würde, dem
es gelungen wäre einem ehrlichen Manne einen listigen
Streich zu spielen.

So

So bald als die gewöhnlichen Komplimente vorbey waren, und Friede errichtet, befahlen die Befehlshaber beider Schiffe, daß niemand an Bord, es wagen sollte, etwas von den Einwohnern zu kaufen, bis die Schiffe hinlänglich mit Provisionen versehen wären. Dieser Befehl ward aus zwey Gründen gegeben, erstlich um die Preise der Waaren festzusetzen, zweitens die Einwohner zu zwingen ihre Provisionen zu Markte zu bringen, wenn sie fänden, daß andre Dinge keinen Abgang hätten. Dieses hatte den erwünschten Erfolg, und es wurden mehr Schweine und Früchte gebracht, als wir täglich verzehren konnten, obgleich die gewöhnlichen Schiffsportionen eingezogen wurden, und die Landesprodukte ihre Stelle vertreten musten. Wir pflegten sogar eine Zeitlang täglich vier bis sechs Schweine einzusalzen.

Die Dienstfertigkeit der Chefs schränkte sich nicht darauf ein, unsre Schiffe mit Lebensmitteln zu versehen. Sie räumten unsren Officieren auch ein grosses Haus zu ihrem Gebrauche ein, welches sehr bequem am Ufer belegen war; und schenkten ihnen zu gleicher Zeit verschiedene Brustschilde herrlich mit Federn geziert, als das kostbarste Geschenke so sie ihnen machen konnten. Unsre Befehlshaber liessen es eben so wenig an Freygebigkeit ermangeln. Die Insulaner wurden mit Beilen, Messern, Leinen-Zeug, Glaß und Korallen beladen, wodurch sie sich für reichlich belohnt hielten. Die Zelte wurden jezt an Land gebracht, des Astronomen Observatorium errichtet, Holzhauer und Leute zum Anfüllen der Wasserfässer bestellt; und alle Handwerker an Bord zur Ausbesserung des Schiffes in Bewegung gesezt, welche nach einen zwey monatlichen Laufe, auf einer stürmischen See, bey einem beständigen Streite der

Ele-

Elemente, des Feuers, der Luft und des Wassers, sehr nothwendig geworden war.

Mittlerweile, daß alle diese Dinge vorgiengen, waren unsre Befehlshaber und die Chefs der Insel sehr darauf bedacht, die Vergnügungen ihrer jederseitigen Gäste täglich abzuändern, und sie mit neuen Schauspielen zu überraschen. An Bord wurden die Chefs mit Musik, Tänzen und Festen auf Europäische Art bewirthet. Was sie aber am meisten zu belustigen schien, waren die verschiedenen Beschäftigungen der Handwerker bey ihren gehörigen Arbeiten. Die Leichtigkeit mit welcher die Schiffs-Zimmerleute unsere Bote verfertigten, reizte vorzüglich ihre Aufmerksamkeit. Ihr Erstaunen war unbeschreiblich, wenn sie die Arbeit die ihnen ein Jahr gekostet haben würde, in einer Woche von eben so wenig Leuten vollendet sahen. Auch war ihre Verwunderung nicht geringer, wenn sie grosse Bäume fällen und in Bretter schneiden sahen, welches sie auf ihrer Insel in vielen Tagen nicht bewerkstelligen konnten. An Land hingegen bemühten sich die Chefs unsre Befehlshaber zu unterhalten; sie bewirtheten sie wie tropische Könige mit gebratenen Schweinen, Hühnern, und den herrlichsten Früchten; und anstatt des Weins boten sie ihnen ein Getränke an, das sie eben in ihrer Gegenwart zusammen gebrauet hatten, freilich auf eine so eckelhafte Art, daß der Leser uns gern die Beschreibung erlassen wird; da sich aber die Chefs an Bord geweigert hatten Wein zu trinken, machten sich unsre Officiere kein Bedenken daraus, es ihnen gleichfalls abzuschlagen, von diesem Getränke zu kosten.*) Nach dem Essen liessen sie auch ihre Musik hö-

*) Schon le Maire hatte auf seiner Reise, auch in diesen Inseln die Art bemerkt, mit welcher die Eingebohrnen, ihre

hören, und ihre Tänzer auftreten, welches vornehmlich Weiber waren, die in der Leichtigkeit und Mannichfaltigkeit ihrer Bewegungen viele der geschicktesten Europäischen Tänzer übertrafen. Nachdem kam eine Art Pantomine, worin einige Fechter ihre Geschicklichkeit sehen liessen; und zulezt ward das Schauspiel mit Vorstellung einer lächerlichen Geschichte beschlossen, welche bey dem Chef und seinem Gefolge ein ausschweifendes Gelächter erregte. Zulezt kamen die Sänger, deren Gesang mit einer Musik begleitet war, die in den frühesten Zeiten unter den gesittesten Völkern nicht ungewöhnlich war; wie man auf alten Gemählden sehen kann, wo die Tänzer und Sänger mit flachen Muscheln in den Händen vorgestellt wurden, welche sie zusammen zu schlagen pflegten, um Harmonie in ihre Melodien zu bringen, und ihre Bewegungen darnach einzurichten. Obgleich uns dies Possenspiel nicht sehr unterhielt, so war es doch nicht ohne Nutzen die Aehnlichkeit der Sitten unter dem ganzen menschlichen Geschlechte zu der Zeit, da die Künste des bürgerlichen Lebens noch in ihrer Kindheit waren, in der Entfernung eines halben Erdmessers zu bezeichnen. Wer weis ob nicht nach tausend Jahren die Saamen der freien Künste, welche jezt in diesen glücklichen Himmelsstrichen von Europäischen Seefahrern ausgestreut worden sind zur Reife ge-

---

ihre berauschende Getränke durch Käuung einer Art Pfefferwurzel und Aufglessung von Wasser oder Kokosnußmilch bereiteten. Wir haben diese Art berauschende Getränke, eben so wie unsere Vorgänger auf Taheiti angemerket. Die Pfeffergattung die sie dazu gebrauchten, wird in Taheiti ordentlich gepflanzt und heißt Ava. Wir nennten sie Piper methysticum, weil es eine neue Gattung war. F.

G

98

gelangen mögen.*) Vielleicht wird denn, wenn diese Reisen längst vergessen sind, dies jetzt unwissende, ungebildete Volk im grösten Glanz der Wissenschaften von andren Abendtheurern entdeckt werden, welche auf die Entdeckung neuer Länder und eines unbekannten Volkes, daß die Einwohner, welche um die Zeit unsre Gegenden bewohnen werden, vielleicht unendlich übertreffen wird, stolz seyn werden. Denn könnten wir nicht alsdenn die Künste deren wir uns rühmen, verlohren haben,**) wie wir heut zu Tage

bey

---

*) Die zur Unzeit stolzen Britten, werden es sich doch wohl nicht im Ernste einkommen lassen, daß sie auch nur den geringsten Saamen der freien Künste ausgestreuet haben. Die zwey oder drey Beile und Aexen, welche sie auf jeder Insel für Schwäine und Wollust hingegeben, dienen wohl nicht zu Vervollkommenung der Künste; und das blosse Zusehen bey der Ausbesserung ihrer Böte, wird diese Völker gewiß nicht zu Schiffszimmerleuten machen. Der junge Mensch, der den grosmüthigen Gedanken haben konnte, den Saamen der Civilisation durch sein Daseyn daselbst auszustreuen, den mißgönten sie den armen Neuzeeländern; und die Eingebohrnen aller dieser Inseln haben bisher von den sich viel dünkenden Europäern nichts gelernt, als daß sie grausam genung sind, sie in ihrem eigenen Lande umzubringen und zu verstümmeln, und sie mit Härte und Schlägen zu behandeln, und daß sie mit ihren Weibspersonen in der schändlichsten, niedrigsten und viehischten Wollust gelebet. Soll dies der Saame der Aufklärung und der Keim der Künste etwa seyn? Zum Glücke denken edle Männer unter den Britten mit mir einstimmig; und bedauern, daß man nicht besser dafür gesorgt hat? F.

**) Der erste Schritt zum Verfalle der Künste, des Handels, und der edlen Handlungen unter den Griechen, waren die überhand nehmende Ueppigkeit, Eigennutz und das Feilhaben ihres eigenen Vaterlandes; und wo sind diese ganz niedrigen Gesinnungen auf der gesitteten Erde mehr

im

bey den armseligen Bewohnern Griechenlandes, und den noch unglücklichern Egyptischen Sklaven sehen. Solchen Revolutionen sind die Bewohner dieser Erde unterworfen, und vielleicht muß die Erde selbst vor ihrer gänzlichen Vernichtung eben solche Revolutionen erfahren. Für ein nachdenkendes Gemüth sind diese Inseln als Ueberbleibsel eines verwüsteten Theiles der Erde ein trauriger Anblick; denn man kann unmöglich so viele Stücke von Felsen, theils bewohnt, theils nicht, sehen, ohne der Meinung des gelehrten Doktor Burnet beizutreten, welcher für sie die Würkungen einer frühen Revolution der Erde, wovon das Andenken verloren gegangen ist, ansieht. Doch wiederum zu unsrer Erzählung zu kommen. *)

Während unsrem Aufenthalte hier wurden wir jede Nacht mit den Ausbrüchen des benachbarten Volkans unterhalten, dessen die vorigen Reisen erwähnen. Es sind zwey Berge, welche gelegentlich Feuer und Rauch ausstossen, der kleinere aber öfter.

im Schwange als in Grosbrittannien? Nichts zeigt ihren Verfall mehr in diesen Tagen an, als daß sie ihre Feinde nicht durch Tapferkeit und grosse Thaten suchen in Amerika zu überwältigen, oder durch edle und Großmüthige Handlungen zu gewinnen; sondern durch schadenfrohes, grausames Sengen und Brennen ihrer Städte, wovon die schöne Stadt Kampbell ein frisches Beispiel ist, und durch Verrätherey und Bestechung ihrer Anführer, wovon Arnold und Lee redende Denkmäler, zur Schande des sonst unbefleckten Brittischen Namens sind. F.

*) Die Veränderungen welche auf der Oberfläche unserer Erde vorgefallen, sind unstreitig; allein es giebt mehrere und bessere Beweise als die blosse Menge Bewohnter und unbewohnter Inseln, und die Theorie des Dr. Burnet, ist wahrlich die, welche man unter den vielen, die von derselben Materie gehandelt haben, am allerletzten anführen sollte. F.

Den 19ten unsers Aufenthalts zu Anamoka kamen unsre Holzhauer zurück. Sie waren durch den Regen des von den Manschenill=Bäumen (Hippomane Mancinella L.) gefallen war, beinahe blind, und hatten allenthalben auf dem Körper rothe Flecken wo der Regen hatte zukommen können. Die giftige Eigenschaft dieser Bäume ist schon von andern Reisenden bemerkt worden, unsre Leute empfanden sie aber diesmal weit mehr als je vorher geschehen war. Verschiedne beträchtliche Diebstähle geschahen auch mittlerweile daß wir uns hier aufhielten.

Den 4ten Juni ward des Kapit. Clerke Schnellwage aus seiner Kajüte gestohlen, in der Zeit da er und verschiedne andre sich am Lande, mit einem Hieva oder dramatischen Possenspiel belustigten; er erlangte sie aber bald nachher wieder. Denselben Tag ward ihm im Gedränge seine Scheere zu drey verschiedenmalen aus der Tasche gezogen, und so bald sie vermißt wurde, wieder zugesteckt.

Den 9ten lichteten wir den Anker, und veränderten unsere Stellung, und verloren indem wir es thaten, unsern kleinen Anker, welcher unter den Felsen stecken blieb, mit 29 Faden Ankertau. Den Abend ankerten wir wieder, und bemühten uns bis zum 12ten unser verlornes Anker wieder zu erlangen; welches uns nach Verlust des Boytaues und Boot Ankers gelang. Während dieser Zeit stahl einer der Einwohner ein Beil von dem Schiffe, es ward entdeckt und nach ihm geschossen. Er entkam aber durch das Untertauchen. Eine ganze Parthie hatten auch das Stromanker losgebunden und versuchten es in ihr Boot herunter zulassen. Da sie aber auf der That ertappt wurden, ruderten sie geschwind ans Ufer, und entwischten ohne Schaden.

Den

Den 13ten ward unser Vorrath von lebendigem Viehe, welcher den Tag nach unsrer Ankunst auf eine kleine Insel zur Weide geschickt wurde, vollkommen erhohlt wieder an Bord gebracht. Die Pferde und Kühe, vorher blosse Gerippe, waren ganz fett geworden, und sprangen so munter wie junge Füllen herum. Diesen Tag ward Order zum Abseegeln gegeben, und die Zelte wurden abgebrochen. Herr Phillipson Lieutenant der Seesoldaten verlor bey dieser Gelegenheit durch die Nachläßigkeit der Wache alle seine Betten, wovor derselbe durch 12 Hiebe bestraft ward. Des Morgens fanden wir unser grosses Boot unter Wasser, und alle ihre Hinter-Gesässe nebst verschiedenen dazu gehörigen Sachen gestohlen. Wir erhielten sie auch nie wieder, und der Seesoldat welcher die Wache dabey hatte, ward scharf bestraft.

Den 13ten seegelten wir ab, und richteten unsern Lauf nach dem Rath eines Anführers Namens Taiuni, nach einer 40 grosse Seemeilen entlegenen Insel, welche nach seinem Berichte an allem so wir bedurften einen Ueberfluß hatte; nemlich Holz, Wasser, Schweine, Hühner, Früchte und Weide für unser Vieh. Wir seegelten mit schönen N. O. Winde W. S. W. — Gegen 11 Uhr Abends paßirten wir den Volkan, welcher in der Entfernung einer kleinen halben Meile uns gegen N. N. W. lag. Die Flammen welche aus dem niedrigsten hervorbrachen, mit einem fürchterlichen Getöse begleitet, welches lauter und dumpfer als ein Donner war, leuchteten uns, um uns durch die gefährlichste Durchfarth zu arbeiten, die man sich nur denken kann. Wir waren von mehr als 60 Inseln umgeben, jede mit einem Rief von Felsen umringt, welcher so viele Wendungen und Krümmungen formirte, daß ein wahres

Labyrinth daraus entstand. Aber mit Hülfe unsers Indischen Lootsen fuhren wir glücklich hindurch und ankerten den 19ten in einer schönen Bay, auf der westlichen Seite von Calafoy*) in 22 Faden Wasser, auf muschlichten Boden. Kaum hatten wir geankert, so wurden wir auf allen Seiten von den Einwohnern umringt, welche von unsrer Ankunft gehört hatten, und ihre Kanoes reichlich mit Schweinen, Federvieh, Brodfrüchten, Yams, Pisang und anderen Früchten die auf der Insel wachsen, zu uns brachten. Diese vertauschten sie gegen Stückchen Glaß, rothe und blaue Korallen, kleine Läpgen Scharlach-Tuch, oder irgend etwas so wir ihnen anboten.

Den 18ten schickten wir unsren Viehvorrath unter gehöriger Bedeckung an Land.

Unser Freund Taiuni a) machte sich hier eben so wichtig als zu Anamoka. Er kam mit seinem Kanoe, mit vier Schweinen, Brodfrüchten, Pompelmusen (einer schönen wohlriechenden Frucht, an Geruch und Geschmack einer Citrone ähnlich, aber grösser und runder) beladen ans Schiff. Er brachte auch Yams von ausserordentlicher Grösse, von welchen jede funfzig bis sechszig Pfund wog.

Ihm

---

*) In der Nachbarschaft von A-Namoka-nui, oder Rotterdam Eiland, ist ein feuerspeiender Berg oder Volkan, der bey den Eingebohrnen A=Mottu=Fua, die kleine Insel Fua heisset; aber von Kalafoy, habe ich nie etwas gehört: und die nächste Insel hies Oghao, so wie es uns die Leute vorsagten. In meinen Papieren finde ich, daß ein Mann von der Insel Mottu=Fua bey uns gewesen der Finau geheissen, allein er schien eben kein sehr vornehmer Mann oder Befehlshaber zu seyn, der viel zu sagen hätte. Es scheint, so viel ich sehen kann, daß die Insel Kalafoy weder Mottu=Fua, noch Oghao sey, sondern ein von beiden unterschiedenes und gegen W. S. W. von Anamoka gelegenes Eiland. F.

a) Zimmermann nennt diesen Befehlshaber Finau. S.

Ihm folgten der Ehrihki und die Chefs der Insel auf die nemliche Weise mit Lebensmitteln beladen. Er führte sie alle nach ihrem Stande bey dem Kommandeur und den Officieren ein. Sobald diese Ceremonien vorbey waren, wurden die Zelte an Land gebracht, und alle Leute an die Arbeit gestellt, um die Ausbesserung des Schiffes zu endigen. Die Chefs wurden an Bord bewirthet, und unsre Befehlshaber und die Officiere mit gleicher Gastfreyheit am Lande. Von unsrer Seite wurden Feuerwerke abgebrant, die Seesoldaten wurden rangirt und mußten alle Manoeuvres machen, von tausenden der Einwohner umringt; anfänglich erschraken diese sehr, und flohen wie eine Heerde Schaafe vor dem Lerm der Flinten beym Exerciren, da sie aber sahen, daß sie ihnen nichts thaten, faßten sie wieder Muth, und blieben in einer Entfernung stehen; keine Ueberredungen aber konten sie bewegen nahe zu kommen. Die Einwohner ihrer Seits waren eben so bemüht uns zugefallen, sie stellten alle Tage Hievas an, und liessen auch ihre Krieger zusammen ziehen, die gleichfalls alle kriegerische Uebungen machen musten, und sich in diesen falschen Gefechten derb herumschlugen, worin sie von unsern Englischen Klopffechter wenig abgingen. So brachten wir hier unsre Zeit zu, wir streiften in der Insel herum, suchten Pflanzen, betrachteten die Seltenheiten der Natur und Kunst, und ergötzten uns an den Schauspielen; mittlerweile, daß unser Vieh sich erholte, und die verschiedenen Handwerker das Schif ausbesserten. Es ist für Leute welche mit der Sprache des Landes nicht bekannt sind, nicht leicht möglich, zumal bey einem kurzen Aufenthalte, sich mit der bürgerlichen Verfassung der Einwohner bekannt zu machen. Da wir nichts bey ihnen sahen was die Stelle des Goldes ver-

vertrat, und den Werth des Eigenthums bestimt, so war es nicht leicht zu entdecken, was sie an dessen statt brauchten, um den Handel unter sich zu erleichtern. Daß ein jeder ein wirkliches Eigenthum in den verschiedenen Pflanzungen hatte, konten wir leicht bemerken, und der Ehriki und die Chefs waren auch sehr bereit uns ihre Besitzungen zu bezeichnen, deren grösserer Umfang ihnen, wie unter cultivirten Völkern, Ansehn mittheilte. Da, wir aber kein roulierendes Eigenthum bemerkten, welches man sammlen und gelegentlich vortheilhaft anwenden könte, um das Land eines andren zu kaufen, konten wir nicht begreifen, welcher Mittel der Fischer sich bedient, um sein Kanoe zu erhalten, oder der Boot-Bauer seine Materialien zu bekommen, und doch kann kein Zweifel übrig bleiben, daß der Boot-Bauer nachdem er sein Boot gebauet hatte, ein Eigenthumsrecht daran hatte, eben so gut als der Chef an seiner Pflanzung, nachdem er sie eingezäunt und bearbeitet hat. Mit uns war es blos ein Tauschhandel, und ein eingebildeter Werth wurde jeder Sache beigelegt. Ein Schwein ward gegen eine Art vertauscht, so wie eine gewisse Zahl Brodfrüchte, Koko-Nüsse und Pisangs gegen eine Schnur Korallen gerechnet, und so mit allen andern Dingen, aber unter sich hatten sie keinen solchen Tauschhandel, ob sie gleich etwas ähnliches haben müssen, da wir nichts sahen, welches Geld hätte vorstellen können. Auch bemerkten wir nicht, daß irgend einer sich ein besonderes Eigenthums-Recht über die Wälder angemaßt hätte, sondern jeder ging hin wie wir, und fällte so viel Holz als er brauchte. Das Salz welches in einer Europäischen Wirthschaft ein so nothwendiger Artikel ist, war diesen tropischen Insulanern gänzlich unbekannt.

Den

Den 19ten kam ein Ehrihki an Bord, und beschenkte den Kapitain Clerke mit einem grossen schönen Kopfputz, mit Perlen, Muscheln und rothen Federn geziert, und mit Blumen von den glühendsten Farben bekränzt. Der Kapitain erwiederte sein Geschenke mit vielen nüzlichen Europäischen Sachen, als Scheeren, Messern, Sägen, und einigen Zierrathen, als Korallenschnuren, auf welche der Königliche Calafoyer einen so grossen Werth sezte, daß er es nicht unter seiner Würde hielt, selbst ans Ufer mit seinem kostbaren Geschenke zu rudern.

Den 20sten ereignete sich eine Begebenheit an Bord der Discovery, welche beinahe aller Freundschaft, unter uns und den Insulanern, die jezt durch gegenseitige Geschenke und Verbindlichkeiten so gut befestiget schien, ein Ende gemacht hätte. Einer von den Chefs welcher oft an Bord gewesen, und freundschaftlich bewirthet worden war, ließ sich durch das zahme spielende Wesen einer jungen Kaze reizen, sie zu stehlen. Unglücklicherweise für ihn ward er ertappt, ehe er sein Vorhaben ausführen konte, und sogleich fest genommen und in Eisen gelegt. Ein Bote ward den Augenblick an den Ehrihki oder König geschickt, ihm die Grösse des Vergehens, und die Strafe zu melden. Sobald der König diese Nachricht hörte, kam er mit verschiedenen Chefs an Bord, und fand zu seinem grossen Kummer und Erstaunen, daß der Gefangne sein eigner Bruder war. Die Neuigkeit verbreitete sich bald durch die ganze Insel und alles gerieth in Aufruhr. Glücklicherweise unternahm Taiuni die Sache zu schlichten, er wandte sich an Omai um zu erfahren was man thun müßte, und unter welchen Bedingungen man ihn befreyen wollte. Omai sagte ihm, daß sein Vergehn so beschaffen wäre, daß es nicht ohne Strafe

hingehn könte, und daß er sich unterwerfen müßte, an den Mast gebunden zu werden und hundert Streiche zu empfangen; daß je höher sein Stand wäre, desto nöthiger wäre es ihn zu strafen, um den andern zum Beispiel zu dienen, und sie von ähnlichen Fehlern abzuschrecken; daß es daher vergebens sey, um seine Freyheit auf eine andere Bedingung als eine völlige Unterwerfung zu bitten. Taiuni meldete dem Ehrihki alles was vorgegangen war, und sogleich liessen sich verschiedne Chefs in eine Berathschlagung über die Maasregeln ein, die man nehmen müßte; Einige verriethen durch ihre Bewegungen, daß sie gesonnen wären die Beleidigung zu rächen. Andre stimmten für die Unterwerfung. Einige geriethen sogar in Zorn, wollten sogleich ans Ufer zurückkehren, die Krieger zusammen zu rufen, und Repressalien zu brauchen. Nicht weniger als sieben versuchten das Schiff zu verlassen, fanden aber den Weg gesperrt ihre Flucht zu verhüten; zwey oder drey sprangen demohngeachtet über Bord, wurden aber gleich verfolgt und ins Schiff zurück gebracht. Da sie nun fanden, daß sie auf allen Seiten umringt waren, und daß der König und alle Chefs in der Gewalt des Kapitains standen, fiengen sie neue Berathschlagungen an, der Erfolg davon war, daß sie sich entschlossen, den Gefangenen förmlich, dem Ehrihki des Schiffs zu übergeben, und ihn zu bitten, die Strenge des Gesetzes in Ansehung seiner zu mildern. Sie stellten ihm vor, wie viel Achtung ihm und den Seinigen von den Chefs überhaupt und von den Verwandten des Verbrechers insbesondre war erwiesen worden; und daß diese lezteren es noch immer in ihrem Vermögen hätten ihm fernere Dienste zu leisten. Dies war ungefähr die Bedeutung ihrer ganzen Rede. Der Gefangene ward alsdann förmlich
über=

überliefert, und an den Mastbaum gebunden, wo er einen Hieb empfieng und sogleich auf freyen Fuß gestellt wurde. Die Freude des am Ufer versammelten Volks, die mit ängstlicher Ungedulb auf den Ausgang der Sache warteten, läßt sich nicht beschreiben, da sie ihren Führer wieder in völliger Freyheit sahen. Sie empfiengen ihn bey seiner Landung mit offenen Armen, und weit entfernt die Beleidigung die man der zweiten Person des Königreichs zugefügt hatte, übel aufzunehmen, überhäuften sie seine Verfolger mit Geschenken, und warfen sich vor ihnen auf die Knie um ihre Dankbarkeit zu bezeigen. Nichts kann die friedliebende Gemüthsart dieser gutherzigen Insulaner stärker bezeichnen, als ihre Aufführung bey dieser Gelegenheit. Sie sind vielleicht das einzige Volk, welche in der Ausübung wahre Christen sind; und von ihnen kann man mit Wahrheit sagen, daß sie ihre Feinde lieben, ob sie gleich nie das Gesetz gehört haben, das uns dies befiehlt.

Den 21sten früh kam der König an Bord, und brachte vier grosse Schweine, und so viele Brodfrüchte, Yams und Pompelmuse als sein Boot nur fassen konte, zum Geschenke für den Kapitain, für welches er keine Erkentlichkeit annehmen wollte. Dennoch ward ein Beil und einige Korallen in sein Boot gelegt, mit welchen er sehr zufrieden zurückkehrte.

Den 22sten liessen sie alle ihre Krieger in Schlachtordnung stellen, um ein Spiel-Gefechte vorzunehmen. Aus Furcht aber daß sie etwas mehr als Vergnügen im Sinne haben möchten, mußten unsre Seesoldaten dem Gefechte beiwohnen; es fiel aber
nichts

nichts vor das den Anschein von Verrätherey hatte. *)
Nach der Schlacht ward ein Hieva vorgestellt, in
welchem zwey junge Prinzeßinnen Nichten des Katzen‑
stehlers die vornehmsten Personen waren; kurz der
Abend ward mit allen Zeichen einer aufrichtigen Ver‑
söhnung beschlossen.

Den 23sten wurden Befehle zum abseegeln er‑
theilt. Unser Vieh welches vielleicht gar auf dem
Lande desjenigen geweidet hatte, dem der Hieb zuer‑
theilt ward, wurden an Bord gebracht, so wie auch
Holz und Wasser in grosser Menge, wovon das er‑
stere

---

*) Zimmermann beschreibt dieses Manoeuvre auf den Freund‑
schafts-Inseln umständlicher. Das Volk ward in zwey
Partheien getheilt, ein jeder Kriegsmann, trug ein von
einer Baumrinde geflochtenes Gewand, das von den Hüf‑
ten bis an die Knie reichte, und oben war es mit einem
Gürtel, aus roth gefärbtem Grase festgebunden. Ihr
Gewehr besteht aus einem harten Stücke Holz, das un‑
ten einen runden Handgrif hat, oben aber sehr scharf
viereckigt, ungefehr drittehalb Schuh lang, und dabey sehr
künstlich ausgestochen ist. (Ein Streitkolben von Casua-
rina) Für diesmahl aber wurden die Gewehre nur aus
grünem weichen Holz verfertigt, um einer Beschädigung
vorzubeugen. Finau gab die Losung zum Streit, es trat
einer nach dem andern heraus, und rief sich einen beson‑
dern Gegner heraus. Mit Verwunderung sahen wir,
wie geschickt und künstlich jeder auf seinen Gegner los‑
schlug, und wie einer dem andern mit eben so geschickten
Wendungen des Leibes, und Drehung der Waffen aus‑
parirte. Der Verlierende muste mit Zurücklassung seiner
Waffen abtreten, und durfte nicht zu seiner Parthey kom‑
men. Die Parthie der Gewinnenden aber stimmten den
Freudengesang an, welcher sehr harmonisch, in ungefehr
folgenden Ausdrücken, Ho‑a‑ma‑to‑to lautete, und
sehr lieblich anzuhören war. S. (Hoa matoto bedeu‑
tet wahrscheinlicherweise der Diener des Königs blu‑
tet.) F.

stere sehr gut, und das leztere vortreflich war. Kurz wir befriedigten alle unsre Bedürfnisse auf die best=möglliche Art, auf dieser herrlichen Insel. *)

Den 25ſten lichteten wir den Anker und seegel=ten den 27ſten in Gesellschaft der Resolution ab. In der Nacht hatten wir starke Windstöſſe, mit Re=gen und einem Gewitter begleitet, welche in diesen Inseln sehr häufig sind. Viele der Einwohner be=gleiteten uns als Paſſagiers nach Anamoka.

Den 30ſten waren wir beschäftiget gegen den Wind zu arbeiten, und gegen 12 Uhr des Nachts lösete die Resolution eine Kanone als ein Zeichen der Noth. Sie war auf einem Riefe fest, aber ehe wir zu ihrem Beistande kommen konten, war sie schon wieder frey.

Den 1ſten Juni bekamen wir den feyerspeyen=den Berg zu Gesichte, in einer Entfernung von vier groſſen Seemeilen. Gegen 11 Uhr des Vormitta=ges ankerten wir in einer Bay. Hier brachten uns die Einwohner eine groſſe Menge Schweine, wovon wir einige zum Einsalzen schlachteten. Das Fleisch nahm aber bald einen unangenehmen Geschmack an, worüber unsre Leute groſſe Klage führten. Es iſt sonderbar, daß dieses Schweinefleisch, wenn es friſch ge=

---

*) Zimmermann merket noch an, daß die Insel niedrig sey, und daß sie zwar frische Wasserquellen habe, welche aber kein gutes Waſſer lieferten, und welches noch dazu tief im Lande zu hohlen wäre; daß die Breite der Insel kaum eine deutsche Stunde ausmachte, die Länge aber acht bis neun derselben; daß die Insel mit süſſen Erd=äpfeln (Convolvulus Batatas) und Yamwurzeln (Diosco-rea alata et oppositifolia) ordentlich angebauet sey, und daß man die fruchtbaren Bäume in regelmäßigen Alleen gepflanzt finde. F.

geſſen ward, einen auſſerordentlichen delikaten Geſchamck hatte.

Bis zum 5ten fiel nichts merkwürdiges vor, da wir abſeegelten, um 5 Uhr Nachmittages erreichte die Reſolution **Anamoka** und ankerte in ihrem alten Ankerplatze; die Diſcovery welche nicht ſo gut gegen den Wind ſeegeln konte, kam erſt gegen 9 Uhr des Abends an. Hier warf ſie den Anker aus, ward aber vom Winde wieder abgetrieben, ſo daß ſie in einer Stunde drey groſſe Seemeilen von der Reſolution unter dem Winde war, und in die gröſſeſte Gefahr gerieth Schiffbruch zu leiden. Die ganze Mannſchaft ward jezt aufgefordert um den Anker aufzuwinden, und verſchiedne Leute von der Reſolution kamen zu ſehr gelegner Zeit uns beizuſtehen. Die Nacht war ſehr ſtürmiſch und es regnete ſtark. Bis 4 Uhr des Morgens arbeiteten wir ununterbrochen fort, konten aber bey der äuſſerſten Anſtrengung unſrer Kräfte, nur wenig gegen den Wind gewinnen. Endlich legte ſich der Wind zu unſrem gröſten Glücke, wir lichteten den Anker, und ehe es Tag war, ankerten wir in völliger Sicherheit neben der Reſolution.

Den 8ten kam **Taiuni** an Bord, und meldete uns den Verluſt verſchiedener ſeiner Landsleute, welche umgekommen waren, indem ſie uns in ihren Kanoes zu begleiten ſuchten, in unſrer Ueberfarth von **Kalafoy** und **Appai**, die beiden Inſeln auf welchen die feuerſpeyenden Berge waren. Er erzählte uns, daß er ſelbſt in der gröſten Gefahr geweſen wäre; daß ſein Kanoe umgeworfen und er gezwungen worden wäre, über zwey groſſe Seemeilen zu ſchwimmen; da er alsdann wunderbarerweiſe von einem Fiſcherboot auf der Küſte von Appai geſehen und aufgenommen ward, da ſeine Kräfte eben erſchöpft waren.

111

ren. Wir bezeigten unsre Freude über seine Rettung, und er war nicht weniger vergnügt die Schiffe in ihrer vorigen Lage zu finden, da er es beinahe für unmöglich gehalten, daß sie dem Sturme widerstehen sollten.

Nachdem wir uns jezt mit allem versehen hatten was die Insel darbot, seegelten wir den 9ten nach Tongatabu oder Amsterdam. In unsrer Farth stiessen die Resolution und Discovery auf denselben Felsen; die Resolution berührte ihn nur ganz leicht, die Discovery blieb aber auf der einen Seite darauf sitzen, so daß das Wasser auf der Seite einschlug; Glücklicherweise war es bey Tage und schönes Wetter, und die Resolution befand sich in der Nähe. Wir steckten also alle Seegel auf, machten das Schiff hinten leicht und hoben es so ohne grossem Schaden von dem Felsen. Dies begegnete uns zwey grosse Seemeilen von Amsterdam, wo wir gegen Abend ankamen und in 6 Klaftern ankerten. Wir wurden sogleich von den Einwohnern umringt, welche uns zu bewillkommen kamen, und über unsre Ankunft sehr erfreut schienen. Es ist nicht ungewöhnlich, daß Reisende diese Insulaner mit dem Namen der Wilden beschimpfen, obgleich sich keine unschicklichere Benennung denken läßt, da es vielleicht auf dem ganzen Erdboden kein gesitteter Volk giebt. Während unserm langen Aufenthalte unter ihnen, sahen wir kein Beispiel einer unordentlichen Aufführung unter ihnen, und es ward kein einziger wegen eines Vergehens von ihren eignen Chefs bestraft, auch gab es wenig Händel unter ihnen. Im Gegentheil es war viel Uebereinstimmung und Lustigkeit unter ihnen merklich. Mit ihren Hievas und Schauspielen sehr vergnügt, bringen sie ihre Zeit in einer Art von wollüstiger Ruhe zu, wo alle etwas arbeiten, aber

kei-

keiner über die Maaſſe. Der Ehrihki oder König rudert ſelbſt in ſeinem Boote, ob er gleich einen Tau=tau haben muß, ihm im Eſſen behülflich zu ſeyn. Dies komt dem Europäer befremdend vor, da es den Mann in den Zuſtand eines Kindes zurückzuſetzen ſcheint, und doch iſt es nur eine Stufe der Bequemlichkeit mehr als was wir täglich vor Augen ſehen. In Europa werden Leute von gewiſſem Stande beinahe eben ſo bedient; der Tiſch wird für ſie gedeckt, die verſchiedenen Speiſen werden aufgetragen, vorgeſchnitten und auf den Teller gelegt, daß Brod wird geſchnitten, die Getränke herum gereicht, und kurz alles gethan was in den tropiſchen Inſeln üblich iſt, nur laſſen wir bey uns die Speiſen nicht zum Munde führen: welches der Ehrihki durch ſeinen Tau=tau verrichten läßt. Und doch zieht ſich der Ehrihki einen Vorwurf zu, daß er dieſe einzige Handlung, daß Eſſen und Trinken zum Munde zu führen, nicht ſelbſt verrichtet; dahingegen der Europäer die Benennung eines Mannes von Stande der zu leben weiß, der Geſchicklichkeit ſeiner Leute bey Bedienung der Tafel, zu verdanken hat. So klein iſt der Unterſchied in der Verfeinerung der Nationen, und ſo unmerklich die Grenzen, welche Trägheit und Bequemlichkeit, die Simplicität des Ehrihki und die Pracht des Fürſten von einander trennen.

Den 11ten lichteten wir wieder den Anker in Geſellſchaft der Reſolution, und ſeegelten nach Marias Bay, einem der beſten Häfen in der ganzen Südſee. Hier kamen gleich mehr als 150 Böte zu uns, mit Lebensmitteln und den Manufakturen des Landes beladen. Taiuni, welcher der Kayſer der Inſeln zu ſeyn ſchien, begleitete uns noch immer fort. Seine vornehmſte Wohnung war ungefähr 6 groſſe Seemeilen von dieſem Hafen. Man brachte uns hier

eine

eine Menge Schweine und unzählige Hühner, so daß wir ein Schwein für ein Beil, und ein Huhn für einen Nagel oder zwey rothe Korallen kaufen. Unser Vieh ward auf einer herrlichen Wiese ans Land gesezt, wo sie weit und breit herumgehen konten, und wo ihre Weide von einen schönen Walde begrenzt war. Auf der kleinen Insel wo sie waren, fanden wir ein kleines Wasser, welches wir durch graben in einen Teich vergrösserten, der nicht allein unser Vieh tränkte, sondern auch unsre Schiffe hinlänglich mit Wasser versahe. Wir fanden auch in diesem Hafen alles, was wir bedurften, um den Schaden, den unsrer Schiffe auf dem Felsen gelitten hatten, auszubessern; Man bewies uns auch jede Gefälligkeit, die unser Kapitain in seinen vorigen Besuchen, (die den Einwohnern noch sehr lebhaft im Gedächtniß waren.) genossen hatte. Ein ungefährer Zufall hätte aber beinahe diesem guten Verständnisse ein Ende gemacht. Mitlerweile, daß unsre Leute beschäftiget waren, Feuerwerke zur Belustigung der Chefs, zu veranstalten, wurden von der Discovery, zwey Truthühner, eine Ziege und ein Pfau weggestohlen. Sobald man sie vermißte, ward, eine Klage über diese Eingriffe in die Rechte der Gastfreiheit an unsren Freund Taiuni gebracht, und ernstlich verlangt, daß die gestohlnen Thiere zurückgegeben würden. Er schien die Sache nur als eine Kleinigkeit anzusehen, und both uns Schweine und Hühner an, unsren Verlust zu ersetzen. Entweder weil er um den Diebstahl wußte, und willens war dabey durch die Finger zu sehen, oder welches wahrscheinlicher ist, weil er nicht wußte wer ihn begangen hatte und wie man es anstellen müßte, um so rare Thiere, die ohne Zweifel sehr künstlich versteckt seyn würden, wieder zu erlangen. Sein Anerbieten ward aber ausgeschlagen und Kapitain Cook an den man sich gewandt hatte befahl,

daß

daß man sich aller Kanoes bemächtigen, und die ganze Insel mit Feuer und Schwerdt verwüsten sollte, wenn sie nicht alles in vier und zwanzig Stunden wieder gäben. Sobald dieser Befehl bekannt wurde, versammelten sich die Einwohner von allen Seiten, und in weniger denn einem halben Tage zeigten sich mehr als funfzehn hundert bewafnete Leute am Strande. Mitlerweile hatten unsre Kapitains die Pinassen aussetzen lassen. Die Böte wurden mit bewafneten Leuten bemannt, und mußten Partheien von Seesoldaten einnehmen, und alle mögliche Anstalten wurden gemacht, um unsre Drohungen auszuführen. Bey ihrer ersten Landung, kam einer von den Eingebohrnen ganz athemlos aus den Wäldern gelaufen, und meldete dem Kapitain, daß er die fremden Thiere auf der andren Seite der Insel am Hause eines Chefs gesehen hätte und bereit wäre sie dahin zu führen, wenn sie ihm folgen wollten. Der Kapitain welcher dies für eine gute Gelegenheit hielt, die Insel zu besehen, nahm sein Anerbieten an; und gieng in Begleitung der Herrn Blythe Obersteuermanns von der Resolution, und Williamson dritten Lieutenants und verschiedener andrer Herren und einer Parthey Seesoldaten fort, indem sie dem Wege folgten welchen sie der Insulaner führte.

Sie waren kaum eine Stunde gegangen, ehe sie verschiedene Partheyen Indianer von den Hügeln herunter kommen sahen, diejenigen zu verstärken welche schon am Strande waren. Der Kapitain der Seesoldaten, da er ihre Anzahl beständig zunehmen sahe, hatte seine Leute aufziehen lassen, und befahl ihnen jezt über ihre Köpfe wegzufeuern. Dies achteten sie nicht und fiengen an ihr Kriegslied, welches immer vor einer Schlacht vorhergeht, zu singen. Der Kapitain gab hierauf dem Taiuni zu verstehn, daß er
sie

sie alle ohne Nachsicht vertilgen würde, wenn sie sich nicht so gleich zertheilten. Taiuni durch den Ernst mit welchem diese Drohung begleitet war, erschreckt, stürzte sich in die ersten Linien der Krieger, riß den Chefs die Lanzen aus den Händen, zerbrach einige davon und legte sie indem er wieder kam, dem Kapitain zu Füssen. Dies hatte zum Theil die verlangte Würkung. Die Insulaner zogen sich in einem Haufen zurück, schienen aber nicht geneigt sich zu zerstreuen. Der Kapitain dem dieses misfiel, machte vom Ufer dem Schiffen das Signal sich so zu legen, daß die Batterien eine volle Lage geben könten, und ließ zu gleicher Zeit seine Leute ins Gewehr treten. Der kommandirende Officier an Bord machte sich den Wink gleich zu nutze, und ließ einige Kugeln über die Köpfe der Feinde wo sie am dicksten standen, abfeuern. Dies vollendete was Taiuni angefangen hatte. Ein panisches Schrecken bemeisterte sich der Chefs, und alle flohen wie eine Heerde Schaafe, ohne Verfolger. Kapitain Cook, welcher von allem was vorgieng nichts wußte, aber doch nahe genug war um die Kanonen zu hören, wußte nicht ob er weiter gehen, oder zurückkehren solte. Da er aber die Kanonen nur einmal abfeuern hörte, schloß er sehr richtig, daß was es auch immer gewesen seyn möchte, welches die erste Lösung veranlaßt hatte, jezt doch keine zweite nöthig wäre, und nahm sich also vor, seine Reise fortzusetzen. Unterweges ward die Hitze bald unmäßig groß, und der Mangel des Wassers machte sie noch unerträglicher, denn es war keins zu finden, ausgenommen in salzigten Seen. Nach einer Reise von mehr als 12 Englischen Meilen, durch eine Strecke Landes, wo nirgends gebahnte Wege waren, und die allenthalben mit Pflanzungen durchschnitten war, erreichten sie die Wohnung des Chefs,

Chefs, welcher sich eben mit einen gebratenen Ferken, gedämpften Yams, und einer Menge Brodfrucht labte. Ueber die Ankunft des Kapitains und seines Gefolges bestürzt, und sich selbst bewußt, warum sie gekommen waren, gieng er sogleich heraus, und brachte den Truthahn, die Ziege und den Pfau zum Vorschein, die er ohne Umstände wieder gab, doch auch ohne die geringste Entschuldigung für den Diebstahl, oder die Mühe zu machen, die er dem Ehrihki des Schiffs gemacht hatte, das seinige wieder zu erlangen.

Bey ihrer Rückkehr zu den Zelten fanden sie Taiuni noch da, der sie dem Anscheine nach mit grosser Aufrichtigkeit bewillkommte, und die Aufführung seiner Landsleute zu entschuldigen suchte, und sie auf die Besorgniß der übelverstandenen Befehle vom Schiffe schob: welche wie sie dachten, dahin giengen, alles ohne Unterschied zu verbrennen, Männer, Weiber und Kinder zu morden, und die ganze Insel zu verwüsten. Hierauf bat er den Kapitain ihm ein wenig in den Wald zu folgen, welcher seine Einladung sehr bereitwillig annahm, und bald zwey Kokos-Bäume erblickte, von deren Zweigen die Blätter und Früchte abgestreift waren, und statt dessen mit Yams, Brodfrüchten und Pompelmusen in einer künstlich durchschnittenen Spirallinie behangen, wovon sich jede mit zwey Schweinen endigte, eins gebraten und das andre lebendig. Dies hatte Taiuni zum Geschenke für den Commandeur bereiten lassen, und wollte davor keine Vergeltung annehmen. Das gebratene Schwein war ein sehr angenehmes Geschenk für Leute, welche vier und zwanzig Meilen gegangen waren, ohne etwas anders zu essen als das wenige, so sie mitgenommen hatten, und einigen Früchten, die sie unterwegens fanden. Eine Parthey Indianer war schon

be=

bestellt, um die Bäume von ihrer Last zu befreien, und die Böte wurden gebraucht um alles an Bord zu bringen; und so endigte sich dieser denkwürdige Tag, dessen sich vermuthlich ihre spätesten Kindeskinder, als eines Tages der Befreyung erinnern werden.

Während unsrem diesmaligen Aufenthalte hier, geschahen mehr grosse Diebstähle, und es wurden mehr Indianer bestraft, als in allen andern Freundschafts=Inseln. Einer der uns ein Messer gestohlen hatte, wurde mit 72 Streichen bestraft; ein andrer welcher versucht hatte, zwey oder drey Trinkgläser zu entwenden bekam 36, und noch drey andre, welche gegen die Holzhauer Steine geworfen hatten, jeder 36. Was aber noch weit grausamer war, ist, daß man befahl einem Manne der ein Beil hatte wegstehlen wollen, in den Arm bis auf den Knochen zu schneiden, welches er ohne zu klagen ertrug.

Man darf sich nicht wundren, daß durch solche muthwillige Grausamkeiten die Einwohner zulezt aufgebracht wurden, und ob sie gleich nie öffentliche Feindseeligkeiten verübten; lauerten sie doch auf jede Gelegenheit uns zu beunruhigen.

Den 19ten wurden Herr Williamsom und Herr Blythe, welche die Jagd liebten, und gern in den Wäldern und Gebüschen herumstrichen, von 10 bis 12 Einwohnern angegriffen; diese nahmen ihre Flinten und Pulverbeutel von ihnen, wovon sie erstere behielten, die Beutel aber fallen liessen, da sie verfolgt wurden.

Man nahm wieder zu dem vorher gebrauchten Mittel, sich der Böte zu bemächtigen, und die Insel zu bedrohen, seine Zuflucht, und eine von den

Flinten ward auf diese Art auch wirklich wieder erlangt; die andre aber fand sich nicht.

Den 25sten erhielten wir Ordre uns zur Abreise fertig zu halten. Kapitain Cook schenkte dem Taiuni ein Pferd und eine Stutte, einen Stier und eine Kuh, einen Schaaf-Bock und ein Mutter-Schaaf, als eine Belohnung für die vielen Dienste, die er uns während unserm Aufenthalte in den Freundschafts-Inseln geleistet hatte, wodurch sich dieser für überflüßig belohnt hielt.

Diese kostbaren Geschenke wurden sogleich nach seinem Hause zu Tongatabu, ohngefähr vier grosse Seemeilen weit hingetrieben. Die Schiffe waren jetzt vollkommen ausgebessert; wir hatten so viel Holz, und Wasser an Bord, als wir nur lassen konnten, nebst Schweinen, Brodfrucht, Kokonüssen, Yams, und andren Wurzeln und Gewächsen in Menge; kurz alles was die Schiffe nur fassen, oder die Leute wünschen konten; ein Boot wurde also südostwärts ausgeschickt, um eine Durchfarth nach der berühmten kleinen Insel Middelburg zu suchen, von welcher vorige Reisende eine so retzende Beschreibung machen.

Den 29sten kamen die Böte zurück, nachdem sie einen schmalen Durchgang entdeckt hatten, der nicht mehr als die Länge eines Ankertaus in der Breite hatte, und $3\frac{1}{2}$ bis 5 Faden Wasser bey einem leimichten Grunde.

Diesen Tag gieng Herr Nelson dessen schon vorher Erwähnung geschehen, ganz allein nach den Bergen, um Pflanzen und Kräuter zu suchen. Da er schon ziemlich weit von den Schiffen entfernt war, ward er von fünf oder sechs Eingebohrnen angegriffen, welche zuerst mit Steinen nach ihm warfen, worin sie eine grosse Geschicklichkeit besitzen; und da
sie

sie sahen, daß er kein Feuergewehr bey sich hatte; kamen sie sogar nahe, und nahmen ihm seine Kleider und seinen Pflanzen-Beutel, welches alles war so er bey sich hatte.

Den 1sten Juli wurden die Böte bemannt, und die Kapitains beider Schiffe giengen an Land um ihre Klagen vor den Ehrikki zu bringen. Nach einiger Untersuchung fand man, daß die Thäter bloß Knaben gewesen, und da die Kleider und der Beutel von geringem Werthe waren, bat Herr Nelson der es ungern sahe, daß man noch mehr Händel mit den Einwohnern anfieng, den Kapitain Cook seinen Verlust nicht zum Gegenstande eines Zwists zu machen, sondern sich lieber friedfertig von den Chefs zu trennen, die uns im ganzen genommen, mit grosser Freundschaft begegnet waren.

Den 3ten indem wir uns zur Abreise bereiteten, hatten wir Gelegenheit die Ursache und Bedeutung eines sonderbaren Zeichens zu entdecken, welches viele der Chefs über den Schläfen hatten, und welches schon vorige Reisende bemerkt haben. Wir sahen, daß dieser Tag in der ganzen Insel gefeyert wurde; es ward nicht erlaubt etwas zu verkaufen, das Volk rührte keine Speisen an, und wir vermißten verschiedene von unsren neuen Bekannten. Da wir nach der Ursache frugen, sagte man uns, Taiuni's Mutter wäre gestorben, und daß die Chefs die von ihr abstammten, zu Hause geblieben wären, um sich die Schläfe brennen zu lassen. Dieser Gebrauch ist nicht allein in dieser Insel üblich, sondern erstreckt sich auch auf verschiedene andre, vornehmlich Ea-uweh oder Middelburg und Appi. Das Zeichen wird bey dem Tode der Mutter auf der linken, und beim Tode des Vaters auf der rechten Seite gemacht; und wenn der Hohe-Priester stirbt,

wird

wird das erste Glied des kleinen Fingers abgelöset. *)
Diese Völker haben also doch Religionsgebräuche, obgleich wir nicht entdecken konten, wenn und wie sie solche beobachten.

Den 4ten hoben wir den Anker, seegelten aus der Bay und lagen bereit, den Wind zu nutzen, wel=

---

*) Wie die Spanier sich unter dem Vasco Nunnez da Volboa sich zuerst im Lande Darien auszubreiten anfiengen, fanden sie unter einigen Völkerschaften die Gewohnheit, daß sich die Männer beim Tode ihrer Frauen, und die Weiber beim Tode ihrer Männer, ein Glied vom Finger ablöseten   Der Abt Raynal vermutet, in der neuen Ausgabe seines Werks über beide Indien Th. 4. S. 8 daß diese Gewohnheit wie manche andere von den Spaniern, erdichtete, oder falsch beobachtete, die besondere Verehrung der Weiber auf den Marianischen Inseln, die ungewöhnliche Neigung zum Putze bey den Männern unter einigen Nationen auf der Halbinsel Jucatan; etwas ans Unglaubliche grenze. Hier wird sie aber durch die Insulaner der Südsee bestätigt.   S.

Noch mehr Völker in Afrika und Amerika verstümmeln sich die kleinen Finger, z. E. die Hottentotten S. Kolbe S. 570—572. und Paw Recherchus sur les Americains V. II. p. 224. 229. Ich habe in meinen Observations S. 496. gemuthmasset, daß das Brennen, nicht der Schläfe, wie hier steht, sondern des Backenknochens, aus medicinischen Absichten geschehe, wie mit der Moxa; weil man uns dabey auf die Augen zeigte, welches wir vielleicht unrecht verstanden haben, als wäre es ein Mittel gegen böse Augen; da es hätte sollen die Trauer anzeigen, welche sie durchs Weinen der Augen auszudrücken und uns verständlich zu machen suchten.   Nur wiederholte Reisen und langer Aufenthalt, nebst der Kenntniß der Sprache, lassen uns richtige Urtheile von Sitten und Gewohnheiten der Völker fällen.   Wir sind nicht so viele Tage in den Freundschafts=Inseln auf unsrer Reise gewesen, als die auf dieser Reise Wochen drauf geblieben sind.   Es ist also möglich sich hierin zu irren.   F.

welcher uns durch die Meerenge führen sollte, auf unserm Wege nach Ea=u=weh oder Middelburg.

Den 7ten erhielten wir den günstigen Wind, und so bald wir nur bey den Riefs vorbey waren, warfen wir den Anker ohngefähr drey grosse Seemeilen vom Lande. Wir hatten kaum unsre Anker ausgeworfen, als ein grosses Kanoe an die Seite des Schiffes kam, in welchem drey Manns= und eine Frauensperson waren, die alle von hohem Range zu seyn schienen. Einer den wir wegen seines ehrwürdigen Ansehens für den hohen Priester ansahen, hielt eine lange Stange oder Spieß in der Hand, an welches er eine weisse Fahne befestigte, und sodann eine Rede anfieng die eine ziemliche lange Zeit dauerte. Sobald sie geendiget war, stieg er die Seite des Schiffes herauf, und sezte sich ganz ruhig auf dem hintersten Verdecke nieder, bis ihn Kapitain Clerke anredete, und nach den gewöhnlichen Komplimenten einlud, nebst seiner Gesellschaft in die grosse Cajute zu kommen. Seine Begleiter schlugen die Einladung aus, und um den grossen Rang des alten Mannes bekant zu machen, warfen sie sich, das Weib sowohl als die Männer vor ihm nieder, und küßten seine rechte Fußsohle. Dieser alte Indianer brachte vier Schweine, sechs Hühner und eine grosse Menge Yams und Pisangs zum Geschenke für den Kapitain mit; welcher ihm dafür ein gedrucktes Cattunkleid, einen Chinesischen Spiegel, verschiedene irdene Tassen und andre Seltenheiten schenkte, welche er mit grosser Gefälligkeit und besondrer Würde annahm. Der Kapitain und die Officiere begegneten ihm mit grosser Achtung, und zeigten ihm die ganze Einrichtung des Schiffes, worüber er grosse Bewunderung blicken ließ. Er ward jezt genöthiget zu essen, welches er aber ausschlug; man bot ihm sodann Wein an,

an, von welchem der Kapitain erst trank; er führte ihn an seine Lippen, kostete ihn und gab das Glaß sogleich wieder weg.

Nachdem er ungefähr eine Stunde an Bord gewesen war, bezeigte er ein Verlangen sich wegzubegeben, und zeigte auf eine kleine Insel, wohin er den Kapitain sehr dringend ihn zu begleiten bat. Dieser konte seine Einladung aber nicht annehmen, weil die Schiffe alle Augenblicke abseegeln sollten. Diese ehrwürdige Person war ungefähr sechs Fuß drey Zoll hoch, gut proportioniert, und verband in seiner Miene viel Würde und herablassende Gefälligkeit.

Den 8ten kam Taiuni an Bord der Resolution, um den lezten Abschied zu nehmen, und brachte fünf Schweine und eine angemeßne Menge Brodfrucht und Yams mit. Er bezeigte grosse Betrübniß bey der Trennung mit allem Anschein der Aufrichtigkeit, die den Bewohnern dieser glücklichen Insel eigen ist.

Den 9ten seegelten wir, und warfen den 12ten den Anker an der südwestlichen Seite der Insel Eauu-weh oder Middelburg. Hier kamen die Leute mit so wenig Umständen an Bord, als wenn sie uns seit vielen Jahren gekänt hätten. Sie brachten uns die Produkte der Insel, da wir aber schon mit allen Lebensmitteln hinlänglich versehen waren, handelten wir vornehmlich Vögel und Federn ein. Die hiesigen Papagayen waren von ausserordentlich schönen Farben, und übertrafen diejenigen unendlich, welche man aus Indien nach Europa führt. Es waren auch eine Menge andrer Vögel da, auf welche verschiedene unsrer Herrn einen grossen Werth sezten, obgleich sie für Kleinigkeiten feil waren. Wir kauften Federn von verschiedenen Farben für den nördlichen Handel, aber vornehmlich rothe für die Marquesas und Societäts-Inseln. Wir kauften auch Zeuge und
viele

viele andre Sachen von künstlicher Arbeit, weil die Künstler dieser Insel alle andren Insulaner in der ganzen Südsee an Erfindung und Geschicklichkeit in der Ausführung übertreffen. Was aber unsern Aufenthalt hier am mehrsten verlängerte, war die Vortreflichkeit des Grases, welches wir abmäheten, da es denn als Heu herrliches Futter für unser Vieh abgab. Den Nachrichten zufolge, welche bey unsrer Ankunft hier im Schiffe herumgiengen, ward es durchgängig geglaubt, daß man auf dieser Insel mit offnen Taschen reisen könte, wenn man nur die Vorsicht gebrauchte kein Eisen darin zu tragen. Die Aufführung einer Parthie Einwohner gegen Wilhelm Collet des Kapitains von der Discovery Proviantmeister, war aber eine Ausnahme gegen diese Einbildung. Denn da dieser Mensch sich damit belustigte das Land zu besehen, ward er angegriffen, und ihm alle Kleider und was er sonst bey sich hatte, seine Schuhe ausgenommen ausgezogen; und da er nachher seine Klagen vorbrachte, konte er nur seine Schlüssel wieder erlangen.

Den 18ten erhielten wir Befehl zum abseegeln; und Otaheiti ward im Falle der Trennung zum Zusammenkunftsorte bestimmt. Wir waren jezt beinahe drey Monate beschäftiget gewesen, unser Schiff auszubessern, es mit Holz, Wasser und allen möglichen Lebensmitteln zu versehen, als wir diesen Befehl erhielten. Die Mannschaft beider Schiffe bezeigte eine grosse Freude darüber, denn obgleich es uns an nichts mangelte, sehnten sich doch alle nach Otaheiti. Viele, weil sie dort sich in angenehme Verbindungen eingelassen hatten, und andre weil sie sich einen so hohen Begriff von der grösseren Vortreflichkeit dieser Insel gemacht hatten, daß sie jeden andern Ort den
wir

wir berührten als einen unbebauten Garten, in Vergleichung mit diesem kleinen Paradiese betrachteten.

Gegen sechs Uhr Morgens lichteten wir den Anker, und waren bald unter Segel, indem wir unsern Lauf südwärts richteten um einen Wind zu bekommen, der uns nach dem erwünschten Häfen bringen sollte.

Den 19ten verlohren wir das Land aus dem Gesichte, und in 22 Grade 24 Minuten südlicher Breite, wandte sich der Wind ganz nach W. N. W. und blies zu gleicher Zeit ziemlich stark, und er dauerte verschiedene Tage.

Den 23sten bemerkten wir, daß unser Schiff leck war: ohne daß es möglich war den Leck zu verstopfen, ehe wir das Land erreichten.

Alle an Bord mußten jezt an der Pumpe arbeiten, da wir aber fanden, daß das Wasser nicht zunahm, machte uns der Leck wenig Unruhe.

Bis zum 30sten fiel nichts merkwürdiges vor, da das Wetter im 28 Grade 7 Minuten der Breite stürmisch ward; auch ein heftiger Windstoß unsere grosse Stenge und Bramstenge wegnahm, das grosse Seegel zerriß, und das blinde Stagseegel wegführte. Es ist wirklich bewundernswürdig mit welchem Muthe und welcher Behendigkeit Englische Matrosen bey solchen Gelegenheiten ihre Kräfte anstrengen. Bey einem Sturm, wo es jedem andern als einem Matrosen unmöglich war nur auf dem Verdecke zu bleiben, stiegen sie den Mast hinan und räumten mit unglaublicher Geschwindigkeit die Trümmern weg, wodurch das Schiff gerettet ward. Während unsrer ganzen Reise war uns kein so grosses Unglück begegnet; wir steckten in der Nacht Licht aus und thaten verschiedene Nothschüsse, aber vergebens, denn wir wurden von der Resolution weder gesehen noch gehört. Der
Sturm

Sturm dauerte die ganze Nacht und den folgenden Tag ununterbrochen fort; so daß wir alle Seegel einnehmen mußten, und blos mit dem Mars-Seegel und Kreuz-Seegel sechs bis acht kleine Seemeilen in einer Stunde seegelten, und zulezt mußten wir doch beiliegen mit dem Vordertheile des Schiffes gegen Westen, da unser Lauf gegen Ost-Nordost war.

Den 30sten bekamen wir die Resolution zu Gesichte. Sie war ungefähr vier grosse Seemeilen unter dem Winde, und während dem Sturme war ihrer grossen Bramstengen Eselshaupt beschädiget worden, jezt war solche aber wieder in Stand gesezt, und alles übrige vollkommen in Ordnung.

Den 1sten August begiengen wir die Jahresfeyer unsrer Abreise aus Engelland, nachdem wir jezt ein Jahr auf unsrer Reise zugebracht hatten. Die Leute bekamen eine doppelte Portion Brandwein, und vergassen dabei die Gefahren und Arbeiten, welche sie während des Sturms ausgestanden hatten.

Den 2ten waren unsre Zimmerleute beschäftiget die alte Bramstenge durch eine neue zu ersetzen; aber eben da sie dieselbe oben am grossen Maste befestigen wollten, entdeckten sie zu unsrer grossen Betrübniß, daß die Spitze des letzteren vier bis fünf Fuß von oben zersplittert war. Dies machte unsren Arbeiten für jezt ein Ende. Die Bramstenge wurde herunter gelassen, bis wir den Mastbaum zurechtbringen konten; welches in unsrer Lage grösse Schwierigkeiten hatte, und nicht ohne Hülfe der Resolutions Zimmerleute ausgeführt werden konte. Wir hiengen ein Signal aus, um unse Noth anzudeuten; die See war aber so stürmisch, daß sich kein Boot erhalten konte. In diesen Zustande blieben wir bis sich der Sturm legte, da wir den Mast mit Tauen zusammen banden, eine vorräthige Boegsprietstenge
statt

statt einer grossen Bramstenge aufsteckten, und die Raa eines Seegels an der Kreuzstenge statt einer grossen Bramseegelraa; und so ausgerüstet giengen wir so geschwind als es uns möglich war, unterdessen, daß die Resolution mit Fleiß weniger Seegel aufspannte, um in Gesellschaft mit uns zu bleiben.

In dieser elenden Lage da unser Leck beständig zunahm, erlebten wir den 3ten einen Sturm, welcher die äusserste Anstrengung unsrer Kräfte nothwendig machte; jeder an Bord mußte mit helfen, zum theil an der Pumpe, und theils die Seegel einzureffen. Diese leztere Arbeit war mit grosser Gefahr verknüpft, ward aber dennoch glücklich zu Stande gebracht.

Den 4ten um 6 Uhr Morgens rief der Mann im Mastkorbe Land, welches uns allen eine erfreuliche Nachricht war. Gegen eilfe sahen wir verschiedene Kanoes in jedem von welchen drey nackte Indianer waren, auf das Schiff zurudern. Wir machten ihnen Zeichen an Bord zu kommen; dies schlugen sie aber aus, und winkten uns an Land zu gehen. Die Böte wurden sogleich ausgeschickt zu sondiren, da sie aber keinen Ankergrund finden konten, ward es beschlossen unsre Reise ohne weiteren Aufschub fortzusetzen. Diese Insel war eine neue Entdeckung, und wir fanden nach einer angestellten Bemerkung, daß sie in 29 Grade 31 Minuten der Breite, und 208 Grade 26 Minuten östlicher Länge lag. Die Einwohner schienen sehr groß zu seyn, und waren von Kopf bis zu Füsse Tatauirt; ihre Sprache war von allen uns bekanten verschieden, die Kleidung glich der Amsterdammer; sie waren von Farbe dunkler als diese, und ihr Kopfputz bestand aus Muscheln, Federn und Blumen; ihre Böte waren schön geschnizt und nett zusammengesezt. Von ihren Sitten

ten konten wir uns keinen Begriff machen. Sie schienen uns aber furchtsam zu seyn, und daraus, daß sie grüne Zweige hin und her bewegten, und andre Zeichen einer friedlichen Gesinnung gaben, schlossen wir, daß sie von freundschaftlichem Charakter wären. Sie vertauschten einige kleine Fische und Kokonüsse gegen Nägel und middelburgische Zeuge. Die Insel schien aber klein zu seyn, da ihre größte Länge ungefähr vier grosse Seemeilen, und die Breite zwo betrug.

Wir seegelten jezt mit gutem Winde bis zum 13ten, da der Mann im Mastkorbe wieder Land rief; es war ungefähr sieben oder acht grosse Seemeilen entfernt, und wir bemerkten bald, daß es das längst gewünschte Otaheiti war.

Den 11ten um sechs Uhr früh, seegelten wir auf das Land zu, und befanden uns ehe es dunkel ward sicher vor Anker, in dem Hafen, dem die Einwohner den Namen Oaite-Piha geben. Hier wurden wir sogleich von unzähligen Böten umgeben, ausser einer Menge Männer, Weiber und Kinder, welche ans Schiff schwammen, um ihre Freude über unsre Ankunft zu bezeigen. Wir hatten kaum Anker geworfen, als der König und der gröste Theil der königlichen Familie an Bord der Resolution kamen den Kapitain Cook zu bewillkommen. Am ganzen Ufer erschallte der Name Cook; kein Kind welches nur Toote lallen konte schwieg, und das Freudengeschrey erfüllte die ganze Gegend. Der König brachte ein Geschenk von sechs grossen Schweinen, Brodfrüchten und Pisangs, und erhielt dafür als die ersten Begrüssungen vorbey waren, zwey grosse Beile, einige bunte Glaßkorallen, einen Spiegel, ein Messer und Nägel. Der Kapitain beschenkte auch des Königs Gefolge.

Sie

Sie waren sehr begierig den **Omai** zu sprechen, und gaben dem Kapitain durch ihn Nachricht, daß bey ihnen zwei spanische Schiffe aus Lima, vor ungefähr acht Monaten gewesen waren, und daß diese bei ihrer Abreise drei Eingebohrne mitgenommen, und einen von ihren Leuten an ihrer Stelle gelassen hätten, welcher aber schon seit einiger Zeit todt sey. Sie sagten noch, daß die Spanier ein Haus am Ufer gebauet hätten, und ein Kreuz mit einer Inschrift errichtet, welche beide noch stünden; daß sie einiges Vieh, nebst Ziegen, Schaafen und Gänsen dort gelassen, wovon aber die mehresten schon gestorben wären. Sie hätten versprochen bald wieder zu kommen, und wären schon mehreremale seit Kapitain Cooks leztem Besuche, da gewesen. Sobald das Mittagsessen vorbey war, giengen die beiden Kapitains in Begleitung Omais und der königlichen Familie nach den spanischen Gebäuden. Diese schienen ihnen ein ernsthafteres Vorhaben zu verrathen, als die verdachtlosen Einwohner vermutheten. Sie hatten nemlich in Namen seiner katholischen Majestät von der Insel Besitz genommen, und des Königes Namen nebst der Jahrzahl 1777 auf das Kreuz geschrieben. Kapitain Cook nahm sich die Freiheit dieses herunter zu reissen und mitzunehmen, indem er die Einwohner warnete gegen ihre spanischen Gäste auf ihrer Huth zu seyn, und ihnen nicht zu freundschaftlich zu begegnen. Da die frischen Lebensmittel, welche wir auf den Freundschafts-Inseln eingenommen hatten, auf der Reise verzehrt worden waren, verboth der Kapitain allen andern Handel mit den Eingebohnen, ausser den um Lebensmittel; und auch diesen erlaubte er nur solchen Personen, die als Proviantmeister bey den Schiffen angestellt waren. Durch diese nöthige Verordnung, hatten

wir

wir bald Lebensmittel in Menge, so daß jeder anderthalb Pfund Schweinfleisch den Tag bekam.

Den 16ten ward Omai in Besitz des Hauses gesezt, welches die Spanier erbaut hatten; sein Bette ward nach Englischer Art aufgestellt, und es ward ihm erlaubt, während unseres kurzen Aufenthalts in diesem Theile der Insel am Lande zu schlafen. Kapitain Cook ließ sodann die Inschrift auskratzen, und eine neue einschneiden, welche den Namen der Englischen Schiffe die zuerst die Insel entdeckt hatten, das Jahr der Entdeckung, und den Namen seiner Majestät König George, an die Stelle des Spanischen Königes Carlos enthielt. Hier ward auch unser Vieh an Land gesezt, um in den am Ufer belegnen Wiesen zu weiden.

Den 17ten ritte Kapitain Cook in Gesellschaft Omais zum grossen Erstaunen der Eingebohrnen, aus; viele hunderte derselben folgten ihm mit lautem Freudengeschrey. Um ihre Bewunderung destomehr zu erregen, war Omai von Haupt zu Fuß in einen Harnisch gekleidet und mit Schwerdt und Lanze bewafnet; er glich in diesem Aufzuge dem Ritter St. George, da er den Drachen erlegen will, nur daß Omai ein Paar Pistolen bey sich hatte, die der arme Heilige noch nicht kante. Omai aber wußte sich ihrer gut zu bedienen, und sobald der Schwarm anfieng mit seinem Geschrey beschwerlich zu werden, drückte er ein Pistol unter sie los, welches immer richtig seine Wirkung that, und sie verscheuchte.

Während der lezten 2 oder 3 Tage waren die Kalfaterer beider Schiffe beschäftiget, die Lecke der Discovery zuzustopfen, und die Zimmerleute machten einige vorläufige Ausbesserungen an dem Mastbaume, bis wir nach Matavai kommen würden, wo

J die

die Schiffe eine gänzliche Ausbesserung untergeßen sollten.

Den 18ten und 19ten blies der Wind so stark, daß wir noch 20 Klaftern unsers grossen Bugankertaus mußten lauffen lassen; und das Ankertau war oft sehr gespannt.

Den 21sten ward das Signal gegeben das Anker zu lichten.

Den 22sten ward das Vieh an Bord geholt, und gegen neun Uhr lichteten wir das Anker, und seegelten unter Begleitung verschiedener Kanoes ab, obgleich es sehr stürmisch war, und wir unter doppelt eingereften Bramseegeln fahren mußten. Gegen Abend nahm die Resolution ihren alten Platz in Matavai Bay wieder ein: da sich aber der Wind plötzlich veränderte und stark vom Lande blies, wurden wir über drey grosse Seemeilen leewärts von der Bay getrieben; und also gezwungen die ganze Nacht zu Windwärts zu arbeiten, und daß unter einem beständigen Gewitter von Regen begleitet, und nahe bey Riefs von Korallenfelsen, wo wir alle Augenblicke zu scheitern erwarten mußten. Wir branten verschiedene Pulvermännierchen ab, und thaten verschiedene Schüsse um unsere Noth bekant zu machen, erhielten aber keine Antwort von der Resolution, und konten auch keinen einzigen Gegenstand erblicken, der uns in dieser gefährlichen Nacht hätte zur Richtung dienen können.

Den 23sten heiterte sich der Himmel wieder auf, und wir erblickten die Resolution ungefähr drey grosse Seemeilen Windwärts, und weil der Wind sich eben zu unserm Vortheil wandte, benutzten wir diesen Umstand, und ankerten gegen zwölfe in völliger Sicherheit neben der Resolution. Es ist unmöglich einen gehörigen Begriff zu machen von der Freude, welche die Einwohner bey unsrer Ankunft in dieser Bay bezeigzeigten; weil die Art ihre Freude auszudrücken so wenig mit unsern Empfindungen in diesem Stücke übereinstimmt. Denn sollten wir Personen sehen, die sich mit spitzen Instrumenten verwundeten, bis sie ganz mit Blut bedeckt wären, so würden wir gewiß schliessen, daß die wütendste Verzweiflung sie zu diesen Ausschweifungen verleitete, und daß es unmöglich wäre ihren Schmerz zu besänftigen. Und doch ist es unter den Taheitiern der beste Beweis einer lebhaften Freude über die Wiederkehr ihrer geliebtesten Freunde, wenn sie ihre Brust zerschlagen, sich das Haar ausrauffen, und ihre Köpfe, Hände und Leiber verwunden. Zu gleicher Zeit erweisen sie einem alle ersinnliche Gefälligkeiten, und sind bereit alles was sie in der Welt haben wegzuschenken; in der folgenden Stunde wollen sie aber alles wieder haben, und bettlen wie die Kinder um alles was man bekommen.

Sobald die Schiffe vor Anker waren, fiengen die Matrosen an, alles übriggebliebene Tauwerk, abzutakeln; denn es sind gewiß selten Schiffe in einem so erbärmlichen Zustande gewesen, als unsre jezt waren. Unsre Reise von Neu-Seeland oder vielmehr vom Kap hatten wir beinahe ununterbrochen stürmisches Wetter gehabt; ganz kleine Zwischenräume von Sonneuschein ausgenommen, und die Beschäftigung unsrer Arbeitsleute zu Wasser und zu Lande, war eine beständige Anstrengung aller ihrer Kräfte gewesen, unser Schiff über dem Wasser zu erhalten. Wir fanden es jezt nicht allein nöthig den grossen Mastbaum der Discovery auszubessern, sondern sogar auszuheben und an Land zu bringen, und diese Arbeit war mit nicht geringen Schwierigkeiten verknüpft. Es ward jezt auch für rathsam geachtet, allen unsren Vorrath von jeder Art auszuladen; das Pulver ward gelüftet und wieder eingepackt; der Theil des Brodtes welcher feucht geworden, ward wieder gebacken, und eine Schmiede am Lande errichtet; kurz alle unsre Handwerker wurden an Bord und am Lande in Bewegung gesezt, die Schiffe wieder in den gehörigen Stand zu bringen, unsre Reise fortzusetzen.

Ein Bote ward gleich von den Kapitain an den König Otu gesandt, um ihm von unsrer Ankunft Nachricht zu geben, und ihn um die Erlaubniß zu bitten, das Vieh welches der Kapitain aus Brittannien mitgebracht hätte, auf den Wiesen von Oparre weiden zu lassen.

Der König bezeigte seine Freude über Kapitain Cooks Zurückkunft, und willigte mit Vergnügen ein. Zugleich befahl er einem seiner vornehmsten Bedienten, den Boten zurück zu begleiten, Geschenke von frischen Lebensmitteln für die Befehlshaber beider Schiffe mitzunehmen, und sie auf den folgenden Tag zu ihm zum Essen einzuladen. Die Einladung ward angenommen, und die Kapitains beschlossen ihren Besuch mit so viel Gepränge abzulegen, als ihre gegenwärtigen Umstände ihnen erlaubten. Die Seesoldaten, und die Musikanten erhielten Befehl zur bestimmten Stunde fertig zu seyn, und die Ruderer sollten alle rein gekleidet seyn.

Den 25sten um 12 Uhr, stiegen die Befehlshaber, mit den vornehmsten Officiers und Herren in die Pinnassen, welche bey dieser Gelegenheit, mit seidenen Wimpeln, gestickten Flaggen, und anderen herrlichen Verzierungen auf das prächtigste geschmückt waren. Um noch mehr Erstaunen zu erregen, hatte Omai eine Kapitains Montirung an, und war kaum von einem brittischen Officiere zu unterscheiden.

Es sind ohngefähr sechs Seemeilen von Matavai nach Oparre. Sie kamen um ein Uhr bey dem Landungsplatze an, und wurden von den Seesoldaten, die schon ins Gewehr getreten waren em̃pfangen. Sobald die Geſellſchaft ausgeſtiegen war, ſtimmte die ganze Bande Muſikanten einen groſſen Militair = Marſch an, und die Proceßion fing an. Der Weg vom Geſtade zum Eingange des Pallaſtes, (ohngefähr eine halbe Meile) war, an beiden Seiten mit den Einwohnern von allen Gegenden der Inſel bedeckt, die ſchon die Nachricht von Omais Erſcheinung bey der erſten Landung an der andern Seite der Inſel gehöret hatten, und erwarteten ihn auch diesmal zu Pferde zu ſehen. Da er aber jezt verkleidet war, ſo kanten ſie ihn nicht; indeſſen wurden ſie doch nicht gänzlich in ihrer Hofnung betrogen, denn die Pracht der Proceßion übertraf alles in der Art was ſie je geſehen hatten. Die ganze Hofſtatt war auch verſammlet, und bey Kapitain Cooks Herannäherung kam der König und ſeine Schweſtern ihm entgegen. Da ſie einander vollkom̃men gut kanten, waren ihre erſten Begrüſſungen frey und ungezwungen, wie es bekantermaſſen bey den Otaheitiern gewöhnlich iſt; hierauf ward jeder in der Geſellſchaft mit einer Höflichkeit bewillkom̃et, die denjenigen, welche noch niemals auf dieſer Inſel geweſen, ganz unerwartet war.

Sobald die Geſellſchaft in den Pallaſt gegangen war, und ſich niedergelaſſen hatte; ſtellte Kapitain Cook nach einiger Unterredung mit dem Könige ihm den Omai vor, welcher bis jeßo unter den andern Officiers die man nicht beſonders kannte, unbemerkt geblieben war. Omai bezeigte dem Könige ſeine Ehrerbietung auf die gewöhnliche Art, indem er ſich vor ihm entblößte, und ließ ſich hernach mit ihm in ein vertrauliches Geſpräch über ſeine Reiſen ein. Die Eriehs oder Könige dieſes Landes, unterhalten ſich auch mit ihren niedrigſten Unterthanen;

aber Omai ward jezt als eine Person von Stande, und ein Liebling von den Eriehs der Schiffe betrachtet. So begierig war der König seine Erzählung zu hören, daß er hundert Fragen an ihn that, ehe er ihm Zeit gab eine einzige zu beantworten. Er frug nach dem Erih-de-hai, oder dem grossen König von Pretane, nach seiner Residenz, seinem Hofe, seinen Bedienten, seinen Kriegern, seinen Kriegsschiffen, seinem Morai, dem Umfange seiner Besitzungen u. s. w. Omai ermangelte nicht die Herrlichkeit dieses grossen Königs zu vergrössern. Er verglich die Pracht seines Hofes, mit dem Glanz der Sterne; den Umfang seiner Länder, mit dem unermeßlichen Umkreise des Himmels; die Grösse seiner Macht mit dem Donner der die Erde erschüttert. Er sagte der grosse König von Pretane hätte beständig dreyhundert tausend Krieger zu seinem Befehl, so gekleidet als die, welche die Eriehs der Schiffe begleiteten, und mehr als noch einmal so viel Matrosen, welche den Erdball vom Aufgang bis zum Untergange der Sonne durchstreichen. Seine Kriegsschiffe sagte er, übertráfen die jezt in Matavai vor Anker lägen, eben so an Grösse, als diese die kleinen Kanoes zu Oparre übertreffen. Seine Majestät waren ganz in Erstaunen versunken, und konten sich nicht enthalten ihn zu unterbrechen. Wenn dieses wahr sey, frug er, wo könte der grosse König Leute finden, so viele Schiffe die den Ozean von einen Ende zum andern bedeckten, zu bemannen? und wenn er die Leute finden könte, wo nähm er die Lebensmittel für eine solche Menge her? Omai versicherte ihn, er hätte nichts als die lautere Wahrheit geredet; eine einzige Stadt an den Ufern eines Flusses der ziemlich weit von der See wäre, enthielte mehr Menschen, als die ganze Gruppe von Inseln,

seln, welche seine Majestät kannte; das ganze Land
sey voll grosser volkreicher Städte, und demohngeachtet wäre ein solcher Ueberfluß an Lebensmitteln,
daß der grosse König für ein Stück von einem gewissen gelben Metall, wie diejenigen die er gesehen
hatte (er meinte die Denkmünzen die Kapitain Cook
den Erieḩs gegeben hatte) Provisionen zum Unterhalt eines Matrosen auf ein ganzes Jahr, kaufen
könte; in dem Lande des grossen Königs wären mehr
als hundert verschiedene Gattungen vierfüßiger Thiere; von denen einige so klein wären als die kleinste
Raẕe, wenn sie eben zur Welt käme, andere hingegen so groß wie ein Streitgerüste auf einem gewöhnlichen Kanoe, worauf sechs Menschen aufrecht stehen
könten; alle diese Thiere wären so zahlreich, und
vermehrten sich so geschwind, daß wenn man nicht
einige zur Speise tödtete, und sich andere untereinander aufrieben, so würden sie das Land verheeren.
Da Omai durch diese Erzählung dem Könige Otu
seine Zweifel benommen hatte, beantwortete er seine
ersten Fragen. Er sagte, die Kriegsschiffe von Pretanne wären mit Pu-Pus (Kanonen) versehen, jede von welchen die größte Flinte die ihre Majestät
je gesehen hätten in sich enthalten könte; daß einige
mehr als zweyhundert von diesen Pu-Pus mit sich
führten, und bequeme Schlafstellen und Lebensmittel
für tausend Kriegsleute hätten, wie auch Raum für
alle Arten von Tauwerk und Kriegsvorrath, Provision und Wasser für die Leute auf mehr als 100
oder 200 Tage; daß sie öfters so lange ausblieben,
um mit den Feinden des grossen Königs in seinen
verschiedenen Ländern in den entferntesten Gegenden
der Erde Krieg zu führen; in diesen Expeditionen
nähmen sie öfters Pu-Pus mit, die ein kleines
Schwein in sich enthalten könten, und grosse hohle

J 4   Ku-

Kugeln von Eisen, gefüllet mit allen Arten von brennbaren Materien und Werkzeugen der Verheerung, auswürfen; einige von diesen würden, sagte, wenn man sie unter die Otaheitische Flotte würffe, sie anzünden, und gänzlich zerstören, wenn sie auch noch so zahlreich wäre. Der König schien mehr erstaunt als vergnügt bey dieser Erzählung, und verließ Omai plötzlich, und gesellte sich zu denen die sich mit Kapitain Cook und den andern Officiers unterredeten. Jetzo war das Essen fertig; und sobald sich die Gesellschaft niedergesetzt hatten, ward es von eben so vielen Täti-Taus hereingebracht, als Personen zum speisen waren. Der König, die beiden Befehlshaber und Omai hatten noch überdem jeder zwey Personen von Stande zu ihrer Bedienung. Das Mittagsmahl bestand aus verschiedenen Gattungen von Fischen und Vögeln auf ihre Art zugerichtet; aus gebratenen Ferkeln, gedämpften Yams, und den köstlichsten Früchten. Alles ward mit einer Stille und Ordnung aufgetragen, die man selten bey Europäischen Tafeln bemerkt, wenn die Frauenzimmer von der Gesellschaft ausgeschlossen sind.

Sobald das Essen vorbey war, wurden wir in ein Theater geführt, wo eine Gesellschaft von Schauspielern bereit waren, eine dramatische Vorstellung aufzuführen. Das Schauspiel war ordentlich in drey Aufzüge eingetheilt: der erste bestand aus pantomimischen Tänzen; der zweite aus einem Lustspiele, welches für diejenigen so die Sprache verstanden, sehr belustigend war, indem Omai und die Eingebohrnen sich sehr daßen zu vergnügen schienen; der lezte war ein musikalisches Stück, in welchem sich niemand als die jungen Prinzeßinnen hören liessen. Zwischen den Aufzügen liessen ein Paar Fechter ihre Geschicklichkeit in den Waffen sehen. Sie waren mit Speeren

und

und Keulen bewafnet. Der eine that den Angrif, und der andere vertheidigte sich. Der erste schwung seinen Speer, und warf ihn, oder stieß nach seinem Gegner damit, indem er zu gleicher Zeit seine Keule gebrauchte. Derjenige welcher sich vertheidigte, steckte die Spitze seines Speers in die Erde, in einer schrägen Richtung, so daß der obere Theil über seinem Kopfe hervorragte, und indem er das Auge seines Feindes beobachtete, fing er seine Schläge oder Stösse durch die Bewegungen seines Speers auf. Durch seine Geschicklichkeit in diesem Manoeuvre wandte er den Speer ab, und ward sehr selten von der Keule getroffen. Wenn sein Gegner nach seinen Beinen schlug, sprang er behend über die Keule weg; und zielte er nach seinem Kopfe, so bückte er sich mit eben so viel Geschwindigkeit darunter. Ihre Geschicklichkeit bestand hauptsächlich in der Vertheidigung, sonst hätte das Gefechte, welches immer sehr vergnügt beschlossen ward, übel ablaufen können.

Diese Vorstellungen, welche gemeiniglich ohngefähr vier Stunden dauern, waren wirklich unterhaltend. Ihre Tänze sind durch die Nachahmung der Europäischen sehr verbessert worden. In der Hornpipe übertreffen sie wirklich ihre Lehrmeister: sie begleiten die Behendigkeit der Füsse mit Verzerrungen des Gesichtes und der Muskeln die unnachahmlich sind, und troz unsers Ernstes unser Gelächter müsten erregen. Ihre Reihen-Tänze werden auch sehr gut ausgeführt; und sie haben besondere Tänze, die denen auf unsern besten Schaubühnen gleich kommen; ihre Komedie scheint aus einer einfachen Geschichte zu bestehen, die durch die Art der Vorstellung lächerlich gemacht wird, und ohngefähr in dem Stil der Possenreisser ist, die man vorzeiten auf dem

Sanct Bartholomäus Jahrmarkte sahe. *) Hätte Omai Talente für theatralischen Vorstellung gehabt, so hätte er ihre Schaubühne sehr verbessern können, denn ihre Schauspieler stehen in der Nachahmungskunst keinen nach.

Da das Schauspiel vorüber war, und die Nacht heran kam, nahmen unsere Befehlshaber Abschied; nachdem sie den König und seine Begleiter zum Essen an Bord der Schiffe geladen hatten. Wir wurden auf die nämliche Art ans Ufer geführet, als vorher in den Pallast, und der König mit seiner Familie begleitete uns.

Den 25sten des Morgens kamen Omais Mutter und verschiedene seiner Verwandten an. Ihre Zusammenkunft war zu unnatürlich, als daß sie hätte können angenehm seyn. Der Anblick einer Frau, die ihre Arme und ihr Gesicht auf eine rasende Art mit dem Zahne eines Hayfisches verwundete, bis das Blut auf allen Seiten herab lief, mußte unangenehme Empfindungen bey uns erregen, und da wir keinen Begriff der Freude mit diesem abgeschmackten Gebrauche verbinden konten, war es uns nicht möglich uns daran zu gewöhnen. Sie brachte verschiedene grosse Schweine, Brodfrucht, Pisangs und andere Produkten der Insel Ulietea zu Geschenken für die Kapitains mit, und sie und ihre Freunde erhielten dafür, viele Arten von Eisen-Waaren, nähmlich

---

*) Der Jahrmarkt von London fällt mit seinem Anfange auf den Bartholomäus Tag, und da jetzt wenig mehr als Pfefferkuchen darauf zu haben ist, so ist derselbe ganz unbedeutend worden, weil man in London zu allen Zeiten alle Waaren bekommen kann. Vor Zeiten pflegten noch Quacksalber, Zahnärzte, Seiltänzer und Possenreisser sich auf dem Jahrmarkte einzufinden, allein seit einiger Zeit fängt auch dies schon an abzukommen. F.

lich Messer, Scheeren, Feilen und dergleichen, wie auch einige rothe Federn die sie mehr schäzte als Eisen. Sie sezten ihre Besuche von Zeit zu Zeit fort, bis sie die Insel verliessen.

Des Nachmittags kam König Otu mit seinen Chefs, seinem Gefolge und den zwey jungen Prinzeßinnen, die sich vorige Nacht in dem Zwischenspiele hatten hören lassen, an Bord, und brachten sechs grosse Schweine, und eine grosse Menge Früchte von verschiedenen Gattungen mit. Sie wurden wie gewöhnlich, mit dem Anblicke aller Seltenheiten an Bord der Schiffe unterhalten, und die Wünsche der jungen Prinzeßinnen, welche beinahe auf alles giengen was sie sahen, wurden mit Armbändern von Korallen, Spiegeln, Stückchen Porzellän, künstlichen Bouquets, und verschiedenen andern Kleinigkeiten befriedigt. Unterdessen vergnügte sich der König und seine Chefs mit den Zimmerleuten, Büchsenschmieden und andern Arbeitern die das Schiff ausbesserten, und warfen oft einen sehnsuchtsvollen Blick auf die Werkzeuge mit denen sie ihre Arbeit verfertigten. Auf diese Art vergieng die Zeit, bis zum Essen. König Otu und seine Chefs speisten mit den Kapitains, den vornehmsten Officiers und Omai in der grossen Kajute, indeß die Damen in einem besondern Zimmer bewirthet, und von ihren eignen Dienstboten bedient wurden. Während dem Essen ward eine Musik von verschiedenen Instrumenten angestellt, unter denen sich der Dudelsack besonders hervor that, und den Indianern am meisten zu gefallen schien. Die jungen Frauenzimmer, welche nahe genug waren um ihn zu hören, könten sich kaum enthalten aufzustehen und zu tanzen. Nach Mittage nöthigte man den König und seine Chefs Wein zu trinken; da aber die meisten von ihnen seine Macht

schon

schon gefühlt hatten, weigerten sie sich ihn zu kosten; einer oder zwey tranken ein Glas, wollten aber nicht mehr trinken. Als die Tische weggeräumt waren, gesellten sich die Damen zu der Gesellschaft, und nun fingen die Hornpipes und Englischen Contertänze an, welche die Frauenzimmer mit vieler Munterkeit mitmachten. Hierauf folgten einige fröhliche Lieder, und des Abends nahmen unsere Gäste sehr vergnügt Abschied.

Ein Geschenk welches Kapitain Cook dem König machte, trug nicht wenig zur Vergrösserung seines Vergnügens bey: es bestand in einer grossen Menge der schönsten rothen Federn, die man auf den Amsterdam Inseln kaufen konte. Daß rothe Federn in Otaheiti und den Societäts Inseln sehr geschäzt werden, ist schon vorher bemerkt worden; von den Otaheitischen Chefs werden sie aber besonders geachten, weil sie sie als Amulette gebrauchen, oder vielmehr als Mittel zu ihrer Versöhnung mit dem guten Geiste, und glauben, daß ihr Gebet ihm wohlgefällig ist, wenn sie dabey ein Büschel dieser Federn, auf eine besondere Art zusammen gebunden, mit vieler anscheinender Feierlichkeit in den Händen halten. Die gemeine Gattungen von diesen Federn wurden auf den Freundschafts-Inseln überall von den Officiers und Matrosen gesammelt; aber diejenigen, welche König Otu jezt erhielt, übertrafen diese gemeinen rothen Federn eben so an Werthe, wie ächte Perlen französische falsche Steine übertreffen. Sie wurden von den Köpfen der kleinen Papageien zu Tongatabu und Ea-u-weh genommen, und waren wegen ihrer ausserordentlichen Schönheit und dem lebhaften blendenden Glanze ihrer Farben sehr kostbar. Wir erfuhren hier, daß Kapitain Cook auf seiner vorigen Reise grossen Mangel an frischen Lebens-

bensmitteln gehabt hatte, und dem Könige Otu der
ihn reichlich damit versäh, versprochen, daß wenn er
jemals nach Otaheiti zurückkommen sollte, so würde
er ihn reicher an Ura-winni (kostbaren Federn) machen, als alle Prinzen in den benachbarten Inseln.
Hieraus entstand die Meinung, daß wir zur Erfül-
lung dieses Versprechens, so weit von unserm Wege
abgeführet worden wären, wie ich schon vorher an-
gezeiget habe. Es ist aber wahrscheinlicher, daß die
starken östlichen Winde, welche bey unserer Herannäherung zum südlichen Wendekreise herschten, den
geraden Lauf nach Otaheiti unmöglich machten. Hätte
Kapitain Cook seine Versprechen für unverbrüchlich
gehalten, so würde er gewiß den nächsten Weg von
Neu-Seeland zu den Freundschafts-Inseln genommen, und unsere Reise um einige Monate abge-
kürzet haben; es sey denn, daß wir annehmen, daß
er sein Versprechen vergessen hätte, und nicht eher
daran gedachte, als bis er nur einige Tagreisen von
seinem bestimmten Hafen entfernt war, worauf er
seine Richtung änderte, um sein Wort halten zu können. Die künftige Publicationen werden uns vermuthlich lehren, welcher von diesen Ursachen wir diese
Aenderung zuschreiben sollen, aber uns war alles ein
Geheimniß. Wir waren einige Grade ostwärts von
Herveys Insel, welche unter den 19. Grade 18
Minuten südlicher Breite, und 201 Grade östlicher
Länge liegt, geseegelt, ehe wir unsern Lauf nach Westen richteten, um Amsterdam zu erreichen, welches
unter dem 21 Grade 16 Minuten südlicher Breite,
und dem 185 Grade östlicher Länge liegt; die Insel
Ulietea aber wo Omai gebohren ist, liegt unter dem
16 Grade 45 Minuten südlicher Breite, und dem
208 Grade 35 Minuten östlicher Länge. Warum
wir eher nach der erstern als nach der andern see-

ge-

gelten ist mir gänzlich unbekannt. Obgleich aller öffentlicher Handel wie gewöhnlich verboten war, bis die Schiffe mit frischen Lebensmitteln versehen seyn würden, so war es doch nicht leicht die Matrosen am Lande von dem Handel mit den Weibern, welche sie beständig von ihrer Arbeit weglockten, abzuhalten. Die Buhlerinnen in London besitzen lange nicht so viel schmeichlerische Künste, als die Otaheitierinnen zur Anreitzung ihrer Liebhaber gebrauchen. Mit einem Anscheine von taubenmäßiger Unschuld verbinden sie die List der Schlangen. Sie haben indessen eine Tugend die ihnen eigen ist; nämlich die Beständigkeit. Wenn sie einmahl ihre Wahl gemacht haben, ist es dem Matrosen gewiß selbst zuzuschreiben, wenn seine Geliebte ihm je untreu wird. Keine Frauenzimmer in der Welt können getreuer seyn. Sie suchen freylich sich in den Besitz alles dessen zu setzen, was ihrem Liebhaber zugehört, aber sie lassen nicht zu, daß sich eine andere ihres Eigenthums bemächtiget. Auch ziehen sie keinen Theil davon an sich, ohne vorherige Einwilligung des Eigners; aber es ist schwer ihnen diese Einwilligung zu versagen; denn ihre Bitten sind äusserst dringend, und hören nicht eher auf, bis dem Matrosen kein Lumpen Zeug oder Nagel mehr übrig bleibt.

Während unsers vier monatlichen Aufenthalts auf dieser und den benachbarten Inseln, hatte sich beinahe jeder Matrose in eine nahe Verbindung mit einem Mädchen dieser Insel eingelassen; auch konten wenige Officiers den Anlockungen der Damen von einer höhern Klasse wiederstehen; denn sie waren eben so verliebt und listig, obgleich mehr zurückhaltend als die vom gemeinem Stande.

Die Gelindigkeit des Climas, der Ueberfluß an frischen Lebensmitteln, Fischen, Vögeln, Schweinfleisch,

fleisch, Brodfrucht, Yams und den herrlichsten Früchten, trugen nicht wenig dazu bey, unsern Aufenthalt hier nicht nur leidlich, sondern sogar sehr angenehm zu machen. Auch schlich sich der Müßigang
nicht einmal bey denen ein, die am meisten dazu geneigt waren, denn Arbeit und Vergnügen liessen uns
keine leere Stunde. Wir brauchten keine Caffee-
häuser unsere Zeit darin zu tödten; keine Ranelaghs
und Vauxhalls zu unsern Abend=Unterhaltungen.
In jeder nächtlichen Versammlung auf dieser glücklichen Insel stellte die wohlthätige Natur uns ein
Gastmahl vor, das an Schönheit und Ueberfluß alle
die Ueppigkeiten und Leckereien des prächtigsten länd-
lichen Festes übertraf, wenn sie auch mit grenzenlo-
ser Verschwendung aufgetragen, und mit den kost-
barsten Verzierungen der Kunst geschmückt sind. Was
sind zehntausend Lampen von den Händen des besten
Künstlers in die vortheilhafteste Ordnung gestellt, in
Vergleichung mit den schimmernden Sternen des
Himmels, die ihren Glanz vereinigen um die Gebüsche, die Ebenen und Ströme von Oparre zu erleuchten! In diesen Elisäischen Feldern mangelt blos
die Unsterblichkeit zum Genusse aller Vergnügungen,
welche die Fantasey der Dichter als die höchste Belohnung heldenmäßiger Tugenden vorstellt.

Aber wir waren Menschen, und alle diese Er-
götzungen mußten uns zulezt doch sättigen. Unsere Matrosen wurden ausgelassen, und unsere Officiers zankten sich über Kleinigkeiten. Verschiedene
von den erstern befriedigten ihre sinnlichen Begierden auf eine noch schamenlosere und unanständigere
Art, als die Eingebornen selbst, und wurden dafür
scharf bestraft; und zwey Officiers gingen an Land,
um eine Ehren=Sache mit Pistolen auszumachen.
Glücklicherweise waren sie beide nicht sehr geschickte
Schü-

144

Schützen, und da sie ihre Wuth gleich beim ersten Angrif ausgelassen, und jeder von ihnen drey Kugeln verschossen hatte, so kehrten sie ohne andern Schaden zurück, als ein Loch in einem Hute von einer Kugel, die den Kopf desjenigen dem er gehörte ein wenig gestreift hatte. Wir bemerkten, daß diese Herren, die ganze übrige Zeit der Reise bessere Freunde als jemals waren.

Indem diese Dinge vor sich gingen, waren einige unserer Leute mit Ausbesserung der Schiffe beschäftigt. Der Mast der im Korbe zersplittert war, und den man an Land gebracht hatte, ward in kurzer Zeit stärker als jemals gemacht; die Seegel welche zerrissen und auch sonst zu weiterem Gebrauche untauglich waren, wurden wieder hergestellt: das Tauwerk ward sorgfältig untersucht, die Maste mit neuem Tauwerke versehen, und kurz alles mit einer Geschwindigkeit und Stärke ausgebessert, die man in einem Orte wo uns viele Bequemlichkeiten zu unserer Einrichtung für den Theil der Reise der uns noch zu thun blieb, mangelten, kaum hätte erwarten sollen.

Zu diesem Ende mußten wir uns auch mit Lebensmitteln versehen. Die Proviantmeister und Fleischer waren beständig mit dem Einkaufe und Abschlachten der Schweine zum gegenwärtigen Gebrauche beschäftigt, andere salzten den Ueberschus zum künftigen Vorrathe ein, indeß die Kapitains und Officiere neue Unterhaltungen erdachten, um den König und seine Chefs bey guter Laune zu erhalten, damit sie ihre Leute antreiben möchten, uns mit allem reichlich zu versehen.

Kein Tag ging ohne irgend einer neuen Vorstellung zu ihrem Vergnügen vorbey. Omai den man bis jetzo noch wenig gebraucht hatte, mußte zur

Ab=

Abänderung der Lustbarkeiten sein Theil beitragen. Einen Tag ritt er in seiner Rüstung aus, und schwung sein glänzendes Schwerdt zum grossen Schrecken und Verwunderung der staunenden Menge. Ein andermal brannte er unter der Direktion des obersten Ingenieurs ein Feuerwerk ab. Er stellte bey allen öffentlichen Schauspielen eine Hauptperson vor, und wurde dem König Otu selbst gleichgeachtet. Bey einer Revue der Flotte die von Towha dem Großadmiral gehalten ward, kommandirte Omai eine Division, König Otu die andere, und Towha die Mitte. Ihre größte Geschicklichkeit zeigte sich in den Vorbereitungen die sie machten um an Land zu gehen, denn hier stellten sie hauptsächlich ihre kriegerischen Uebungen an; indem eine Parthey sich bemühte die andere zu vertreiben und von dem vortheilhaftesten Grunde Besitz zu nehmen. In diesen Manoeuvres machte Omai seine Sachen mit Hülfe des Kapitain Cooks ziemlich gut. Dieser unterstützte ihn beständig, und gab ihm England zu Ehren, wo seine Talente sich sehr vervollkommnet haben sollten, für ein ausserordentliches Genie aus.

Während unserm Aufenthalte hier breitete sich das Gerücht eines Krieges aus, und die Land und Seemacht der Insel, ward im Ernst zusammen gerufen, um auf den ersten Befehl zum Einschiffen bereit zu seyn. Der Handel hörte jezt ganz auf, und wir konten keine Kokosnüsse mehr bekommen; da ihre Milch das einzige Getränk, Wasser ausgenommen, war, welches die Seeleute trinken durften, und wir jezt erstaunlich heisses Wetter hatten, verursachte dies grosse Klagen unter den Leuten, so wohl an Bord als am Lande. Kapitain Cook sah sich gezwungen bey König Otu um die Erneuerung des Handels anzuhalten. Ob nun Friede geschlossen, oder nur ein Waffenstill-

K stand

stand auf einige Zeit gemacht ward, ist nicht gewiß: aber die Krieger zertheilten sich in wenig Tagen; und alles ging wieder den vorigen Gang.

Bey diesem Gerüchte zählten wir, bey der Musterung in Matavai Bay beinahe dreihundert Kriegs-Kanoes mit Gerüsten, worauf von drei bis sechs Chefs in ihrer kriegerischen Tracht, welche mehr zur Schau als zum Nutzen in der Schlacht eingerichtet zu seyn schien, sassen. Ein grosser Turban war in vielen Falten um den Kopf gewunden, und über diesen trugen sie einen ungeheuer grossen Helm, anstatt ihrer gewöhnlichen leichten Kleidung, hatten sie viele Stücke von ihrem Zeuge an, welches ihre Gestalt freylich merklich vergrösserte, aber sie durchaus verhindern muß, ihre Stärke im Gefecht zu zeigen. Leute mit einer fruchtbaren Einbildungskraft die gerne die Analogie aller Gewohnheiten, bey den verschiedenen Völkern der Erde erforschen, könten vielleicht eine Aehnlichkeit zwischen dieser beschwerlichen Tracht und der Rüstung der Ritter in den alten Zeiten entdecken. Wenigstens ist es gewiß, daß der schwere Kriegsanzug dem Otaheitier der zu Fuß ficht, eben so hinderlich seyn muß, als die unbequeme Rüstung dem Ritter zu Pferde war, und ohne Zweifel wird die erste einmal eben so gut in den tropischen Inseln abgelegt werden, als die andere in jedem Theile der Welt abgeschaft worden ist.

Ehe wir Matavai verliessen, kam Ohedidi welcher auf Kapitains Cooks voriger Reise mitging, seinen Freund und Gönner zu besuchen. Er brachte eine Frau die er vor kurzem geheyrathet hatte mit sich. Dieses zeigt wie wenig Glauben die Meynung verdient, welche vorige Reisende durchgängig gehegt haben, daß die Gesellschaft der Erions sich durch ein Gelübde zur Ehelosigkeit verpflichtet hätte. Entweder

der war dieser Mann ein Betrüger, oder die obbemeldte Sache kann nicht wahr seyn.*) Er erschien in einem reichen Englischen Kleide, welches ihm vermuthlich von der Admiralität geschenkt worden war. Kapitain Cook empfing ihn sehr freundschaftlich, und bezeigte ihm viele Achtung. Bald nach seiner Ankunft ward eine neue Art von Feuerwerk vor vielen Tausenden der Einwohner abgebrannt, es war aber leicht zu bemerken, daß dieses Schauspiel nicht allen gleich gut gefiel. Ein Gewitter welches beinahe unverzüglich darauf folgte, warf das gemeine Volk in die äusserste Bestürzung. Sie konten auch seit der Zeit nie mehr vollkommen mit uns ausgesöhnet werden, sie hielten es für eine grosse Verwegenheit, daß wir durch Nachahmung ihrer Macht, den Zorn der Eatuhas auf uns lüden, und viele begaben sich in die Wälder, und kehrten so lange wir in der Insel waren, nicht zu ihren Häusern zurück. Vielleicht wünschten sie unsere Abreise, oder befürchteten, daß wir uns länger aufhalten möchten, denn ein Gerücht verbreitete sich, daß vier Europäische Schiffe zu Aitepieha angelangt wären, und daß sie einige Leute an Land gesezt hätten, und Erfrischungen zu ihrer Reise einnähmen, diese Nachricht wurde überall ausgebreitet, und Kapitain Cook glaubte sie entweder,

oder

---

*) Wenn man von den Leuten selbst, welche Ehrioys sind, hört, daß sie nicht heirathen müßten, wenn man alle die sich für Ehrioys ausgeben frägt, ob sie verheirathet und sie hört es wiederhohlen, daß Ehrioys nicht heirathen, so ist dies doch genung Beweises. Allein es ist, glaube ich, auch deswegen doch möglich, daß man von der vorigen Strenge nachgelassen, und daß viele die Ehrioys gewesen sind heirathen: allein so bald sie heirathen, hören sie auf Ehrioys zu seyn. In England kann kein Fellow eines Collegii in den zwei englischen Universitäten heirathen, allein so bald er heirathet, hört er auf Fellow zu seyn. F.

oder gebrauchte diesen Vorwand, die Leute besser zur
Arbeit anzutreiben, denn er gab gleich Befehl die
Verdecke zu räumen, die Kanonen, welche bis jetzo
im Raume gelegen hatten, aufzustellen, und alles
zum Gefechte zu bereiten. Mittlerweile wurde Herr
Williamson der dritte Lieutenant, im sechsrudrigen
Boote welches gut bemannt und bewafnet war, nach
dem Hafen von Aitepieha ausgeschickt, um die Wahrheit dieses Gerüchtes zu erfahren. Dieser Officier
richtete seinen Auftrag mit vieler Geschwindigkeit aus;
und seegelte in etwas mehr als zwey Tagen zweymal
um Point Venus, fuhr mehr den dreyhundert Meilen, langte im Hafen den er untersuchen sollte an,
und brachte die Nachricht, daß kein änderer Grund
zu dieser Sage war, als vier grosse Kanoes die
von einer benachbarten Insel zum Handel gekommen
wären, und da sie sich in ihrer Hoffnung betrogen
hätten, kurz vor seiner Ankunft im Hafen, abgeseegelt wären.

Ob wir gleich jezt von der Furcht vor einem
Angriffe befreyet waren, so durften wir doch in unsern Vorbereitungen zur Abreise nicht nachlassen.
Holz und Wasser, und so viel Lebensmittel als wir
uns verschaffen konten, waren schon an Bord genommen worden, und es blieb uns nichts zu thun
übrig, als unsern Vorrath von Vieh einzuschiffen,
die Gezelte abzubrechen, und das Gepäcke der Officiers und Leute, die am Lande postirt gewesen waren, wegzubringen. Wir meldeten dem Könige, daß
wir gesonnen wären mit dem ersten guten Winde
abzuseegeln. Er schien über unsere plözliche Ent-
schliessung sehr bekümmert zu seyn, und kam an Bord,
von Towha seinem Großadmirale und seinen vornehmsten Hofbedienten begleitet. Alle brachten Geschenke von Schweinen und Früchten mit sich: auf-
ser

ser Holz und Waſſer, ſind dies für Europäiſche Rei=
ſende die einzigen Sachen von Werthe, die dieſe In=
ſel hervorbringt. Wir ſchenkten ihnen dafür Aerte,
Beile, lange ſpitze Nägel und kurze Eiſenwaren,
welche wir bis auf die lezte behalten hatten, damit
die Chefs ihre äuſſerſten Bemühungen anwenden
möchten, ihre Leute zu überreden uns Schweine zu
bringen, ſo lange es noch Zeit war. Der König
und ſeine Chefs bezeigten, die aufrichtigſte Dankbar=
keit für dieſe Geſchenke, und unſere Befehlshaber
und Officiere erwiederten ihre Verſicherungen auf
die gehörige Art.

Den 28ſten da wir eben 40 Tage auf der In=
ſel zugebracht hatten, kam König Otu an Bord und
lud unſere Befehlshaber mit ihren Officiers nach
Oparre ein; weil er gehört hatte, daß dieſes das
leztemal wäre, daß er Gelegenheit haben würde uns
ſeine Erkenntlichkeit auf dieſe Art zu bezeigen.

Den 29ſten wurden die Pinnaſſen ausgehoben;
und wir fuhren mit dem nämlichen Gepränge, als
bey unſerm erſten Beſuche nach Oparre. Bey dem
Landungsplatze wurden wir mit auſſerordentlichen Zei=
chen der Freundſchaft empfangen. Alle Chefs in die=
ſem Theile der Inſel, wo Otu Erih=de=hai oder
oberſter Lehnsherr war, an der Anzahl 500 und mehr,
führten uns in das Haus des Königs, wo ein präch=
tiges Gaſtmähl bereitet war, und nach dem Eſſen
verſammelten ſich die zahlreichſte und glänzendſte Ge=
ſellſchaft von Schauſpielern im Theater, die wir je
in den tropiſchen Inſeln geſehen hatten.

In ihren Dramas herſcht eine Gleichförmig=
keit, die wenig Veränderungen zuläßt; oder viel=
mehr, jede theatraliſche Vorſtellung, ſie mag ausge=
führt ſeyn wie ſie will, muß Fremden die mit der
Sprache und den Sitten des Landes unbekannt ſind,

in keinem guten Lichte erscheinen. Indessen waren doch die Kleidungen bey dieser Gelegenheit ganz neu und schöner als jemals; auch war die Anzahl der Tänzer vermehrt; die erste Gruppe bestand aus zehn jungen Frauenzimmern, deren Köpfe auf das prächtigste mit Korallen, rothen Federn, Muscheln von den schönsten Farben, und zierlichen Blumen=Kränzen geschmückt war; wenn die Musik ihrem Spiel entsprochen hätte, so wäre dieser Theil der Vorstellung vollkommen gewesen. Hierauf erschien eine Parthey Krieger, in ihrer Kriegstracht, die wie ich schon bemerkt habe, aus Stücken ihres Zeuges von verschiedenen Farben, besteht. Die geschickte Weise es um den Leib zu schlagen, und die künstliche Farbenmischung mit den Helmen die ihre Köpfe bedeckten, gaben ihnen ein ungemein majestätisches Ansehen. Diese waren mit Speeren, Lanzen und Streitäxten bewafnet, und stellten die verschiedene Arten des Angrifs und der Vertheidigung vor, die sie in ihren Gefechten gebrauchen. Die vornehmsten Acteurs waren der Bruder des Königs, und ein Chef von riesenmäßiger Statur, der bey Herausfoderung seiner Feinde, solche seltsame Grimassen und Verzerrungen des Gesichtes zeigte, daß es nicht nur lächerlich, sondern in einigen Stellungen wirklich schrecklich war. Nachdem diese abgetreten waren kamen die Schauspieler heraus, und führten ein ernsthafter Stück auf, als wir noch je gesehn hatten, bey welchem auch die Einwohner stiller und ruhiger als gewöhnlich waren. Die ganze Vorstellung endigte sich mit einem Tanz von zehn Knaben, welche auf die nämliche Art gekleidet waren, wie die Mädchen in der ersten Scene. Ihre Haare hingen in Locken auf ihre Schultern herab, und ihre Köpfe waren auf eine sehr theatralische Manier geziert. Sobald das Schauspiel, vorüber war,

war, kehrten wir zu unsern Booten zurück: die ganze Gesellschaft begleitete uns bis an das Ufer, wo der König auf das liebreichste Abschied nahm.

Den 29sten gab Kapitain Cook Befehl, die Weiber an Land zu sezen; dieses war nicht leicht zu bewerkstelligen, denn die meisten hatten gar keine Lust wegzugehen; auch half es sehr wenig, denn sie fanden hernach Mittel uns nach Huaheine, Ulietea, und den übrigen Societäts-Inseln zu folgen, und verliessen uns nicht, bis wir auf unsere nördlichen Entdeckungen ausgingen, von denen wir nicht mehr zurückkehrten.

Da verschiedene von den Matrosen sehr wünschten zu Otaheiti bleiben zu können, nahm sich König Otu ihrer an, und bemühte sich Kapitain Cook zu bereden ihnen ihre Bitte zu gewähren; aber er verwarf alle Versuche dieser Art, so oft sie auch wiederholt wurden, durchaus; und wollte auch keinen von den Eingebohrnen erlauben mit uns zu gehen, ob sich gleich viele erboten uns überall zu begleiten, auch nachdem wir sie versichert hatten, daß wir nicht gesonnen wären, ihr Land noch einmal zu besuchen. So gar viele von den Weibern würden ihren Ehunoas oder brittischen Männern gefolgt haben, wenn man es ihnen erlaubt hätte; aber Kapitain Cook war eben so wenig geneigt einige von den Eingebohrnen mitzunehmen, als welche von seinen eignen Leuten zurück zu lassen. Er war überzeugt das beide Theile, nachdem sie sich an Vergnügungen gesättigt hätten, sich nach ihrem Vaterlande zu dem sie jezt nicht mehr zurückkehren könten, sehnen; und also für die gegenwärtige Befriedigung ihrer Leidenschaften, die Glückseligkeit ihres ganzen künftigen Lebens auf das Spiel sezen würden.

Als König Otu fand, daß er diesen seinen Wunsch nicht erlangen konte, hielt er bey Kapitain Cook um eine andere Gunst an; dies war, daß er seinen Zimmerleuten erlauben möchte einen Kasten oder Schrank zu machen, in dem er die Schätze, die er durch unsere Freigebigkeit und durch den Handel aufgehäuft hatte, bewahren könte. Er bat sogar, daß man ein Bett hineinstellen möchte, worinnen er schlafen wollte. Dies gestand ihm Kapitain Cook gern zu, und unterdessen daß die Arbeitsleute bey dieser Arbeit beschäftigt waren, wurden sie reichlich mit gebratenen Schweinen und allen Delikatessen die das Land hervorbrachte, versehen, und so sorgfältig bewacht und beschützt, das ihnen nicht ein einziger Nagel wegkam. König Otu war äusserst begierig einige von diesen Leuten zu behalten; aber sie waren von zu viel Wichtigkeit an Bord um zurückgelassen zu werden, wenn auch kein anderer Bewegungsgrund zu Verweigerung dieser Bitte gewesen wäre. Um die Abreise der übrigen bekümmerte er sich eben nicht viel.

Indem die Zimmerleute dies sonderbare Stück Hausrath verfertigten, sah König Otu ihren Operationen fleißig zu, und hatte häufige Unterredungen mit Omai über seine Reisen. Die Erzählung welche dieser von der Pracht der Marais in Pretanne machte, versezte ihn in ein grösseres Erstaunen, als alle die Wunder, die er vorher gehört hatte. Als er ihm sagte, daß des Königs Marai allen offen stehe, und daß die Personen der verstorbenen Könige darein, dem Ansehen nach so frisch als bey ihrem Leben wären, schien er zu beklagen daß die Zeit seines Daseyns auf sein Leben eingeschränkt seyn sollte; daß sein Körper verwesen müßte, und sein Marai sein Gedächtniß nicht auf die Nachkömmenschaft brin=

bringen könte. *) Omai bemühte sich ihm einen Begriff von der Pracht der Grab= und Denkmäler in den Marais von Pretanne beyzubringen, da er aber nichts hatte womit er es vergleichen konte, war es ihm nicht möglich sich verständlich zu machen; eben so wenig gelang es ihm die feyerliche Grösse der Anbetungs=Oerter zu beschreiben, wo sich das Volk jeden siebenten Tag und zu andern gesetzten Zeiten versammelte, um ihre Bitten dem guten Geiste vorzutragen. Die Pracht der Theater begriffen sie eher, denn sie konten sich von dem was sie auf den Schiffen gesehen hatten, und von den Illuminationen und Feuerwerken am Lande eine schwache Idee davon machen. Als Omai ihm von der Grösse der Palläste und Häuser in Pretanne, von ihren Verzierungen und Hausrathe; von dem Umfange ihrer Plantagen, und der Menge lebendiger Thiere mit denen sie erfüllt wären, erzählte, hörte er mit besonderer Aufmerksamkeit zu, und zweifelte nicht an der Wahrheit des Berichtes, da er aber anfing die Heerstrassen zu beschreiben, und die Geschwindigkeit mit welcher Leute in Wägen von vierfüßigen Thieren ge=

*) Die Marais sind in Taheiti Betplätze, und auch Oerter zum Begraben der Obersten oder Ehrihs. Da nun die Kirchen bey den Christen dieselben Dienste leisten, so sieht Omai vornämlich darauf in seiner Erzählung, besonders aber spricht er von der Westminster Abtei, darin die Könige von England begraben werden. In einem verschlossenen Theile derselben zeigt man in Schränken, die in Wachs gebildeten Figuren der Königin Maria, Wilhelms III und einiger andern Regenten und Vornehmen. Diese Gestalten sind mit voller Kleidung ausgeziert, so wie die Könige bey der Krönung erscheinen. Dies sind nun die vermeinten Wunder, daß die verstorbenen Könige so frisch als wie beim Leben wären. F.

gezogen, reisten, und ihn versicherte, daß sie damit die ganze Insel Otaheiti in einem Tage durchstreichen könten, bezeigte er mehr Erstaunen als ein Kind, dem man zum erstenmale von Gullivers Reise nach dem Monde auf den Ganzas erzählt.

Nach seiner Freigebigkeit gegen Omai zu urtheilen, hatte ihn die Geschichte seiner Reisen sehr vergnügt; denn als derselbe Abschied von ihm nahm, schenkten ihm Ihre Majestät ein doppeltes Canoe gehörig ausgerüstet und bemannt, anstatt dessen was er zu Neu=Seeland gekauft hatte.

Den 29sten gingen beide Schiffe unter Seegel, nachdem die Kapitains dem Könige zwey Kühe und einen Stier, zwey Mutter=Schafe und einen Widder, zwey Ziegen und zwey Gänse hinterlassen hatten.

Wir richteten unsern Lauf westwärts nach Emoa*), und Huaheine; begleitete uns Omai in seinem Otaheitischen Fahrzeuge, mit seinen zwey Neu=Seeländischen Burschen, welche in ihrem jezigen Stande ganz ruhig waren, und kein Verlangen nach Hause zurück zu kehren bezeigten.

Die Insel Otaheiti ist schon so oft und so genau beschrieben, und die Sitten, Gebräuche, und Art zu leben der Einwohner so weitläuftig abgehandelt worden, daß sich wenig mehr darüber sagen läßt. Der Verfasser war nur auf zwey Thatsachen auf=

---

*) Die hier genannte Insel heißt nicht Emoa sondern Eimeo, sie ward auch York=Island genannt, ehe man den Namen wuste, mit welchem die Insulaner sie belegen. Die Herren Banks und Gore sind wohl die ersten Europäer gewesen, welche Eimeo besucht haben. Es ward von Herren Wallis zuerst gesehen, als er auf O=Taheiti war; Herr Bougainville, nennte es Aimeo und hatte es gleichfalls gesehen. Vermuthlich hatte er den Namen von Aoturu gehört, den er bey sich hatte. F.

aufmerksam, und hat Ursache gefunden zu glauben, daß die eine falsch vorgestellt, und die andere unrecht erzählt worden ist. Die erste betrift die Gesellschaft der Ehrioys von der man sagte, daß sie aus einer Gesellschaft von Männern und Weibern bestand, die ein lüderlich Leben untereinander führten, und so von allem Gefühle der Menschlichkeit entblößt wären, daß sie die Kinder, die aus diesem schändlichen Umgange erzeigt werden, tödteten; ein teuflischer Gebrauch, der dem Charakter des ganzen Volks höchst nachtheilig ist!

In dieser so wohl als in den benachbarten Inseln, giebt es Personen von einem mittlen Stande zwischen den Manahounes oder (Yeomen) Freisassen und den Eriẞs, welche keinen Antheil an der Regierung, auch kein besonderes Eigenthum in der Insel haben, diese vereinigen sich zu ihrem Vergnügen und der Unterhaltung des Publikums. Sie reisen von einem Orte zum andern, und von Insel zu Insel in Gesellschaften, ohngefähr wie die herumstreichenden Schauspieler in England, nur daß sie unentgeltlich spielen; daß sie aber ohne Unterschied, so viele Männer mit so vielen Weibern vermischt leben, kann eben so wenig mit Gewißheit von ihnen behauptet werden, als von den eben angeführten herumstreichenden Schauspielern. Auch werden sie auf keine Art vom Heyrathen abgehalten; nur leidet die Gesellschaft keine verheyrathete Leute unter sich, und hat es zum Gesez gemacht sich nie mit Kindern zu beschweren, sollte also ein Kind die Folge eines zufälligen Liebeshandels seyn, so muß die Mutter entweder die Gesellschaft verlassen, oder ihr Kind auf irgend eine Art aus dem Wege räumen, welches einige von ihnen thun, eben so wie viele unglückliche Mädchens hier ihre Kinder ins geheim um-

umbringen um der Schande zu entgehen; denn es ist in Otaheiti eben so schimpflich für ein Frauenzimmer als Mitglied dieser Gesellschaft schwanger zu seyn, als bey uns ohne Ehemann. *)

Die andere Sache welche der Verfasser sich Mühe gab zu erforschen, war, ob die Beschuldigung gegründet sey, daß sie ihre Leidenschaften ohne Ansehen der Person und des Ortes befriedigen? und er bezeugt auf das feierlichste, das die gröbsten Unanständigkeiten die er je auf der Insel sah, von unsern ausschweifenden Matrosen ausgeübt wurden, welche ohne Ansehen des Standes, kein Bedenken trugen, sich das öffentlich und gewaltthätigerweise zu verschaffen, was sie nicht mit dem freien Willen der Gegenstän-

―――――
*) Daß der Verfasser ungeachtet seiner Aufmerksamkeit auf die Ehriops, dennoch sich sehr geirret, ist unstrittig. O-Tu König von O-Tohaiti-nue oder der groffen Halbinsel, war gewiß nicht ein Mann ohne Eigenthum, und er war doch ein Ehrioy; Boba der oberste Fürste von der Insel O-Taha, unter Opuni dem groffen Könige über Bolabola, O Raietea O-Taha, Maurua und Tubai, war gleichfals ein Ehrioy; und viele andere mehr Leute von dem Geschlechte der Ehrihs oder Fürsten auf diesen Inseln, die sich alle unter einander für Verwandte ansehen. So viel ich habe beobachten können, waren alle Ehrioys zugleich Tahatatoa oder Krieger; und es hatte gar nicht das Ansehn, als wären sie Leute ohne Eigenthum und deshalb verachtet: im Gegentheil sie hatten angewiesene Länder und Tautaus die es anbauten und sie davon ernährten: wenn sie auch nach andern Inseln fuhren, so waren sie es nicht, welche die Vorstellungen zu Vergnügung des Publikums machten; sondern man veranstaltete ihnen zu Ehren öffentliche Tänze und Lustbarkeiten, und alle Vornehmen beflissen sich zu ihrem Gelage und den Freßereien vielen Vorrath zu schenken. Man kann darüber nachlesen G. Forsters Reisen Th. II. S. 100 — 105. und Forster's Observations p. 409. ― 417.

ſtände ihrer Begierden erhalten konten, für welches
verſchiedene von ihnen ſcharf beſtraft wurden. Die
Behauptung alſo, daß nicht die geringſte Spur von
Schaam unter dieſem Volke zu finden ſey, indem
ſie das öffentlich thun, was alle andre Völker von
der Natur belehrt, zu verbergen ſuchen, iſt eine un-
gerechte Verläumdung, welche weder von der Gewohnheit bekräftigt, noch von dem allgemeinen Gebrauche auch nur der niedriſten Klaſſe von Menſchen
unter ihnen unterſtüzt wird. *) Wir müſſen nicht
vergeſſen zu erwähnen, daß dieſes Volk eine Gewohnheit mit den Neapolitanern und Malthesern gemein hat, nämlich daß ſie in der Nacht fiſchen,
und bey Tage ruhen: ſie brennen auch gleich ihnen
Fackeln dabey, welche ſie aus Kokonuß-Oel machen.**)

Den

*) Es iſt nicht andem, daß die Natur die Völker belehrt,
den Beiſchlaf nicht öffentlich vorzunehmen, ſondern es iſt
ſolches vielmehr ein moraliſches Gefühl, welches ſie hin-
dert dieſe Handlungen öffentlich zu treiben — Allein da
die Einwohner Gelegenheiten genung haben, ihre Lüſte
des Nachts zu befriedigen, ſo iſt es nicht gewöhnlich, daß
man es öffentlich thut; allein es iſt doch ein paarmahl,
vielleicht um den Fremdlingen was recht ſeltenes zu ſehen zu geben, öffentlich geſchehen. Allein es wäre nie
in die Reiſebeſchreibung hereingekommen, wäre der Prä-
ſident des brittiſchen Admiralitäts-Kollegiums nicht ein ſehr
lüderlicher und in allen Lüſten erſoffener, ſchandloſer Mann,
ohne alle Moralität. Er war es, der vornämlich verlangte,
daß dieſe Umſtände recht ſchlüpfrig und umſtändlich, mit
allerhand geilen Zuſätzen ſolten dem Publiko erzählt werden. — Das aber iſt vollkommen richtig, daß die europäiſchen Matroſen mehr unreine Handlungen öffentlich
vorgenommen, als je die Einwohner unter allen Umſtän-
den zu üben gewohnt ſind; auch waren die Officiere nicht
ganz frey davon. F.

**) Alle Nationen welche die Fiſcherei verſtehen gehen des
Nachts auf den Fiſchfang oder doch früh des Morgens.

Die

Den 29ſten ſezten wir unſern Lauf den ganzen Tag unter doppelt eingereſften Bramſeegeln fort, und des Abends erblickten wir die kleine Inſel **Eimeo**, wo wir den folgenden Tag in einem ſichern Hafen ankerten, und von den Einwohnern mit allen Zeichen der Gaſtfreiheit empfangen wurden.

Den 30ſten ward unſer Vorrath von Vieh an Land geſezt; unſere Zimmerleute ausgeſchickt Holz zu hauen, und unſere Proviantmeiſter Schweine einzukaufen. Wir fanden **Omai** hier, der uns in ſeinem doppelten Canoe zuvorgekommen war, und die Eingebohrnen bey ſeiner Ankunft durch Proben ſeiner Geſchicklichkeit in den Waffen unterhalten, und ihre Neugierde durch die Nachricht, daß wir geſonnen wären ſie zu beſuchen im höchſten Grade erregt hatte, denn noch war kein Europäiſches Schiff bey ihrer Inſel vor Anker gelegen. Die Chefs der Inſel kamen mit Geſchenken von groſſen Schweinen an Bord, und erhielten dafür Aexte, Beile, Spiegel und rothe Federn. Unſere Proviantmeiſter waren ſehr erfreut über den guten Erfolg ihres Handels; denn ſie kauften die größten Schweine für elende Kleinigkeiten; wie zum Beyſpiel ein Schwein daß zweyhundert Pfund wog, für zwölf rothe Federn, und andere Dinge in dem nämlichen Verhältniſſe.

Aber dieſes freundſchaftliche Verſtändniß ward bald in einen Auftritt der Verwüſtung verwandelt, den auch der größte Schade den die diebiſche Neigung

der

Die Fakeln der Einwohner ſind nicht von Kokonuß-Oel verfertiget, ſondern die ſehr ölichten Nüſſe eines Baums mit weislichten breitgetheilten Blättern (Aleurites triloba. Forſter. Charact. nov. gen. Plant.) werden auf ein dünnes lang und ſpitzes Holz aneinander aufgeſteckt und denn angezündet, dies ſind ihre Fackeln die ſie in den Häuſern und auch bey der Nachtfiſcherey gebrauchen. F.

der Einwohner uns hätte zufügen können, nicht rechtfertigen konte. Diese Leute hatten uns alles gebracht was ihre Insel hervorbrachte, und den Preis dafür gänzlich der Großmuth der Käufer überlassen; aber unglücklicherweise ward den 2ten Oktober ein Ziegenbock vermißt. Er war ohngeachtet der Sorgfalt der Wache welche dazu bestellt war, nach dem Vieh zu sehen, von der Wiese wo sie weideten, heimlich in der Nacht weggebracht worden. Kapitain Cock gab dem Erih der Insel, Nachricht von dem Verluste dieses Thieres, welches von dem Diebe ohne Zweifel für eine grosse Beute gehalten ward, und foderte es auf das nachdrücklichste zurück, bey Strafe der Verwüstung seines Landes, der Zerstörung seiner Schiffarth, und einer persönlichen Züchtigung für das Verbrechen seines Untergebenen. Der König versprach seine Hülfe, und verlangte Zeit die Sache zu untersuchen, aber so bald er in Freiheit war, entwischte er, und ließ sich nicht mehr sehn. Da der Ziegenbock noch immer fehlte, und keine Mittel gebraucht wurden ihn uns wieder zuzustellen, ward eine Parthey Leute von beiden Schiffen mit allen Seesoldaten ausgeschickt, die Drohungen unsers Befehlshabers in Ausübung zu bringen. Drey Tage nach einander sezten sie ihre Verheerungen fort, verbrannten und zerstörten über zweihundert von den besten Häusern der Einwohner, und eine gleiche Anzahl ihrer Kriegs Kanoes; hauten ihre Fruchtbäume um, und zerstörten ihre Plantagen. Die Eingebohrnen die in einiger Entfernung lebten, und von der Verwüstung die bey der Bay gemacht ward hörten, füllten ihre Kanoes mit Steinen und versenkten sie, aber dieses half ihnen nichts. Der Kapitain gab Befehl, daß die Boote bemannt und bewafnet würden, und ließ die Kanoes herauf bringen und zerstören; und die allgemeine Verheerung sollte sich

über

über die ganze Insel erstrecken, wenn der Ziegenbock uns noch länger vorenthalten würde. Zwei junge Eingebohrne von Stande, welche sich an Bord befanden, wurden gefangen genommen, und mit dem Tode bedroht, wenn der Ziegenbock nicht in einer gewissen Zeit wieder gebracht werden sollte. Die Jünglinge betheureten, daß sie unschuldig wären, und die schuldigen Personen gar nicht kennten; demohngeachtet aber wurden zum Schein alle Vorbereitungen zu ihrem Tode gemacht. Grosse Stricke wurden auf das oberste Verdeck gebracht, und hinten und vornen befestigt; Aerte, Ketten, und Instrumente der Marter wurden auf das Hinter-Kastell gestellt in dem Angesicht der jungen Leute, deren Schrecken noch durch Omais Nachricht vermehrt ward, daß alle diese feierliche Vorbereitungen ein Kennzeichen wären, daß ihr Urtheil gesprochen sey. In dieser Angst blieben die armen jungen Leute bis den 9ten, da wir um drey des Nachmittags eine Anzahl von funfzig bis sechzig Eingebohrnen zu dem Hafen eilen sahen, als sie näher kamen, fanden wir daß sie den Ziegenbock auf ihren Armen hielten, und ganz entzückt waren ihn beim Leben gefunden zu haben.

Die Freude der gefangenen jungen Leute ist unbeschreiblich; auch zeigten sie, als sie befreiet waren, nicht die geringste Zeichen des Zorns, sondern waren bereit niederzufallen und ihre Befreier anzubeten. Es ist kaum glaublich wie bald der Schaden den sie gelitten hatten vergessen ward, so bald die Verwüstung aufhörte. Sie brachten ihre Provisionen wieder wie vorher zu Markte, als wenn wir keine Gewaltthätigkeiten an ihnen ausgeübt hätten; nur der Erieh der Insel kam nicht mehr zum Vorschein*).

Eine

---

*) Fände man diese Verheerung nicht so umständlich von einem Augenzeugen hier beschrieben, und von Heinrich Zummer-

Eine grosse Menge der Einwohner von Otaheiti, wovon die meisten Weiber waren, die sich in der Nacht in ihren Kanoes weggestohlen hatten, waren Zeugen der Strenge mit welcher dieser Diebstahl zu Eimeo bestraft ward; es schien aber keinen schlimmen Eindruck auf sie zu machen. Sie fuhren fort uns Dienste

mermann so feierlich bestätiget, so würde man glauben daß es kaum möglich sei, daß eine civilisirte Nation sich so weit vergessen könnte. Es ist aber natürlich, die wahre Quelle aller dieser Handlungen nicht am Bord der zwei Schiffe zu suchen, sondern vielmehr in England selbst, und in den ganz verderbten Grundsätzen der jetzigen Brittischen Regierung. So lange solche Leute als der Präsident des Admiralitäts-Kollegiums, am Ruder sind, können die Untergebenen nicht besser seyn. Ein Mann von den abscheulichsten Grundsätzen ist hinlänglich, durch sein Ansehn einen grossen Theil der Nation und besonders die ihm Untergebenen anzustecken, und dies allein lehrt sie handeln, als wäre keine höhere Macht in der Welt, als die, welche das Recht des Stärkeren an die Hand giebt. Kurz ich sehe diese Handlungen als Folgen der Grundsätze an, welche der Theil der Nation angenommen, der jezt die Oberhand in der Regierung hat, und welche alle Völker des Erdbodens eben so verheeren möchte, wenn sie sich nicht zu der Unthat zu ohnmächtig fände. Amerika spricht redend von ihren Grausamkeiten und Mordbrennen; und St. Eustaz ist eben so ein Beweis von diesen Grundsätzen, welche diese Partei äussert. Es giebt aber viele Britten, welche diese Grundsätze und Grausamkeiten verabscheuen. Daß die Einwohner von Eimeo, gleich nach Endigung der unrechtmäßigen und grausamen Verheerungen wieder allerley Erfrischungen und Lebensmittel den Mordbrennern zugetragen, zeigt doch in der That, daß die guten Charattere, welche mein Sohn und ich in unsern vor mehr denn drey und vier Jahren gedruckten Schriften, diesen Insulanern zugeschrieben, wirklich nicht übertrieben gewesen; und daß wir im Ganzen richtige Urtheile von ihren Herzen gefället. F.

Dienste zu leisten, so lange wir auf den Societäts Inseln blieben.

Nachdem wir eine grosse Menge Holz, womit wir uns zu Otaheiti nicht genugsam versehen konnten, eingenommen hatten, wie auch eine Anzahl Schweine zum gegenwärtigen und künftigen Gebrauch, bereiteten wir uns den 12ten des Morgens zum Segeln, und stachen vor Mittage mit einem frischen Winde in See. Wir richteten unsern Lauf nach Huaheine, wohin Omai vor uns abgesegelt war.

Da das Wetter über Nacht neblicht war, verlor Omai das Schiff aus dem Gesichte und feuerte seine Flinte ab, welches Zeichen von der Resolution beantwortet ward. Nachmittag verließ uns der Wind, und eine todte Stille erfolgte, welche unsere Otaheitischen Passagiers durch das Schwanken des Schiffes sehr krank machte. Sie fingen nun an es zu bereuen, daß sie thörichter Weise den ungetreuen Abtrünnigen gefolgt wären, welche sie keine Hofnung hatten je wieder zurück zu bringen, und wünschten sich wieder sicher an den Ufern von Matawai.

Den 13ten bekamen wir Huaheine zu Gesichte, und um Mittag waren wir dichte am Lande, die Eingebohrnen kamen in Menge, und brachten Schweine und Lebensmittel von allen Arten zum Geschenke für ihre Freunde. Omai welcher schon die Küste erreicht und sein Fahrzeug an Land gezogen hatte, war von den Eingebohrnen umgeben, welche sich um ihn herum drängten, theils um ihre Neugierde zu befriedigen, und theils um ihre Freude über seine Zurückkunft zu bezeigen. In einer kleinen halben Stunde sahen wir König Oreo an Bord der Resolution gehen. Er hatte zwei grosse Schweine, mit einigen gebratenen Brodfrüchten, und einer grossen Menge Bananas, Pisangs und andern Früchten zum Geschenke mit.

Kapi=

Kapitain Cook empfing ihn mit ofnen Armen, und frug besonders nach dem guten alten ehrwürdigen König Orie, für den er die vollkommenste Freundschaft hegte; und da er hörte, daß er todt sey, konnte er sich nicht der Thränen enthalten. Bald darnach bekamen wir einen Besuch von Oreo, welcher auch ein Geschenk für Kapitain Clerke mitbrachte, und an dessen statt ein Brustschild von rothen Federn erhielt, welches ihm besser zu gefallen schien, als alle die, so man ihm vorher gegeben hatte.

So bald er an Land kam, gab er Befehl, daß sein Volk die strengste Redlichkeit gegen seine guten Freunde von Pretanne ausüben sollte, und bestimmte Offiziere die gehörig Achtung geben sollten, daß seine Befehle vollzogen würden. Aber alle diese Anordnungen waren ohne Wirkung, denn kaum hatte er seine Wohnung erreicht, so wurde ein Kerl auf der Resolution ertappt, da er eben im Begriff war Eisen von der Schmiede des Büchsenschmidts zu stehlen. Um andere durch ein Beispiel abzuschrecken, ließ man ihm ein Ohr abschneiden, die Haare von einer Seite des Kopfes und eine Augenbraune abscheeren *)

L 2 Den

*) Es ist unbegreiflich, wie ungerecht die Europäer, besonders die Britten seit kurzem angefangen haben die Einwohner der Süd-See Inseln und die Eingebohrnen von Hindostan zu behandeln. Käme ein fremdes Schiff in einen Hafen ihrer Besitzungen und wollte so eigenmächtig die Vergehungen der Britten auf ihrem Schiffe bestrafen, als sie es hier in fremden Häfen thaten, so würden sie es nicht nur für einen gewaltsamen Eingrif in die Rechte ihrer Landeshoheit erklärt, sondern sie würden dasselbe auch schwer geahndet haben; und doch sind sie hier die ersten die selbst so gegen alles Recht und Billigkeit handeln. Man hört in keines Volks Schriften so viel Deklamation, über die Grausamkeiten der Spanier gegen die Amerikaner, als in

den

Den 19ten wurde der Friede auf die gewöhnliche Art gestiftet, und wir sezten das Vieh an Land, worunter zwei Pferde für Omai waren, mit zwei Kühen und einem Stier, die König Ori bekommen hätte, wenn er am Leben gewesen wäre, und die jezt sein Nachfolger erhielt. Da diese Insel eine der fruchtbarsten unter den Societäts Inseln ist, nahm man sich vor einige Zeit hier zu bleiben, um die Schiffe zu kalfatern, und Lebensmittel zu künftigem Gebrauche einzunehmen. Dieses war desto nothwendiger, da wir jezt nach ganz unbekannten Ländern segeln sollten, wo wir vielleicht nichts zu unserer Erhaltung antreffen, und in grosse Noth gerathen würden. Die Gezelte wurden also an Land gesezt, die Betten und alles Geräthe ausgeladen, und jede Fuge des Schiffes untersucht, abgeschabt, mit Eßig gewaschen, und geräuchert; indem diese Operation vor sich ging, wurden die untern Schießlöcher offen gelassen, damit die Ratten entrinnen könnten; kurz alles in den Schiffen ward gehörig durchsucht, sowohl um das Geräthe von Ungeziefer zu reinigen, als auch der Gefahr der Ansteckung vorzubeugen, die durch die faule Luft, welche durch die Menge Leute die sich seit unserer Abreise von Otaheiti beständig zwischen den Verdecken aufhielten, verursacht ward, sehr leicht hätte entstehen können. Die Kranken wurden zu gleicher

den Englischen, und kein Volk auf Erden hat in unsern Tagen, die sich durch Aufheiterung und Veredlung der Denkungsart so sehr auszeichnen, so sehr merklich die Geseze der Gastfreiheit gebrochen, und in der Ausübung so grossen Mangel an Menschlichkeit und Billigkeit spühren lassen, als das Brittische. Die Verheerung auf Eimeo, die eigenmächtigen Eingriffe in die Rechte der Landes Hoheit auf Huaheine, und die Proceduren auf Nihau und O=whai=hi sind Beweise davon; ohne einmahl einen Blick nach Nord=Amerika, St. Eustaz und Hindostan zu werfen. F.

cher Zeit an das Land gebracht, um die frische Luft zu genießen, und jedes Mittel zu ihrer Wiederherstellung, und der Erhaltung ihrer Gesundheit, wenn sie sich besser befanden, angewandt.

Unter den Kranken war Kapitain Cook selbst, um dessen Besserung die Equipagen beider Schiffe sehr bekümmert waren, da der glückliche Ausgang der Reise größtentheils von seiner Sorgfalt und Führung abhing. Auf den Rath des Arztes ließ er sich bereden am Lande zu schlafen, wo die Wundärzte beider Schiffe seiner mit dem größten Fleiße warteten, und alle Nacht wechselsweise bey ihm wachten, bis er außer Gefahr war. Sobald er stark genug war, ritt er alle Tage mit Omai aus, von einer Menge der Einwohner begleitet, welche durch die Neuigkeit des Anblicks gereizt sich von allen den entferntesten Theilen der Insel versammelten, um Zuschauer davon zu seyn. Mittlerweile waren die Schiffe mit Schweinen angefüllt, die man uns in so grosser Menge brachte, daß die Fleischer und Einsalzer nicht geschwind genug damit fertig werden konnten; denn wenige Tage nach unserer Ankunft brachten die Eingebohrnen einige hundert an Bord, und wenn wir sie ausschlugen, warfen sie sie in die Boote, und ließen sie zurück. Brodfrüchte, Bananas, Pisangs, Kokonüsse und Yams brachten sie uns in eben so grosser Menge, und verkauften sie für Kleinigkeiten. Rothe Federn gingen hier eben so gut ab, als in Otaheiti, und die Matrosen kauften Zeug und andere Manufaktur-Waaren der Insel dafür; diejenigen denen ihre Geliebten von Otaheiti nachgegangen waren, hielten mit geringen Kosten einen besondern Tisch für sie, und die Mädchens kauften für ihre Liebhaber ein, und traktirten sie alle Tage mit gebratenen Schweinen, gedämpften Hühnern, gebratener Brodfrucht, Kokonüssen, und andern Delikatessen. Viele von den gemeinen Matrosen legten einen Vorrath von diesen guten Sachen zu

L 3   ihrem

ihrem künftigen Unterhalte ein, im Falle daß ihre Schiffs-Portionen kleiner werden sollten, und sie hatten hernach Ursache sich über ihre Vorsicht zu erfreuen.

Die Strafe des ersten Indianischen Diebes, den wir dem Spotte seiner Landsleute aussezten, that eine beßre Wirkung denn tausend Streiche, welche beinahe sobald vergessen wurden, als sie vorbei waren; da indeß die lächerliche Gestalt des Kerls mit einem Ohr und der Hälfte seines Kopfes geschoren, eine beständige Strafe war, die er niemals verbergen konnte. Durch diese zeitige Strenge und die Wachsamkeit der Leute, die der König zur Oberaufsicht bestellt hatte, blieben wir verschiedene Tage unbeschwehrt.

Als wir uns der Insel zuerst näherten, ankerten wir, bis der Anker-Grund untersucht worden wäre, und indem wir den Anker lichteten, um unsere Lage zu verändern, riß das Kabeltau, und wir waren genöthigt ihn zurück zu lassen. Ihn nun wieder herauf zu ziehn, war eine mühsame Arbeit, bey welcher uns die Eingebohrnen durch ihre Fertigkeit in Geschäften dieser Art, gute Dienste leisteten. Sie tauchten unter, befestigten die Stricke, und verhalfen uns in wenig Stunden zu unserm Anker, den wir uns viele Tage umsonst bemüht hatten herauf zu bringen.

Sobald die Zimmerleute und Kalfaterer ihre Arbeit an Bord vollendet hatten, erhielten sie Befehl Omai ein Haus zu errichten. Die Großmuth des Kapitain Cook's und seiner andern Freunde, hatte ihn in den Stand gesezt sich ein Stück Land zu einer Plantage anzukaufen, welches er auf die Englische Art anbauen, und seine zwei Neu-Seeländer zur Umgrabung und Zubereitung des Bodens brauchen sollte.

Die Erbauung eines Hauses von ziemlich grossem Umfange, mit einem Stalle und Scheuern, (Gebäuden welche bis jezo in diesem Lande unnöthig gewesen waren) war

war eine nicht geringe Arbeit, und konnte ohne die Hülfe vieler Leute nicht in kurzer Zeit geendigt werden; also musten die Zimmerleute und viele Handlanger an die Arbeit gehen, und es wurde eine Wache gestellt, die auf ihre Werkzeuge acht haben sollte: aber die Wachsamkeit des Argus mit seinen hundert Augen wäre nicht hinlänglich gewesen, einen so kostbaren Schatz für so vielen listigen Jasons*) zu bewahren, die sich täglich bey den Arbeitsleuten in der Absicht einfanden, einen Theil von der goldenen Beute wegzutragen. Indessen wurde außer einigen Meisseln, Bohrern und dergleichen Kleinigkeiten nichts vermißt; denn Nägel oder anderes Eisenwerk sollte bey der Zusammenfügung des Gebäudes nicht gebraucht werden, und die Sägen, Beile, Dächseln und andere grössere Werkzeuge konnten nicht so leicht versteckt werden. Indem aber die Aufmerksamkeit der Schildwache blos auf diese Dinge gerichtet war, fand ein Indianer Mittel den Quadrant von der Sternwarte der Astronomen zu stehlen. Der Diebstahl ward gleich gemerkt, und man feuerte eine Flinte nach dem Diebe ab, den man noch sehen konnte, aber er entlief in den Wald, und versteckte seine Beute so gut, daß wir sie durch das sorgfältigste Nachsuchen nicht entdecken konnten. Das Abfeuern der Flinte und das Getümmel das unter den Indianern bey den Zeltern entstand, allarmirte die Seesoldaten an Bord, die ihr Gewehr nahmen, und ans Land eilten; aber hier war schon alles ruhig, denn einige seiner Kameraden, die man für ihre Treue belohnte, hatten den

───────────────

*) Die Aehnlichkeit der Nahmen des Schiffs Argo und des hundertäugigen Argus haben den eilfertigen Seemann verleitet, zwei Geschichten zu verwechseln, die nichts miteinander gemein haben: Er spricht hier vom Jason und einer goldenen Beute; da er doch vom Merkur und der schönen Jo, die in eine Kuh war verwandelt worden, hätte sollen sprechen. F.

den Dieb gefunden, und unſern Leuten überliefert. Der Kerl ward den Augenblick an Bord gebracht, und in Ketten gelegt, in welchem Zuſtande er die ganze Nacht blieb. Des Morgens zeigte es ſich daß er ein Mann von einigem Anſehen war, denn eine Anzahl Schweine, und eine groſſe Menge Früchte und Zeug ward an Bord gebracht, um ſeine Befreiung zu erkaufen; aber alles war umſonſt. Um Mittag ward er vor Gericht geführt, und verurtheilt beide Ohren zu verlieren, ſich den Kopf ſcheren und beide Augenbraunen ausraufen zu laſſen, welche Strafe ihn der gröſten Schande ausſezte. In dieſem blutenden Zuſtande ward er ans Land geſchickt, und ſeinen Landsleuten zum Schauſpiel ausgeſtellt, um ſie von der Berührung deſſen was ihnen nicht zugehörte abzuſchrecken; zu gleicher Zeit gab man ihnen zu verſtehen, daß der Diebſtahl bey uns für ein groſſes Verbrechen gehalten würde. Die Indianer ſahen den Mann mit Entſezen an, und es war leicht zu bemerken, daß dieſe That ein allgemeines Misfallen unter ihnen erregte; Omai ſogar war bewegt, ob er ſich gleich bemühte die Handlung bey ſeinen Indianiſchen Freunden zu rechtfertigen, indem er ihnen ſagte, daß wenn ein ſolches Verbrechen in dem Lande wo er geweſen wäre begangen würde, man den Dieb zum Tode verurtheilen würde. Indeſſen ob er gleich der Sache einen guten Anſtrich gab, befürchtete er doch, daß nachtheilige Folgen für ihn daraus entſtehen möchten, und dieſe zeigten ſich auch zum Theil ehe wir die Inſel verlieſſen, und bald nach unſerer Abreiſe wird er ſie noch wohl ſtärker gefühlt haben*). König Oreo und

---

*) Durch die abermahlige grauſame Beſtrafung eines in den Augen der Einwohner kleinen Verbrechens, that man ein gedoppeltes Unrecht, denn erſtlich, ſo ſagte man erſt nachdem man den Mann geſtraft hatte, daß die Europäer den Diebſtahl als ein groſſes Verbrechen anſähen, und machte
(da

und seine Chefs fuhren noch immer fort den äußerlichen Schein der Freundschaft beizubehalten; sie besuchten unsere Kapitains, und empfingen ihre Besuche wie gewöhnlich, machten Geschenke, und nahmen welche an; der Handel ging auch noch eben so gut von statten, als wenn nichts vorgefallen wäre. Unsere Befehlshaber und Omai wurden zu allen ihren Festen und Lustbarkeiten eingeladen, und Schauspiele und Feuerwerke folgten auf einander, als politische Mittel zur Beförderung der Eintracht. Mittlerweile geschah ein andrer Diebstahl. Dem Astronomen*) Herrn King wurde sein Flaschen-Futter, einige Teller, und einige Messer und Gabeln gestohlen; diese Sachen bekam er niemals wieder, aber sei Quadrant

(da man doch auch dazu in einem fremden Lande kein Recht hatte) leges ex post facto, und zweitens so ward dem armen Omai das größte Unrecht angethan, indem man ihn der Rache der Einwohner blos stellte, wie sich solches auch noch vor der Abreise der Schiffe schon äußerte; und ist es sehr wahrscheinlich, daß der arme Omai mit samt seinem Hause und Viehe der Rache der Eingebohrnen wird seyn aufgeopfert worden. F.

*) Herr King war zwar zugleich ein guter Astronom, und da er schon lange als Lieutenant bey der Königl. Flotte stand, bezog er dennoch aus grosser Begierde etwas zu lernen, die Universität Oxford, wo er 3 Jahre lang unter dem edelgesinnten vortreflichen Professor Hornsby die Astronomie studirte; allein er ging nicht als Astronom mit, sondern vielmehr als zweiter Lieutenant der Resolution, in welcher Stelle er blieb, bis Kapitain Cook unglücklicher Weise sein Leben verlohr. Da er denn an des zum Kapitain der Discovery beförderten Herrn Gores Stelle, erster Lieutenant der Resolution ward; und gleich drauf da Kapitain Clerke starb, bekam er das Kommando der Discovery, da Herr Gore die Resolution zu führen bekam. Herr Gore und Herr King sind auch beide von der Admiralität in den Posten als Schiffs-Kapitaine bestätigt worden, und haben den 2 und 3 Oktober 1780. ihre Patente bekommen. F.

brant wurde einige Tage nachdem er gestohlen worden, wieder zurück gebracht, obgleich sehr beschädigt.

Bey dieser Gelegenheit ward der Handel wieder unterbrochen, denn die Indianer fürchteten sich zu dem Handlungsplatz zu kommen, so bald jemand unter ihnen sich eines Betruges oder Diebstahls schuldig gemacht hatte. Obgleich Capitain Cook alle Tage mit Omai ausritt, war er doch noch sehr schwach. Die Indianischen Chefs besuchten ihn öfters und bezeigten ihm grosse Achtung; bey einem dieser Besuche stellte er Oreo vor, wie thöricht es sei den Handel zu unterbrechen, sobald einer seiner Leute uns irgend was zu Leide gethan hätte; er zeigte ihm daß diese Gewohnheit beiden Theilen gleich nachtheilig sei, und versicherte ihn, daß obgleich der Schuldige bestraft werden mußte, so sollte doch fast niemand beunruhigt werden, es sey denn, daß man sich weigern wollte den Verbrecher, wenn er entdeckt worden wäre, auszuliefern, und auf diese Art den Lauf der Gerechtigkeit aufhielte.*) Diese vernünftige Vorstellungen thaten ihre Wirkungen bey Oreo und den Chefs, und sie gaben Befehl, daß der Handel erneuert würde. Wir hatten mehr als dreißig Tage im Hafen, auf der Rheede von O=wharre gelegen, als Omais Gebäude vollendet, und alle seine Sachen

---

*) Der Gedanke daß durch versagte Auslieferung des Verbrechers der Lauf der Gerechtigkeit aufgehalten würde; ist wieder einer von denen, die nur in Iure canonico gelten, wo nämlich die Kanonen des Stärkeren, Geseze vorschreiben und auch Recht Handhaben. Allein sonst hätte nur König Oreo das Recht zu strafen, und würde es auch eben so gerne wie sein Vorfahr im Reiche der Alte Ori gethan haben; wenn die zudringlichen Europäer nicht die Freiheit genommen hätten in seinem Lande während ihrer Anwesenheit den Meister zu spielen. Am Ende nennt der Verfasser dieses höchst unbillige Anmuthen, eine vernünftige Vorstellung. Gott weis aber, wie weit es von Vernunft und Billigkeit entfernt gewesen. F.

chen und sein Geräthe ans Land gebracht worden war. Alle Leute die man in den Schiffen entbehren konnte, mußten ihm beystehen, um die Saamen zu säen, die ihm Kapitain Cook geschenkt hatte, und einen Theil seines Landes mit Frucht und andern Bäumen zu besezen.

Da er jezo dem Ansehen nach der vornehmste Mann auf der Insel war, und bey weitem das schönste Haus hatte, hätte man glauben sollen, daß er stolz auf seinen Stand, und erfreut über seine glückliche Lage seyn würde: aber er ward im Gegentheil immer niedergeschlagener, so wie die Zeit unserer Abreise heranrückte, und als er ein Gastmahl bey der Besizenehmung seines neuen Guths anstellte, bey welchem die Befehlshaber und Offiziers beider Schiffe, mit dem Könige und den Chefs der Insel ihn mit ihrer Gesellschaft beehrten, konnte er seine Unruhe kaum verbergen, und sagte Kapitain Clerke heimlich, er befürchtete daß man sobald wir abgesegelt wären seine Gebäude niederreißen, und sein ganzes Eigenthum plündern würde. Da Kapitain Cooke, der jetzt ziemlich wieder hergestellt war, ihn beständig mehr als einen Sohn denn einen Paßagier behandelt hatte, die Ursache seiner Schwermuth erfuhr, ergriff er diese Gelegenheit ihn dem Schuze des Königs und der anwesenden Chefs zu empfehlen; und gab ihnen zu gleicher Zeit zu verstehen, daß wenn man Gewalt gegen Omai gebrauchen sollte, oder ihn in dem freyen Genuße seines Eigenthums stöhren, so würde er bei der Zurückkunft der Schiffe, die ganze Insel verwüsten, und jedes menschliche Geschöpf vertilgen, daß auf irgend eine Art zu seinem Schaden etwas beigetragen hätte. Diese Drohung machte einen desto tieferen Eindruck auf die Chefs, da sie wußten was zu Eimeo geschehen war; denn ohngeachtet aller ihrer Freundschaftsversicherungen war es deutlich zu erkennen, daß sie mehr von Furcht als von Liebe getrieben wurden. Durch diese mächtige Unterstüzung, bekam Omai wiederum Muth und ertrug die Beschwerlichkeiten des Tages beßer als man von der Niedergeschlagenheit die bey der Ankunft der Gesellschaft auf seinen Gesichte erschien, hätte erwarten sollen. Vielleicht trugen die halb Englischen halb Indianischen Zubereitungen nicht wenig zu seiner Verwirrung bey; denn da er noch niemals ein Gastmahl angestellt hatte, ob er gleich, beides in England und in den Inseln, bey vielen zugegen gewesen war, wußte er gar nicht, wie er sich gegen so viele Gäste, alle von höherem Range als er, obwohl er reicher war als die meisten anwesenden Chefs, betragen sollte. Capitain Cook ließ es indeß an nichts ermangeln um den Einwohnern eine hohe Meinung von Omai einzuprägen. Die ganze Bande Musikanten war zugegen, und spielte wechselsweise bis das Eßen fertig war; nachdem sich aber die Gesellschaft niedergesetzt hatte, stimmte die ganze Musick zusammen, zu der Verwunderung einer großen Anzahl der Einwohner die sich um das Haus versamlet hatten Das Mittagsmahl bestand wie gewöhnlich aus gebratenen Schweinen, Hünern, die theils auf Englische theils auf die Landesart zubereitet waren, und einer Menge anderer Lebensmittel, mit Wein und andern Getränken die sich der König Oreo sehr gut schmecken ließ. Auf das Eßen folgten Hievas und Feuerwerke, und da die Nacht herankam, zertheilte sich die Menge der Zuschauer, ohne die geringste Unordnung.

Jetzo erhielten wir Befehl uns zu unserer Abreise zu bereiten. Wir hatten in dieser Insel mehr als 400 Schweine bekommen, von denen viele groß waren. Obgleich man in vorigen Reisen erfahren hatte, daß die meisten die man lebendig mit zur See nahm, sich zu fressen weigerten und deswegen bald geschlachtet werden mußten, entschlossen wir uns dennoch noch einen Versuch zu machen, und nachdem wir uns reich-

reichlich mit Yams und anderen Wurzeln, die ihr gewöhnliches Futter am Lande sind, versehen hatten, wagten wir es einige an Bord jedes Schiffes zu nehmen. Zu diesem Ende machten die Zimmerleute Ställe für sie, in denen Theilen der Schiffe, die am kühlsten blieben, und indem sie mit dieser Arbeit beschäftigt waren, wurde das Vieh und alles andere was noch auf dem Lande war, an Bord genommen.

Es geschah nichts merkwürdiges bis den 30sten, da wir früh des Morgens zu unsern Erstaunen erfuhren, daß Omais Pflanzungen aufgerissen und zerstört worden wären, seine Umzäunung abgebrochen, und seine Pferde und sein Vieh freigelassen, ohne daß man den Urheber dieses boshaften und überlegten Bubenstückes, hatte ausfindig machen können.

Kapitain Cook der äusserst aufgebracht war, versprach beträchtliche Belohnungen für die Entdeckung und Festnehmung der Verbrecher. Wir erfuhren bald, daß der Kerl, dem man die Ohren abgeschnitten und den Kopf abgeschoren hatte der Vornehmste sey, und sich nach Ulietea seinem Geburtsorte, geflüchtet hatte. Kapitain Cook bot sechs grosse Beile, wenn man ihn den Händen der Gerechtigkeit überliefern würde, und da er versprach sich noch sieben Tage aufzuhalten, damit man Zeit haben könte ihn festzunehmen, unternahmen einige Waghälse das Geschäfte und brachten ihn in vier Tagen an Bord.*)

Er

*) Nicht genug daß die Britten die aller ungerechtesten Eingriffe in die Rechte der Landeshoheit des Königs von Huaheine begingen, so suchten sie auch noch überdem, die Unterthanen des Königs zu verführen, und zu neuen Ungerechtigkeiten und Gewaltthätigkeiten durch grosse Versprechungen zu verführen. Handlungen die sich nicht wohl mit dem Völkerrechte schicken, welches
das

Er ward als der einzige Thäter angeklagt, aber wir hielten dafür daß er Mitgenossen haben müßte, weil es ihm unmöglich gewesen wäre, allein so viele Bäume auszureißen, so viele Pflanzen zu verderben und den Boden an so vielen Stellen wo die Europäischen Saamen gesäet waren, umzugraben und zu verwüsten. Er weigerte sich indessen irgend ein Geständniß zu machen, und auch nachdem man ihn in Ketten gelegt hatte, beobachtete er ein mürrisches Stillschweigen.

Die Vorbereitungen zu unserer Abreise, welche diese Begebenheit unterbrochen hatte, fingen nun wieder an, und um Omai so viel Achtung als möglich zu bezeigen, wurden unterdessen, alle Leute von beiden Schiffen die man entbehren konte, ans Land geschickt, um seine Pflanzung wieder in guten Stand zu bringen, und ihn in den ruhigen Besiz davon einzusetzen, ehe die Schiffe abseegelten. Und um ihn den Chefs desto angenehmer zu machen, speisten Kapitain Cook und einige von seinen Officiers alle Tage bey ihm, und luden die vornehmsten Leute von der Insel wechselsweise ein. Er stellte auch Lustbarkeiten mit Musik und Tanz nach Englischer Art für die jungen Princeßinnen und ihre Brüder an; und Kapitain Cook ließ zum Vergnügen des gemeinen Volks, beinahe alle Nacht Feuerwerke abbrennen. Aber ohngeachtet aller dieser Bemühungen, die Eingebohrnen mit ihrem Landsmann Omai auszusöhnen, schien er doch mehr der Gegenstand ihres Neides als ihrer Verwunderung zu seyn. Sie betrachteten ihn in dem nämlichen Lichte, wie die Edelleute eines jeden Landes einen geringen Bürger, der sich

plöz-

---

das Brittische Ministerium während dieses Krieges so oft im Munde und in seinen Schriften und Memoirs angeführt hat. F.

plötzlich aus der Dürftigkeit zum Reichthum empor schwingt, sich ein grosses Ansehen giebt, und prächtig lebt; zu eben der Zeit da sie ihn zur Verschwendung aufmuntern, lachen sie über seine Thorheiten, und indem sie an seinen Gastmählern Theil nehmen, machen sie sichs zum Vergnügen seinen Stolz zu demüthigen. Dieses war wirklich der Fall mit Omai: Wer war angesehener als er, so lange er die Chefs bewirthete, dem einen Nägel gab, dem andern rothe Federn, dem dritten Glaß und Porzellän, und den Frauenzimmern weisse Hemden? aber als er beinahe sein ganzes Vermögen in Geschenke ausgelegte hatte, und ihm die Güte seiner Freunde nur eben genug verschafte, eine Pflanzung zu kaufen, und sie mit dem nöthigsten zu versehen, da bezeigten ihm die Chefs wenig Achtung mehr, ob sie gleich an seinen Gastereien Theil nahmen, und hätte ihre Ehrerbietung für Kapitain Cook sie nicht daran verhindert, so würden sie ihm vermutlich bey aller Pracht seiner Mahlzeiten mit Verachtung begegnet haben. So ist das menschliche Geschlecht überall beschaffen. Leute von schlechter Herkunft müssen etwas mehr als zufällige Reichthümer besitzen, um sich der Gunst ihrer Mitbürger zu empfehlen; sie müssen erhabenen Verstand zur Einrichtung ihres Verhaltens haben, und ausserordentliche Geschicklichkeiten, um ihre Tugenden in ein helleres Licht zu setzen. Daß dieses nicht der Fall mit Omai war, davon gab uns die Erfahrung jeden Tages genugsame Beweise. Es waren noch nicht viele Nächte nach der Verwüstung seiner Plantage verstrichen, als wir Lichter bey seinem Hause sahen, welche es unserer Vermuthung nach in Brand stecken sollten; aber die Uebereilung der Schildwache die ihr Gewehr zu plötzlich abfeuerte, allarmirte die Mordbrenner, und

und gab ihnen Gelegenheit zu entfliehen. Auch der Mann der seine Pflanzung zuerst verheert hatte, und noch in Ketten an Bord der Resolution war, fand die Nacht ehe wir abseegeln wollten, Mittel seiner Ketten sich zu entledigen, und aus dem Schiffe zu entkommen. Er hätte nicht sollen mit dem Tode bestraft werden, sondern mit einer Verbannung die ärger als der Tod gewesen wäre. Es war beschlossen ihn in einer wüsten Insel ans Land zu setzen, von wo er niemals mehr hätte zurückkommen können, um Omai zu beunruhigen. Die Art wie er aus seinem Gefängnisse entflohen war, ist nicht öffentlich bekannt geworden, aber die Schildwache die ihn bewachen sollte, ward verurtheilt sechs Tage nach einander jeden Morgen vier und zwanzig Hiebe zu bekommen; Herr H. — Pilotengehülfe und Herr M. — Midschifmann hatten die Nacht das Commando über die Wache; der erste ward verurtheilt aus dem Schiffe verstossen zu werden, in welches er auch während der ganzen Reise nicht mehr kam, und der andere sollte gemeiner Matrose werden; da er aber um Vergebung bat, ward ihm die Strafe erlassen, wie auch der Schildwache nachdem sie die ersten 24 Hiebe ausgestanden hatte. Sobald der Schiffsmeisters Gehülfe von der Resolution an Bord der Discovery ging, muste Herr Martin der dritte Lieutenant seine Stelle ersetzen.

Den 2ten November da alles zum Abseegeln bereit war, nahm Kapitain Cook den Omai zu sich, und gab ihm einige Lehren in Absicht auf sein Verhalten. Er befahl ihm zu gleicher Zeit sein Boot nach Ulietea seinem Vaterlande zu schicken, und ihm zu berichten wie sich die Chefs in unserer Abwesenheit gegen ihn verhielten. Wenn sie ihm gut begegneten sollte er durch den Boten drey weisse Korallen
schi-

schicken; wenn sie sich seines Vorraths bemächtigten, oder in seine Plantage einbrächen, drey rothe; und wenn die Sachen im jetzigen Zustande blieben, sollte er drey bunte Korallen schicken.

Den 3ten des Morgens verliessen wir den Ankergrund, und da der Wind gut war, seegelten wir aus der Rhede von O=Auburne,*) und Unterweges kam Omai an Bord, um entweder Kapitain Cook zu bewegen ihn wieder mit nach England zu führen, oder auf immer Abschied von ihm zu nehmen. Seine Trennung von seinem Wohlthäter war sehr rührend: hätten Thränen, oder die zärtlichsten Bitten, mit denen je ein gehorsamer Sohn einen harten Vater zu bewegen suchte, Kapitain Cook vermögen können, Omai mit uns zurück nach England kehren zu lassen, so hätte er ihn gewis mitnehmen müssen; denn seine Augen schwammen in Thränen, und er hing an seinem Halse mit aller der Angst eines Kindes, welches sich bemüht das Herz eines abgeneigten Vaters zu schmelzen. Er schloß ihn mit solcher Heftigkeit in seine Arme, daß Kapitain Cook der sich der Thränen nicht mehr enthalten konte, sich von ihm losreissen mußte, um in seiner Kajute der natürlichen Simpathie nachzuhängen, der er nicht mehr wiederstehen konte, indeß Omai auf dem Verdecke blieb, seine Thränen trocknete, und sich zu beruhigen suchte. Als der Kapitain sich von seiner zärtlichen Unruhe erholt hatte, kehrte er zurück, und stellte Omai das Ungereimte seines Verlangens vor; erinnerte ihn wie ängstlich besorgt er in England war, daß man ihn nicht nach Hause schicken möchte: und sagte ihm, nun er auf grosse Unkosten seines Kö=

---

*) Vermuthlich soll dies die Rhede von O=Wharre seyn. F.

Königs, in sein Vaterland, zu seinen Freunden zurückgebracht worden wäre, sey es kindisch zu hoffen, daß man ihn wieder mitnehmen sollte. Omai fieng von neuem an zu weinen; und sagte, er hätte freilich gewünscht sein Vaterland und seine Freunde wieder zu sehen, aber nun er sie gesehen hätte wäre er zufrieden, und würde sich nie mehr nach seiner Heimath sehnen. Kapitain Cook versicherte ihn, daß er ihm alles Gute wünsche, er müßte aber, sagte er, seine erhaltenen Befehle befolgen, und ihn hier lassen. Beim Abschiede fügte er noch sechs grosse Beile zu den Geschenken, die er ihm vorher gemacht hatte hinzu, wie auch einige Meissel und andere zu Schesfield gemachte Schneidewerkzeuge, von denen er wußte, daß sie ihm nützlich seyn würden.

So war die Trennung Omais von seinem geliebten Gönner, der eine wirkliche Freundschaft für ihn gefaßt hatte. Er sagte, er würde das elendeste Geschöpf auf der Welt seyn, so bald sein Beschützer fort wäre, denn die Einwohner würden sich zu seinem Verderben verschwören, und so lange ihm noch was übrig blieb, würde er keinen glücklichen Augenblick haben. Seine zwey Neu-Seeländischen Burschen waren beinahe eben so bekümmert als sie das Schiff verlassen sollten, als Omai selbst. Sie hatten schon Englisch genug gelernt, um was sie hofften oder befürchteten auszudrücken. Sie hatten gehofft in den Schiffen mit uns zu gehn, und weinten bitterlich, da sie hörten, daß sie zurück bleiben sollten. Jetzt entstand also eine neue Scene zwischen Omai und seinen Burschen, die für den letztern hätte übel ablaufen können, wenn sich die Offiziers auf dem Verdecke nicht ins Mittel gelegt hätten. Sie weigerten sich das Schiff zu verlassen, bis man sie mit Gewalt dazu zwang, welches sich bey dem athletischen

Baue,

Baue, und der ausserordentliche Stärke des ältesten, der jezt beinahe sechszehn Jahre alt war, und der im Verhältniß mit seinem Alter von eilf Jahren riesenmäßigen Grösse des Jüngsten, nicht leicht thun ließ. Sie waren beide sehr folgsam und dienstfertig gewesen, bis sie fanden, daß sie zu Huaheine bleiben sollten, alsdann aber gab ihnen die Verzweiflung neue Stärke. Sie verriethen Neigungen, die gerade das Gegentheil von den Neigungen der Insulaner waren, mit denen sie den künftigen Theil ihres Lebens zubringen sollten: anstatt der niedrigen furchtsamen Unterwerfung dieser leztern, zeigten sie eine männliche feste unbezwingbare Entschlossenheit; und schienen bereits, bey dem geringsten Anscheine eines glücklichen Erfolgs, einen zweiten, auch wohl dritten Versuch zur Wiedererlangung ihrer Freiheit zu machen. Wir konten niemals die wahre Ursache erfahren, aus welcher Kapitain Cook sich weigerte einige von den braven Jünglingen von Neu-Seeland mitzunehmen. Sie würden ohne Zweifel in den hohen Breiten die wir jezt erforschen sollten, sehr brauchbar gewesen seyn, und hätten überdem lebende Gemählde eines Volkes dargestellt, dessen Gesichtszüge auch von unseren besten Mählern nur sehr unvollkommen gezeichnet worden sind. Es ist ein unerschrockner Troz in den Augen eines Neu-Seeländischen Kriegers, der durch den schwachen Pinsel eines kraftlosen Künstlers alle seine Stärke verliert. Jezt ist es freylich zu spät, es zu beklagen, daß nicht ein Eingebohrner von jedem Himmelsstriche, den die Natur mit einem sichtbaren Unterschiede der Charaktere sowohl der Gestalt als des Geistes bezeichnet hat, mit nach England genommen worden ist. Wir hätten ohne Gewalt zu gebrauchen einen von jeder Gegend bekommen können; und sie würden zusam-

men eine Akademie zum Studieren der menschlichen Gestalt formirt haben, die die Aufmerksamkeit der Künstler jedes Landes mehr an sich gezogen haben würde, als die berühmten Statuen des ****** — Wir wollen jezt von Omai Abschied nehmen, und nur noch bemerken, daß da Kapitain Cook ihn mit den Mitteln versehen hatte, sein Vaterland und die benachbarten Inseln mit vielen nüzlichen Geschlechtern vierfüßiger Thiere, nämlich Pferde, Rinder, Schafe und Ziegen zu bereichern, da er ihm auch eine Brüth Gänse, Kalekutischer Hühner, und viele andere Dinge, welche in den tropischen Inseln gänzlich unbekannt waren, gegeben hatte, kaum er, wenn er alles gehörig in acht nimmt, sich über die Eribs der Königreiche um ihn erheben, und mit der Zeit ihr Herr werden.

Den 3ten November waren wir von Huaheine abgeseegelt, und am Abend desselben Tages, erreichten wir Ulietea, und wurden gleich mit Booten voll Lebensmitteln umgeben. Hier sezten wir wie gewöhnlich unser Vieh an Land, schlugen die Gezelte auf, und errichteten die Sternwarte. Eine unserer ersten Heldenthaten auf dieser Insel wurde von einem Menschen begangen, der bey den Schafen und Ziegen zur Schildwache gestellt worden war, und der, da ihn einige von den Eingebohrnen beschimpften, dem einen von ihnen das Bajonet durch den Leib stieß. Der Todte ward gleich von seinen Kammeraden weggetragen, und für einige Nägel ordentlich begraben, so daß wir nichts mehr von dem Morde hörten. Dieses geschah

den 6ten, an dem selbigen Tage ward auch der Schleifstein von der Discovery gestohlen, da aber der Dieb entdeckt und festgenommen ward, wurde

de der Stein denselben Tag zurückgebracht, mit einem grossen Schweine zur Auslösung des Diebes.

Den 16ten des Morgens schlief die Schildwache bey der Sternwarte ein, und ließ sich die Muskete wegstehlen. Hierauf ließ sich der Kerl einfallen seinen Posten zu verlassen, mit dem Vorhaben niemals mehr zu den Schiffen zurück zu kommen. Als man dieses an Bord der Schiffe erfuhr, wurden gleich Befehle ausgestellt sich des Königs und der königlichen Familie auf so lange zu bemächtigen, bis der Mann gefangen und uns überliefert würde, und im Falle daß man ihn entkommen ließ, bedrohte man die Einwohner mit der gänzlichen Verwüstung ihres Landes. Es vergingen einige Tage ehe er entdeckt ward: zulezt fand man ihn ohngefähr zehn Meilen vom Ufer, in einem einsam stehenden Hause, von Indianern und zwar mehrentheils von Mädchens umgeben, welche ihm seine Kleider ausgezogen eine Indianische Tracht angelegt, und seinen Kopf auf eine künstliche Art mit Federn geziert hatten; seine Muskete lag geladen neben ihm. Er ließ sich ohne Wiederstand, von einem Officiere und zwey Seesoldaten die Befehl hatten ihn zu erschießen, wenn er suchen sollte zu entfliehen, zurückführen. Er ward in Ketten geschlossen, und verurtheilt während einer Woche alle Morgen 24 Hiebe zu bekommen; da er aber um Vergebung bat, wurde ihm die Strafe erlassen.

Den 23sten entfloh Herr M — Mitschiffmann, und der Gehülfe des Büchsenmeisters in einem Kanoe mit ihren beiden Otaheitischen Gesellschafterinnen, und landeten auf einer benachbarten Insel, in der Absicht so bald sie sich mit Lebensmitteln zu der Reise versehen hätten, ihre Farth nach Otaheiti fortzusetzen. Sobald man sie vermißte, ward Kapitain Cook Bericht davon ertheilt, welcher gleich die Boote

M 3

bemannen, und ihnen mit der größten Eilfertigkeit nachsetzen ließ; zugleicher Zeit nahm er den König seine beiden Söhne und zwei von den vornehmsten Chefs der Insel auf so lange gefangen, bis die Flüchtlinge erhascht, und uns zugestellt seyn würden. Dieses that er ohne Zweifel um das Volk zu nöthigen ihm bey der Nachsetzung beizustehen, und sie zu verhindern den Ueberläufern zu ihrer Flucht behülflich zu seyn. Er versprach auch jedem Eingebohrnen der etwas zu ihrer Festnehmung beitragen würde eine Belohnung von grossen Beilen, Spiegeln und andern Dingen von beträchtlichem Werthe. Um seinen Befehlen Nachdruck zu geben, mußten sich seine Leute, der ganzen Flotte der Insel bemächtigen, und er drohete das Land zu verheeren, wenn man ihm seine Leute vorenthielte. Er bedrohete sogar den König und die jungen Prinzen mit dem Tode, wenn sie nicht in einer gewissen Zeit zurück gebracht würden. Diese Begegnung scheint sehr strenge, aber sie that ihre Wirkung und ohne dieses standhafte entschloßne Verfahren, würden wir die Ueberläufer niemals mehr zurückbekommen haben. Unsere eigenen Boote gingen Tag für Tag nach den benachbarten Inseln, ohne die geringste Spur von ihnen zu entdecken; dieses setzten sie fort, bis sie alle Inseln in der Entfernung von zwey Tagereisen durchsucht hatten, worauf sie alles weitere Nachsuchen als vergeblich einstellten.

Den 30sten kamen nach einer Abwesenheit von vierzehn Tagen, einige Indianer an Bord, und berichteten dem Kapitain Cook daß man die Flüchtlinge gefunden hätte, und sie in einigen Tagen zurück bringen würde, unter der Bedingung, daß er die Königlichen Gefangenen losließ, sonst würden sie seine Leute wieder in Freiheit setzen. Aber Kapitain Cook bekümmerte sich
nicht

nicht um diese Nachricht. Er erneuerte im Gegentheil seine Drohungen, und sagte, er würde gleich Befehl zu ihrer Ausführung geben, wenn man ihm seine Leute nicht auslieferte.

Den folgenden Tag um fünf Uhr des Abends, sah man eine Menge Kanoes auf die Schiffe zurudern, und wie sie näher kamen hörten wir sie singen und ein Freudengeschrei erheben, als wenn es ihnen gelungen wäre das zu finden was sie gesucht hatten. Um sechs Uhr kamen sie so nahe, daß wir durch unsere Ferngläser die Deserteurs zusammen gebunden sehen konnte; ihre Mädchens aber waren nicht bey ihnen. Sobald sie an Bord gebracht worden waren, wurden die Königlichen Gefangenen in Freiheit gesezt, zur unaussprechlichen Freude aller, außer der zwei Flüchtlinge, die sich ihres Todes gewiß glaubten; ihre Strafe war indessen so strenge nicht als man es wohl hätte vermuthen können. S— ward verurtheilt 24 Hiebe zu bekommen, und M— gemeiner Matrose zu werden, hier arbeitete er, so lange wenig oder nichts zu thun war; nachdem er aber um Vergebung gebeten hatte, ward er wieder in seine vorige Stelle eingesezt.

Es zeigte sich, daß die Indianer ihnen auf der Spuhr von einer Insel zur andern nachgefolgt waren, von Ulietea nach O-Tahah, von O-Tahah nach Bolabola, von Bolabola nach der kleinen Insel Tubai, wo sie dieselbe fanden, wo wir sie aber niemals gesucht haben würden, wenn die Indianer sie nicht ausgeforscht hätten *).

M 4 Den

---

*) Die wiederhohlten Versuche so vieler vom Schiffsvolke und den Unterofficieren in diesen Inseln der Südsee zu bleiben, bekräftigen überhaupt, die von uns und allen beschriebene Annehmlichkeit dieser Inseln: Sie zeigen aber gleich stark, daß die Lage eines Brittischen Matrosen und

so

Den 1ten December wurden die Gezelte abgebrochen, das Vieh an Bord genommen, und wir bereiteten uns zur Abreise. — Die Erzählung unsers Umganges mit dem Ehrieh und den Chefs der Insel, würde nur eine langwierige Wiederholung dessen seyn, was sich in den andern Inseln zugetragen hatte; aber eine Begebenheit die Kapitain Clerke zustieß, müssen wir nicht mit Stillschweigen vorbeigehen. Er ging eines Tages in der Kühle des Morgens ziemlich weit von den Zelten spazieren; eine Partei Indianer die ihn bemerkt hatte, stellte ihm nach, umgab ihn plötzlich, und da er sich nicht zur Wehr setzen konnte, eilten sie mit ihm fort, ohne jedoch die geringste Gewaltthätigkeit an ihm auszuüben. Wahrscheinlicher Weise waren sie gesonnen ihn zur Geissel zu behalten an der Stelle ihres Königs, der eben damals gefangen war; aber zum Glücke für ihn, konnten sie ihn nicht wegführen, ohne von den Schiffen bemerkt zu werden. Indem sie über eine Anhöhe gingen, fand er Mittel ein Zeichen zu machen, welches von uns wahrgenommen ward, die Boote wurden im Augenblicke ausgerüstet und bemannt, und das Schiffsvolk begleitet von den

See-

so gar eines Mitschiffmannes und der Unterofficiere nicht so beneidenswürdig sey, als es immer die Prahlsucht der Britten anderen Nationen will glauben machen; und daß diese Leute dieselbe sogar mit einem ewigen Exilio unter einem fremden Volke und dem Mangel aller europäischen Bedürfnisse gerne vertauschet hätten. Die gar zu grosse Nachsicht, in Ansehung der militärischen Disciplin bey Kapitain Cook zeigt sich auch sehr deutlich in allen diesen Begebenheiten; und wie soll ich noch zuletzt das Ding nennen, daß man so oft freie Fürsten eines unschuldigen Volkes gefangen genommen, und von ihnen die Wiederschaffung einiger Flüchtlinge unter Bedrohung der Todesstrafe und der Verheerung ihres Landes, erpreßt hat. Ist das Brittische Grosmuth, Menschenliebe, und Billigkeit, oder gar ein Stückchen aus dem Drittischen Völker Rechte? F.

Seesoldaten am Lande, gingen ihm nach und brachten ihn sehr ermüdet und beängstigt zurück. Sonst trug sich nichts merkwürdiges während unserm Aufenthalte in dieser fruchtbaren Insel zu.

Den 2ten erhielten die Otaheitischen Mädchens Befehl sich zur Räumung der Schiffe fertig zu machen, weil dieselben jezt bereit waren die Societäts-Inseln auf immer zu verlassen. Diese Nachricht erregte ein grosses Wehklagen, und viel Unruhe und Verwirrung unter ihnen. Sie waren jezt in einer grossen Entfernung von Hause und jede ließ es sich angelegen seyn, ihrem Geliebten alles abzunehmen was sie nur immer konnte, ehe sie sich von ihm gänzlich trennte. Die meisten hatten ihre Gefährten schon von allem was sie besaßen entblößt, und diejenigen Matrosen die noch was zurückbehalten hatten wurden so lange gequält, bis sie es mit ihnen theilten. Sehr ausserordentlich ist es, daß, ohngeachtet dessen, was man von der Beständigkeit dieser Mädchens gesagt hat, kaum ein Mann der sich mit ihnen abgegeben hatte, unangesteckt blieb. Als wir von Ulietea abreisten, waren kaum gesunde Leute genug, um die Arbeit an Bord zu verrichten, denn mehr als dreißig waren unter den Händen des Wundarztes. Bey diesen Umständen mußten die Gesunden die Arbeit der Angesteckten verrichten, und ich muß ihnen die Gerechtigkeit wiederfahren lassen, zu sagen, daß sie dieses sehr gerne thaten.

Den 7ten als wir dieser beschwerlichen Gesellschaft los geworden waren, segelten wir mit einem frischen Winde gegen Westen, und da Kapitain Cook Nachricht erhalten hatte, daß der König von Bolabola einen Theil eines grossen Ankers zu verkaufen hätte, richteten wir unsern Lauf nach dieser Insel, wo wir den 8ten ankamen. Hier landeten beide Kapitains, und wurden dem alten Könige vorgestellt. Er empfing sie nach der Gewohnheit der tropischen Inseln, lies Matten für sie aus-

M 5 brei-

breiten, und Pisangs, Bananas, und Kokonüsse zu ihrer Erfrischung bringen. Er ließ sich in eine Unterredung mit ihnen ein, drang in sie, ihre Schiffe in den Hafen zu bringen, und begegnete ihnen in jedem Betrachte mit dem größten Anschein von Gefälligkeit, ob ihn gleich Tupaya nicht viel besser als einen gemeinen Räuber abgebildet hatte. Da er hörte daß sie wünschten bald abseegeln zu können, und nicht Zeit hätten in den Hafen zu laufen, fing er gleich an von dem Geschäfte zu reden, welches sie hingebracht hatte; und nachdem er mit ihnen an den Ort gegangen war, wo der Anker lag, sagte er ihnen, daß er ein Mutter Schaaf dafür haben müste; weil er einen Widder hätte, den er mit sammt einem Mutter Schaafe von einigen Fremden erhalten hätte die seine Insel besuchten, das Mutterschaaf aber wäre gestorben. Kapitain Cook ließ gleich ein Mutter Schaaf vom Schiffe bringen, und für dieses und vier grosse Beile kaufte er den Anker, der ohngefehr 1250 Pfund wog*). Hierauf nahmen sie Abschied, und nachdem sie den Anker an Bord gebracht hatten, seegelten wir ab, und steuerten gegen Nordosten.

Die Insel Ulietea ist in keinem wesentlichen Stücke von den andern Inseln unterschieden, nur haben die Weiber hier mehr Freiheit als in Otaheiti und dürfen in Gesellschaft der Männer essen. Während unserm Aufenthalte wurden wir vom Könige und seinen Chefs besucht, stellten Gastereien an und nahmen Theil an den ihri-

---

*) Diesen Anker hatte M. de Bougainville in dem Hafen von O-Hiddea, wo er 1768 mit zwei Schiffen vor Anker lag, verlohren; da es stürmisch Wetter war, und der Anker Grund aus Korallenfelsen bestand. Man sagte es uns, daß Opuhni König von Bolabola, Maurua, O-Taha, O-Raiedea und Tubai, den Anker von Tuttaha dem Oheim und Vorfahr des O-Tu Königs von O-Taheiti, zum Geschenke bekommen hatte. F.

ihrigen. Wir wohnten ihren Schauspielen bey und unterhielten sie mit unsern Feuerwerken und andern Lustbarkeiten wie auf den andern Inseln, und bemerkten wenig in ihrem Charakter, das sie von den Einwohnern derselben auszeichnete. Da wir jezt im Ernste von diesen fruchtbaren Inseln Abschied nehmen sollten, kauften wir noch zwei hundert Schweine ein, da wir gefunden hatten, daß sie fraßen sobald sie sich von der Seekrankheit erholt hatten. Auf den vorigen Reisen wußte man nicht, daß die Schweine nur so lange nicht fressen wollten als sie krank waren, und hielt es für nöthig sie, nachdem sie drei oder vier Tage gefastet hatten, zu schlachten, weil man besorgte daß sie gar nicht mehr fressen würden, nachdem sie so lang gefastet hatten, da man auch wußte daß das Schiffsvolk sie nicht essen würde, wenn sie eines natürlichen Todes gestorben wären.

Den 9ten des Morgens waren wir einer Observation zufolge im 15 Grade 15 Minuten südlicher Breite, und 207 Grade 52 Minuten östlicher Länge. Es ist vielleicht nicht unschicklich hier noch zu bemerken, daß die Stelle auf der Insel Huaheine, wo das Zelt des Astronomen errichtet war, unter dem 16 Grad 41 Minuten südlicher Breite, und unter den 208 Grad 57 Minuten östlicher Länge von Greenwich lag.

Wir sezten jezt unsern Lauf so gut nach Nordosten fort, als es der Wind zulassen wollte. Das Wetter war meistens schön bis den 20sten da wir unter dem Grade, 54 Minuten südlicher Breite waren. Hier ward das Schiff von Land- und Seekräutern und Stämmen von Bäumen umgeben, die nur seit kurzem von ihren Wurzeln getrennt zu seyn schienen; aber nicht eher als den 25 entdeckten wir Land. Wir waren unter dem 2ten Grade nördlicher Breite, und dem 203 Grad 55 Minuten östlicher Länge, und hatten den Tag vorher die Linie passirt. Das Land lag gegen Nordosten in einer Entfernung von sechs bis sieben grossen Seemeilen. Wir
wand-

wandten gleich das Schiff, und liefen in eine schöne Bay, wo wir guten Ankergrund in 48 Klafter Wasser fanden. Da wir die Insel von den Schiffen betrachteten, bemerkten wir nicht das geringste Zeichen daß sie bewohnt sey; an der Küste war eine grosse Menge Haifische, und die See schien mit Seevögeln bedeckt zu seyn; von denen viele von einer beträchtlichen Grösse waren. Die Boote welche man ausgeschickt hatte, das Land zu untersuchen, kehrten des Abends zurück, und brachten jedes eine grosse See-Schildkröte, und eine ganze Ladung von Tölpel und andern tropischen Vögeln mit, welche von hungrigen Seeleuten für eine gute Speise gehalten werden. Auch hatten sie verschiedene Haifische mit, die sie in so grosser Menge fanden, daß sie sie mit ihren Rudern todschlugen.

Den 24sten veränderten wir unsere Lage, und ankerten in 17 Faden Wasser.

Den 25sten feierten wir das Weihnachtsfest mit grosser Fröhlichkeit, denn die Matrosen hatten Ueberfluß an Lebensmitteln, und die Offiziers eine Menge Schildkröten. Da die Schiffe sicher vor Anker lagen, und das Wetter obgleich schön, dennoch unleidlich heiß war erhielten die Leute Erlaubniß sich den ganzen Tag zu vergnügen, und bekamen jeder ein Nößel Brantwein um die Gesundheit ihrer Freunde in England zu trinken, obschon sie viele tausend Meilen von ihnen entfernt waren. Des Abends wurden Parteien von beiden Schiffen auf den Schildkrötenfang eingeladen, aber niemand wurde zu diesem Geschäfte gezwungen, sondern alle gingen als Freiwillige. Nach unserer Landung gingen alle verschiedene Wege, und damit wir wissen möchten wo wir zusammen treffen sollten, wurden zwei Feuer in verschiedenen Richtungen angezündet, eins für die Parthei der Resolution, und das andere für die von der Discovery. Unsere Parthei hatte

ehe

ehe der Morgen anbrach mehr als zwanzig Schildkröten umgekehrt und an Bord gebracht; und nachdem die Boots ausgeladen waren, kehrten wir zurück um mehrere zu holen. Mittlerweile ward auch eine Parthei auf den Fischfang geschickt, und war eben so glücklich als die Schildkrötenfänger; ein Matrose aber der das Zugnetz (seine) einziehen half, entging mit genauer Noth, einer grossen Gefahr, denn ein Haifisch schnappte nach seinem Arme, ergriff aber glücklicherweise ein Stück von seinem Hemde-Ermel, womit er sich davon machte.

Die Schildkrötenfänger von der Resolution waren ans Schiff gefahren, um auszuladen; und als ihre Bôte nach der Insel zurückkehrten, vermißten sie einen von ihren Leuten der ganz ermüdet durch das Tragen einer Schildkröte die mehr als 100 Pfund wog, sie ans Gestade niedergelegt hatte, und in das Gebüsche gegangen war um sich vor der brennenden Sonne zu schirmen. Er war hier eingeschlafen, und so bald er erwachte, suchte er seine Schildkröte wieder, konnte sie aber nicht finden, und verirrte sich im Gesträuche, wo man ihn des Abends, nachdem man ihn lange gesucht hatte, beinahe sprachloß aus Mattigkeit und Mangel an Erfrischung fand.

Unsere Leute fuhren den ganzen Tag fort, sich an der Südostseite der Insel mit dem Schildkrötenfange zu unterhalten. Den 26sten um zehn des Morgens fuhren Herr B-y Herr E-r und Herr P-f, mit zehn oder zwölf Seeleuten in dem sechsrudrigen Boote aus. Sie hatten einen ziemlich beträchtlichen Vorrath von Waßer an Bord, und jeder Mann hatte ein Nößel Brantwein, so versehen richteten sie ihren Lauf nach der nordöstlichen Gegend, und kamen gegen Mittag an einen schmalen Strich Landes, über den sie zu Fuße gehen mußten um an dem Ort zu kommen, wo
sich

sich die Schildkröten gewöhnlich aufhielten, und dem man sich nicht ohne Gefahr von der Seeseite nähern konnte, wegen oer Brandung. Hier machten sie ihr Boot fest, und errichteten eine Art von Hütte am Ufer, wo sie ihre Lebensmittel hintrugen, und sich niederseßten um sich auszuruhen und zu erfrischen. Wie dies geschehen war, beschloßen sie sich zu theilen, und in verschiedenen Partheien auf den Fang auszugehen. Sie machten sich also auf den Weg, und hatten vor dem nächsten Morgen so viele Schildkröten gefangen, als sie in ihrem Boot nur laßen konten. Sie hatten sie auf ein paar Ruder wie auf eine Bahre gelegt, und einige von den Matrosen trugen sie beständig von dem Ort wo sie umgekehrt wurden in das Boot. Da sie ihres Vergnügens endlich müde wurden, begaben sie sich nun des Morgens an den Ort der Zusammenkunft, fanden aber zu ihrem nicht geringen Erstaunen daß Herr B⸺n, Herr P⸺k und Simeon Woodroff der Gehülfe des Büchsenmeisters fehlten. Sie muthmaßten daß sie zu weit ins Land gegangen wären, und sich entweder verirrt hätten, oder daß ihnen ein Zufall zugestoßen sey, indem sich vielleicht Indianer in den Wäldern verborgen hielten, obgleich wir noch keine gesehen hatten.

Zwei Matrosen, Bartholomeus Loreman,*) und Thomas Trechter wurden ausgeschickt um sie zu suchen; jeder trug ein Maaß Waßer, etwas Brandwein und andere Erfrischungen für die Herren im Falle sie dieselben antreffen sollten. Der Leser der sich niemals verirrt hat, wird jetzt begreifen können, wie leicht dieses

---

*) Dieser Bartolomäus Loreman war der deutsche Bartel Lohmann aus Kaßel mit dem mein Sohn in Kaßel gesprochen, und von dem und dem Pfälzer Heinrich Zimmermann er die Nachrichten bekam die im Göttinger Magazine stehen.

ses in einem wilden unangebauten Lande, das mit Gebüschen und dichtem Gesträuche überwachsen ist, in einer Strycke von etlichen Meilen geschehen kann. Es hatte sich aber solches auf folgende Weise zugetragen; die Herrn von der Melodie der Vögel in den Wäldern gelockt, verließen ihre Leute sobald sie ihnen ihre Stellen angewiesen hatten, und gingen mit ihren Flinten in ein angränzendes Dickicht. Hier unterhielten sie sich so lange mit Vogel schießen, bis die Nacht heranbrach. Sie waren jetzt sehr weit von den Schildkrötenfängern entfernt, und in der Mitte eines pfadlosen Waldes, wo sie nichts hatten, wonach sie sich bey ihrer Rückkehr richten könnten, als die hohen Bäume die sie umgaben; zur Vermehrung ihrer Furcht verbreitete sich gleich nach dem Niedergange der Sonne ein dicker Nebel, und hüllte den ganzen Wald in Dunkelheit ein, ob es gleich am offenen Gestade hell blieb. Umsonst versuchten sie die Küste zu erreichen, denn anstatt die Bäume, die sie bezeichnet hatten um dadurch ihre Rückkehr sicherer zu machen, unterscheiden zu können, konnten sie einander nicht einmal in der Entfernung von fünf Ellen sehen. In dieser Lage verloren sie bald alle Kenntniß des Weges, und damit sie nicht anstatt auf dem rechten Wege fortzugehen, eine ganz entgegengesetzte Richtung nehmen möchten, beschloßen sie sich niederzusetzen, und wählten zu dem Ende den ersten bequemen Ort, den sie fanden. Ob gleich ihre Gemüther sehr beunruhiget waren, so hatten sie sich doch kaum niedergesetzt so überwand der Schlaf doch ihre Angst, und sie lagen alle ruhig, bis sie von Schaaren von schwarzen Ameisen (die viel giftiger wie Wanzen sind) angefallen wurden; sie waren ganz damit bedeckt, und so entstellt und gequält von den Stichen, und den Blasen die daraus entstunden, daß ihr Ungemach sich kaum beschreiben läßt.

In

In diesen Umständen war es ihre erste Sorge, sich von diesem Ungeziefer zu befreyen. Sie zogen sich also aus, und fegten sie sich mit Flederwischen ab, die sie aus den Flügeln der geschoßnen Vögel gemacht hatten; als dieses vorbey war, zogen sie sich wieder an, und erneuerten aber vergeblich ihre Versuche die Küste zu erreichen: Je weiter sie gingen, je mehr verirrten sie sich. Sie vermutheten endlich, daß sie irre gingen, und entschlossen sich stille zu stehen; jeder lehnte sich also an einen Baum, und suchte sich so gut er konnte zu trösten, bis der Morgen heranbrach. Die Erscheinung der Sonne setzte sie in den Stand die Seite nach der sie gehen sollten zu erkennen; aber wie sollten sie durch die pfadlose Wildniß durchdringen! die Wälder waren an vielen Oertern mit dickem Grase und Dornenstauden, die ihnen bis zur Mitte des Leibes reichten, überwachsen, und an anderen waren die Aeste so in einander verwebt, und der Boden war so dick mit Blättern bestreut, daß es kaum möglich war zusammen zu bleiben, oder vermöge der größten Bemühungen in hundert Minuten so viele Ellen weit durchzudringen. Sie mußten sichs gefallen lassen, ihr geschossenes Wildpret zurück zu lassen, und hätten sich glücklich geschätzt mit dem Verluste alles was sie an sich hatten, das offne Land erreichen zu können. Die Hemden und Schiffer-Hosen die sie anhatten, waren bald in Stücken zerrissen, ihre Schuhe konnten sie kaum auf ihren Füssen behalten, und ihre leinwandnen Mützen und Schnupftücher wurden bald durch oft wiederholten Gebrauch unbrauchbar. Kurz, diese unglücklichen Leute waren dem höchsten Grade des Leidens sowohl der Seele als des Körpers ausgesetzt. Es war eine kleine Erleichterung ihres Elendes, ohngefähr um zehn Uhr des Morgens den schwachen

Schall

Schall der Kanonen zu hören, die von den Schiffen abgefeuert wurden, um sie auf den rechten Weg zu leiten, weil man vermuthete daß sie ihn verloren hätten. Dies war indeß nur ein schlechter Trost, wenn sie bedachten, daß ihre Schiffe in einer unermäßlichen Entfernung wären, und daß sie, wenn sie diese zu ihren Wegweiser nehmen sollten, das Ende ihrer Reise vielleicht nicht erleben würden. Noch immer bemühten sie sich weiter fortzukommen, indem sie sich nach der Sonne richteten, als sie auf einmal eine Oeffnung bemerkten, die, wie sie glaubten, nach dem längst gewünschten Ufer führte. Nur Menschen, deren Herzen schon alle Empfindungen der lebhaftesten Freude gefühlt haben, können sich einen Begriff von dem unaussprechlichen Vergnügen machen, das sich ihrer, bei diesem Strahl der Hoffnung bemächtigte. Sie vergassen auf einen Augenblick die Schmerzen ihrer zerfezten Körper, die ganz von Dornen zerrissen, und mit Blut beschmiert waren, und trösteten sich mit dieser entfernten Hoffnung der Befreiung; aber sie hatten noch viel zu leiden. Als sie mit Entzücken aus dem Walde liefen, und das flache Land übersahen, entdeckten sie zu ihrer grossen Kränkung, daß sie noch weit entfernt von dem schmalen Striche Landes waren, den ihre Leute paßirt hatten; daß diese Oeffnung zu einer andern Bucht führte, und daß sie noch einen grossen Umkreis um den Wald machen müßten, ehe sie in der Bay kommen konnten, deren Lage sie sich jetzt kaum erinnerten. Bei dieser Entdeckung wäre beinahe Verzweiflung an die Stelle der Hoffnung getreten, als sie tief im Walde, etwas wie die Stimme eines Menschen hörten, oder zu hören glaubten. Dieses wurde bald darauf durch einen ähnlichen, aber schwächern Schall beantwortet. Sie vermuthe-

N

mutheten mit Recht, daß diese Töne von Leuten herrührten, die man ausgeschickt hätte um sie zu suchen; und sie bemühten sich alle ein Geschrei zu erheben; aber ihre Hälse waren so ausgetrocknet, daß sie durch die äusserste Anstrengung nichts als ein Getispel hervorbringen konnten. Jetzo beklagten sie die Verschwendung ihres Pulvers, welches sie in der Nacht vergeblich verwendet hatten, Noth-Signale zu machen, und durchsuchten ihre Pulverbeutel, um nur eine einzige Ladung zusammen zu bringen. Dieses gelang ihnen auch. Einer von den Matrosen, die man ihnen nachgeschickt hatte, hörte den Knall. Sie hatten beide, wie wir hernach sehen werden, eben so viele Mühseligkeiten ausstehen müssen, als diese Officiers, und kämpften noch mit grösseren Beschwerden, ohne die geringste Hoffnung in ihrem Nachforschen glücklich zu seyn. Diese Leute hatten sich auch verirrt und riefen jetzt einander zu, eben sowohl um sich nicht zu trennen, als auch damit die Herren sie hören möchten. Es war jetzt schon hoch am Tage, und sie waren beinahe ganz abgemattet durch Müdigkeit und Mangel der Erfrischung; seit Anbruch des Tages hatten sie ihre körperliche Stärke auf das schmerzhafteste angestrengt, um aus dem Labirinthe, in welches sie verwickelt worden waren, heraus zu kommen; ihre Lebensgeister waren also ganz erschöpft, und sie hatten nicht das geringste zu ihrer Erquickung. Jetzt war ihr Weg freilich nicht mehr so verirrt, aber sie waren der brennenden Hitze der Sonne ausgesetzt, die ihnen einen unleidlichen Durst verursachte; sie begaben sich also zu dem nächsten Gestade als zu ihrem einzigen Zufluchtsorte; hier fanden sie zu ihrem Trost eine Schildkröte, schlugen sie todt und tranken ihr Blut. Sie suchten hernach in einem hohlen Felsen Schutz

gegen

gegen die Hitze der Sonne, ein erfrischender Schlaf verschaffte ihnen einige Erleichterung, und setzte sie in den Stand, eine Reise von ohngefähr sieben oder acht Meilen zu machen, welches sie ohne diese Hülfe nicht würden haben ausrichten können. Als sie bei der Hütte ankamen, fanden sie sie zu ihrer grossen Bekümmerniß von ihren Leuten verlassen, und von allen Gattungen von Lebensmitteln entblößt; als sie aber nach der See blickten, sahen sie die Böte, die zu ihrer Hülfe eilten. Das Schiffvolk und der Officier, der sie commandirte, hatten so lange in der Hütte gewartet, bis alle ihre Lebensmittel verzehrt waren, und kehrten also zu dem Schiffe zurück, um sich frischen Vorrath und neue Verhaltungsbefehle zu holen, und jetzo kamen sie eben mit allem Nöthigen versehen an. Sie waren äusserst erstaunt als sie drei solche elende Geschöpfe sahen die über und über zerrissen und mit Blut beschmieret waren, und kaum einem Lumpen anhatten, der breiter als ein Strumpfband war. Sie schrien nach Grog, den man ihnen sehr sparsam austheilte, und sie wurden sogleich am Bord geschickt, damit man gehörige Sorge für sie tragen könnte. Ihre erste Frage war, ob jemand von der Gesellschaft nach ihnen ausgeschickt worden sey, und da dieses bejahet wurde, und sie hörten, daß sie noch nicht zurück gekommen wären, konnten sie sich nicht enthalten zu sagen, daß sie an ihrer Zurückkunft zweifelten, und wünschten, daß man alle Mittel anwenden möchte, um sie wieder zu bekommen. Es ist natürlich daß Menschen, die eben aus einer grossen Gefahr errettet worden sind, für die Rettung anderer in den nämlichen kritischen Umständen ängstlich besorgt seyn müssen. Die leidenden fühlten also kein geringes Vergnügen, als man ihnen versprach, alles mögliche zu versuchen um den Verirrten beizustehn; und beschrieben denjenigen die zu diesem Ende ausgeschickt wurden, so gut sie konnten, den Ort wo sie die Stimme gehört hatten, damit sie sich bei ihrem Nachsuchen darnach richten könnten. Es war indes schon zu spät am Tage, um mit einiger Wahrscheinlichkeit eines glücklichen Erfolgs etwas zu ihrer Rettung zu unternehmen. Zwanzig von der Equipage sowohl Matrosen als Seesoldaten waren von dem Schiffe abgeschickt worden, um die Officiers zu suchen. Diese hatten damals Befehl erhalten, das Dickicht zusammen zu durchstreichen, bis sie sie entweder lebendig oder todt fänden; denn bis die Herren erschienen, waren die Meinungen ihrentwegen sehr getheilet. Der größte Theil glaubte, daß wenn sie am Leben wären, so würden sie gewis, sobald es finster geworden, zurück gekommen seyn; weil sie doch keine Ursache haben konnten, ihr Vergnügen bis in die Nacht fortzusetzen; und daß es keinesweges wahrscheinlich sey, daß sie sich sollten verirrt haben, denn sie könnten doch wohl durch den nähmlichen Weg wieder aus dem Walde gehn, durch den sie hinein gekommen wären. Diese Meinung hatte den Schein der Wahrheit; aber einige Leute welche mit Commodore Byroe um die Welt gesegelt waren, und sich der beinahe undurchdringlichen Wälder in der Insel Tinian erinnerten, wo man bei hellem Tage in der Entfernung von drei Ellen einander nicht sehen konnte, wußten wie leicht die Herren sich verirren könnten, und wie traurig alsdann ihr Schicksal seyn würde. Aber da dieses nur wenigen bekannt war, achtete man nicht darauf, und die erste Meinung, daß ihnen irgend ein unglücklicher Zufall begegnet sey, ward allgemein angenommen, bis die Herren erschienen, worauf denn alle den Ton veränderten, und da der Ausgang

gang gezeigt hatte, wie übel er gegründet war, suchte jeder ihre Unwahrscheinlichkeit mit Gründen zu beweisen.

Dies war der Ort zum Schildkröten-Fang, und bis Anbruch des Tages konte man zur Hülfe der armen Leute nichts unternehmen; es gingen also wie vorher Partheien auf den Fang aus, welche sehr viele umkehrten, und auch eine fanden die von jemand getödtet worden war.

Den 29sten früh des Morgens versammelte sich die ganze Gesellschaft, und machten den Plan zu ihrem Verfahren. Sie glaubten, wenn sie in Reihen marschirten, jeder immer nur so weit von dem andern entfernt, daß er ihn abhören könte, so müßten sie die Leute, wenn sie noch am Leben wären, finden, oder wenigstens einige Spuhren von ihnen entdecken, im Falle daß sie todt wären. Sie waren auch gesonnen ihren Marsch gegen den Ort zu richten wo die Herren die Stimmen gehört hatten.

Nachdem sie sechs Stunden lang auf das fleissigste gesucht hatten, fanden sie Bartholomäus Loremann (Barthel Lohmann) in einem höchst elenden Zustande, beinahe ganz blind von den giftigen Bissen des Ungeziefers, und der brennenden Sonnenhitze, und sprachlos aus Mangel der Anfeuchtung. Er machte Zeichen, daß er Wasser verlangte, worauf man ihm welches gab. Er bewegte sich wohl, schien aber ganz unempfindlich, und ohne Gefühl der Gefahr, oder des elenden Zustandes zu seyn, indem er sich befand. Glücklicherweise waren die Boote beider Schiffe um die obenerwähnte Spitze Landes herumgefahren und lagen an der Küste, um die Officiers an Bord nehmen zu können, im Fall sie sich sehr weit verirrt haben sollten. Hätte man nicht diese Vorsicht gehabt, so wäre der Mann umgekommen, ehe man ihn durch andere Mittel an den Zusammenkunftsplaß geschaft hätte, denn man konte ihn nur mit der größten Mühe in das nächste Boot tragen. Sobald er wiederum die Sprache erlangt hatte; erzählte er, daß er sich des Morgens von seinem Kammeraden Trecher, wie sie glaubten auf immer getrennt hätte, nicht im Zorne, sondern weil sie nicht über ihren Rückweg einig werden konten. Er sagte sie wären den Tag vorher so weit gegangen als sie konten, um die Officiers zu suchen, und da sie ganz ermüdet waren, sezten sie sich nieder um sich zu erfrischen, und tranken vielleicht ein wenig zu viel von ihrem Grog, denn sie schliefen beide ein. Sie erschracken sehr als sie bey ihrem Erwachen fanden, daß es finster war, und obgleich ihre Gesichter und Hände ganz von Ungeziefer bedeckt waren, wirkte doch der Gedanke, daß sie ihre Pflicht versäumet hätten, und die Furcht vor den Folgen so stark auf ihr Gemüth, daß sie den andren Schmerz kaum fühlten. Da es ihnen jezt nicht mehr um Ruhe zu thun war, standen sie auf, und wanderten bis Anbruch des Tages herum, ohne zu wissen, oder sich zu bekümmern wohin sie gingen; sobald es aber hell war, bemühten sie sich den Weg zu finden, um sich wieder zu ihren Kammeraden zu begeben. Nachdem sie lange gegangen, und so gut sie konten durch das Gebüsche gedrungen waren, entdeckten sie zulezt, daß anstatt sich dem Zusammenkunfts-Orte zu nähern, sie sich immer weiter davon entfernten. Da sie nun im höchsten Grade ermüdet, und ganz unschlüßig waren was sie thun sollten, ward es ihnen beinahe gleichgültig ob sie lebten oder stürben, und in dieser Lage des Gemüths sezten sie sich nieder um ihrem Lebensmitteln und ihrem Grog ein Ende zu machen, und dadurch ihre Bürde zu erleichtern. Kaum hatten sie dies gethan, so überfiel sie der Schlaf wieder,

der, ohngeachtet des Ungeziefers mit dem sie bald bedeckt wurden. Als sie erwachten, fanden sie sich wieder im Finstern, standen wieder auf und wanderten herum wie zuvor, jammerten über ihren traurigen Zustand, und berathschlagten mit einander, welchen Weg sie nehmen sollten. Verschiedne ausschweifende Projekte fielen ihnen ein, sie hatten gehört wie Robinson Crusoe viele Jahre auf einer wüsten Insel mit seinem Diener Freitag gelebt hätte, sie glaubten also auch wohl auf dieser leben zu können. Bis jetzo hatten sie aber noch kein vierfüßiges Thier gesehen, noch irgend was, wovon sie sich nähren könten; auſſer Vögel und Schildkröten, und sie waren auch mit sonst nichts versehen, als mit den wenigen Dingen die sie bey sich hatten. Dieser Entwurf schien ihnen also zu romanhaft; und es fiel ihnen ein auf den höchsten Baum zu steigen, um zu versuchen ob sie nicht einen Hügel oder eine Anhöhe entdecken könten, um das Land übersehen und gewis seyn zu können, ob es bewohnt oder nicht sey. Dieses ward von beiden gebilligt, und Trecher stieg auf den höchsten Baum den er in der Nähe finden konte, von dem er, wie er sagte, gegen Südwesten einen Berg von beträchtlicher Gröſſe sahe, und da dieses die Gegend war, die zu dem Schiffen führte, schlug er vor, daß sie dahin gehen sollten; Loremann (Lohmann) aber wollte sich lieber auf die Vorsehung verlassen, und sich bemühen das Ufer zu erreichen, denn er hatte den Tag vorher den Knall einer Flinte gehört, und schloß daß es in der Richtung liegen müßte, wo der Schall herkam, er trat also seine Reise an, und ging fort, bis sein Gesicht ihn verließ und er alles Gefühl verlohr. Sein Kammerad sagte er, wäre etwas tiefer im Walde gewesen, hätte den Knall der Flinte nicht gehört, und ihm nicht geglaubt, worauf sie

sie beschlossen hätten sich zu trennen. Welchen Weg Trecher genommen hätte, konte er nicht sagen, er glaubte aber daß er nach Südwesten gegangen sey. Lohmanns Zustand war zu gefährlich um einigen Aufschub zu leiden; er ward also gleich im Boote abgeschickt, und der Sorgfalt des Wundarztes übergeben, durch dessen Hülfe er sich bald erhohlte. Jetzo überlegten sie mit einander, ob sie Trechern seinem Schicksal überlassen, oder ihre Nachforschungen fortsetzen sollten. Die Menschlichkeit des Officiers der die Parthei kommandirte, behielt die Oberhand. Es war jezt um zehn Uhr des Morgens, als die ganze Parthei nachdem sie einige Erfrischungen zu sich genommen hatten, anfingen den Wald zu durchstreichen; sie schlugen verschiedene Wege ein, schrien, läuteten mit Glocken, und schlugen Trommeln, damit er, wenn er noch am Leben wäre, sie durchaus hören müßte. Es war keine leichte Sache durch einen pfadlosen Wald durchzudringen, der mit Gesträuche überwachsen und ganz voll von Insekten war, unter denen die Muskitoes die unschädlichsten waren. Aber einer Anzahl Leute wird das leicht, was einzelnen Personen unmöglich seyn würde. Im Anfange waren sie gutes Muths; aber ehe einige Stunden verstrichen waren, fingen sogar die Officiers, die doch ihr Glück im Vögelschiffen angefrischt hatte, an, müde zu werden, und sie hielten es für rathsam während der Mitte des Tages auszuruhen und sich zu erfrischen, und sobald sie gegessen hatten ihre Nachforschungen von neuem anzustellen. Noch hatten sie keine Spuhr von dem Menschen entdecken können, obgleich Trecher und sein Kammerad einig geworden waren, Aeste von den Bäumen abzuschneiden, wo sie vorbey giengen, damit sie im Fall der Trennung zu Kennzeichen dienen könten.

Die-

Dieses benahm ihnen beinahe gänzlich den Muth; und wenige hatten Lust eine Arbeit fortzusetzen, die mit so vieler Mühe, und so wenig Aussicht eines glücklichen Erfolgs verbunden war. Die Officiere allein bestanden fest auf ihrem Vorhaben. Die Matrosen konten die Beschwerden nicht alle gleich gut ertragen, und einige waren kaum im Stande sich aufrecht zu halten, bis das Mittagmahl und der Grog ihren Muth wieder angefrischt hatte. Jezt blieb ihnen nur noch das Mittel übrig welches Trecher selbst ersonnen hatte, nämlich auf den höchsten Baum der in der Nähe zu finden war, zu steigen, um den Berg zu suchen, den er gesehen haben wollte, und nachdem er wahrscheinlicherweise gegangen war. Dieses wurde sogleich ausgeführt als vorgeschlagen. In einem Augenblick saß ein Matrose auf jedem hohen Baum in der Nähe, und alle sahen die Anhöhe, die nicht weit von dem Orte zu seyn schien wo sie gegessen hatten. Nun ward beschlossen den Weg nach der Anhöhe zu nehmen. Aber dieses war nicht so leicht als es im Anfange zu seyn schien. Als sie eben glaubten dicht dabey zu seyn, trafen sie auf eine Lache, die ihren Fortgang unterbrach und indem sie längst dem Ufer gingen, fanden sie das Gerippe eines Thiers, das der Länge nach von einem Alligator zu seyn schien. Indem sie dieses genau betrachteten, bemerkten sie die Tritte eines grossen Thieres das da vorbeigegangen war, und sahen daß das Gras vor kurzem niedergetreten war. Dieses erregte die Neugierde der ganzen Gesellschaft, die sich einbildete, daß irgend ein Ungeheuer gegen welches sie auf ihrer Hut seyn müßten, die Lache bewohne. Das Wasser der Lache war so salzig wie Seewasser, und sie war rund um

an den Ufern mit einer Art von Rohr und Ried=
gras von Mannshöhe bewachsen, durch welches sie
sich nicht wagen konten ohne sich den Stichen der
Scorpionen und anderer giftigen Thiere, von denen
sie schon verschiedene in dem Gesträuche gesehen hat=
ten, auszusetzen. Alle Versuche auf diesem Wege
weiter fortzugehn schienen ihnen vergeblich, und da
sie auch nach aller Wahrscheinlichkeit auf einem an=
dern nicht glücklicher seyn würden, beschlossen sie ihr
Vorhaben fahren zu lassen, und zu den Booten
zurück zu kehren; da es aber schon zu späth am Ta=
ge war, um bey Anbruch des Morgens das Ende
ihrer Reise zu erreichen, wurden sie mit einander ei=
nig längst dem Ufer der Lache zu gehen, und einen
Weg nach den gegenüber liegenden Hügel auszufin=
den; dieses war desto leichter ins Werk zu stellen;
weil zwischen dem schilfichten Rande, und dem Ge=
büsche ein offner Raum von ungleicher Breite sich
befand, der da doch an einigen Orten, ganz mit Sta=
chelbüschen, die sich bis zur Lache erstreckten, überwach=
sen war. Durch diese drangen sie ohne grossen Wie=
derstand durch, bis die Lache dem Anscheine nach
tiefer ward, und ein dicht verwachsner Wald ihrem
weiteren Fortgange trotz bot. Doch auch diese Schwie=
rigkeit überwanden sie, und kaum waren sie durch
den Wald gegangen so endigte sich der See, und
sie kamen zu der Anhöhe. Das Land gewann jetzt
ein andres Ansehen. Bis jetzo hatte es ihrem Auge
nichts als ein wildes beinahe undurchdringliches Di=
ckicht dargestellt, aber wie sie die Anhöhe hinauf
gingen, zeigte sich die anmuthigste Aussicht, und der
Anblick als sie den Hügel erstiegen hatten, war ganz
malerisch. Hier beschlossen sie in einem angenehmen
Wäldchen, welches die Natur zu einem Ruheplatz
bestimmt zu haben schien, die Nacht zuzubringen.

Die

Die ganze Parthei war jezt versamlet, und die Officiere die das Kommando hatten, gaben Befehl in
Eile Zelter aufzurichten, um sich darunter vor den
Dünsten des Abends zu bewahren. Diese bestanden
blos aus Zweigen und Baum=Blättern nach Art
der Zelter aufgerichtet. Einige mußten bey dieser
Arbeit die Materialien abhauen und zubereiten, indem andere sie zu recht stellen und zusammen banden;
einige erhielten Befehl Brennholz zusammen zu suchen, und andere trugen es auf einen nahen Hügel,
um es am Ende des Tages anzuzünden, und während der Nacht brennen zu lassen, zum Signal, damit die Leute in den Booten wissen möchten, daß
die Parthei sicher sey, und ihre Nachforschungen noch
nicht eingestellt hätte. Eine Schildwache ward hin-
gestellt um in der Nacht das Feuer zu unterhalten,
und eine andre Wache sollte bey den Zelten ordentlich gesezt und abgelößt werden. Mittlerweile nahmen die Officiers die Lache von den Hügeln in Augenschein, und beobachteten ihren Umfang. Sie war
an drei Seiten von einer Reihe Hügeln eingeschlossen, und nur an der Nordwestlichen, der Gegend wo
sie her gekommen waren, offen. Sie bemerkten auch
eine Ebene die zum Ufer führte, welche das niedrige
Erdreich theilte, und ihnen Hoffnung gab ihren Rückweg künftigen Morgen sehr zu verkürzen. Vor Anbruch der Nacht waren die Zelter fertig; und alle
gegebnen Befehle gehörig ausgeführt; das Feuer
war angezündet, die Schildwache an ihrem Posten,
die Wachen ausgestellt, und die ganze Gesellschaft
begab sich zur Ruhe. Ohngefähr um Mitternacht
ward die Schildwache die das Feuer unterhalten
sollte, von einem vierfüßigen Ungeheuer überfallen,
das sich ihm mit langsamen und stillen Schritten ge-
nähert hatte, und eben im Begriff war ihn zu er-
greif-

greiffen, als er hinter sich sah, plötzlich entsprang, und zu der Wache bey den Zelten hinunter flohe um ihr Nachricht davon zu geben. Die Furcht des Menschen hatte das Ungeheuer so vergrössert, daß es ihm zweimal so groß als ein Elephant zu seyn schien, und der Matrose, der eben die Wache ablösen sollte, gerieth bey seiner Erzählung in eine eben so grosse Angst als er selbst. Sie ertheilten dem Befehlshabenden Offiziere davon Nachricht, und berathschlagten mit ihm, was bey der Sache zu thun wäre Das Aussehen des Menschen, der Schildwache gestanden, seine sonst bekannte Entschlossenheit und die feierliche Art mit welcher er die Warheit von dem was er gesagt bezeugte, wie auch die Erinnerung an das Gerippe und die Spuhren des Thieres das aus dem Wasser gekommen war, benahmen dem Offiziere allen Verdacht eines Betrugs. Es wird also nicht sonderbar scheinen, daß er ihnen rieth den Serjeanten der Seesoldaten, den zweiten Untersteuermann und den Büchsenschmied, welches die unerschrockensten Leute von der Parthei waren, zu Hülfe zu rufen. Mit dieser Verstärkung marschirten sie ordentlich den Hügel hinauf, Herr Hollingsby und Herr Dixon in der Fronte, der Serjeant und die Schildwache in der nächsten Linie, und zwei Matrosen machten den Nachzug aus. Als sie sich dem Feuer näherten, guckte die Schildwache hinter dem Büchsenschmiede hervor, und sah das Ungeheuer durch den Rauch noch einmal so groß als vorher, worauf er gleich der Frontlinie das Wort gab niederzuknien und zu feuern; glücklicherweise aber hatte sich der Büchsenschmied der weder Teufel noch Ungeheuer fürchtete, vorgenommen sein Feuer zu ersparen, bis er den Feind recht nahe haben würde. Er ging also dreist fort, und da er ihn scharf durch die Flammen ansah, schien es ihm ein Mensch

zu

zu seyn, und er rief ihm zu, daß er reden sollte. Aber wie groß war ihr Erstaunen, als sie den nähmlichen Thomas Trecher sahen, den sie so lang gesucht hatten. Er kroch auf allen Vieren, denn seine Füße waren so voller Blasen daß er nicht stehen konnte, und sein Hals war so ausgetrocknet, daß es ihm nicht möglich war, zu reden. Es ist schwer zu bestimmen, was grösser war, ihre Freude, ihre Verwunderung oder ihr Gelächter. Sie bemühten sich ohne Zeitverlust ihm beizustehn. Einige liefen nach den Zeltern, um die Neuigkeit zu erzählen, und ihm etwas zu seiner Erfrischung zu holen, indeß die andern ihm Linderung zu verschaffen suchten, indem sie ihn in ihren Armen aufrecht hielten. In einigen Augenblicken war er von der ganzen Parthei umgeben, einige waren begierig seine Geschichte zu erfahren und alle wollten ihm Hülfe leisten; die Offiziere insbesondere brachten ihm Herzstärkungen, die sie ihm nur sparsam gaben, bis er seine Sprache wieder erlangt hätte. Es war ein sehr beweglicher Anblick, ihn von Kopf zu Füßen mit Blasen bedeckt zu sehen, die die giftigen Stiche der Insekten verursacht hatten. Diese hatten ein so unleidliches Jucken erregt, daß sein ganzes Blut von dem beständigen Reiben entzündet war. Als man ihn mit Oel geschmieret hatte, nahm die Heftigkeit etwas ab. Man gab ihm öfters Thee mit etwas Brantwein vermischt zu trinken; hiedurch erlangte er seine Sprache wieder; aber einige Tage gingen vorbey, ehe er den vollkommnen Gebrauch seines Verstandes wieder bekam. Sobald er sich durch gehörige Erfrischungen soweit erhohlt hatte, daß sie Hofnung hatten sein Leben zu erhalten, trugen sie ihn aufs Lager, und ließen einen seiner Spaier Cammeraden bey ihm, ihn zu warten. Des Morgens hatte das Fieber nachgelassen; aber nun entstand eine neue Schwierigkeit, nähmlich wie sie ihn in

die-

diesem schwachen Zustande über zwölf Meilen weit, durch ein Land wie ich es oben beschrieben habe bringen sollten. Englischen Matrosen aber ist nichts unthulich was nicht ganz unmöglich ist. Einer von ihnen erinnerte sich, daß, als er noch ein Knabe war, er und seine Schulkammeraden zu ihrem Vergnügen Tragsessel aus Binsen zu machen pflegten, und er glaubte es würde ihm leicht seyn einen solchen Sessel von Materialien aus dem Walde zu machen. Dieses geschah auch, und sie ersonnen eine Maschine auf der sie sich vornahmen, ihn wechselsweise durch beinahe unübersteigliche Hindernisse zu tragen. Die Offiziere hatten freilich einen weniger beschwerlichen Weg entdeckt, als der den sie den Tag vorher gegangen waren, aber er reichte nicht viel weiter, als man ihn mit dem bloßen Auge sehen konnte, und das niedrige Erdreich auf welches sie hernach kamen, war morastig, mit Schilf bewachsen, und so mit verschiedenen Gattungen von Insekten erfüllt, daß es gefährlich war nur den Mund zu öfnen, ohne ihn mit etwas zu bedecken. Des Abends als sie weder Wasser noch Lebensmittel mehr hatten, und ganz unbeschreiblich ermüdet waren, erreichten sie endlich das Gestade, wo sie das sechsrudrige Boot der Discovery an das Land gezogen hätten. Sie fanden hier auch das Boot der Resolution, welches den Tag vorher auf der entgegengesezten Seite der Halbinsel auf sie gewartet hatte. Nachdem sie einige Erfrischungen zu sich genommen, und einander eine glückliche Reise gewünscht hatten, trennten sie sich, und jede Parthey begab sich auf ihr eigenes Schiff. Trecher ward der Sorgfalt des Wundarztes übergeben, und erholte sich nach und nach, konnte aber erst nach dem Verlauf einiger Wochen seine gewöhnliche Arbeit verrichten.

Wir

Wir hatten jetzt beinahe sieben Tage bey dieser Insel gelegen, und hatten während dieser Zeit mehr als 100 Schildkröten von 150 zu 300 Pfund schwer an Bord genommen; da wir aber kein frisches Wasser finden konnten, lichteten wir den 1ten Januar, 1778, um zehn Uhr des Morgens die Anker, und segelten in Gesellschaft der Resolution aus, und richteten unsere Fahrt mit einem gelinden östlichen Winde gegen Nord bey Osten.

Der Insel, welche wir eben verlassen haben gab Kapitain Cook den Namen (Turtle Island) See=Schildkröten=Insel. Sie liegt unter dem 2ten Grade 2 Minuten nördlicher Breite, und unterm 208 Grade östlicher Länge von Greenwich. Es ist eine niedrige unfruchtbare Insel, und ist allem Anscheine nach abgebrannt worden. Die wenigen Kokosbäume die wir fanden, trugen beinahe gar keine Früchte, und hatten sie auch welche, so waren sie doch ohne Kern, außer einigen an dem Ufer der Lache.

Den zweiten Januar, früh des Morgens, lag die Schildkröten=Insel gegen Ost=Süd=Ost, so weit entfernt als das Auge reichen konnte. Wir waren jetzt auf offner See, segelten mit einem frischen Winde, und hatten Ueberfluß an Lebensmitteln an Bord; man erlaubte also den Matrosen Schildkrötenfleisch mit ihrem Schweinfleisch zu kochen, und in wenig Tagen ward dieses letztere auf den Rath des Wundarztes gänzlich abgeschafft, und Schildkröten vertraten die Stelle jeder andern Gattung von Fleisch. Sie gaben eine gesunde und nahrhafte Speise, und wurden von uns gegessen bis einige Tage vor unserer Ankunft bey einer andern Insel, wo wir frische Lebensmittel, und Wasser antrafen, das so gut war, als das auf den Societäts=Inseln.

Den 3ten drehte sich der Wind nach West Süd West, und eine dicke Finsterniß verbreitete sich, die irgend

gend eine heftige Erschütterung zu prophezeien schien. Bald darauf entstand ein Sturm von Donner, Blitz und Regen begleitet, der in zwei Stunden so heftig ward, daß noch kein Mensch an Bord je seines gleichen erlebt hatte. Glücklicher Weise dauerte er nicht lange, aber in dieser kurzen Zeit brach die See über unser Verdeck, und schwemmte alles weg was nicht befestigt war. Vor Mittage nahm die Gewalt des Sturms etwas ab, aber der Regen von dem wir guten Gebrauch zu machen wußten, währte immer fort. Seit unserer Abreise von Ulietea hatten wir kein frisches Wasser eingenommen, und obgleich die Destillir-Maschine beständig im Gange war, fingen wir doch an, Mangel an Wasser zu haben. Diesen Nachmittag bemerkten wir verschiedene Anzeigen von Land, nähmlich eine grosse Menge Tang und frisches Bauholz, das mit dem Strom bey den Schiffen vorbey trieb. Die Resolution machte ein Signal, daß wir wenigere Segel aufsetzen und gegen Süden steuern sollten; welches wir auch thaten, da wir aber nach Verlauf von acht Stunden kein Land sahen, richteten wir wieder unsern Lauf gegen Norden.

Am 13ten als wir unterm 13 Grade 3 Minuten der Breite, und dem 202 Grade 6 Minuten der Länge waren, steuerten wir gegen Nord-Westen um Land aufzusuchen, da die Anzeigen davon noch immer sehr stark waren; nachdem wir aber diese Fahrt die ganze Nacht ohne glücklichen Erfolg fortgesetzt hatten, wandten wir uns wiederum gegen Norden. Von dieser an bis den 20ten begegnete uns nichts merkwürdiges, außer daß wir einige kleine Stürme ausstanden; wir wollen also jetzt erzählen was sich mit Trecher, nachdem er sich von seinem Kammeraden getrennt hatte, vom 29 Dezember an bis zur Nacht des 30sten ereignete.

Einige

Einige Tage verstrichen, wie wir schon bemerkt haben, ehe er sich alles dessen erinnern konnte, was in seinem Gemüthe vorgegangen war und was er an seiner Person gelitten hatte. Er bestätigte Lohmanns Erzählung von dem was sich zugetragen hatte, als sie noch beysammen waren. Den 29ten des Morgens als sie beschlossen hatten sich zu trennen, dachte er an nichts anders als irgend eine Hütte oder Wohnplatz der Eingebohrnen zu entdecken, weil er sich durchaus nicht einbilden konnte, daß eine Insel von so großem Umfange als ihm diese zu seyn schien, ganz von Einwohnern entblößt seyn sollte. In dieser Idee entschloß er sich nach dem Hügel oder hohen Lande welches er von dem Baume gesehen hatte zu gehen, und sich dabei nach dem Laufe der Sonne zu richten, aber es stießen ihm viele Hindernisse auf, die ihn sehr aufhielten. Das Schilf und das Schnittgras war an einigen Oertern so hoch und dick, daß er bey seinen Versuchen durchzudringen beynahe erstickt ward, und öfters genöthigt war zurück zu kehren, wenn er schon glaubte durchgedrungen zu seyn. Er hörte Schlangen und wie er glaubte auch Scorpionen, rings um sich zischen, aber die Furcht von ihnen gestochen zu werden, ward von dem Schmerze den ihm die Muskiten und andere giftige Insekten verursachten, überwältigt. Diese setzten sich auf ihn, und quälten ihn unaufhörlich: der schlechte Zustand seiner Schuhe vergrösserte noch sein Elend; sie waren ganz in Stücken zerrissen und ob er sie schon öfters mit Stricken aus zusammen gedrehtem Grase umwunden hatte, konnte er sie doch kaum zehn Schritte weit an den Füssen behalten. In diesem traurigen Zustande hatte er keinen Schlaf, denn ob er wohl zuweilen seine Augen schloß, so war doch seine Einbildungskraft mit schrecklichen Vorstellungen erfüllt, die quälender waren als alles was er bey seinem Wachen fühlte. Gegen Abend glaubte er

O   das

das Geheul von Hunden zu hören; und einige Zeit darnach das Gebrülle irgend eines wilden Thieres, von welcher Gattung konnte er aber nicht bestimmen; indes sah er nichts, und vielleicht waren dieses nur Geschöpfe seiner beunruhigten Fantasie. Als es Nacht ward, hatte er eine Menge breite Blätter von den Bäumen gebrochen, um sich ein Bette zu machen, und sein Gesicht und Hände vor den schwarzen Ameisen zu bedecken. Um seinen Durst zu löschen kaute er den Stiel eines Rohrs, das einen süssen Geschmack hatte, und vermuthlich eine Gattung von wildem Zuckerrohre war: Dieses erfrischte ihn etwas, und trug nicht wenig zu seiner Erhaltung bei. Da der Tag anbrach fühlte er sich sehr schwach und matt, und hatte wenig Lust seine Arbeit von neuen anzutreten. Seine erste Sorge war seine Schuhe auszubessern. Zu diesem Ende drehte er einen Strohwisch in die Form einer Sohle, und befestigte sie unter die Ueberbleibsel der ledernen Sohlen. Er band sie hernach mit Stricken wie die vorigen, um die Füsse und Knöchel, und kroch auf diese Art mit großer Mühe etwas weiter; aber es währte nicht lange, so mußte er sie wieder ausbessern. Er nahm jetzt seine Zuflucht zu seinem ersten Mittel, stieg auf einen Baum der über das Gebüsche hervorragte, und erblickte das hohe Land das ihn bewogen hatte diesen Weg zu unternehmen. Er hielt es für so nahe, daß er es bald würde erreichen können, eilte also vom Baum herunter und trat seinen Weg mit freudiger Behendigkeit an, weil er sich eingebildet hatte, daß seine Rettung gewiß seyn würde, wenn er nur die Anhöhe ersteigen könnte. Er kämpfte einige Zeitlang mit den größten Hindernissen, weil das Gebüsche jetzt außerordentlich dicke und stark war, und auch so hoch daß er kaum des Tages Licht über seinem Kopfe durch die Blätter und das Gesträuche sehen konnte. Dieses war an dem äußern Rande der die Lache umgrä̈zte; als er hier durchgedrungen war

und

und eine Oefnung sahe, hüpfte sein Herz vor Entzücken. Aber seine Freude war von kurzer Dauer. Er entdeckte gleich daß er noch eine Gefahr überstehen müßte, ehe er seine Wünsche erlangen könnte. Er versuchte durch die Lache zu waten, und kam auch beinahe bis an die andere Seite, ohne daß das Wasser ihm bis über die Mitte des Leibes reichte, aber auf einmal ward das Wasser so tief, daß er bis über den Kopf herein fiel, und sich nur mit genauer Noth vom Ertrinken retten konnte. Er kehrte jetzt ganz erschöpft und niedergeschlagen an das Ufer zurück, und indem er durch das Schilf am Rande der Lache drang, sah er auf einmal das Gerippe von dem außerordentlichen Ungeheuer, welches ich oben erwähnet habe, und welches ihm über funfzig Schuhe lang zu seyn schien. Er erschrak so sehr über den Anblick dieser Knochen, daß ihm die Haare zu Berge standen, und er alle Augenblick erwartete lebendig verzehrt zu werden. Ganz muthloß und matt aus Mangel an Speise und Trank, und von allen Mitteln weiter zu kommen beraubt, kroch er längst der Lache, bis er an einen Kokosbaum kam, der neben dem Rande des Gebüsches stand. Er versuchte hinauf zu klettern, fiel aber aus Mangel an Kräften um sich fest zu halten herunter, und lag einige Stunden ohne alle Bewegung. Er hätte, sagte er, ein Lärmen in dem Gebüsche gehört, konnte aber weder schreien, noch dem Laute nachgehn, obgleich einige von der Gesellschaft sehr nah bey ihm vorbeygegangen seyn müssen; als er aber des Abends das Feuer auf dem Hügel angezündet sah, trieb es ihn an, noch einmal alle Kräfte zur Erhaltung seines Lebens anzustrengen. Ohne Schuhe an seinen Füssen, weil er sie in dem See verlohren hatte, kroch er mit der größten Mühe den Hügel herauf, wie ich es schon erzählt habe. — Wenige Leser werden glauben daß es möglich ist, daß ein Mensch in so kurzer Zeit so viel Ungemach ausstehen könne, und doch haben sich viele in England und noch mehr auf der wilden Heide von Schottland verirrt, und ihr Leben dabey eingebüßt, ob sich gleich vermuthen läßt, daß diese leztere nicht so gefährlich sind, als die dicken Wälder einer wüsten Insel, die noch niemals von dem Fuße eines Menschen betreten worden ist. Doch dem sei wie ihm wolle, dieses ist die Nachricht welche Trecher von seinem Ungemach während den drei Tagen, da er abwesend vom Schiffe war, gab. Wir waren jezt 17 Tage zur See gewesen ohne Land zu sehen.

Den 18ten erhub sich ein heftiger Sturm, der einige Stunden lang mit unwiederstehlicher Gewalt wüthete, und uns nöthigte unser grosses Seegel einzunehmen. Wir wurden von dem Winde so geschwinde fortgetrieben, daß wir beinahe alle Stunden 7 oder 8 Meilen weiter kamen; aber noch Vormittage legte sich der Sturm, und eine gänzliche Windstille erfolgte. So veränderlich ist das Wetter in der Nachbarschaft der Wendezirkel.

Den 19ten da wir unterm 21 Grade 20 Minuten nördlicher Breite und dem 198 Grade östlicher Länge waren; rief der Mann im Mastkorbe Land. Es war sehr hoch, und lag gegen Ost-Nord-Ost. In kurzer Zeit darauf kam uns noch mehr Land zu Gesicht, das dem Anscheine nach eben so hoch war als das erste. Das äussere Ansehen der Insel oberhalb dem Winde der wir uns jezt näherten schien eben nicht viel zu versprechen, denn sie war bergigt mit Riefs umgeben, und ohne Merkmahlen von Einwohnern; wir lavirten also bis den 20sten, und seegelten alsdenn gegen das Land zu, welches wir unterhalb dem Winde gesehen hatten, aber jezt nicht im Gesichte hatten.

Ohn-

Ohngefähr um 9 Uhr des Morgens, sah man es zum zweitenmal in der Entfernung von sieben oder acht Meilen. Wir wurden von dem Anblicke dieses Landes entzückt, als wir uns demselben näherten; es ward von verschiedenen Flüssen durchströmt, und stellte uns ein solches Ansehen von Ueberfluß und Reichthum dar, daß wir das Vergnügen so wir erwarteten im voraus schmeckten, und uns schon im Geiste mit allem Nöthigen versahen. Wir hatten schon seit verschiedenen Tagen nicht mehr als ein Maaß schlechtes Wasser auf die Person bekommen; und nun wir ganze Flüsse vor uns sahen, schwollen unsere Herzen vor Freuden. Aber wir hatten noch viel auszustehen; Sandbänke und Felsen durch die wir nicht paßiren konten, trennten uns einige Tage lang von dem, wornach wir so sehnlich wünschten. Wir seegelten längst der Nordwestlichen Küste, und warfen das Senkblei von Zeit zu Zeit, indeß die Boote von beiden Schiffen, eine Bay oder Hafen suchten, wo wir mit Sicherheit ankern könten. Mittlerweile kamen verschiedne Kanoes vom Ufer mit Pisangs und gedörrten Fischen, welche sie für jede Kleinigkeit die man ihnen anbot verkauften. Sie betrugen sich sehr höflich, liessen sich aber nicht überreden an Bord zu kommen. Um fünf Uhr des Abends da wir zwei Meilen weit von der Küste waren, wurden wir mit Indianern in ihren Kanoes umgeben. Sie brachten eine Menge Schweine mit, von denen einige sehr groß waren, und wir kauften sie nach der Grösse entweder für einen spitzen Nagel, oder für einen der zehn Pence kostet.*)

So lange wir zur See blieben, konte kein Volk auf Erden freundschaftlicher seyn; aber kaum waren uns

---
*) Heinrich Zimmermann meldet, daß man von den Eingebohrnen erfahren habe, daß diese Insel Nihau hiesse. F.

unsere Boote gelandet, so entstand ein Streit zwischen den Eingebohrnen und unsern Leuten, welcher sich mit dem Tode von einem der erstern endigte. Man sagt, die Indianer wären der angreifende Theil gewesen, und hätten Steine in die Boote geworfen, um unsere Leute vom Landen zu hindern, worauf man Befehl gegeben hatte eine Flinte über die Köpfe der Angreifenden abzufeuern, ohne ihnen einigen Schaden zuzufügen, dieses anstatt ihnen Ehrfurcht einzuflössen, machte sie nur noch vermessener, bis Herr Williamson unser dritter Lieutenant einen von den Rädelsführern auf der Stelle todt schoß. Diese frühzeitige Schärfe rettete vielleicht das Leben vieler Menschen. Die Indianer zertheilten sich gleich, und trugen den todten Körper mit sich fort. Da die Boote keine Entdeckung gemacht hatten, kehrten sie wieder zu den Schiffen zurück, und blieben bis zum folgenden Tage an Bord.

Den 21sten wurden die Boote wieder ausgeschickt, aber mit eben so wenigem Glücke als das erstemal. Der Handel ging heute nicht gut von statten, weil die Eingebohrnen sehr schüchtern zu seyn schienen. Aber den 22sten da die Schiffe Ankergrund gefunden hatten, wurden sie, sobald sie vor Anker lagen, von einer noch zahlreicheren Menge der Insulaner als vorher umgeben. Die meisten hatten Kanoes die mit Schweinen, Pisangs, Bananas, und süssen Kartoffeln beladen waren. Unsere Matrosen durften einkaufen was sie wollten; nur der Umgang mit den Weibern war auf Kapitain Cooks Befehl bey schwerer Strafe verboten. Dieses erregte ein allgemeines Murren unter unseren Seeleuten, deren vornehmstes Vergnügen diese Art von Handel in den neuentdeckten Inseln war. Nachmittags wurde die Pinnasse heraus gehoben, und die beiden Kapitains

tains gingen ans Land. Die Häupter der Insel mit mehr dann 2000 ihrer Unterthanen kamen ihnen am Gestade auf eine freundschaftliche Art entgegen, tauschten Geschenke mit ihnen, und fingen an zu handeln.

Kapitain Cook machte ihnen Zeichen, daß er Wasser brauche, worauf sie ihn an einen sehr anmuthigen kleinen Fluß führten, der sehr bequem zum Anfüllen der Fässer gelegen war. Nichts konte das freundschaftliche Bezeigen übertreffen, mit dem uns diese gastfreien Leute aufnahmen; aber unglücklicherweise ward die Resolution durch einen heftigen östlichen Wind, und die Gewalt der Strömung von ihrem Ankergrunde weggetrieben, und konte nicht mehr in ihre vorige Lage kommen. Als sie in die See getrieben ward waren nur die Hälfte ihrer Wasserfässer angefüllt; auch war sie nicht auf eine lange Zeit, gehörig mit frischen Lebensmitteln versehen. Wir in der Discovery waren glücklicher. Wir konten die Resolution den 24sten des Abends unterhalb dem Winde in einer Entfernung von acht oder neun Meilen sehen, und indem sie herum trieb, füllten wir unsern Raum mit Provisionen an.

Den 25sten waren wir zum Abseegeln, und da wir die Resolution aus dem Gesichte verloren hatten, bildeten wir uns ein, daß da sie nicht wieder in ihre vorige Lage kommen konte, würde sie auf eine andere Insel zugesteuert seyn, welche wir gegen Nord-Westen 10 oder 12 Meilen weit ab gesehen hatten.

Am 26sten lichteten wir die Anker, und richteten unsern Lauf nach Nord-Westen. Aber um 10 Uhr des Morgens erblickte der Mann im Mastkorbe die Resolution in einer grossen Entfernung, nach Süden bey Westen seegelnd, worauf wir gleich das Schiff wendeten, und nach Süden bey Osten seegelten, um uns mit unserm Kommodor zu vereinigen.

gen. Dieses gelang uns auch, und wir versuchten jetzt zwei verschiedene Tage durch unsere vorige Stelle zu erreichen, es war aber vergeblich.

Den 26sten kamen wir zu einer andern Insel *) unterhalb dem Winde, welche auch Ueberfluß an Schweinen und Früchten hatte, und deren Einwohner eben so gastfrey waren als die Leute auf der Insel so wir eben verlassen hatten: da aber kein Wasser in der Nähe des Ufers war, die Riefs auch sehr gefährlich waren, und die Brandung sehr hoch stieg, zeichnete Kapitain Cook die Insel ab, nahm davon in dem Namen des Königes Besitz (indem er die ganze Gruppe Sandwichs Inseln nannte) und war eben im Begriff abzureisen, als ein Sturm von Osten herankam, und die Resolution wieder nöthigte in See zu stechen.

Der Kapitain hatte schon verschiedene Geschenke mit den Chefs der Insel gewechselt, insbesondere hatte er dem Könige zwey Ziegen und einen Bock gegeben, wofür ihm derselbe sechs grosse Schweine und eine ungeheure Menge Yams und Zuckerrohr schenkte, mit welchem diese Insel reichlich versehen zu seyn schien; glücklicherweise hatte er auch schon sein Schiff mit solchen Lebensmitteln als die Insel hervorbrachte versehen, ehe der Sturm sich erhub, denn es wäre ihm hernach eben so unmöglich gewesen seine vorige Stelle zu erreichen als in dem andern Hafen. Wasser war jetzt die einzige nothwendige Sache mit der er nicht genugsam versehen war; da er indes zu wissen schien, wo er welches bekommen konnte schien er es nicht viel zu bedauern, daß es ihm hier fehlgeschlagen hatte. So lange die Küste

zu-

---

*) Kapitain Cook nannte diese Insel nach Heinrich Zimmermanns Berichte, die Yams-Insel, von der daselbst sehr häufigen Wurzel. F.

zugänglich war, hatten unsere Boote beständig zu thun, um die Produkten der Insel an Bord zu bringen, und am Abende des 1sten Februars hatten wir mehr als 250 Schweine und einen Vorrath auf drei Monate von süssen Kartoffeln, Bananas, Pisangs, Zuckerrohr und Gewächsen im Ueberflusse.

Den 2ten früh des Morgens lichteten wir die Anker, und bekamen bald die Resolution zu Gesichte; und beide Schiffe verliessen diese Insel und sezten ihre Reise fort.

Diese Inseln liegen unterm 21sten Grade 44 Minuten nördlicher Breite, und dem 199sten östlicher Länge, und geben an Schönheit und Fruchtbarkeit den Freundschaftlichen Inseln in der südlichen Hemisphere nichts nach. Auch sind die Einwohner nicht weniger scharfsinnig und civilisirt. Ausser dem ersten Zanke, den ich schon erzählt habe hatten wir nicht die geringsten Streitigkeiten mit ihnen während unserem Aufenthalte. Was sie zu verkaufen hatten überliessen sie uns auf die billigsten Bedingungen; auch schienen sie nicht so sehr zum Stehlen geneigt zu seyn, als die Völker auf der andern Seite der Linie.

Die Männer auf diesen Inseln sind von mittler Grösse, von dunkler Farbe und von lebhafter offner Gesichtsbildung. Sie tatauiren sich nicht stark. Sie hatten keine andere Bekleidung als welche die Wohlanständigkeit foderte, und diese bestand aus einem Zeuge, den sie selbst verfertiget zu haben schienen, und der von verschiedener Güte und Farbe war. Einige von diesen Zeugen hatten Ränder gerade wie unsere Bettdecken, und andere hatten das Ansehen von gedrucktem Cattun. Sie hatten auch noch neben diesem Zeuge, verschiedene andere Dinge, die Beweise von ihrer Geschicklichkeit waren. Wir bemerten bey den Männern eine besonder Art ihre Haare zu tragen, es stand nähmlich rund um den Kopf in die Höhe wie die Borsten eines Schweines Andere trugen es lang, und flochten Zöpfe daraus, die sie bis über die Mitte herunterhängen ließen; und dieses schienen Zeichen von Würde zu seyn.*) Ihre Chefs trugen auch noch eine Art von kurzen Mänteln wie die Frauenzimmer in England, die aus den schönsten Federn bestanden, welche in Reihen übereinander gesetzt waren von unten an, allmählig länger wurden, und sich oben mit einer Art von Netzarbeit endigen. Die Weiber haben insgemein kurzes krauses Haar, welches sie sich sehr angelegen seyn ließen zu schmücken. Sie hatten grosse Löcher in ihren Ohren, die sie anstatt Juwelen mit schönen farbigten Muscheln, von denen viele zusammen gesetzt wurden, anfüllten, welches nicht übel stand. Ihr Kopfpuz bestand aus Blumenkränzen mit Federn geziert, die gemeiniglich roth waren. Da die meisten lebhafte schwarze Augen, weiße Zähne, kleine Züge und runde Gesichter hatten, waren sie reizend genug, aber das scharfe Verbot von Kapitain Cook, hielt die herschende Leidenschaft unserer Seeleute im Zaume.

Ihr Anzug war überhaupt anständiger als der Anzug der Männer, auch hatten die meisten Zierrathen um den Hals und Armbänder; auf die sie sehr viel zu halten schienen, und zu denen sich unsere Schnüre von Korallen sehr gut schickten.

Diese Leute verkaufen ihre Manufakturwaaren gerne für Nägel, Beile, Scheren, Messer, oder alle Arten von Eisenwerk; gläserne Kugeln schäzten sie sehr,

---

*) Eben die Art die Haare zu tragen, hatten Cornelius Schouten und le Maire schon auf Horn Eiland gesehen und in ihrer Reisebeschreibung angemerket.   F.

sehr, wie auch Corallen, Knöpfe, Spiegel, Tassen von Porzellán, kurz alle unsere Europáische Waaren.

Das Zuckerrohr ausgenommen, welches diesen Inseln eigen zu seyn scheint, und sehr selten auf denen an der andern Seite der Linie ist, sind ihre Produkte die nähmlichen, nur sind die Kokonüsse keinesweges so groß und in solchem Ueberflusse als auf den freundschaftlichen Inseln. Holz ist hier nicht in Menge anzutreffen auch brauchten wir jetzt nicht viel.

An Schweinen, Hunden, Enten und Hühnern war hier ein größerer Ueberfluß als an der andern Seite der Linie, aber ihre Plantagen waren weder in so schöner Ordnung noch so gut angebauet. Da die Luft kälter ist, so waren die Häuser auch wärmer. Sie waren nach Art der Zelte gebauet, und von oben bis unten bedeckt. Es scheint wirklich, daß zwischen diesen und den Inseln der andern Halbkugel eine außerordentliche Aehnlichkeit ist, so wohl in Betrachtung der Lage, als auch in der Volksmenge, den Sitten, Gebräuchen, Künsten und Manufakturen der Einwohner, ob man gleich bei der gegenwärtigen Beschaffenheit des Erdballs kaum glauben kann, daß sie je einige Gemeinschaft mit einander gehabt haben sollten, indem sie mehr als 2000 Meilen von einander entfernt sind, und nur wenig Land zwischen ihnen liegt. Durch die Beobachtung dieser allgemeinen Gleichförmigkeit zwischen den tropischen Insulanern, sind einige auf die Gedanken gekommen, daß die ganze mittlere Gegend der Erde vor Zeiten ein grosses festes Land war, und daß wo jetzt das grosse südliche stille Meer fließt im Anfange der Welt ein paradisisches Land lag; wer mehr über diese Materie zu hören wünscht, muß Burnet's Theorie der Erde lesen, worin, wenn er gleich nicht gründliche Beweise zur Ueberzeugung seiner Vernunft antrift, dennoch

Scheingründe finden wird die hinlänglich sind, seine Fantasie zu unterhalten. Wir wollen für jetzt diese Inseln verlassen, ob wir gleich hernach Gelegenheit finden werden, ihrer nicht sehr zu ihrem Lobe zu erwähnen.

Am 3ten Februar, dem Tage unserer Abreise, hatten wir stürmisches Wetter, die beiden Schiffe aber blieben doch zusammen.

Den 4ten klärte sich das Wetter auf, und wir setzten unsern Lauf bey schönem Wetter und einem günstigen Winde gegen Ost=Nord=Ost fort.

Am 5ten bekamen unsere Leute frisch gesalzenes Schweinfleisch statt ihrer gewöhnlichen Kost, ein Pfund des Tages für die Person, und anderthalb Pfund Yams statt des Brodes: Dieses ward sieben Wochen lang fortgesetzt, und gefiel ihnen viel besser, als ihre Schiffsprovisionen.

Es trug sich nichts Merkwürdiges zu, bis den 9ten da die gewöhnlichen Anzeigen von Land erschienen, wir sahen aber keines und setzten unsern Lauf bis den 13ten fort, alsdenn wandten wir das Schiff, und steuerten gegen Nord=Nord=West unterm 30 Grade der Breite, und dem 200 Grade östlicher Länge.

Den 14ten segelten wir wieder mit einem sanften Winde gegen Nord bey Osten. Während dieser Zwischenzeit von schönem Wetter, mußten unsere Segelmacher die Segel durchsuchen, und fanden sie in einem sehr elenden Zustande, denn die Ratzen hatten sie an hundert Oertern zerfressen; indem sie mit dem Ausbessern derselben beschäftiget waren, hatten auch unsere anderen Arbeitsleute vollauf zu thun; denn unsere Kapitains hatten sichs zum Gesetz gemacht, keinen von ihnen müßig zu lassen, wenn ihre Dienste nicht bei dem Steuern des Schiffes nöthig waren. Wir gingen wenig oder gar nicht von unserm jetzigen Laufe ab,

aus=

ausgenommen wenn sich der Wind veränderte. Am 21sten im 39 Grade der Breite, und im 209 Grade östlicher Länge, setzten wir weniger Segel auf als zuvor, und steuerten die ganze Nacht gegen Nord-Nord-Westen. Wir hatten den ganzen Tag starke Anzeigen von Land gegen Osten zu gehabt; da wir aber keines zu Gesicht bekamen, setzten wir unsern vorigen Lauf fort bis den 26ten, da sich ein schrecklicher Sturm erhob, mit so grossen Wogen, daß wir die Resolution öfters aus dem Gesicht verloren, obgleich wir nur eine halbe Meile von ihr entfernt waren. In diesen Sturme litten beide Schiffe sehr an ihren Segeln und Tauwerke, weil wir von dem Sturme überfallen wurden, ehe wir sie einziehen konnten. Wir waren jetzt unterm 43 Grade 17 Minuten Norder Breite, und dem 221 Grade 9 Minuten der östlichen Länge, und wurden von Robben, See-Löwen, Fregatpelikanen, Skua-Mewen, See-Raben und Mewen umgeben, welches starke Anzeigen von Land waren.

Am Morgen des 29sten ließ der Sturm nach, aber wir hatten noch immer hohe Wogen von Süden. Wir setzten unsere Fahrt mit dicht eingerefften Marssegeln bis um zehn Uhr des Morgens fort, und spannten hernach mit samt der Resolution alle Segel auf.

Den 1ten März legte sich der Wind, und da wir unterm 45 Grade 56 Minuten Norder Breite und dem 225 Grade 14 Minuten der Länge waren, warfen wir das Senkblei mit 180 Klafter, fanden aber keinen Grund. Wir fingen jetzt an die Wirkungen der Veränderung des Klimas zu fühlen. Nach einer unmäßigen Hitze ward es durchdringend kalt, und unsere Leute die solange sie in den mäßigen Himmelsgegenden waren, ihre Magellanischen Wämmser verachtet

achtet hatten, entdeckten ihre Behaglichkeit meist in diesen nördlichen Gegenden.

Den 5ten da das Wetter gelinde war, warfen wir mit 56 Klafter das Senkblei und fanden einen leimichten Grund mit Sand und Muscheln bedeckt. Um sechs Uhr des Abends nahmen wir einige Segel ein, und steuerten die ganze Nacht gegen Süd ½ West. Das Wasser war diese Zeit über so weiß als Milch.

Am 6ten wandten sich beide Schiffe, und steuerten gegen Norden bey Osten; des Abends nahmen sie wieder einige Segel ein, und segelten die Nacht durch gegen Süden.

Den 7ten erblickten wir Land. Es war Cap Blanco die äußerste westliche Spitze von Kalifornien die den Seefahrern bekannt ist. Es lag gegen Ost-Nord-Ost, und schien bergigt und mit Schnee bedeckt zu seyn. Heute aßen die Lieutenants ein Frikassee von Ratzen, welches ihnen so gut als Wildpret vorkam; auch die Matrosen hielten es für ein grosses Fest, wenn sie so glücklich waren Ratzen genug zu einer Mahlzeit zu fangen.

Den 8ten wandten wir das Schiff, und standen gegen Nord-Osten bey Osten. Wir hatten eine ganze Woche hindurch stürmisches Wetter mit Regen und Schnee, und nach einer ununterbrochenen Folge des stürmischten Wetters, das wir auf der ganzen Reise bemerkten, hatte die Resolution wunderbarer Weise das Glück, dem Scheitern auf einer blinden Klippe zu entgehen. Erst den 28. bekamen wir einen Meerbusen zu Gesicht, wo wir ankern konnten. Wir liefen endlich in ein Fahrwasser ein, nicht über zwei Meilen breit. Dies ward zwar immer enger je weiter wir in dasselbe einfuhren, indessen verminderte sich die Tiefe nicht. Wir hatten um sieben Uhr Abends noch sieben und neunzig Fuß Wasser, und die Resolution kam auch

wieder

wieder zu uns. Einigen der Eingebohrnen, die wir erblickten, gaben wir Zeichen zu uns am Bord zu kommen. Sie wollten aber nicht, wenn gleich hunderte von ihnen um unsere Schiffe kamen, die ihnen eben nichts neues waren; doch gaben sie uns zu verstehen, daß sie gerne Eisen von uns haben möchten. Die Waffen, welche wir bey ihnen fanden, hatten Spitzen von Kupfer, und ihre Pfeile waren mit Eisen versehen, welches sie etwa von den Russen oder gar von der Hudsons Kompagnie bekommen konnten. Sie weigerten sich zwar an Bord zu kommen, doch waren sie sonst sehr höflich, und beim Abschiede beehrten sie uns mit einem Kriegsgesange. Jezt waren wir weit nördlich und östlich gesegelt, jenseits den Grenzen der gewöhnlichen europäischen Erdbeschreibung, und wir erreichten den leeren Plaz in unsern Landcharten, wo die unbekannten Länder anfangen.

Den 30. frühe wurden unsere Böte bewafnet, und bemannt, und beide Kapitains untersuchten diesen Meerbusen, um einen bequemen Plaz zu finden, unsere Schiffe auszubessern, die in den heftigen zwanzig Tage fortwährenden Stürmen viel gelitten hatten, und stündlich in Gefahr waren, auf den Felsen zu scheitern, oder an einer unwirthbaren Küste zu stranden.

Sie waren bey ihrer Untersuchungsfahrt glücklich genug einen sehr sichern und sturmfreien Ankerplaz zu finden. Die Einfahrt hatte die Breite von zweien Ankertauen, wovon jedes zu 120 Klafter gerechnet wird) war an beiden Seiten von hohen Ufern umgeben, und mit Wasser und Holz versehen, welches jezt unsere Hauptbedürfnisse waren. Von beiden waren wir nicht weiter entfernt, daß wir sie innerhalb der Länge eines Ankertaues vom Lande ans Schiff bringen konnten. Dieser Plaz war zwar nur vier Meilen von der Rhede, dennoch konnten wir erst um vier Uhr Abends vor

Anker

Anker kommen. Dies kam vom veränderlichen Wetter her, und den heftigen Windstößen, denen diese Küste so sehr ausgesetzt ist. Die Wilden Eingebohrnen blieben unterdessen ruhig, sie schienen uns sehr freundschaftlicher Natur zu seyn. Sie brachten uns nach einer kurzen Bekanntschaft mancherlei kostbares Pelzwerk, Bieber, Füchse, Rakuhns, Eichhörner, Renntiere, Bärenfelle, nebst allerhand andern, die uns unbekannt waren. Was sie dagegen am liebsten zum tauschen wählten, waren Metallwaaren, Schneidewerkzeuge, Kupfer, Zinn, Eisen, Meßing, und dergleichen Sachen, deren Gebrauch ihnen nicht unbekannt war. Unsere Leute waren während dieser Zeit insgesamt beschäftigt, die Schiffe zu kalfatern, Holz zu hauen, und Wasser zu holen, und unsere Officiere vergnügten sich mit Schießen und Botanisiren.

Den ersten April Nachmittags um vier Uhr kam ein grosses Kanoe mit dreißig bewaffneten Indianern in dem Hafen an. Sie stimmten ihren Kriegsgesang an, ruderten um unsere Schiffe, zogen ihre Kleider aus, bis auf einen einzigen, der im Kanoe stehen blieb, und eine lange Rede hielt, wovon doch keiner unter uns ein Wort verstand. Verschiedenemal ruderten sie um unser Schiff, dem Ansehen nach aus blosser Neugierde, denn sie beschädigten unsere Arbeitsleute nicht, zeigten auch keine Neigung mit uns Handel zu treiben. Bey ihrer Annäherung musten unsere Leute ihre Waffen ergreifen, aber sie bekleideten sich bald wieder, und kamen dicht an unsere Schiffe. Der Redner hatte nicht das mindeste Bedenken an Bord zu kommen, unterredete sich mit unserm Befehlshaber sehr freundlich, worauf er eine kurze Zeit den Arbeiten unserer Handwerker zusahe, und nach erhaltenen Geschenken höflich Abschied nahm, in sein Boot herabstieg und

an

an der andern Seite des Hafens wieder ans Land
gieng.

Den 3. sahen wir wiederum eine nicht unbeträchtliche Zahl der Eingebohrnen, in dieser Bay umher
rudern. Einige führten Spiesse, zwanzig bis dreißig
Fuß lang, nebst artig verfertigten Pfeilen und Bogen.
Wie sie näher kamen stimmten sie ihren Kriegsgesang
an, und schwenkten ihre Waffen, als wenn sie einen
Feind herausfodern wollten. Ihre Anzahl machte uns
etwas besorgt, und es waren wenigstens drei bis vier
hundert, die uns anzugreifen bereit schienen. Wir fanden aber bald, daß sie ihre Feinde auf der gegenüber
liegenden Küste angreifen wollten über welche sie auch
einen baldigen Sieg erfochten. Dergleichen Partheien
besuchten uns oft genug. Sie waren allemahl bewaffnet, beleidigten uns aber keinesweges. Außer Fellen,
und Pelzwerk brachten sie uns Fische und Wildpret,
welches wir von ihnen für Gläser, Spiegel, Nägel,
und andere nüzliche oder bloß zum Puz dienende Waaren einzutauschen pflegten.

Die Mannspersohnen waren sehr kriegerisch gestaltet, und von rauhem Ansehen, aber in der That,
gesitteter, als ihr Anblick errathen ließ.   Eisen nannten sie *Te-tum-miné*, und andere Metalle *Tsche a poté*.

Den 5. nahmen wir unser Wasser ein. Die
Gegend war dazu äußerst gelegen. Wir errichteten
am Ufer ein Gerüst, mit einer Pumpe, so daß wir
ohne viel Mühe das Wasser in unsere Fässer füllen
konnten.

Den 6. war ein heftiger Sturm, und die Flut stieg
mit ungestümen Bewegungen. Sie war auf neun Fuß
höher als gewöhnlich, und verschiedne unsrer Materialien
wurden von der Küste weggeschwemmt. Die Discovery
ward dadurch so nahe an die Resolution geworfen, daß
P beide

beide kaum der Gefahr entgingen, einander in den Grund zu scheitern.

Den siebenden nahmen die Arbeiter wieder ihre Verrichtungen vor, und die Wilden statteten ihren gewöhnlichen Besuch ab, und brachten außer Fisch, Pelzwerk und Wildpret, Blasen mit Trahn angefüllt, die von unsern Leuten begierigst gekauft wurden. Sie machten daraus Saucen zu ihren gesalznen Fischen, und keine Butter selbst in England schien ihnen so gut wie diese zu schmecken.

Während der kurzen Zeit wir hier waren, weil wir viel Zeit verloren das Land zu untersuchen, und die schlimme Jahrszeit immer näher heranrückte, konnten keine Leute vertraulicher und freundschaftlicher sein, als diese. Sie begleiteten unsere Officiers auf der Jagd, und bei ihren Spaziergängen, zeigten sie ihnen ihre Fallen, worin sie die Thiere fingen, verkauften ihnen ihre Masquen, und Schlingen, zeigten ihre Art Leder zu bereiten, und trieben dabey einen guten Handel mit ihrem Pelzwerke. Außer Landthieren fanden wir bey ihnen Seevögel in grosser Menge. Schwanen, Adler, und mancherley Landvögel, von denen uns die meisten unbekannt waren. Ihre Fischer waren eben so wenig zurückhaltend, als ihre Jäger, sie wiesens wo sich die meisten Fische aufhielten; und sie halfen uns, wenn unsere ausgesandten Böte etwa nicht so viel gefangen hatten. Bisher bemerkten wir an ihnen keine Neigung zu stehlen. Allein den eilften Tag nach unserer Ankunft, wie unsere Leute nicht den mindesten Zweifel auf ihre Ehrlichkeit sezten, fand einer von ihnen Mittel in die grosse Cajüte zu schleichen, und des Kapitains Uhre weg zu stehlen. Weil wir den Diebstahl bald merkten, wurden alle Wilde am Borde fest gehalten, und ihre Kanoes in Verwahrung genommen und untersucht. Wir fanden bald was wir suchten und der Thäter gab seinen Raub ohne die mindeste Weigerung zurück.

Hätte

Hätte er diese Uhr behalten, so würde er sie dem ersten besten Matrosen wieder für einen Nagel überlassen haben. Zu gleicher Zeit entwandte ein anderer einen eisernen Bolzen aus unserer Schmiede. Wir erwischten ihn zwar auf frischer That, und suchten den Raub ihm wieder abzujagen, allein er sprang vom Schiffe, gab das Eisen einem seiner Kammeraden, der schnell damit forteilte, bis wir ihm mit kleinem Schrote nachfeuerten. Nun brachte er den entwandten Bolzen wieder, allein in seinen Minen zeigte sich ein falscher Ausdruck von Grimm, und Wildheit, die etwas anders zu bedeuten schienen. Es dauerte auch nicht lange so waren alle Wilden von unserm Ankerplatz verschwunden, allein innerhalb drei Stunden waren über neun hundert in dem Hafen versammelt, aber unbekleidet, wie sie kurz vor dem Angrif ihrer Feinde einherzugehen pflegen. Sie stimmten ihren Kriegsgesang an, und näherten sich den Schiffen. Wir waren in Bereitschaft sie zu empfangen, aber unsere Vertheidigungsanstalten, und die ungewohnten Bewegungen auf unsern Schiffen, machten daß sie ihre Waffen niederlegten, ihre Kleider wieder anzogen, und friedfertig ans Schiff kamen ohne die geringsten Feindseligkeiten auszuüben.

Weil wir neue Masten brauchten, denn unsere alten waren von den Stürmen gesprungen, und überhaupt sehr beschädigt, so schickten wir unsere Zimmerleute in den Wald, Bäume zu fällen. Sie wurden dabey von den Eingebohrnen keinesweges gestört. Sie fanden Bäume von hundert bis hundert und funfzig Fuß, ohne allen Auswuchs und Schaden, welche im Umfange von vierzig bis sechszig Fuß maßen. In diesen Bäumen hatten die Adler ihre Nester. Wie wir sie aber gefällt hatten, war die größte Schwierigkeit sie am Bord zu bringen, doch die Wilden halfen uns sehr bey dieser Arbeit. Gerade fiel um die Zeit ihr Frühling ein, und das Wetter ward besser und milder. Wie wir ankamen, stand das

Thermeter auf 38½ Grad, und jezt den 20ſten April war es wieder bis zum 62ſten Grade geſtiegen. Wir konten damahls frei in den Wäldern herumſtreifen, der Schnee war geſchmolzen, und alle Flüſſe vom Eiſe befreit, wir fanden auch Wildpret überflüßig, und Fiſche für unſere Bedürfniſſe hinreichend.

Den 22ſten frühe beſuchten uns eine groſſe Menge entfernter Indier, die weit her mit Pelzwerk und andern Waaren kamen. Sie waren mit koſtbaren Pelzen bekleidet, die ihnen bis auf die Füſſe reichten, und unter ihnen bemerkten wir einen vornehmen Jüngling, dem die übrigen groſſe Ehrfurcht bezeugten. Unſer Kapitain nöthigte ihn an Bord, welches er anfangs abſchlug, wie wir ihm aber einige Aexte, Gläſer, Spiegel, und andere ſeine Neugier reizende Sachen zeigten, ließ er ſich ins Schiff bringen. Er blieb hier eine ziemliche Zeit und bewunderte alles was er ſahe. So lange dieſe mit uns handelten, ließ ſich keiner von den andern Wilden erblicken, aber kaum hatten ſie uns wieder verlaſſen, als ein anderer viel zahlreicherer Haufen von Wilden, ſie in dem Hafen umzingelte, ihnen alles abnahm was ſie von uns erhalten hatten, und darauf zu uns kam Handel zu treiben.

Den 26ſten waren wir ſeegelfertig, die Zelte wurden vom Lande an Bord gebracht, das Obſervatorium unſers Aſtronomen weggeſchaft, und unſer noch übriges Vieh, von der Weide getrieben. Wir ließen auch Gras zum Futter mähen, und hatten Zeit genug einen guten Vorrath von Heu zu bekommen. Durch Herrn Nelſons Hülfe, der Kräuter und allerhand Naturproducte in den neu zu entdeckenden Gegenden ſuchen muſte, erhielten wir noch einen guten Vorrath von wilden Küchengewächſen, die uns bei unſer weiteren Reiſe nach Norden ſehr nüzlich wur-

wurden. Wie alles fertig war, verliessen wir den Ort unsers Aufenthalts, und gingen wieder durch den Sund dem Kapitain Cook den Namen Georgensund beilegte, um bei gutem Winde und Wetter unsere Reise fortzusetzen. Wir waren aber noch nicht aus dem Sunde, als ein schleuniger Windstoß von Ostsüdost uns in die gröste Verwirrung brachte. Unser Bot war noch nicht wieder am Bord, unser Verdeck voll Holz und allerlei Schiffsgeräthschaft, und eine dunkle neblichte Nacht brach ein, so daß wir während unserer ganzen Reise in keiner gefährlicheren Lage waren, und sogar noch während des Sturms in der Resolution ein Leck entdeckt wurde. Endlich verliessen wir den Sund, seegelten westwärts bis Tages Anbruch, und wie wir die Resolution nicht sahen, nahmen wir einige Seegel ein. Gegen Mittag kam sie wieder zu uns, aber dem Anschein nach in schlechtem Zustande, der Sturm dauerte fort, und den ersten May ward erst das Wetter wieder heiterer, und wir konten mit guten Winde weiter seegeln. Was wir während unsers Aufenthalts in Georgensunde, bey den Einwohnern und sonst merkwürdiges entdeckten, wollen wir nun unsern Lesern vorlegen, ohne das zu wiederholen, was nebenher bereits angemerkt worden.

Bey unserer Ankunft schien uns das rauhe Betragen der Einwohner eben keinen angenehmen Aufenthalt zu versprechen. So bald sie aber fanden, daß wir in Noth waren, und unser Schiff nur ausbessern wollten, so leisteten sie uns alle nur mögliche Hülfe. Sie versahen uns hinlänglich mit Fischen und wie sie merkten, daß unsern Leuten der Trahn schmeckte, den sie in Blasen brachten, so überliessen sie uns ihren Vorrath, gegen alles was wir ihnen zuerst anboten. Sie waren nicht eher diebisch, als wie sie unsre nahe Abreise merkten, aber damahls hatten sie eine solche Begierde nach unsern Sachen daß sie der Versuchung keinesweges wiederstehen konten, alles was ihnen bey Gelegenheit vor den Händen kam weg zu mausen.

Wir fanden, daß der Meerbusen worin unser Schiff ankerte, in 49 Gr. 33 Minut. nördlicher Breite, und 233 Grad 16 Minuten östlicher Länge belegen war, aber ob die Entdeckungen der Russen bis in diese Gegend gingen, konten wir nicht ausfindig machen. Daß die Einwohner bey unserer Ankunft Eisen und Metal kannten ist bereits gesagt, aber wo sie es herbekamen, konten wir keinesweges erfahren. Nach unserm Zustande, da wir eben nicht überflüßige Mannschaft an Bord hatten, durften wir uns nicht weit Land einwärts wagen, daher wir auch nur wenig von ihren Häusern sahen, und noch weniger Nachricht von ihrer Lebensart einziehen konten. Daß sie ihre Feinde verzehrten schlossen wir daraus, da einige in ihren Booten einen Menschen Kopf, und andere Arme und Glieder hatten.*) Fische und Wildpret waren ihre gewöhnliche Nahrung, und ihr Brod machten sie aus Fischrogen **) wie sie es aber verfertigten ist uns nicht bekannt geworden. Ihre Brühen und Saucen sind Seehundefett oder Trahn. Ihre Woh-

---

*) Nach Zimmermanns Bericht boten sie wirklich den Engländern Menschenfleisch an zu kosten, und diese tauschten von ihnen einige getrocknete Menschenhände ein, die mit nach England genommen wurden. S.

**) Wahrscheinlich war was der Verf. Brod aus Rogen nennt, die bekannte Speise der Kamtschadalen Porsa eine Art Meel von zerstoßenen getrockneten Fischen. Aus dieser Nahrung läßt sich doch mit Grunde etwas von einer Verwandschaft dieser Nordamerikaner, mit den Rußischen Wilden des östlichen Asiens schliessen. S.

Wohnungen die meist in den Waldungen zerstreut liegen, waren alle von Holz erbaut, rund herum mit getrockneten Fischen, und Thierfellen behangen. Sie haben allerlei Masquen zu verschiedenen Zwecken. *) Einige tragen sie wenn sie zum Kriege gehen, und diese sind wirklich fürchterlich. Einige dieser Verkleidungen bedecken den ganzen Leib, und zuweilen nahmen sie die Gestalten solcher Thiere an, die von ihnen verfolgt werden, und in der Jugend werden sie abgerichtet, auch das Thiergeschrei nach zu machen. Sie haben allerlei Fallen, wodurch sie geschickt Vögel und Fische fangen, Schlingen, für wilde Thiere und allerhand Erfindungen, solche so bald sie gefangen sind zu erlegen.

Spuren von Ackerbau, oder die geringste Kenntniß, Erdfrüchte hervorzubringen haben wir unter ihnen nicht gefunden, sondern alles schien bey ihnen in dem ersten natürlichen Zustande zu seyn. In den Wäldern sahen wir Stauden in der Blüte, und Bäume, die Früchte versprachen, aber ausser Johannis-Beersträuchen, Wachholder und Himbeerengebüsch konte Herr Nelson unser Bootaniker keine bekannte fruchttragende Staude erkennen.

Die Mannspersonen waren wohl gestaltet, aber sie verstellten sich mit Fettbeschmieren, und grober Farbe. Ihre Farbe war dunkel kupferartig, und ihre Haare schwarz und schlicht, allein sie bepuderten, oder eigentlich sie befiederten solche so sehr mit Dunen, daß man die wahre Farbe kaum erkennen konte. Hinten waren sie gemeiniglich in einem Knoten

---

*) Abermals eine Uebereinstimmung mit den östlichen Insulanern der Fuchsinseln, deren Wahrsager bey ihren Geschäften in allerlei fürchterlichen hölzernen Masquen zu erscheinen pflegen. S. Beiträge zur Länder und Völkerkunde. I. Th. S. 243. S.

ten zusammengebunden. Zur Kleidung diente ihnen ein Mantel von Thierfellen, der sie von dem Nacken bis zu den Knien bedeckte, und ihnen ein wildes Ansehen gab. Einige trugen rauhe Mützen, aber ihre Anführer hatten einen andern mehr in die Augen fallenden Kopfputz. Sie hatten das Haupt mit Binden worin Federn steckten umwunden, und Federn bewiesen auch bey ihnen die Uebereinstimmung aller rauhen Völker solche zum Schmuck, und zu Zierrathen ihrer kriegerischen Kleidung zu wählen. Ihre Waffen bestanden aus zwanzig bis dreißig Fuß langen Spießen, Bögen, viertehalb Fuß lang, und zwei Fuß langen Pfeilen, die meisten mit Knochen und Steinen gespizt, doch einige auch mit Eisen. Sonst trugen sie ein ganz besondres sehr fürchterlich scheinendes Gewehr, daß Aehnlichkeit, mit einem sehr haarichten Mannskopf hatte. Es hatte Nasen und Augen, aber an der Stelle des Mundes, war ein sechs Zoll langes scharfes Stück Knochen oder Stein fest eingeschlagen. Wo der Nacken eigentlich seyn sollte war ein starker Band durchgezogen, mit dem sie es an den rechten Arm banden. Ein jeder Krieger war mit diesem Gewehre versehen, bey einigen sahen wir auch sehr lange Messer, nach welchen sie sehr begierig waren. Musikalische Instrumente fanden wir nicht unter ihnen, doch hatten einige sehr musikalische Stimmen, und schienen an Tanzen und Springen etwa wie die Bären sie zu machen pflegen nicht wenig Gefallen zu haben. Ihre Kanoes waren von ungemeiner Länge, einige auf dreißig bis vierzig Ellen lang, und aus den hohen Bäumen verfertigt, die wir hier zu unsern Masten fällten. In der Mitte hielten sie vier bis fünf Fuß, liefen, aber gegen beide Enden immer schmaler zu. Doch war das Vorderende höher als das Hindertheil. Ei-

nige

nige von einander am Schiffsboden befestigte Quer-
hölzer dienten das Schiff zu stärken, welches sie mit
sechs Fuß langen Rudern fortstießen. Einige von
diesen Kanoes waren barbarisch ausgeschnizt, und
mit Sonne, Mond und Sternenbildern bemahlt.
Aber was bei ihren Fahrzeugen uns am merkwür-
digsten schien, war ihre Verschiedenheit, von den
Corocoras der Molucken, oder andern Schiffen der
Südsee, welche insgesamt Ausleger, aber ein von
beiden Seiten befestigtes Plank und Lattenwerk haben,
das Umschlagen zu verhindern. Diese Nordamerikaner aber hatten dergleichen Hülfsmittel nicht, vermuthlich weil sie mit diesen langen Fahrzeugen nicht
so weit in die See wie jene sich wagen.

Die Weiber waren viel zärtlicher als die Mannspersonen, und in Mänteln eingehüllt, die aus den
Haaren wilder Thiere künstlich gewebt, und mit schönem Pelzwerke besezt waren. Wir sahen überhaupt
nur wenige von ihnen, und diese meistens bey Jahren. Ihre Gesichtsfarbe übertraf an Weiße die Männer, und selbst unsere Europäische Schiffsmannschaft.
Ihre Beschäftigungen schienen sie meistens in den
Häusern oder Hütten zu verrichten, denn wir haben
keine einzige bey dem Fischfange, oder in den Wäldern angetroffen. Nebst der Kinderzucht, und dem
Verfertigen der Kleidungsstücke, gerben sie auch wohl
die Felle und bereiten das Pelzwerk, womit sie gewis einen Handel mit andern Fremden treiben, wovon wir aber aus Unbekanntschaft mit ihrer Sprache nichts nähers erfahren konten. *) Wie wir den

Ha-

---

*) Zimmermann hat in seiner Reise ein Paar Worte zu-
fällig erhalten, die vielleicht etwas von ihrer Sprache,
und Umgang mit andern Völkern andeuten können. Bey
ihnen hies Makak kaufen, Tschiboks gut, und durch
Tschi-

Hafen verliessen, hatten wir über 200 Bieberfelle, ausser mancherlei andern Pelzwerk, von weniger seltnen und im Handel weniger gesuchten Thieren. Von häuslichen Thieren haben wir bey den Einwohnern blos Hunde gefunden.

Den 1sten Mai des Morgens, um unser Reisejournal fortzusetzen, war das Wetter schön. Wir sprachen die Resolution, und erfuhren ihre nahe Gefahr in dem lezten Sturme zu scheitern. Sie hatte dazumahl ein Leck bekommen, daß sie nicht zu stopfen vermögend waren, ungeachtet alle Hände am Bord sich damit beschäftigten, und jedermann den Kapitain nicht ausgenommen, an der Pumpe stehen muste. Das sonderbarste dabey war, daß das Leck sich von selber stopfte, obgleich die Zimmerleute alles Nachsuchens ungeachtet nicht im Stande waren, das Leck zu finden, oder nachher die Ursache zu entdecken, wie es sich von selber verstopfte. Kapitain Cook lies uns bey dieser Unterredung wissen, daß er in dem ersten besten Hafen einlaufen würde.

Wir waren jezt frohen Muths, träumten die Mühseligkeiten nicht, die unser erwarteten, und verfolgten unsern Lauf schnell und eiligst. Um Mitternacht waren wir, unter 53 Grad 24 Min. nördl. Breite, im 226 Grad 26 Minuten östlicher Länge. Schaaren von Seevögeln flogen über uns hin, und unter diesen, lange Reihen von Gänsen und Schwänen die alle nach Süden zogen.

Wir hatten allerlei Anzeigen von Land, unter 54 Gr. 44 Min. nordl. Breite, 225 Gr. 44 Min. östl. Länge. Wir sezten unsere Fahrt gegen Nordosten

---

Tschikimli deuteten sie an, daß sie einen grossen Nagel dafür haben. Ueberhaupt ist hierbey zu merken, daß diese drei Worte nach dem Gehöre, vielleicht nicht einmahl auf der Stelle niedergeschrieben wurden. S.

osten längst dem Lande bis den 10 fort. Dazumal sahen wir eine grosse Insel, die felsicht, wüste, und ohne Einwohner zu sein schien. Wir segelten immer weiter zwischen dem festen Lande, und dieser Insel in Hoffnung einen Hafen zu finden, wo die Resolution ausgebessert, und nachgesehen werden könte. Wir kamen bis 59 Gr. 23 M. n. Br. und 23 M. östl. Länge, das Land blieb immer gebirgicht, und mit Schnee bedeckt.

Den 11. kamen wir im Gesicht des Vorgebürges Elias, dessen Spitze sich in die Wolken zu verlieren schien.

Den 12. suchten wir solches zu umsegeln, und fanden, daß das Land sich immer weiter Nordwärts ausdehnte. Um 3 Uhr Morgens lavirten wir, in der Absicht Nord-Nord West zu gehen, und sechs Stunden hernach öfnete sich eine breite Strasse, deren Einfahrt ungefehr vier Meilen breit sein mochte, wahrscheinlich war es eben dieselbe, welche in unsern Karten Anians Strasse hieß, und irrig unter 45 Gr. N. Br. und 230 Gr. Oestl. L. gesetzt wird. Gegen vier Uhr Nachmittags erreichten wir die Mündung der Strasse, fanden aber einen starken Strom gegen uns, ob wir gleich guten frischen Wind hatten. Gegen 6 Uhr Abends entdeckte die Resolution einen sichern Hafen, wohin das andere Schiff nachfolgte. Beide Schiffe wurfen hier Anker, und sogleich wurden die Boote ausgeschickt, einige unserer Leute beschäftigten sich mit Fischen, und andere wollten auf die Jagd gehen, als wir vier Kanoes von etwa 30 Wilden bemannt erblickten, welche etwa zwei Meilen von uns entfernt waren, und mit aller Macht auf unsere Boote zuruderten. Da diese nicht auf einen Angriff gefaßt waren, so zogen sie sich nach den Schiffen zurück. So, wie die Wilden unsern Booten näher kamen, stimmten

ten sie ihren Kriegsgesang an, schwenkten ihre Waffen, und forderten uns heraus. Aber zu rechter Zeit hatten sich andere Böte bewafnet, unsere Jäger zu unterstützen, die unterdessen außer aller Gefahr waren. Die Wilden hatten auch während dieser Zeit ihre Hitze abgekühlt, sie zogen sich nach der andern Seite des Hafens zurück; kamen aber bald mit einem weißen als Friedenszeichen ausgebreiteten Mantel wieder. Wir beantworteten dieses mit einer weißen Flagge, und darauf kamen sie ohne weiteres Bedenken an Bord. Ihre Gestalt, und Farbe wich wenig oder nichts von den Einwohnern im Georgen-Sunde ab. Sie hatten aber einen Einschnitt zwischen dem Kinne, und der Unterlippe, wodurch sie ihre Zunge stecken konten.

Wenn man hiezu noch die Zierathen von Kupfer und Blech nimt, welche sie in ihren Ohren und Nasen trugen, so kann man sich keine Groteskern Figuren denken, als sie vorstellten. Demungeachtet betrugen sie sich höflich gegen uns und da es beinahe Nacht war, nahmen sie Abschied und versprachen uns den folgenden Tag wieder zu besuchen. Dieses hielten sie auch, und brachten dieselbe Art Felle mit, als wir von den Indianern in unserm vorigen Hafen eingehandelt hatten, welche sie gegen die geringste Kleinigkeit welche von Eisen gemacht war, vertauschten.

Ihre Kleidung bestand aus den Häuten wilder Thiere, sehr nett zusammengenäht, über welche sie noch eine Decke hatten, welche dem Pergament ähnlich war; diese Decke war so dichte, daß sie dem Wasser wiederstand, und sie gegen alle Nässe schützte. Ihre gewöhnlichen Kanoes hatten Decken von derselben Art.

Wir bemerkten verschiedene Werkzeuge zum fischen bei ihnen, die wir nicht bei den südlichern Indianern gesehen hatten, als Wurfspieße und Harpune, welche
sie

sie sehr bereit zu verkaufen waren; ihre Kleidungen welche für uns von grossem Werthe waren, schienen sie gleichfalls wenig zu achten, und verkauften sie unsren Matrosen, welche sie wärmer und dem Klima angemeßner fanden, als ihre eignen Kleider. Sie hatten auch Lanzen, von welchen die Spitzen mit Eisen beschlagen und von schöner Arbeit waren, nebst schön polirten Messern; diese weigerten sie sich aber zu vertauschen, obgleich wir ihnen noch so viel boten.

Den 13ten Morgens lichteten wir das Anker, und setzten unsern Lauf nordwärts die Meerenge hinauf, den ganzen Tag fort, indem wir uns mit der angenehmen Hofnung schmeichelten, die Durchfarth gefunden zu haben, die wir suchten. Wir segelten auf unserm Wege bei verschiedenen schönen Flüssen vorbei, welche sich in den ergossen, den wir eben untersuchten.

Um vier Uhr Nachmittages ankerten wir in 18 Fäden Wasser, und wurden sogleich von den Eingebohrnen umringt, welche zu handeln kamen. Unser Ankerplatz war gerade gegen über einem kleinen Flusse, der vortreffliches Wasser hatte, und die Böte wurden also gleich ausgeschickt, die ledigen Fässer anzufüllen, und die Zimmerleute beider Schiffe fiengen an den Leck den die Resolution bekommen hatte zu suchen; nach einer sehr mühsamen Untersuchung gelang es ihnen, ein Loch in der Seite des Schiffes zu entdecken, welches die Ratten ganz durch gefressen hatten. Glücklicherweise war dieses durch die Bewegung des Schiffes im Sturm mit Unrath verstopft worden, welches den Untergang des Schiffs verhindert hatte.

Den 14ten als wir in dieser nothwendigen Arbeit begriffen waren, kam eine grosse Menge Indianer zu uns, welche uns überreden wollte, weiter zu fahren; als aber die Pinasse in Begleitung verschiedener Böte ausgesandt ward, die Meerenge zu untersuchen fand es sich,

daß

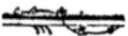

daß es uns eine Bay war, die keinen Durchgang in ein anderes Meer hatte. Nachdem wir also acht Tage hier zugebracht hatten, während welcher Zeit der ganze Sund untersucht ward, nahmen wir mit grosser Betrübniß über unsere fehlgeschlagene Hoffnung unsren Abschied, nachdem Capitain Cook ihn den Sandwich=Sund genannt hatte.

Den 20ten kamen wir wieder zur See, und segelten längst dem Ufer westlich, wo wir sahen, daß sich das Land bis Süden bei Osten erstreckte; es lag sehr hoch, und die Berge waren mit Schnee bedeckt. Wir segelten jetzt nach Süden, und Süd $\frac{1}{2}$ Osten.

Den 21ten erreichten wir die südlichste Spitze die wir den Tag vorher gesehen hatten, und entdeckten eine schöne Bay, welche sich ganz gegen Osten erstreckte, und an beiden Seiten hohe Ufer hatte. Wir warfen das Loth aus in 34 Faden Wasser, sandichten Boden. Wandten dann das Schiff um und steuerten die ganze Nacht N. O. bei O.

Den 22ten Morgens ward das Schiff wieder gewandt, und wir segelten westwärts.

Den 23ten wurden die Böte ausgeschickt, weil das Wetter schön und hell, und beinahe kein Wind war; und das ganze Schiffsvolk mußte fischen, die Officiere ausgenommen, welche das Vergnügen der Jagd vorzogen.

Den 24ten erhob sich ein starker Sturm von heftigen Windstössen und Regen und Schnee begleitet: Wir verloren in diesem Sturme unsre Bramstenge Raa und unsre Seegel und Tauwerke wurden auch beschädiget. Wir waren jetzt zwey Grade weiter gegen Süden gekommen und segelten immer längst dem Lande, indem wir jede Bucht und Bay untersuchten, bei der wir vorbei mußten.

Den

Den 25ten veränderten wir unsern Lauf, und segelten nach N. bei W. Das Land erstreckte sich gegen N. O. und war hoch und bergigt. Gegen Mittag segelten wir bei verschiedenen grossen Inseln vorbei, deren Lage von W. S. W. nach N. W. bei W. war, wir verloren sie aber bald in einem grossen Nebel aus dem Gesicht.

Den 26ten um 3 Uhr Nachmittages sahen wir das Land auf beiden Seiten sehr hoch liegen O. und W. und entdeckten in einer ansehnlichen Entfernung zwei feuerspeyende Berge.

Den 27ten fanden wir, daß sich der Fluß erweiterte je weiter wir hinauf kamen, und das Land ward flacher; wir fuhren diesen Tag und die folgende Nacht fort langsam zu segeln, und warfen von Zeit zu Zeit das Blei und fanden zwischen 30 und 40 Faden Wasser, muschelichten Boden und weissen Sand. Einmal schmeichelten wir uns auch die Durchfahrt gefunden zu haben, die wir suchten. Wir waren damals in 60 Graden südlicher Breite.

Den 28ten Morgens hatten wir 24 Faden Wasser, und die Strömung gieng noch immer stark nach Süden, so daß wir fünf bis sechs Meilen in einer Stunde segelten; weil sich aber der Wind legte ward Signal zum Ankern gemacht, und beide Schiffe ankerten in 26 Faden Wasser. Die Resolution versuchte mit ihrem kleinen Flußanker zu ankern, und ließ daher das ganze Tau auslaufen, verlor aber dies und auch den Anker und nachher auch den Boot-Anker, womit nach dem Anker gesucht ward. Um acht Uhr Abends ward das Signal zum Ankerlichten gegeben. Die Strömung ward auch gegen zehen so stark, daß beide Schiffe wieder in 25 Faden vor Anker kommen mußten. Es war jezt die ganze Nacht helle, und wir bemerkten sehr deutlich, daß der Fluß sehr schnell nach West N. W. floß.

Den

Den 29ten segelten wir mit gutem Winde weiter, und gingen sehr schnell fort, indem wir aber das Wasser versuchten, bemerkten wir daß eine grosse Veränderung damit vorgegangen war, und daß wir jezt anstatt salzes, frisch Wasser hatten. Diesen Tag wurden wir von einigen Indianern besucht, welche Felle gegen Kleinigkeiten vertauschten. Des Nachts bemerkten wir, daß sie grosse Feuer machten, die Flammen der Volkane verdunkelten aber ihr Licht: Noch waren wir von diesen weit entfernt. Wir fanden die Tiefe allmählig abnehmend den ganzen Tag als zuvor, bis wir an die Mündung einer weitläuftigen Bay kamen, wo das Wasser mit einmal flach ward, und wir in 9 Faden Wasser ankerten. Der Grund war brauner Sand und muschelicht als zuvor. Die Böte wurden jezt ausgeschickt, und kehrten nach einer vergeblichen Bemühung die Durchfahrt zu finden, und nachdem sie in zwei und vier Faden ganz süssem Wasser das Bleiloth ausgeworfen hatten, am folgenden Morgen zurück. Den Abend fieng ihre Arbeit wieder an, da sie gegen Nordosten das Bleiloth warfen, weil sie den vorhergehenden Tag in der entgegengesezten Richtung das Bleiloth ausgeworfen hatten. Hier entdeckten sie einen grossen Fluß, dessen Mündung sich von den Schiffen N. O. bey N. erstreckte; nachher aber wandte er sich gegen N. W. Er hatte an beiden Seiten hohe Ufer, und die Tiefe war zwischen 8 und $3\frac{1}{2}$ Faden. Diesen Fluß untersuchten sie mehr als zwanzig Meilen weit, und fanden daß er sehr reich an Fischen und Vögeln war; obgleich aber das Land von beiden Seiten mehrentheils hoch war, sahen sie doch weder Häuser noch Einwohner. Das Wasser war süß und die Strömung schnell; jezt verschwanden aber alle Hofnungen eine Durchfahrt nach einem andren Meere zu finden, und die Schiffe kehrten durch dieselbe Strasse zur See zurück. Mittlerweile daß die Böte das Biei auswarfen, giengen die beiden Kapitains mit einer Parthie

thie der Unsrigen, und einem Kommando Seesoldaten unter einen Korporal, an der östlichen Küste an Land, um sich mit Schießen zu belustigen, und das Land zu untersuchen. Wir waren schon über vier Meilen gegangen ohne Einwohner zu sehen und wollten eben die Wälder durchstreifen um Wildpret aufzutreiben, als eine Parthie von mehr als sechzig Indianern alle nach ihrer Art, mit Bögen und Spießen bewafnet, aus einem nahgelegenen Gebüsche herausstürzte. Einige unsrer Seesoldaten feuerten ihre Flinten über ihre Köpfe weg, welches ihren Lauf sogleich aufhielt, und sie bewog sich eben so eilfertig zurückzuziehn als sie heran gekommen waren; bis Kapitain Cook allein hervortrat und indem er seine Flinte auf die Erde sezte, ihnen Zeichen machte stille zu stehen. Einer unter ihnen welcher das Kommando zu haben schien, wandte sich hierauf schleunig um, bemerkte die Zeichen, und verstand sie; denn rief er den übrigen zu, die sogleich stehen blieben; und nach einer kurzen Berathschlagung, legten sie ihre Waffen nieder, zogen sich ganz nackend aus, und legten ihre Kleider neben sich hin. Dieß thaten sie vermuthlich um uns zu zeigen, daß sie keine Waffen versteckt hatten Jezt traten wir näher, und ließen uns in eine Art stumme Unterredung mit ihnen ein, woraus wir so viel begriffen, daß sie verlangten wir sollten sie nach ihrer Stadt begleiten. Wir ließen uns dieß gerne gefallen, worauf sie ihre Kleider bedächtlich wieder anzogen, und uns den Weg hin zeigten.

Da wir ankamen fanden wir eine Menge armseliger Hütten, in welchen sich Weiber, Kinder und alte Männer aufhielten; es waren auch verschiedene Hunde da, die über unsre Ankunft mehr erschrocken als ihre Herren zu seyn schienen, die Schwänze sinken ließen, und davon schlichen. Kapitain Cook kaufte einen dieser Hunde. Ihre Hütten bestanden bloß aus einigen langen Stangen, die auf eine unförmliche Art zusammengesezt, und mit von

Q

Heide

Heide überwachsener Erde, gedeckt waren. Die Thüre ist ein Loch nur eben groß genug, um hinein zu kriechen, welches sie in kaltem Wetter mit einem Bunde Holzes zusetzen. Die innern Zimmer waren bloß Löcher oder Gruben in die Erde gegraben und mit Abtheilungen wie die in einem Stalle versehen. Ihre Meublen hatten wir keine Gelegenheit zu untersuchen. Wir sahen verschiedene Blasen mit Thranöl und einige Felle herum hängen, nebst getrockneten Fischen in grosser Menge. Wir sahen auch verschiedene hölzerne Werkzeuge außer ihren Waffen, und grosse Haufen Salz in hölzernen Trögen. Sie hatten auch gedörrtes Fleisch, wahrscheinlich die Ueberbleibsel des Wintervorraths, welches sie roh verzehren und wovon sie uns etwas anboten.

In ihren Hütten oder Löchern brennen sie kein Feuer, sondern machen sie im Winter fest zu, und brennen beständig Lampen, denn während dem ganzen Winter kommt die Sonne hier beinahe niemals zum Vorscheine. Wir erstaunten da wir einige ihrer Kinder sahen, und bemerkten daß sie eben so blondes Haar und eine so weisse Haut hatten als die Kinder in Engelland. Ihre dunkle Kupferfarbe scheint deswegen davon herzurühren, daß sie ihre Kinder wenn sie jung sind, mit Oel beschmieren, und allen Veränderungen des Wetters aussetzen so lange es helle ist, und sobald es dunkel wird sie in ihren räuchrichten Höhlen einsperren. Wir fanden keinen Unterschied zwischen den Leuten, die diese Bay bewohnten und denen die wir bei der andern beschrieben haben. Nachdem wir unsre Neugierde hinlänglich befriediget hatten, kehrten wir wieder zu den Schiffen zurück, und segelten, weil uns jezt nichts mehr aufhielt, den 1sten Junii Nachmittags ab.

Wir waren jezt in dem 61sten Grade 15 Minuten nördlicher Breite, und im 209ten Grade 55 Minuten

ten östlicher Länge; viele Seemeilen ins Land hinein und erst den 6ten kamen wir zum Fahrwasser heraus.

Den 4ten feierten wir Sr. Majestät des Königs Geburtstag.

Den 5ten paßierten wir die feuerspeyenden Berge.

Den 6ten erreichten wir das Ende des Fahrwassers, zur grossen Freude der Matrosen, welche die ganze Zeit von unsrer Hineinfahrt bis zu unsrer Rückkehr sehr hart gearbeitet, und das Anker beständig ausgeworfen oder gelichtet hatten, je nachdem die Winde und die Fluth es erfoderten. Während unsrer Fahrt hier hatten wir häufigen Umgang mit den Einwohnern, von welchen die an der Seeküste besser bekleidet, und mit mehrern Zeugen und Werkzeugen theils von ihrer eignen Arbeit, theils von andern Nationen versehen waren, als die Innländer. Sie hatten auch mehrere verschiedene Gattungen Fälle, welche, starke Kennzeichen eines fremden Handels waren, obgleich wir durch alle unsre Bemühungen nicht erforschen konnten, auf welche Art dieser Handel getrieben wird. Diesen Tag war unser Lauf S. O.

Den 7ten seegelten wir S. bei O $\frac{1}{2}$ S. und um zwey Uhr Nachmittages paßirten wir zwey grosse Inseln, nachdem wir vorher verschiedene kleine vorbeigeseegelt waren. Wir sezten diesen Lauf mit weniger Veränderung bis zum 10ten fort, da die Resolution indem sie längst dem festen Lande seegelte, auf einen gefährlichen Rief stieß, welcher eben über dem Wasser dicht unter ihrer Leeseite, hervorragte. Das Glück verließ sie aber auch hier nicht, denn sie kam ohne Schaden davon.

Den 11ten wurden wir durch das Getöse der Wellen erschreckt, welches klang als ob ein grosses

Gebäude einfiele, und indem wir uns umsahen bemerkten wir, daß wir von einer ganzen Schaar Robben und Seelöwen umringt waren, die sobald sie uns erblickten, das erschrecklichste Geheul erhuben, das man sich nur vorstellen kann. Zugleicher Zeit schwamm ein grosser Wallfisch vorbei, auf den eine Kanone aber ohne Wirkung gelöset ward. Diesen Tag seegelten wir N. O. längst dem Winde.

Den 12ten sezten wir denselben Lauf fort, und sahen daß das Land auf eine grosse Strecke N. O. W. lag. Das äusserste der östlichen Spitze lag O. S. O.

Den 13ten änderten wir unsern Lauf, und seegelten nach Süden.

Den 14ten sahen wir die östliche Spitze in einer Entfernung von sieben oder acht grossen Seemeilen, unter der Breite von 56 Graden 23 Minuten, und der Länge von 205 Graden 16 Minuten. Wir seegelten jezt längst der Küste.

Den 15ten war das Wetter neblicht, und wir verloren das Land aus dem Gesichte: wir warfen heute das Bleywurf aus, und fanden mit hundert Faden keinen Grund. Es erhub sich jezt ein Sturm und beide Schiffe stachen in See.

Den 16ten legte sich der Sturm, das Wetter ward helle, und wir seegelten mit starkem Winde W. S. W.

Den 19ten seegelten wir landwärts, und sahen Land, welches sich so weit als das Auge sehen konte S. ½ O erstreckte. Wir waren jezt ungefähr zwei Seemeilen von der Küste entfernt, welche mit unzähligen Gänsen, Enten, Seeraben und andre Seevögeln bedeckt war.

Den 18ten seegelten wir längst der Küste, und paßirten viele Felsen und gefährliche Klippen, welche

sich

sich von dem festen Lande weit in die See erstreckte. Wir waren jezt im 55 Grade 26 Minuten der Breite, und 200 Grade 58 Minuten der Länge O. und waren schon alles Land nach Süden vorbey geseegelt, als wir drey Böte erblickten die auf uns zuruderten, und in welchen sechs Wilde waren. Sobald sie an die Seite des Schiffes kamen machten sie uns Zeichen, daß wir ankern sollten, indem die Leute am Ufer uns gerne sehen möchten. Zugleicher Zeit schien es uns auch als wenn wir einen Flintenschuß hörten, wir gaben aber wenig Achtung darauf. Unsre Leute sprachen aber immer fort mit den Männern in den Kanoes, einer von diesen machte Zeichen, daß sie einen Strick herunterlassen sollten, woran er ein kleines niedliches Kästchen befestigte, welches künstlich aus kleinen Stricken geflochten war; und für welches er kein Gegengeschenk annehmen wollte. Der Matrose der es herein genommen hatte, sahe es als eine grosse Seltenheit an, und fing an es genauer zu untersuchen sobald die Wilden weg waren, da er denn ein Schreiben in dem Kästchen fand, welches sogleich zu dem Kapitain gebracht wurde. Eine Berathschlagung ward alsdenn auf dem Verdeck gehalten den Inhalt zu entziffren; aber kein einziger an Bord der Discovery konte nur einen Buchstaben erklären. Das Schiff mußte also fürs erste beigelegt werden, drey Kanonen wurden gelöset und eine Flagge ward aufgesteckt um die Resolution aufzuhalten. Sobald diese unsre Zeichen bemerkte, geriethen alle an Bord in grosse Unruhe wegen der Discovery, indem sie sich vorstellten, es wäre ihr ein grosses Unglück zugestossen. Sie liessen also gleich ihr Boot aussetzen, und Herr Williamson der dritte Lieutenant kam in gröster Eile sich zu erkundigen was vorgefallen wäre. Unser Kapitain erzählte ihm die Sache,

che, und ging mit ihm zurück um das Billet Kapitain Cook zu zeigen. Dieser hielt auch eine Berathschlagung darüber und ließ es auf dem Officier Verdecke und unter den Matrosen herum gehen, daß jeder im Schiffe es sehen möchte, es war aber keiner der etwas mehr hätte entziffern können, als die Jahrzahl 1778, die auch nicht einmal deutlich war. Wir sezten also unsern Lauf immer längst der Küste fort, sahen aber keine Oefnung und auch keine Einwohner. Um Mitternacht sahen wir eine grosse Flamme, welche aus einem feuerspeienden Berge hervor brach. Wir bemerkten auch verschiedene Feuer im Lande. Nach einer Beobachtung fanden wir, daß wir im 54 Grade 47 Minuten nördlicher Breite, und 197 Grade 52 Minuten östlicher Länge waren.

Den 20sten früh Morgens erblickten wir etwas das einem Riefe glich, gerade vor dem Schiffe, und machten der Resolution ein Signal umzuwenden; Glücklich daß uns das Tageslicht in den Stand gesezt hatte der Gefahr zu entgehen.

Den 21sten seegelten wir S. W. da wir aber um acht Uhr Morgens fanden, daß sich das Land mehr nach Süden erstreckte, änderten wir unsern Lauf nach S. S. W. Die äusserste Spitze des Landes, welches wir im Gesicht hatten erstreckten sich auf sieben oder acht Meilen weit W. bei S. Das Land lag hoch und war mit Schnee bedeckt. Gegen 2 Uhr Nachmittages erblickten wir wieder die beiden Volkane, die wir zuvor gesehen hatten. Ihre Lage war in einer grossen Entfernung N. W. bei N. Unser Lauf während der ganzen Nacht war S. S. W. Weil das Wetter heute schön und nur wenig Wind war, waren alle unsre Leute mit Fischen beschäftiget, und in weniger denn vier Stunden Zeit, fiengen sie über sechs tausend Pfunde Kabbeljau und Meer-
but-

butten oder Heiligbutten (Pleuronectes Hippoglossus Linn.) Einige von den lezteren wogen über hundert Pfund.

Den 22ſten wurden die Fiſche die nicht friſch verzehrt werden konten, zum künftigen Gebrauche eingeſalzen und in Fäſſer gepackt, welches ein ſehr ſchätzbarer Vorrath war. Dieſen ganzen Tag war unſer Lauf S. W. bei W.

Den 23ſten richteten wir unſern Lauf mehr nach Weſten, die Luft war ſchwer und neblicht.

Den 24ſten noch neblichtes Wetter und wenig Wind. Sahen kein Land, bemerkten aber daß das Waſſer eine milchweiſſe Farbe hatte, warfen das Blei aus, und fanden Grund mit 47 Faden. Um vier Uhr Nachmittages, ſahen wir in der Entfernung von fünf groſſen Seemeilen zwei ſehr hohe Inſeln gegen N. W. liegen, und bemerkten, daß das feſte Land nicht weit entfernt war. Wir ſeegelten unter der Leeſeite der weſtlichſten Inſel fort, und richteten unſern Lauf die ganze Nacht nach Süden bei Oſten.

Den 25ſten früh Morgens änderten wir unſern Lauf, und ſteuerten S. W. wie ſich das Land erſtreckte. Um zehen Uhr denſelben Morgen ſahen wir das Land auf viele Meilen weit, aber keine Spuren von Einwohnern oder Häuſern; obgleich es keinen Zweifel leidet, daß die innern Theile des Landes ungeachtet es ſehr wild und unfruchtbar ausſa-he, und an vielen Orten mit Schnee bedeckt war, ſtark bewohnt ſey. Gegen 7 Uhr Abends ſahen wir Land in einer groſſen Entfernung ganz nach Süden welches wie eine groſſe Inſel ausſahe. Bisher hat-ten wir die Küſte eines unbekannten feſten Landes unterſucht, wenigſtens unſern Europäiſchen Geogra-phen völlig unbekannt, obgleich wir in der Folge ſe-hen werden, daß die Aſiatiſchen Ruſſen es nicht gänzlich

lich ununterſucht gelaſſen haben.*) Gegen die Nacht
fing die Luft an, dick zu werden, ob es gleich den
ganzen Tag ſehr helle geweſen war, und um zehen
war der Nebel ſo dicht daß man nicht eine Schiffs=
länge vor ſich ſehen konte. Wir löſeten die ganze
Nacht hindurch Kanonen, brannten Pulvermännchen,
und ſeegelten vom Lande ab; welches die Reſolution
gleichfalls that.

Den 26ſten Morgens, als ſich der Nebel zer=
theilte, fanden wir uns in einer tiefen Bay von ho=
hem Lande umringt, und wären beinahe unter einem
hohem Berge den wir vorher nicht geſehen hatten
an Land gelaufen. Beide Schiffe lieſſen ſogleich den
Anker in 24 Faden Waſſer und ſchlammichtem Grun=
de fallen, rings um uns her waren Klippen und
Brandungen, und es war eine beſondre Gnade der
Vorſehung daß wir dem Schiffbruche entgingen. Ei=
nige Zeit blieben wir ganz erſtaunt darüber ſtehen,
wie es möglich geweſen wäre, in eine ſo fürchterli=
che Lage zu gerathen. Da wir aber einmal darin
waren, befeſtigten wir zur gröſſeren Sicherheit beide
Schiffe, mit mehreren Ankern; und glücklich war es
für uns, daß wir dieſe Vorſicht gebrauchten, denn
es erhub ſich ein Sturm, bey welchem unſer gan=
zes Daſeyn auf der Güte unſrer Taue beruhete.

Den 27ten um 3 Uhr nach Mitternacht legte
ſich der Sturm, und das Wetter ward helle. Um
6 Uhr lichteten wir die Anker, und ſegelten unter dicht
ein=

---

*) Engländern unbekannt, aber nicht Ruſſen und Deutſchen;
denn was bisher von der Inſel Reihe die ſich von Aſien
noch Amerika erſtreckt bekannt iſt, haben die Deutſchen
aus Ruſiſchen Nachrichten gekannt, und erſt 1780 hat
ein Engländer Cox es aus den Deutſchen längſt gedruck=
ten Nachrichten, zum Beſten ſeiner Landsleute, ins Eng=
liſche überſezt. F.

eingerefften Marssegeln ab, indem wir unsern Lauf
nach N. W. lenkten, um eine Oefnung zu erreichen,
die wir eine Meile weit von uns sahen. Um 9 Uhr
ward aber der Wind so schwach, daß wir wieder an:
kern mußten, welches wir in 25 Faden Wasser auf
leimigtem Grunde thaten. Weil es eine gänzliche
Windstille war, wurden die Böte ausgeschickt, und
einige unsrer Herren giengen darin ans Ufer, das Land
zu untersuchen. In ihren Untersuchungen fanden sie
etwas das einem Indianischen Wohnplatze glich; es
war ein tiefes in die Erde gegrabenes Loch, über wel:
ches einige Stangen gelegt, die mit Rasen bedeckt wa:
ren: auch war eine Oefnung von ungefähr 2 Fuß im
Durchschnitte zum Hereinkriechen gelassen. In dieser
Grube fanden sie die Gräten von getrockneten Fischen,
und Vögelknochen, und nahe dabei eine Stelle wo
Feuer gewesen war, alles schien aber lange verlassen
zu seyn. Noch fanden sie eine Wallfischribbe von acht
Fuß lang, und es läßt sich nicht leicht erklären, wie
diese hieher gekommen ist. Gegen Mittag kamen un:
sre Herren wieder an Bord, und da sich ein kleiner
Ostwind erhub, lichteten wir das Anker, und nahmen
von dieser gefährlichen Bay Abschied, welcher Capitain
Cook den Nahmen der **Vorsehungs Bay** gab,*)
da wir es lediglich der Vorsehung zu verdanken hat:
ten, daß wir hier dem Verderben entgiengen. Wir
hatten den ganzen Tag schönes Wetter und hohes
Land rund um uns her. Wir hatten den gantzen
Nachmittag von 18 zu 36 Faden Wasser, mehren:
theils sandichten Boden. Gegen Abend sahen wir
eine grosse Parthie Eingebohrner, welche beschäftiget
waren, einen Wallfisch den sie getödtet hatten, an das
Land

---

*) Diese Providence Bay scheint die lange Bucht **Ugada**
oder **Udagha** auf der Insel **Unalaschka** gewesen zu
seyn. F.

Land zu ziehen. Sie waren zu beschäftiget sich um uns zu bekümmern; und es war schon spät, als zwei Canoes an das Schiff kamen, zu handeln. Wir erstaunten als sie Tabak von uns verlangten, und noch mehr, da sie uns welchen zeigten, wie auch Schnupftabak in ihren Dosen. Da der Tabak an Bord sehr rar geworden war, konten wir ihnen nur wenig geben; dies wenige aber nahmen sie mit Danke an, und verließen uns. Wir segelten jetzt bei verschiedenen hohen und gebirgichten Inseln, die gegen Osten lagen, vorbei.

Den 28ten Morgens gieng Herr Nelson, von verschiedenen andren Herrn begleitet aus, um Pflanzen zu suchen; sie fanden hier eine grosse Menge solcher die dem Lande eigen waren, nebst vielen andern sehr bekanten, als Schlüsselblumen, Violen, Johannisbeeren, Himbeeren, Wachholder, und viele andre nördliche Früchte, welche jetzt alle in der Blüthe waren. Sie fanden auch ein Vogelnest und darein fünf kleine Eyer, die Sperlingseyern sehr ähnlich waren. Nachdem sie sich eine Zeitlang aufgehalten hatten, kamen sie wider an Bord, und weil sich der Wind gänzlich gelegt hatte, und die Resolution weit vor uns war, mußten unsre Böte uns Buxiren, bis uns eine Strömung gerade entgegen kam, und alle ihre Bemühungen vereitelte. Diese Strömung war so heftig, daß die Resolution, welche ihr nicht wiederstehen konte, Anker werfen mußte, worin ihr bald die Discovery nachahmte. Jetzt kamen verschiedene Böte zu uns um zu handeln, und machten Zeichen, daß sie Tabak verlangten, woran unsre Leute selbst grossen Mangel litten. Gegen Mittag erblickten wir einen schönen Hafen gegen Westen, wir waren aber den ganzen Nachmittag beschäftiget uns der Strömung entgegen zu arbeiten. Unser erster Versuch den Strom entge-

entgegen zu segeln war vergeblich, und wir wurden auf dieselbe Stelle zurückgetrieben, wo wir ausgesegelt waren. Nachdem sich aber die Fluth zu unserm Vortheil gewandt hatte, machten wir einen zweiten Versuch und dieser gelang. Um sechs Uhr Abends kamen wir in 12 Faden Wasser vor Anker, und befestigten das Schiff bald nachher mit einem zweiten Anker. In weniger denn einer Stunde waren wir von mehr als 30 Kanoes umringt, welche frische Fische und troknen Lachs zu verkaufen hatten, die sie gegen kleine Nägel, Korallen, oder was wir ihnen sonst anbothen, vertauschten.

Den 27ten versähen die Böte die Schiffe mit Wasser, und die Seegelmacher untersuchten das Takelwerk, und alle andern nöthigen Verbesserungen wurden vorgenommen. Mittlerweile ruderten verschiedene Eingebohrne mit ganz zubereiteten Fischen um das Schiff herum, die sie ohne Unterschied allen anbothen, welche sie annehmen wollten; sie nahmen aber nichts dafür an, es sey denn daß man ihnen Tabak oder Schnupftabak anboth; sie versuchten auch nie, uns die allergeringste Kleinigkeit zu stehlen; es war sehr besonders, daß keine Weiber zu sehen waren, und auch keine die ganze Zeit über an das Schiff kamen.

Unser Kapitain bemerkte zwey Leute unter ihnen, die einiges Ansehen zu haben schienen, er lud sie also an Bord, und bewog sie durch vieles Bitten in die Kajüte zu kommen. Er schenkte jedem einige Korallen, und zwey oder drey Hände voll Tabak, für welches sie ihm Dankbarkeit auf die unterthänigste Art bezeigten. Diese ganze Zeit über war unser Botaniste und seine Gehülfen eifrig beschäftigt, und schickten eine Menge Sellery und andere heilsame Kräuter an Bord, nicht nur zum Gebrauche

brauche der grossen Kajüte, sondern auch für die Officiere und Matrosentische.

Den 1sten Julius ward das Signal zum lichten der Anker gegeben; da sich aber der Wind nach Nord=Osten drehte, konten wir den Hafen nicht vor den folgenden Tag verlassen; er lag unter 54 Grade 18 Minuten der Breite, und ward von Kapitain Cook Provideme=Hafen genannt. Um Mittag sahen wir das Land gegen Ost=Süd=Ost liegen, worauf wir das Schiff gegen Ost=Nord=Ost wandten, und diese Fahrt die ganze Nacht fortsetzten.

Am 3ten um zwey Uhr nach Mitternacht drehten wir das Schiff, und steuerten südwärts bis zu Anbruch des Tages, und veränderten alsdenn unsern Lauf wieder, und segelten Ost=Nord Ost. Am Mittage sahen wir das äußerste Ende des Landes gegen Ost $\frac{1}{2}$ Süd liegen.

Den 4ten steuerten wir um 2 nach Mitternacht gegen Nord Nord Ost. Um 10 Uhr fanden wir mit 70 Faden, einen schlammichten Boden mit Muscheln bedeckt. Um Mittag machten wir eine Observation zufolge der wir unterm 55 Grade 48 Minuten nördlicher Breite, und den 195 Grade 34 Minuten der Länge waren. Unser Lauf gieng die ganze Nacht durch nach Nord=Osten.

Den 5ten sahen wir Land das sehr niedrig und eben war, und südwärts von Osten lag. Wir waren 3 oder 4 Meilen von der nördlichsten Küste entfernt, und fingen von heute an das Blei zu werfen, bis zu unserer Ankunft in dem Hafen wo wir unsere Fässer anfüllten. Diesen Tag waren alle Leute mit Fischen beschäftiget, und da unsere Matrosen jezt auf zwei Drittel ihrer Portionen herabgesezt waren, hatten sie Erlaubniß was sie fingen entweder selbst zu essen oder zu

ver=

verkaufen. Zum Glück für sie, fingen sie etliche tausend Pfunde schöner Fische. Dieser Vorrath kam eben zu rechter Zeit, denn unser Rind- und Schweinfleisch war ganz von Salz durchdrungen, und von Maden fast verzehrt, so daß es nicht viel besser als faules Fleisch war, und die Ratzen und Rüsselkäfer-Maden, hatten sich so in das Brod hineingefressen, daß es zu Staub zerkrümmelte, sobald man es zerbrach. Um Mittag richteten wir unsern Lauf gegen Nord Nord Osten, da wir unterm 57 Grade 4 Minuten der Breite, und dem 199 Grade 40 Minuten der Länge waren.

Den 6ten sezten wir den nähmlichen Lauf fort, und fanden als wir das Blei warfen mit 12 Klafter Grund. Wir wandten das Schiff und steuerten gegen Süd-Ost und fanden als wir wieder das Blei warfen mit 3½ Klafter Grund. Nun waren wir in der Behrings-Strasse*). Wir drehten das Schiff wieder und segelten gegen Norden, nachdem wir durch Hülfe der Vorsehung wieder der Gefahr auf den Felsen zu scheitern entgangen waren. Wir hatten jezt eine

*) Es nennt der Verfasser dieser Tagereise allem Ansehn nach die Durchfahrt zwischen der Insel Unimak und dem festen Lande von Amerika oder Alaschka die Behrings-Strasse, welche vielleicht besser Krenizins-Strasse hiesse, weil der Kommandeur Behring nie in der Strasse gewesen, wohl aber Kapitain Krenizin. Hingegen sollte die Durchfahrt zwischen Asia und Amerika Behrings-Strasse heissen, da Behring ganz gewis, durch dieselbe 1728 gefahren und bis zum 67 Grade 30 Minuten Norderbreite gekommen ist. Herr Ober Consistorial-Rath Büsching hat zwar diese Strasse, welche Asien von Amerika scheidet, wollen Cooks-Strasse genannt wissen; allein da schon eine Cooks-Strasse vorhanden ist, zwischen den beiden Inseln von Neu Zeeland, so ist es schicklicher das Gedächtnis des braven Kommandeur Behrings dadurch zu verewigen, und sie Behrings-Strasse zu nennen. F.

eine sehr gefährliche und mühsame Schiffarth, deren Beschreibung den wenigsten Lesern Unterhaltung verschaffen würde. Bis zum 15ten fuhren wir bey sehr stürmischem Wetter fort Tag und Nacht das Blei zu werfen und das Schiff zu drehen. Das Wasser war sehr seicht und wir hatten einen starken Strom gegen uns. Den 15ten um zehn Uhr Morgens kamen wir bey schönem hellen Wetter unter dem 58 Grade 20 Minuten der Breite, und dem, 97 Grade 51 Minuten der Länge in 17 Klafter Wasser vor Anker. Die sechsrudrigen Boote beider Schiffe wurden gleich bemannt und alle Offiziere gingen ans Land. Wir sahen keine andern Einwohner als Bären, Füchse, und einige wilde Hirsche*); in den nahen Wäldern hörten wir das Heulen der Wölfe und anderer wilden Thiere; hielten es aber weder für sicher noch vernünftig Jagd auf sie zu machen. Nachdem wir den größten Theil des Tages mit Herrn Nelson botanisirt hatten, kehrten wir an Bord zurück. Wir hatten eine Bouteille auf dem Felsen gelassen, in welcher einige blaue und weiße Korallen waren, mit einem Papier worauf die Namen der Schiffe, und der Befehlshaber, die Jahrzahl unserer Ankunft an diesem Orte und eine kurze Nachricht von unserer Expedition standen. Kaum waren wir an Bord gekommen, so erhub sich ein frischer Wind, worauf wir die Anker lichteten, und gegen West-Nord-Westen segelten. Wir fuhren fort das Blei zu werfen und am 16ten ward das Wasser so seicht, daß wir es für rathsam hielten die Anker wieder fallen zu lassen, und die Boote mit einem Kompasse auszuschicken um die Strasse weiter hinauf zu untersuchen. In einer halben Stunde feuerten sie eine Flinte

---

*) Diese Hirsche werden wohl die **Rennthiere** seyn, welche in den Gegenden zu finden sind. F.

Flinte von den Booten, als ein Signal daß wir nicht weiter segeln sollten, und der Mann im Mastkorbe sahe Land, das nur eben über dem Wasser hervorragte. Dieses war ein unfruchtbarer Flecken, von der Größe eines Morgen Landes, worauf nichts als Muscheln und Fischknochen lagen. Da die Boote von Westen gegen Nord=Westen das Blei geworfen, und in einer Tiefe von zwei bis anderthalb Klafter Grund gefunden hatten, kehrten sie mit dem Bericht zurück, daß auf dieser Seite keine Durchfahrt zu finden sey. Von diesem Tage an bis zum 20ten peilten*) die Boote beständig auf allen Seiten während dem fürchterlichsten Sturme von Donner, Blitz und Hagel begleitet. Unsere Gefahr war so groß, daß Kapitain Cook selbst an aller ihrer Arbeit Theil nahm; hierzu kam noch daß die Resolution das Unglück hatte, ihren besten Bug=Anker zu verlieren, welcher losriß; und es war ein Wunder daß sie nicht scheiterte.

Den 17ten waren alle Leute die man entbehren konnte, beschäftigt, die See zu kehren, um das verlorne Anker wieder zu finden; aber alle ihre Bemühungen waren vergeblich; als sie von der Arbeit ganz ermattet waren, sahen sie sich genöthigt aufzuhören, und Leute von der Diskovery mußten ihre Stellen ersetzen.

Den 18ten ward das Anker wieder gefunden, und alle Offiziere an Bord beider Schiffe, waren genöthigt gemeine Matrosendienste zu verrichten. Keine Feder kann unsere Gefahr, in der schrecklichen Lage in der wir waren, beschreiben.

Der 19te ward gänzlich mit peilen zugebracht, aber ohne glücklicherem Erfolge: Den 20sten fand Kapitain Cook selbst indem er gegen Süd=Osten peilte, eine

---

*) Peilen heißt in der Schiffsprache in einigen Seehäfen, die Tiefe der See mit dem Blei=Lothe versuchen. F.

eine enge Fahrt. Der Grund nahm allmählig ab, von 8 bis 10 Faden. Nun trat die Hoffnung an die Stelle der Verzweiflung, und alle kehrten mit neuem Muthe wieder an ihre Arbeit. Wir lichteten gleich die Anker, und sezten unsere Fahrt mit einem schönen frischen Winde fort. Da der Tag heiter blieb, stellten wir um Mittag unterm 59 Grade 37 Minuten der Breite und dem 197 Grade 6 Minuten östlicher länge eine Observation an. Diesen Tag wurden wir von einigen Indianern besucht, die wenig zu verkaufen hatten, außer einigen gedörrten Fischen und ihren Mänteln.

Den 21sten gegen Mittag legten beide Schiffe bey, denn der Wind und die Strömung widersezten sich unserm weitern Fortgange.

Den 22sten waren wir sehr erfreuet, beim peilen zu finden, daß die See jezt 40 Faden tief sey; aber unsere Freude ward bald vermindert, denn noch vor Nacht fiel ein starker Schnee, daß wir nur mit der größten Mühe das Verdeck rein erhalten konnten; obgleich die Wache die ganze Nacht durch beschäftigt war den Schnee wegzuschaufeln. Dieses Wetter hielt bis den 26sten an, da es sich endlich aufheiterte.

Den 27sten ward das Wetter heiter, und wir fanden in einer Tiefe von 25 bis 38 Faden einen weissen sandichten Grund.

Den 29sten rief der Mann im Mastkorbe Land. Es lag sehr hoch, und gerade vor uns in einer Entfernung von ohngefähr 2 Meilen. Wir wandten das Schiff und stunden von demselben ab.

Den 30sten segelten wir längst der Küste, und richteten unsere Fahrt nach Nord=Nord=Osten. Die Tiefe des Wassers war sehr ungleich, denn zuweilen fanden wir mit 10, zuweilen mit dreißig Klafter Grund.

Den

Den 1sten August, fing die See an tiefer zu werden, da sich aber das Land südwärts streckte, waren wir genöthigt unsern Lauf zu ändern. Wir waren jezt unterm 61 Grad 14 Minuten nördlicher Breite, und dem 191 Grade 33 Minuten östlicher Länge.

Am 2ten segelten wir den ganzen Morgen gegen Nord=Westen, und wandten das Schiff um Mittag gegen Nord Osten, welchen Lauf wir bis den 3ten fortsezten, und alsdenn gegen Nord Nord=Osten steuerten. Wir sezten diesen Lauf fort, steuerten aber ein wenig ostwärts. Am Abend sahen wir Land, welches gegen Süd=Westen lag.

Den 4ten gegen Mittag, fanden wir Grund in einer Tiefe von 15 bis 20 Faden, und erblickten wieder Land das von Westen nach Nord ½ Osten zu lag. Nach Mittage peilten wir, und fanden das Meer nur 8½ Klafter tief. Des Abends ankerten wir in 15 Klafter Wasser.

Den 5ten berichtete man uns von der Resolution den Tod des Wundarztes Herrn Anderson. Seine Leiche ward mit den Ceremonien die zur See üblich sind bestattet, unser Wundarzt Herr Law ward an seine Stelle gesezt; und Herr Sampson der Gehülfe des Wundarztes auf der Resolution erhielt die Stelle des Herrn Laws. Heute legten wir in 12 Klafter Wasser bey: eine kleine aber hohe Insel sicherte uns vor dem Winde. Kapitain Cook nannte sie Schlitten=Insel, weil wir einen Schlitten und die Ueberbleibsel eines Indianischen Wohnplatzes darauf fanden; aber keine Einwohner. Wir sahen auch einige Indianische Schnee=Schuhe, Herr Nelson und seine Gehülfen fanden eine grosse Menge wilden Sellery und

R eine

Art von wilden Kärfel*), welche die Schiffs-Gesellschaft gehörig gebrauchten. Wir waren unterm 64 Grade 44 Minuten der Breite, und den 192 Grad 42 Minuten.

Den 6ten früh lichteten wir die Anker, und segelten gegen Westen bey Norden. Wie wir längst der Küste fuhren, sahen wir einige Indianer an der andern Seite der Insel, welche allem Anscheine nach uns besuchen wollten. Wir legten bey, nachdem wir aber eine Stunde umsonst gewartet hatten, sezten wir unsern Lauf fort. Wir kamen wieder in seichtes Wasser, und fanden Grund mit 4 bis 6 Klafter, sechs Meilen vom festen Lande.

Den 8ten erhub sich ein heftiger Sturm, mit Hagel, Regen und Schnee, welcher den ganzen Morgen anhielt; da der Wind sich aber gegen Mittag legte, wurden wir dicht an die Küste, unter einen hohen Strich Landes, und zwischen Felsen und Brandungen getrieben. Beide Schiffe legten gleich in 9 Klafter Wasser bey, die Resolution mit ihrem besten Butt-Anker, und die Discovery mit ihrem Theu-Anker.

---

*) Der englische Verfasser nennt es wild chichilling welches ein Nahme ist der gewis verdreht ist; denn es scheint cicely zu seyn, welches zuweilen den Scandix, chaerephyllum oder Æthusa, die man Kärfel, Kälberkern, und Gleiß auf deutsch nennt. Es steht zwar im Englischen Fetch dabei als eine Erklährung, welches, wäre es Vetch geschrieben, Wicken bedeuten würde. Es ist aber nicht sehr wahrscheinlich, daß Papilions Blumen tragende Pflanzen, über dem 64 Grade, so weit östlich wachsen. Es ist mehr glaublich daß es eine Dolden Blume sey. Vielleicht gar Heracleum Zeilkraut, welches häufig in Kamtschatka wächst. Ob ich gleich auch weis daß so gar in Lappland jenseits des Polarzirkels einige Papilions Blumen wachsen; allein diese östliche Gegenden sind viel kälter als Lappland. F.

ter. Glücklicher Weise erhub sich ein günstiger Wind, der uns aus dieser gefährlichen Lage befreyte. Da wir das Land gegen Nord-Westen zu sahen, richteten wir unsere Fahrt darnach, und nachdem wir die äusserste westliche Spitze umseegelt hatten, steuerten wir ostwärts.

Den 9ten um 2 Uhr nach Mitternacht kamen wir wieder vor Anker, mit einer starken Strömung gegen uns; da aber das Schiff vorne aufsezte, und die Seestürzung über uns weg ging, lief das Wasser von dem obern Verdecke in das untere, wie durch ein Sieb, so daß in einer halben Stunde, alles zwischen den Verdecken schwamm; und die armen Leute nicht einen trockenen Lumpen anzuziehen hatten. Dieses nöthigte uns so bald als möglich die Anker zu lichten, welches keine kleine Arbeit war, da viele unserer Leute von der Ermattung und den Regen und Schnee dem sie beständig ausgesezt waren, wie auch von der Feuchtigkeit der Schiffe Verkältungen bekommen hatten, die mit schleichenden Fiebern begleitet waren, und sie ausser Stande sezten, ihre Arbeit zu verrichten. Aus siebenzig Leuten, Officiere mit eingeschlossen, konten nur zwanzig am Haspel arbeiten. Wir hatten mit grosser Mühe unser Theu-Anker gelichtet, und zweimal vergeblich gesucht, das grosse Bug-Anker aufzuziehen, als uns die Resolution verließ, und alle Seegel auffspannte, um sich durch die Strömung zu arbeiten.

Wir waren nun in der äussersten Noth, aber endlich gelang es uns doch das Anker aufzuziehen, doch hatten wir das Unglück, daß zwei von unsern geschicktesten Leuten verwundet wurden, und es war in der That ein Wunder, daß niemand dabey getödtet ward. Die Resolution war uns nun aus dem Gesichte gekommen, da sie aber vermuthete, daß wir in Noth wären, legte sie zwischen einer Gruppe Inseln bei. Wir zählten nicht weniger als sieben die sehr klein und sehr hoch waren. Sobald sie uns zu Gesichte bekam seegelte sie weiter fort; wir folgten ihr, und spannten alle Seegel auf; um Mitternacht aber überfiel uns ein plötzlicher Windstoß, der unser Mars-Seegel zerriß, und unsern fliegenden Klüwer in Stücken zersplitterte; er dauerte indeß nicht lange.

Den 10ten hatten wir schönes Wetter, das Meer war ruhig, und wir seegelten sehr geschwinde fort, als wir unversehens in eine tiefe Bay kamen, aus der wir in der Entfernung einiger Meilen eine grosse Indianische Stadt sahen, welche unser Commodor vermuthlich aufsuchte, weil die Russen in ihren leztern Entdeckungen auf dem äussersten Ende der Asiatischen Küste eine Stadt gefunden hatten, welche sie Heleneski nannten. Diese Bay liegt, zufolge einer Observation untern 66 Grade 27 Minuten nördlicher Breite, und dem 188 Grade 3 Minuten östlicher Länge. Hier sollte nach den Bemerkungen der Russen die nordöstlichste Spitze von dem Asiatischen festen Lande liegen, welches wie wir bewiesen haben an das feste Land von Amerika gränzt, weil wir die Küste desselben von Kap Blanco dem westlichsten Vorgebürge von Kalifornien an bis zu dieser Bay erforschet haben, ohne eine Communication mit Hudsons Bay oder irgend einem andern Meere finden zu können. Doch ins künftige mehr hievon.

Hier warfen wir die Anker, und beide Kapitains von einer Parthey Seesoldaten begleitet, gingen an Land. Ein alter Indianer an der Spitze einer zahlreichen Menge seiner Landsleute, die alle in Felle gekleidet waren, kam ihnen entgegen. Er
hatte

hatte einen zwölf Schuh langen Speer in seiner rechten Hand, und sein Bogen und Köcher voll Pfeile hing über seine linke Schulter. Er hielt eine Rede an die Fremden die eine halbe Stunde währte, und am Ende derselben breitete er einen Mantel von weissen Federn als ein Friedenszeichen aus, welches Kapit. Cook mit Schwenkung seines weissen Schnupftuches erwiederte. Nachdem der Friede auf diese Art geschlossen war, machte der Indianer ein Zeichen an seine Landsleute, daß sie ihre Waffen niederlegen sollten, und sezte ihnen zuerst das Beispiel. Hierauf näherten sich beide Theile einander, und Kapitain Cook schenkte dem Alten einige Europäische Kleinigkeiten, nämlich Messer, Scheeren, Stecknadeln, Nähnadeln, Korallen und kleine Spiegel, welche man hier höher schäzte als Eisenwerk und andere theurere Waaren. Der Indianer war mit diesem Geschenke so zufrieden, daß er gleich das Kleid welches er anhatte, auszog, und es mit seinen Waffen dem Kapitain überreichte; und zu gleicher Zeit der ganzen Gesellschaft durch Zeichen zu verstehen gab, daß sie ihn nach der Stadt begleiten sollte, wo sie Sachen von grösseren Werthe finden würden. Die beiden Kapitains und ihr Gefolge nahmen die Einladung an, und nachdem sie mehr als zwei Meilen gegangen waren, kamen sie an die Stadt, von welcher der alte Indianer der Chef zu seyn schien. Hier kauften wir verschiedene Gattungen Pelzwerk ein, Zobel, Marder, Füchse, Bieber und einige Rennthierfelle, welche auf eine besondere Art an beiden Seiten zubereitet waren, und von welchen wir zwei zu Trommelfellen nahme. Sie hatten eine Menge Hunde von einer grossen Art, dieses waren aber auch die einzigen häuslichen Thiere, die wir sahen. Ihre Häuser oder vielmehr Löcher, waren ohngefähr so gebaut wie die welche wir längst der Küste gesehen hatten. Nachdem wir uns gegen zwei Stunden aufgehalten, kehrten wir zu den Schiffen zurück. Die Indianer begleiteten uns bis ans Ufer, wo sie von uns Abschied nahmen und bey unserer Abreise niederknieten. Kaum waren wir an Bord, so wurden die Anker gelichtet und wir gingen unter Seegel, und richteten unsern Lauf nach Nord-Nord-Osten.

Den 11ten seegelten wir verschiedene grosse Inseln die gegen Osten vor uns lagen vorbey, und liessen zugleicher Zeit, die äusserste Spitze des nördlichen Vorgebürges der Asiatischen Küste, welches sehr hoch und unfruchtbar ist gegen Osten *) liegen. Wir steuerten hierauf gegen Nord-Osten, und fanden Grund mit 6 bis 7 Klaftern. Um 3 Uhr fanden wir, daß die See eine milchweisse Farbe bekam, und sehr seichte ward; wir legten also in 7 Klafter Wasser bei, und schickten die Boote zu peilen aus, welche bald zurück kamen, weil die See so wie sie sich etwas entfernten, tiefer ward.

Den 12ten änderten wir unsern Lauf, und seegelten Nordwestwärts bis um Mittag, da wir nach Osten steuerten, und wieder verschiedene Inseln vorbey fuhren, die an der rechten Seite des Schiffes lagen. Des Abends paßirten wir den Arktischen Kreiß, und steuerten die ganze Nacht nach Westen bey Süden, so wie die Küste lag.

Den 13ten des Morgens steuerten wir wieder ostwärts. Wir waren nun unterm 66 Grade 35 Mi-

---

*) Es ist im Original Osten ausgedruckt, allein man sieht sehr leicht, daß hier Westen zu verstehen sey. Denn wenn die Schiffe in der Nordostlichen Richtung das Asiatische Ufer verliessen, so muß dasselbe nothwendig gegen Westen zurücke bleiben.

Minuten der Breite, und den 189 Grade der Länge. Das Wetter war warm und schön.

Den 15ten waren wir nahe am Lande, an einer seichten und felsichten Küste, wir steuerten gegen West-Süd-Westen, und wurden von einem starken Sturmwind mit Regen begleitet, überfallen, der den ganzen Tag dauerte. Des Nachts steuerten wir wieder gegen Nord-Nord-Osten, und sezten diese Fahrt die ganze Nacht fort.

Den 16ten um Mittag fanden wir uns unterm 69 Grad 46 Minuten der Breite, und dem 192 Grade östlicher Breite. Wir seegelten hierauf von Nord-Nord-Osten nach Nord-Osten, und fanden beim peilen Grund in einer Tiefe von 22 bis 23 Klafter Wasser.

Den 17ten ward das Wetter durchdringend kalt, und es fror so stark, daß das laufende Tauwerk bald mit Eißzapfen beladen war: dieses machte es sehr schwer die Stricke durch die Blocks durchzuziehen; und sechs Leute wurden gebraucht um die Arbeit die sonst ein einziger that zu verrichten. Am ausserordentlichsten aber war der plözliche Uebergang von der Hize zu einer so strengen Kälte. Der Tag vorher war warm und angenehm gewesen, und am Abende dieses Tages hing Eiß an unserm Haaren, unsern Nasen, und sogar an den Fingerspitzen der Leute, sobald sie sie auf fünf oder sechs Minuten der Luft aussezten: und je weiter wir nach Osten seegelten, je heftiger ward die Kälte; und das Eiß ward immer dichter.

Den 18ten froren die heissen Speisen während wir am Tische sassen; und dieses Wetter dauerte einige Tage lang. Wir waren jezt unter dem 69 Grade 46 Minuten nördlicher Breite, und dem 192 Grade östlicher Länge, und mit Inseln von Eiß umgeben, von welchen einige über unsern Köpfen hingen, als wir vorbey seegelten, und sehr schreckliche Besorgnisse in unsern Gemüthern erregten. Auf einigen dieser Inseln sahen wir viele Morse-Robben und andere Seethiere. Da wir nun schon tief im Eise waren und das Land gänzlich aus dem Gesichte verlohren hatten, steuerten wir noch immer nordwärts bis

Den 19ten da wir des Morgens so bald sich der Nebel zerstreuet hatte herum blickten, und nichts als Eißfelder mit See-Löwen, Morse-Robben und andern See-Thieren bedeckt, deren Anzahl sich auf einige Tausenden, wie wir dafür hielten erstreckte. Auf diese Art umgeben, macht die Resolution ein Signal beizulegen, und die Kanonen zu laden, indeß man die Boote in Bereitschaft sezte, um diese scheußlichen Geschöpfe mit Musketen anzugreiffen. Dieses hielten die Matrosen beider Schiffe für eine rechte Lust, und sie gingen zu dem Angriffe mit so viel Fröhlichkeit wie zu einem Spiel. Sie erhielten Befehl so bald die Kanonen gelöst wären, sie mit der Muskete so geschwind als möglich anzufallen. In einiger Zeit von wenigen Minuten, war kein Thier mehr zu sehen; daß nicht getödtet, oder doch so schwer verwundet war, das es nicht mehr zu der offnen See kriechen konte. Einige lagen brummend auf dem Eise, und waren noch nicht tod ob sie gleich zwei oder drei Kugeln im Kopfe hatten, andere wälzten sich herum mit schrecklichen rachgierigen Blicken, die allen die sich ihnen nähern würden, Verderben drohten. Alle Leute von den Schiffen waren jezt beschäftigt die todten Thiere an Bord zu bringen; es dünkte ihnen aber eine schlechte Belohnung für ihre Mühe, als Kapitain Cook den folgenden Tag Befehl ertheilte, daß das Fleisch dieser See-Ungeheuer

heuer die Stelle aller andern Proviſionen, Mehl ausgenommen, erſetzen ſollte. Die Equipage der Reſolution wiederſetzte ſich dieſem Befehl, und Kapitain Clerke machte auch Vorſtellungen dawieder, aber Kapitain Cook ſagte ihm, er mögte an Bord ſeines Schiffes thun, was ihm gefiel, aber der Zuſtand der Proviſionen an Bord der Reſolution machten dieſes nothwendig, und er würde ſelbſt das Beiſpiel dazu geben. Kapitain Clerke bemühte ſich vergeblich dieſen Befehl durchzuſetzen, und die Sache ging ohne ernſthafte Folgen vorbey.

Den 20ſten wandten wir das Schiff und ſteuerten weſtwärts, der Wind aber war uns ſehr entgegen. Wir drehten das Schiff alle zwei Stunden, und bemühten uns das Aſiatiſche Ufer zu erreichen, in der Abſicht die Küſten an beiden Seiten zu unterſuchen, ehe wir wieder ſüdwärts gingen. Wir waren jetzt unter dem 70 Grade 9 Minuten der Breite, und dem 194 Grade 55 Minuten der Länge.

Wir fuhren fort uns durch das Eis zu arbeiten bis den 25ſten, da ſich ein Sturm erhob, welcher es gefährlich machte weiter fort zu ſteuern. Es wurde alſo ſobald die Heftigkeit des Windes nachließ, an Bord der Reſolution eine Berathſchlagung gehalten, in der es einmüthig beſchloſſen ward; daß da dieſe Fahrt nicht zum Nutzen der Schiffarth gereichen könnte, welches doch der groſſe Gegenſtand unſerer Reiſe wäre, ſo wollten wir ſie nicht weiter fortſetzen, weil überdem der Zuſtand unſerer Schiffe ſo ſchlecht ſey, der Winter ſich näherte, und wir ſo weit von jeden bekannten Erfriſchungsplätze wären. Zufolge einer Obſervation die wir um Mittag anſtellten, waren wir unter dem 71 Grade der Breite, und dem 197 Grade der Länge; da unſere Schiffe umlegten.

Den 26ſten um 2 Uhr des Morgens bemerkten wir ein groſſes Eißſtück das ſich uns ſehr geſchwinde näherte, und in wenig Stunden darnach, ſahen wir lauter dichtes Eiß ſo weit das Auge reichte; es lag von Nordoſten nach Südweſten zu, und wir fuhren fort nach Weſt-Süd-Weſten zu ſeegeln.

Den 28ſten trieben verſchiedene Stücke loſes Eiß bey uns vorbey, eines davon ſtieß auf die Discovery, und erſchütterte das ganze Schiff; wir befürchteten, daß ſie beträchtlichen Schaden gelitten haben möchte, da aber der Zimmermann alles unterſucht hatte, fand er alles in guten Stande. Jetzo nahmen wir auf dieſe Jahrszeit Abſchied von dem Eiſe, und richteten unſern Lauf nach Süd-Süd-Weſten.

Den 29ſten ſahen wir des Morgens Land, welches von Nord-Nord-Weſten nach Süd-Weſten lag, ſehr hoch und mit Schnee bedeckt war. Des Abends näherten wir uns denſelben, und konten nicht eine Staude darauf ſehen, aber Vögel gab es in unzähliger Menge.

Den 31ſten bekamen wir das öſtliche Kap zu Geſicht. Es lag gegen Süd-Süd-Oſten, war ſehr hoch und mit Schnee bedeckt; um drei des Nachmittags ſahen wir zwey kleine aber ſehr hohe Inſeln, welche von Nord-Nord-Oſten nach Nord-Weſten zu lagen. Wir waren damals unter dem 68 Grade 10 Minuten der Breite; und dem 182 Grade 2 Minuten der Länge.

Den 1ſten September ſeegelten wir längſt der Küſte gegen Süden.

Den 3ten kamen wir in die groſſe Bay, in der wir den 10ten des vorigen Monats ankerten. Wir
wa-

waren unterm 66 Grad 31 Minuten der Breite, und dem 188 Grade 17 Minuten östlicher Länge.

Den 5ten verloren wir das feste Land von Asien, welches wir den Tag vorher verlassen hatten, aus dem Gesichte.

Den 6ten sahen wir Land. Es lag von West-Nord-Westen gegen Ost-Nord-Osten zu, war sehr waldigt, und die Thäler waren mit Schnee bedeckt. Hier waren die Küsten von Amerika und Asien nicht über 6 Meilen weit entfernt. Jetzt waren wir unter dem 63 Grade 58 Minuten der Breite, und dem 192 Grade 10 Minuten der Länge.

Den 7ten kamen zwey Kanoes in denen vier Indianer waren, vom Lande zu uns, obgleich wir vier Meilen weit entfernet waren. Wir legten bei, damit sie heran kommen könten, da sie aber bei den Schiffen waren, fanden wir daß sie nichts zu verkaufen hatten, als einige gedörrte Fische. Wir luden sie an Bord, konten sie aber nicht überreden in die Kajüte zu gehn. Der Kapitain schenkte ihnen einige Kleinigkeiten, mit welchen sie sich sehr vergnügt hinweg begaben. Sie waren in Felle gekleidet, nach der Gewohnheit aller der Einwohner von den westlichen Küsten von Amerika, bei denen wir keinen beträchtlichen Unterschied der Farbe und Kleidung fanden.

Den 8ten steuerten wir gegen Osten $\frac{1}{2}$ Norden, und segelten den Tag über bey verschiedenen Bergen und schönen Häfen vorbey. Das Land war sehr anmuthig, und die Küste hatte ein herrliches Ansehen. Wir fanden hier eine starke Strömung die nach Süd-Osten floß.

Den 9ten entdeckten wir Land rund um, und fanden daß wir in der Mitte einer grossen Bay waren, die aber sehr seicht war, denn sie war manchmal nur 3 aber niemals mehr als $5\frac{1}{2}$ Faden tief. Wir schickten die Boote aus um zu peilen, und zu gleicher Zeit zeigte sich Land, das von Süd-Osten nach Osten zu lag; wir hielten es zuerst für zwei Inseln, fanden aber hernach daß es an das Land angränzte.

Den 10ten segelten wir mit einem frischen Winde quer über die Mündung der Bay, nach der Nordwestlichen Küste; und vor Anbruch der Nacht entging die Resolution mit genauer Noth der Gefahr auf die Felsen zu stoßen. Wir waren jetzt wieder in der Beringstraße.

Wir ankerten den 11ten an einem Orte wo wir sechs Faden tief Wasser hatten, die östlichste Spitze der Bay welche Nordost gen Ost belegen war, zeigte sich wie sehr hohes Land in einer Strecke von acht Meilen. Des Nachts sahen wir an verschiedenen Orten Feuer, aber Indianer kamen doch nicht zu uns.

Den 12ten des Morgens wurden von beiden Schiffen die Boote ans Land gesandt, sie fanden hier einige elend gebaute Häuser, einen kleinen Schlitten, und allerlei indianischen Hausrath, aber von den Eingebohrnen ließ sich keiner sehen. Gegen zehn kamen sie mit einer Ladung Holz wieder an Bord. Dies war Triebholz und kam wahrscheinlich von Süden her, denn in der Bay selbst fanden wir nur schwarze Tannen. Wasser konte die ausgesandte Mannschaft nicht ausfindig machen. Wir wandten uns also nach einer andern Küste, schickten unsere Schiffsleute zum zweitenmal aus, und diese kamen wie das erstemal mit Holz beladen wieder. Die Mannschaft muste das Brennholz auf eine halbe englische Meile durchs Wasser auf ihren Schultern tragen, weil die Fahrzeuge wegen der

Bran-

Brandung und Klippen sich so weit vom Lande ent=
fernt halten musten. Vor einige war es höchst be=
schwerliche Arbeit, da sie sich kaum von einer sehr
entkräfteten Krankheit erholt hatten. Desselben Ta=
ges kamen auch einige Wilde in grossen Kanoen zu
uns. Sie brachten frischen und getrockneten Lachs
in ziemlicher Menge mit, den sie für kleine und
rothe Korallen, Nadeln, Messer, Scheeren und
Nehnadeln vertauschten. Am meisten aber schäz=
ten sie unsern Tobak. Gegen Tobak vertauschten
sie willig Bogen und Pfeile, alle Waffen, und was
ihnen sonst am liebsten war, nur konten wir ihnen
nichts davon überlassen, weil wir selbst nur so viel,
als die höchste Nothdurft erforderte, übrig hatten.
Wir musten abermals unsern Aufenthalt verändern,
und uns nach einen andern Theil der Küste wen=
den, wo der Ankergrund sicherer, und Holz und
Wasser leichter zu haben war. Hier schickten wir
unsern grossen Kutter aus mit einem Kompas und
Lebensmittel auf sechs Tage versehen, die Bay zu
untersuchen, um zu bestimmen, ob das Land welches
die Russen unter den Namen Heleneski, *) verzeich=
net haben, mit Amerika zusammenhängt, oder ob
man von demselben nach irgend einen benachbarten
unbekanten Gewässer kommen kann.

Unter=

---

*) Dieser Nahme ist wahrscheinlich verstümmelt, und scheint
Alaschka zu bedeuten, in dessen Nachbarschaft damahls
die Schiffe, nach dieser und Zimmermanns Relation wa=
ren. Dies bestätigt auch Zimmermann, der von dieser
kleinen Expedition redet, auf welche Lieut. King ausge=
sandt ward. Er sollte sehen, ob das unter den 61 Grad
belegene Land Lasco, (dies ist Alasca verstümmelt) das
die Russen schon gefunden, eine Insel, und ob bei dem=
selben eine Nordwestliche Passage sei. Sein Bericht war,
daß er hier eine mit dem festen Lande verbundene Halbin=
sel gefunden.

Unterdeſſen die Kutters mit Entdeckung der unbekanten Küſte beſchäftigt waren, muſten die Boote Waſſer und Holz holen, davon erhielt die Discovery über 20 Tonnen, und die Reſolution doppelt ſo viel, nebſt einen hinlänglichen Holzvorrath. Die Matroſen hatten Erlaubnis an Land zu gehen, um Beeren einzuſammeln die damahls reif waren. Sie funden auch, Himbeeren, Blaubeeren, rothe und ſchwarze Johannisbeeren. Blaubeeren nebſt vielen andern Arten alle in gröſter Vollkommenheit. Wir ſchickten auch einige von unſern Leuten aus, Fichtenſproſſen zu ſchneiden, um Bier davon zu brauen. Die Manſchaft war aber nicht ſehr mit dieſem Getränk zufrieden, vorzüglich wie ſie hörten, daß ſie keinen Grog bekommen würden, welches in dieſem kalten Himmelsſtrich ihnen ſtärkender und erwärmender war. Sie fiengen wirklich an darüber zu murren, und wir waren gezwungen, mit beiden Getränken abzuwechſeln, und einen Tag Grog, und den andern Sproſſenbier auszutheilen. *)

Bei dergleichen Landungen war die Manſchaft immer gut bewafnet, ſie hatten Marinen zu ihrer Bedeckung, ſie durften ſich nicht weiter vom Schiff entfernen, als man die Schiffskanonen hören konte, und muſten auf die gegebenen Signale an Bord zurückkommen. Dieſe Vorſicht war aber wirklich unnöthig, da die Eingebohrnen auf dieſer Küſte nicht zahlreich waren, und deſto weniger Hinderniſſe in den Weg legen konten.

Den

---

*) Nach Heinrich Zimmermanns Bericht, S. 96. war das Sproſſenbier, dem Schiffsvolk nicht ſo zuwieder. Er nennt es ein geſundes angenehmes Getränke, und man verfertigte es auf folgende Art. In einen halben Ohm Waſſer, worinn Sproſſen gekocht waren, wurden 5, 6. Pfunde Zucker und ein Maas verdicktes Wort, oder eingegohrner Bierextract gethan.

Den 17. kamen unsere Leute zurück, die zur Entdeckung der Bay ausgesegelt waren, womit sie zweimal vier und zwanzig Stunden zubrachten. Sie brachten die Nachricht, daß sie sich landeinwärts wohl vierzig Seemeilen erstrecken möchte, daß von ihnen die ganze Küste besegelt worden, und sie überall Grund von fünf zu viertehalb Faden angetroffen hätten. Dieser Meerbusen habe keine Gemeinschaft mit einem andern Gewässer, auch fanden sie keinen Strom der etwa eine Passage nach einem andern festen Lande anzeigte.*) Die kommandirenden Officiers bestätigten diesen Bericht, und nun wurden alle Boote wieder zu Schiffe gebracht.

Den 18. segelten wir weiter. Wir kreuzten wieder längst den Küsten, die wir schon einmal untersucht hatten, konten aber doch keine beträchtliche Entdeckung machen.

Den 25ten überfiel uns ein schreckliches Ungewitter, mit Sturm, Hagel und Regen vergesellschaftet. Der Hagel war wirkliches Eis, zwischen zwei bis drei Quadratzolle dick, wodurch einige unsrer Matrosen die auf den Verdeck arbeiten musten, verwundet wurden. Wir segelten auf dieser Fahrt einige ansehnliche Vorgebürge und Inseln vorbei, vorzüglich zwei Landspitzen die etwa eine halbe Meile von einander, unter 63 Grad 30 M. Nord. Br. belegen waren. Wir kamen ihnen näher, unsere Boote aber konten nicht über anderthalb Fuß Wasser gründen. Unter dem 62 Gr. 56 M. erblickten wir eine ganze Kette kleiner Inseln, die sich aber bei näherer Untersuchung in ein einziges wüstes,

Baum

---

*) Lieut. King untersuchte also was hier als Meerbusen angegeben wird, die südwestliche Küste von Alaska, und das Meer worin Schumagins Inseln liegen, welche er aber nicht fand.

Baum und Buschloses Eiland verwandelten *). Unter 60 Gr. 22 Min. zeigte sich uns ein schrecklicher Fels oder eine hohe über das Meer erhebende Insel **) ganz mit Schnee bedeckt, und nur von Robben, und Seevögeln bewohnt. Dieser legte Kapitain Cook den Nahmen Winters-Insel, wegen ihrer traurigen äussern Gestalt bey.

Den 26. gab die Resolution ein Signal, daß sie in Gefahr wäre. So wie wir uns näherten hörten wir, das sie in dem lezten heftigen Sturme abermals leck geworden, daß die sämtliche Mannschaft mit Pumpen und Ausschöpfen beschäftigt wäre, und daß sie das Schiff mit grosser Mühe in See halten könnten. Wir waren damals unter 58 Gr. 39 Min.

Den 29. überfiel uns abermals ein sehr heftiger Sturm, und die See war ausnehmend ungestüm. Oft war unser Schiff ganz unter Wasser, und die Wellen schlugen über unsern Boegspriet. Um Mitternacht fieng es an zu schneien, und die Resolution gab durch Schüsse und Signale von ihrem Zustande Nachricht. Am Morgen waren wir fünf bis sechs Meilen von einander, wir liessen also einige Segel fallen, und erwarteten ihre Ankunft.

Den 30. segelten wir wieder in Gesellschaft, der Sturm legte sich, und die See ward ruhig. Wir lavirten, die Zimmerleute suchten den Leck zu stopfen, und die übrigen fischten. Am Bord der Discovery wurden vier-

---

*) Diese hat Herr Pallas auf seiner Charte als Inseln die die Russen noch nicht recht kennen, unter dem angegebenen Grade als noch nicht genug untersucht, und so wie sich solche auf Synds Charte beim Coxe befinden, zweifelhaft bemerkt. Nach Synd liegen hier mehrere Inseln, und er nennt sie St. Myren, St. Samuel, St. Andreas, an welcher Insel Cook gewesen zu seyn scheint, St. Diomed, St. Titus, St. Agaphon.

**) Auch diese Inseln hat Herr Pallas auf seiner Charte.

zig grosse Stockfische und einige Turbote gefangen, ein angenehmer Fund für Matrosen und Befehlshaber, da unsere gesalzene Schiffsspeisen sehr schlecht wurden. Wir lagen unter 55 Gr 27 Min.

Den 1. Oktober sezten wir unsern Cours nach Süden fort, und sahen den 2. des Morgens Land. Wir suchten hier den Hafen Providence *), dessen Einfahrt wir nicht finden konnten. Um 6 Uhr Abends zeigte sich in einem tiefen Meerbusen ein indianisches Dorf, und unser Schiff ward von ungeheuren grossen Wallfischen umgeben. Wir sondirten mit dem Senkblei, konnten aber hundert Faden tief keinen Grund finden. Hier kamen einige von unsern alten Freunden zu uns, und wie sie hörten, daß wir ankern wollten, boten sie sich zu Piloten an, und einer von ihnen schlief die ganze Nacht am Bord der Diskovery. Den dritten befanden wir uns gerade gegenüber einer starken Ströhmung und sahen die Resolution im Anfange der Einfahrt. Des Nachmittags wurden uns Wind und Fluth günstig, und wir ankerten glücklich auf unsern alten Plaz **).

Nun musten alle Hände arbeiten. Die Schiffszimmerleute suchten das Leck zu untersuchen, die Seegelmacher, Seiler und Kalfaterer hatten jeder ihre Beschäftigung, die Segel und das Thauwerk auszubessern, die in den vorigen Stürmen und den mit Eis belegten Meeren grossen Schaden genommen. Das größte Vergnügen war der Fischfang für die Seeleute. Dieser war sehr ergiebig, nur erlaubte das Wetter nicht abermal das Netz auszuwerfen. An der Mündung des Hafens konnten sie zu allen Zeiten, ihre Fahrzeuge, mit grossen cent-
ners

---

*) Diese liegt auf der Insel Unalaschka. v. Zimmermanns Reise. S. 67.

**) Cook war hier schon den 24 Jun. gewesen, und er nannte ihn nach Zimmermann Reeshafen.

nerschweren Butten anfüllen, und einmal ward ein solcher Fisch 220 Pfund schwer am Bord der Resolution gebracht. Jede Tischgesellschaft der zusammenspeisenden Matrosen erhielt ein Fäßgen mit Salz, um ihren überflüßigen Fisch-Vorrath für die Zukunft aufzubewahren. Dies war sehr nöthig weil die Schiffe nicht eher als in den Inseln unter dem Wendecirkel frischen Vorrath einnehmen konten.

Den vierten gieng unser Kapitain an Bord des Kommodore, hier sagte ihm Kapitain Cook, daß die Resolution grosse Noth litte, und seit dem lezten Sturm kaum vom Untersinken hätte gerettet werden können. Man habe beim Nachsuchen im Brunnen bey der Pumpe drei Fuß Wasser gefunden, und wie die Zimmerleute weiter nachgesucht, hätten sie im untersten Schiffsraum die vollen Fässer im Wasser schwimmend angetroffen, wodurch ihm sehr viel Schiffsvorrath verdorben. Ihre erste Arbeit war die Vorschläge auf dem Schiffe zu öffnen oder Löcher darein zu hauen, um das Wasser in dem Raum zu lassen. Es ward dabey beständig gepumpt, aber dem Schiffe dadurch wenig Vortheil geschafft, denn bey aller anhaltenden Arbeit fand man im Raum auf 28 Zoll Wasser, wie es im Hafen ankam. Die Schiffszimmerleute rissen vom Spiegel auf 16 Fuß Plankwerk los, und fanden die Ribben und das inwendige Holz so sehr angefault, daß das Schiff nothwendig hätte sinken müssen, wären wir auch nur vierzehn Tage länger zur See gewesen. Wir hatten überdem andere Verrichtungen genug. Unsere Waaren für den Handel auf den Inseln unter dem Wendezirkel waren beinahe verhandelt, und ohne Geschenke, oder Kleinigkeiten die wir zum Tausch anbieten konnten, bekamen wir keine Lebensmittel. Wir brachten also einen von unsern kleinen Nothankern ans Land, um daraus Nägel, Beile, und Meissel schmieden zu lassen.

Unter-

Unterdessen vergnügten sich unsere Offiziers mit der Jagd, um das Land zu untersuchen. Sie fanden hier zu ihrer grossen Freude, eine Rußische Niederlassung auf einer benachbarten Insel, die durch einen etwa funfzehn Meilen lange Landenge, und einem Meerbusen, von zwölf Meilen getheilt war*). Die Neugierde bewog sie Ihre Führer waren zwei Kamtschadalen**), die von den Russen ausgesandt waren von uns Nachrichten einzuziehen, wie sie unsere Schiffe vorher nordwärts segeln sahen. Sie hielten uns in einiger Entfernung von ihnen für Japaner, mit denen sie damahls im Kriege verwickelt waren***), aber wie wir näher kamen, sahen sie aus der Gestalt und dem Bau unserer Schiffe, daß wir Fremde und Europäer waren, und sie suchten mit uns bekannt zu werden, auch im Fall wir Hülfe verlangten, uns solche so viel sie konnten zu verschaffen.

Der Weg quer über die Landenge war rauh und beschwerlich, so bald wir aber solchen nur zurückgelegt hatten, wurden wir von einer Rußischen Barke von zwölf Ruder, und ihrem Befehlshaber höflich empfangen. Er zeigte uns nach der Faktorei hin, wo wir noch eine kleine Rußische Vestung und ein Schiff von 50:60 Tonnen

---

*) Nach Zimmermann war diese Rußische Handelsloge auf Unalaschka belegen.

**) Die Russen bemannen ihre nach den östlichen Inseln zwischen Asia und Amerika bestimmte Fahrzeuge gemeiniglich zur Hälfte mit Kamtschadalen, die allein auf ihren elenden Baidaren sich nicht so weit von ihrer Halbinsel entfernen würden. Sie thun dies weil die Kamtschadalen mit geringerm Lohne zufrieden sind, auch auf langwierigen Fahrten weniger wie die Russen leiden.

*** Von diesem Kriege weiß man bis jezt in Europa noch nichts; und vielleicht erfährt man ihn eben so, wie den lezten Krieg der Spanier und Portugiesen in Brasilien durch den Frieden zu St. Pardo. S.

fanden, daß acht kleine Swivels, und eine dreipfündige Kanone am Bord hatte. Sie lag wegen bevorstehenden Winters abgetackelt, und sollte den nächsten Sommer nach Kamtschatka zurückgehen. Man zeigte unsern Leuten, den zur Faktorei gehörigen Vorrath, der größtentheils in Thran und Fellen bestand, ihre Kessel worinn Thran gekocht ward, und allerhand kurze Waare, die ihnen zum Tausch mit den Einwohnern nöthig war. Eiserne Kriegswerkzeuge gehören zu den verbotenen Waaren, und Waffen dürfen den Wilden überall nicht zugeführt werden. Die langen Messer die wir vorher bey einigen südlicher wohnenden Insulanern fanden, hatten sie vermuthlich den Russen geraubt, die zuerst in diese Gegenden kamen, und ein Opfer der wilden Barbaren wurden. Es war in der That sehr nachtheilig für uns, daß keiner von unserer Schiffsmannschaft Rußisch verstand, und wir musten alles was wir hier erfuhren nur aus Zeichen schliessen. Unsere Offiziers konnten nur ungefähr verstehen, daß ein Rußischer Kapitain, von den Eingebohrnen war ermordet worden, dessen Tod sie an den Einwohnern aufs strengste gerächt hatten. Diese musten nun einen jährlichen Tribut an Pelzwerk bezahlen, wie weit ihnen aber das Land unterworfen war, oder wenn die Russen es erobert hatten, das konnten sie nicht aus den Unterredungen herausbringen. Sie erfuhren daß die Insel (oder vielmehr diese mit Amerika zusammenhängende Landspitze,) Alaschka hieß, daß die Russen eine andere Niederlassung weiter gegen Süden hätten*). Ferner daß

---

*) Dies ist ohne allen Zweifel Kadjak, eine grosse Insel unter dem 55 Gr. Norder Breite, die der Steuermann Glottof 1763. entdeckte. v. Nachricht von den neuentdeckten Inseln. S. 104. Kadjack ist durch Hrn. Pallas (Nordische Beiträge 2 Th. S. 315.) etzt recht bekannt

daß mehr ihrer Schiffe mit den Einwohnern Handel trieben, und Trahn und Pelzwerke holten. Die Faktorei gewinnt bey diesem Handel jährlich auf 100,000 Rubel, er ist noch alle Jahr im Zunehmen. Ihre Besatzung bestand nach ihren Berichten, aus 40 Rußen von Kamtschatka, und 300 Eingebohrnen, die sie genau bewachen müssen *). Die Bewirthung unserer Kameraden bey den Russen war mehr freundschaftlich als prächtig. Sie gaben ihnen getrocknetes Wildpret, und Fische mancher Art, schwarze Zwiebacke und Rockenbrod. Ihre Butter war nicht besonders, sie hingegen ließen sich unsern Brantwein, und Wein, den die Unsrigen bey sich hatten, wohl schmecken. Der Abend ward in Gesprächen, Fragen, und Verkundschaften verplaudert, wovon aber beide Theile, wenig Nutzen zogen, nachher schliefen die Russen ruhig und ungestört auf unserm Schiffe. Den andern Morgen wurden unsere Bemühungen wiederholt, die Gegend, wo wir waren näher kennen zu lernen, aber nachher bekamen wir von den Russen vollständigere Nachricht, wie sie uns eine Charte ihrer Entdeckungen, und Eroberungen zeigten. Unsere Offiziers fanden genaue Uebereinstimmungen der Rußischen Charten mit den

S 3

ihri‑

kannt geworden. Sie liegt von Unalaschka etwa 800. Werste. Die Insel ist reichlich zwei hundert Werste lang, und zwanzig bis dreißig breit. Die Russen fanden auf derselben sehr viel Landthiere, auch in den Gebürgen grosse Bäume, aus welchen die Einwohner Kähne aushöhlen, die bis fünf Mann tragen können.

*) Von diesen Rußischen Niederlassungen schweigen alle Ruß. Berichte, von den Fahrten nach den Fuchsinseln und den pelzreichen Küsten von Nordamerika. Doch können die Engländer die mit den Russen nur durch Zeichen reden konnten, die von den Schiffen während des Winteraufenthalts, gegen die Wilden aufgeworfenen Verschanzungen, für beständige Posten gehalten haben.

ihrigen. Die Entdeckungen der Russen gingen vom 49. bis zum 68. Grad nördl. Breite, wodurch die Unmöglichkeit eine nordwestliche Durchfahrt in dieser Gegend zu finden sich noch mehr bestätigte.

Beide Theile, wurden nun gegen einander unterrichtender und theilnehmender. Die Russen wünschten die Namen der Schiffe und Befehlshaber, nebst dem Endzweck unserer Schiffarth zu wissen, und wir baten sie an Bord zu kommen, wo wir ihnen alle Nachricht geben wolten. Sobald unsere Officier die Rußischen Häuser besehen hatten, die von Holz erbauet waren, und die Häuser der Eingebohrnen von Stargen und Erde zusammen gesezt, welche wirklich nur um einen Grad besser und künstlicher waren als die Bieberwohnungen, kehrten alle wieder zu den Schiffen zurück.

Um fünf Uhr des Abends langten die Russen und unsere ans Land gesandten Leute am Bord der Resolution an. Kapitain Cook empfieng die Fremden, mit seiner gewöhnlichen natürlichen Freundlichkeit und Höflichkeit. Man brachte sie in die grosse Cajute, wo sie mit unsern Officiers speiseten. Hier giengen Gläser und Bouteillen fleißig umher, und dies war eine Beschäftigung worin die Fremden eine gute Rolle spielten. Auf die Frage wie lange eine Reise von Unalaska nach Kamtschatka dauerte, antworteten sie, indem sie das hohe in zwölf Theile theilten, und auch die beiden mittelsten zeigten, woraus wir schliessen konten, daß dazu sechs bis sieben Monat erfordert wurden. Wir frugen auch den Herrn des Schiffs das damals hier lag, um welche Zeit, er in Kamtschatka anzukommen gedächte, und wie er uns einen Zeitraum von neun Monaten nannte, nemlich kommenden Julius baten wir ihn Briefe mit zu nehmen, und diese durch Rusland nach England

zu

zu befördern, wenn er etwa vor uns hier ankommen sollte. Dies versprach er zu thun, und weil er ziemlich benebelt war, blieb er am Bord der Resolution bis den folgenden Tag. Er gieng hierauf mit den andern am Bord der Resolution, und nachdem sie hier abermals mit Grog bewirthet waren, schieden sie den Nachmittag fröhlich von uns.

Noch vor unserer Abreise wurden wir von den Obersten oder Oberkaufmann, der Rußischen Factorei besucht, der mit vielen Fahrzeugen mit Pelzwerk beladen von Süden hier ankam. Gleich bey ihrer Ankunft ward am Ufer des Hafens ein Zelt binnen einer halben Stunde errichtet, und mit Fellen bedeckt. Wir empfiengen ihn am Bord der Resolution, mit allen seinem Stande, gebührenden Achtung, und sahen bald an seinem Betragen, daß er kein Mann von gemeiner Klasse war. Er war ein junger Herr von weisser Gesichtsfarbe, und einer einnehmenden Leibesgestalt. In seiner Kleidung, war er zwar nicht von den andern unterschieden, die uns vorher besucht hatten, aber desto mehr, in Lebensart und übrigen Betragen. Er war weit gereist, aber nur in wilden Gegenden, und den nördlichen Provinzen Asiens. Er verstand die Sprache der Wilden, aber ausser dieser, und seiner Muttersprache, keine einzige. Wir bewirtheten ihn auf beiden Schiffen, so gut wir damahls im Stande waren, und ehrten ihn nach Würden, er schien auch nicht gleichgültig gegen unsre Begegnung zu seyn. Er schrieb einen Brief an den Gouverneur von Kamtschatka, den er Herrn Cook abzugeben ersuchte. Er hatte darin, wie wir nachher erfuhren, Nachricht von seinen Handelsgeschäften gegeben, und daß wir mit den Wilden Handlung getrieben. Uns sagte er, seine Wohnung wäre an der Küste, wo wir das Kästchen mit den Briefe erhalten hatten, und daß er den Brief geschrieben und weggesandt habe. Wir machten einander allerhand Geschenke, unsere bestanden, in Toback und starken Getränken, die seinigen aus Fellen und Pelz-Kleidern. Von Toback und Brantwein waren die Russen überaus grosse Liebhaber.

Er schlief zwei Nächte am Bord unserer Schiffe, und bemerkte aufmerksam, die Beschäftigungen unserer Handwerker, ingleichen die Bequemlichkeiten, und Einrichtungen auf unsern Schiffe, worauf er uns den 26sten verließ. Seine Absicht war eine Zeitlang bei seinen Landsleuten auf Ulaschka zu bleiben *), die von einigen am Bord der Resolution, wie oben vorher bemerkt worden, einen unvermuteten Besuch erhalten hatten. Die Reparatur war an beiden Schiffen beinahe geendigt, und wir wollten mit dem ersten guten Winde weiter seegeln, als sich plötzlich ein schwerer Sturm erhob, dessen Ende wir abwarten musten. Glücklich für uns, daß wir in einem sichern Hafen lagen, und seiner Heftigkeit nicht ausgesezt waren, obgleich das Meerswasser mit ungemeiner Gewalt auf uns zustürzte.

Den 29sten seegelten wir mit günstigen Winde aus, und richteten unsern Lauf nach den Sandwichs Inseln nicht fern vom nördlichen Wendezirkel. Hier dachten wir zu überwintern, und unsere Schiffe, für die bevorstehende weitere Reise mit Lebensmitteln zu versorgen.

Den 30sten überfiel uns ein unerwarteter Sturm, der unsere Verdecke fortriß, und wie wir zur Rettung

---

*) Unser V, nennt Unalaschka, wohin Zimmermann die Scenen der erzählten Verhandlungen mit den Russen sezt, immer unter diesen Namen, da Unalaschka auch bey einigen Rußischen Seefahrern Agunalaschka heißt, scheint der Englische Verfasser diesen Namen abgekürzt zu haben.

tung herbei eilten, kam Johann Macintosch ein Matrose dabei ums Leben, und der Bootsmann nebst vier andern Seeleuten, wurden sehr verwundet, *) zugleicher Zeit bekam unser Schiff einen Leck.

Den 1sten November waren wir wieder in der oben gedachten Ströhmung, weil aber der Wind günstig, und unser Leck nicht gefährlich war, seegelten wir weiter. Nachher begegnete uns, von der Zeit an da wir Providence Hafen, welchen die Russen Samgenuida nennen, **) verliessen, bis zu unserer Ankunft in O-whai-hi den 26sten desselben Monats nichts wichtiges, das erzählt zu werden verdiente. Wir waren bei unserer Ankunft hier so sehr von gewöhnlicher Schiffslast entblöst, daß Kapitain Clerke, gegen seinen Willen, Stockfisch anstatt Rindfleisch zur Speise austheilen ließ. Aber so bald wir nur Land sehen konten, besuchten uns die Einwohner in Menge, und brachten Lebensmittel aller Arten, welche sich auf ihrer Insel fanden, und unsere Leute Erlaubniß hatten einzuhandeln. Die Freude so jedermann darüber empfand, läßt sich nicht leicht ausdrücken. Statt Murren und Misvergnügen, welche auf allen Gesichtern sichtbar waren, zeigte sich Freude und Munterkeit. Frische Speisen und geneigte Frauenzimmer sind der Matrosen einzige Freu-

---

*) Unter diesen war der deutsche oft angeführte Heinrich Zimmermann, der diesen Anfall in seiner Reise S. 72. umständlicher beschreibt.

**) Dieser Rußische Name findet sich weder in den alten Nachrichten von den Fuchsinseln, noch in Dimitrei Bragins vierjährigen Seereisen nach den Inseln zwischen Kamtschatka und den Inseln zwischen Kamtschatka und Amerika, oder in Iwan Solowiefs Tagebuch, der in den Jahren 1770 bis 1774, bis an die Landspitze Alaska seegelten, in Pallas neuen Nordischen Beiträgen. Th. 2. S. 308. 325. ꝛc. S.

be, und wenn sie diese haben, werden alle vorige Beschwerden bald vergessen. Selbst diejenigen, die vom Schaarbock litten, und bleich und blas wie Gespenster umher schlichen, erheiterten sich, und wurden den Augenblick hurtig und lebhafter. Dieser schmeichelhafte Anfang besserte aber unsere Umstände doch nicht ganz und gar, die zur Untersuchung der Küste und Aufsuchung eines Häfens ausgesandten Bote, fuhren täglich längst der Küste, ohne einen sichern Ankerplaz zu finden, und wir hatten mehr zu thun einen schicklichen Hafen, als die ganze Insel wieder zu finden. Nichts kann beschwerlicher und verdrüßlicher in unserer Lage seyn, als im Angesicht des Landes umher zu treiben, ohne solches erreichen zu können, und in beständiger Furcht zu schweben, von Sturm wieder in die See, oder an Klippen geworfen zu werden. Wie wir zuerst die Leeward-Seite der Insel genau untersucht hatten, befahl Kapitain Cook, weiter in See zu gehen. Wir thaten dies und wolten die Südöstliche Seite umschiffen, um an das entgegen gesezte Ende zu kommen, *) wo man uns von einem sichern Hafen gesagt hatte. Wir verlohren dabei einen Mast, und eins unser Seegel zerriß, auch kam uns die Resolution ausser dem Gesichte. Wie das Wetter ferner ungestüm und stürmisch blieb, fieng das Schiffsvolk an zu murren, weil sie beschwerliche Arbeit verrichten, und mit schlechter und weniger Speise verlieb nehmen musten. Es ward wieder unter ihnen Grog ausgetheilt, welches seit unserer Ankunft an der Küste nicht geschehen war,

*) Nach Zimmermann stieſſen die Schiffe im 22. Grad
 N. Br. auf die Sandwich-Inseln, wo von Owhaihi,
 die größte ist. Sie fanden während sechswöchentlicher
 Aufsuchung eines sichern Hafens, funfzehn theils grosse,
 theils kleine Inseln, die alle sehr stark bevölkert waren.

war, und nur mit der gelindesten Behandlung konten unsere Leute, zur Arbeit gehalten werden. Doch das Weihnachtfest vertrieb allen Unmuth. Jedermann bekam eine Pinte Brandwein, und konte sich vergnügen wie er wollte. Den andern Tag gingen sie wieder an die Arbeit, und blieben dabei bis zum 16ſten Jan. 1779.

Damahls wurden nach langen in diesem Himmelsſtrich ungewöhnlichen ſchlimmen Wetter, unsere Boote zum erſtenmal wieder ausgeſchickt, einen Meerbuſen zu unterſuchen. Hier ſolte ein guter Hafen ſeyn, wo wir ſicher ankern könten, und wo wir Bauholz genug finden würden unſer Schiff auszubeſſern, und Lebensmittel unſere Reiſe fortzuſetzen. Denſelben Abend kamen die Boote mit der freudigen Nachricht wieder, ſie hätten einen Hafen angetroffen, der alle unſre Erwartungen zu erfüllen ſchien.

Den 17ten muſten die Boote unſere Schiffe in den Hafen Buriren, in Angeſicht einer faſt unzähligen Menge Zuſchauer, auf der Küſte, und in Kanoes, mehr als wir an einem Ort während der ganzen Reiſe beiſammen erblickt hatten. Wir ſchätzten ihre Zahl auf 2 bis 3000. So lange wir an der Küſte herum kreuzten, pflegten uns oft auf 200 Kanoes auf einmal zu beſuchen, und handelten mit uns, oder brachten wenn es das Wetter zuließ Proviſionen. Auſſer Lebensmitteln, brachten ſie uns auch Salz, Thauwerk und mancherlei von ihnen verfertigte Handelswaaren. Wir kauften ſie für unſere Schiffe, indem wir derſelben ſehr benöthigt waren. Das ſchlimme Wetter hatte unſer Thauwerk meiſtens zerriſſen, und alle unſere Leute, die wir nicht zu anderer Arbeit brauchten, muſten ſtetig Tag und Nacht Thaue knüpfen und zuſammen ſpleiſſen.

Um

Um zwei Uhr Morgens ankerten wir nebst der Resolution, die wir vorher verlohren zu haben glaubten, in siebzehn Faden Wasser. Von der Zeit an da wir in diesen Inseln einen Hafen aufsuchten bis zum achten Jenner waren wir nicht im Stande gewesen, dieses Schiff zu Gesicht zu bekommen, ungeachtet die Resolution so gut wie wir, alle Mühe angewandt, uns wieder aufzusuchen. Sie hatte viel an Masten und Thauwerk gelitten, und war eben so froh wie wir in dem Hafen ihren Schaden ausbessern zu können. Kaum lagen wir vor Anker, als der Prinz ein Sohn des O-ro-no oder Königs der Insel zu uns heran kam, und nach gehaltener Rede und bezeigten Friedens-Cerimonien, an Bord stieg. Er brachte ein auf ihre Art gebratenes Schwein, einige zugerichtete Brodfrüchte, und einen sonderbaren Mantel von rothen Federn unsern Befehlshaber zum Geschenke mit. Wir gaben ihm dagegen einige Aerte, Spiegel, Armbänder und andere ihm in die Augen fallende Kleinigkeiten. Hierauf sandten wir ihn in unsere Pinasse nebst seinem ganzen Gefolge an den Kapitain Cook. Hier ward er mit Schiffsmusic bewillkommt und bewirthet, so gut als die Verfassung des Schiffs erlaubte. Kapitain Cook zeigte ihm auch die schlechte Beschaffenheit desselben, und ersuchte ihn um den freien Gebrauch eines Stückes Landes um seine Zelte aufzurichten, und seine Geräthschaften aufzubewahren. Der junge Prinz bewilligte dies sogleich, zeigte aber an, daß sein Vater abwesend und in einem Krieg mit dem benachbarten König der Insel Mahwie verwickelt wäre. Er würde in zehn Tagen wieder kommen, weil man eben den Frieden zu stande zu bringen suchte, dennoch konten wir alles ans Land bringen, und der benöthigte Platz solte tabuhd, das ist zu ihren Gebrauch

brauch bezeichnet werden, damit die Eingebohrnen uns nicht stöhren oder beunruhigen möchten. Beide Befehlshaber nahmen den Vorschlag an, und begleiteten ihn nach den Wohnplatz der Eingebohrnen, wo sie ihre Zelte aufzurichten wünschten. Ihnen wurden hierauf einige freie unbesetzte Plätze angewiesen, worin man hin und wieder Pfähle einrammte, und um solche Thaue ziehen ließ, innerhalb welchen keiner von den geringen Indianern bei schwerer Strafe sich durfte betreten lassen. Nun liessen wir alles was wir ans Land haben wolten aus dem Schiffe bringen, unsere Zelte, die Schmiede, Masten, Seegel, das Thauwerk, unsere Wasserfässer, Brod, Mehl, Pulver, kurz alles was von unserer Ladung nachgesehen oder ausgebessert werden muste, ward ausgeladen. Die Eingebohrnen legten unsern damit beschäftigten Fahrzeugen nicht die mindeste Hinderniß in Weg, auch liessen sie unsere Leute ohne alle Weigerung hin und her fahren. Im Gegentheil überliessen uns ihre Häuptlinge einige leere Häuser, die bei unserm Schiffswerfte lagen, um unsere Kranken darin bis zu ihrer Wiedergenesung zu pflegen. Nie wurden Fremde mit grösserer Gastfreundschaft aufgenommen, als wir. Den andern Morgen kamen sehr eilfertig sechs grosse doppelte Kriegsfahrzeuge in den Hafen an, jedes von wenigstens 30 Rudern und in jeden Kahn sassen auf 60 nackte Indianer. Wie sie sich unsern Schiffen näherten, machten wir unsere Kanonen schußfertig, die Marinen musten sich in Glieder stellen, und jedermann ging an seinen Posten. Die Zahl der Wilden vermehrte sich so zusehends, daß noch vor Mittag mehr als 100 Kanoes die Schiffe umgaben, in denen wir auf 1000 Indianer zählten. In der erst trieben sie einen sehr freundschaftlichen Handel, sie hatten Schweine und Brodfrucht Plantan,

tan, und Bananes überflüßig, und was die Insel sonst hervorbrachte. Unser Handel hatte eine kurze Zeit gedauret, als eine unsichtbare Hand einen Stein in unser Cajütenfenster warf. Wir ließen zwar durch die Wache Achtung geben, allein binnen einer halben Stunde ward ein anderer Stein nach den Matrosen geworfen, die auf einem außer dem Schiff angebrachten Gerüst, dasselbe kalfaterten. Wir sahen den Thäter, und griffen ihn im Gesicht des Prinzen, der Grossen und der sämtlichen Versamlung. Er ward an Bord gebracht, angebunden, und empfieng funfzig Hiebe. Dies setzte alle in so außerordentliche Furcht, daß in wenig Minuten keiner um das Schiff zu sehen war. Gleich leichtfertigen Knaben die gemeiniglich davon laufen, wenn einer von ihnen wegen eines schlimmen Streichs bestraft wird. Und wirklich handeln diese Völker, in manchen Stücken wie Kinder, und in keinem Fall mehr, als wie damahls. Noch ehe der Tag geendet war, kehrten sie alle wieder zu ihrem Handel zurück, wie aber die Nacht anbrach, war kein Mannsbild zu sehen. Dagegen aber kamen gegen Kapit. Cooks Verordnung Schaaren von Mädchen und Weibern, die am Bord blieben. Der Kapit. hatte freilich bei unserer Ankunft auf der Insel, den Umgang mit allem Frauenzimmer verboten. Aber er fand zu bald, daß unser ganzer Handel aufhören muste, sobald dies Gewerbe gestöhrt ward, und nicht ein Schwein war uns feil, wenn wir den Mädchen verboten, es uns zu Markte zu bringen.

Manche haben Kapitain Cook, wegen seiner Strenge gegen die Indianer getadelt, er war es aber nicht blos gegen sie, sondern gegen alle auf Schiffen. Keinem vom seinen Leuten blieb auch der geringste Fehler unbestraft. Ward einer davon überführt,

führt, daß er einen Wilden gemißhandelt, oder sich an seinem Eigenthume vergriffen, so ließ er ihn sicher in Gegenwart der Indier bestrafen. Durch diese unpartheische Handhabung der Gerechtigkeit, bekamen die Indier einen so hohen Begrif von seiner Weisheit und seiner Macht, daß sie ihm gleiche Ehre, wie ihren Et=hu=a, oder guten Gott erwiesen.

Die mit Kalfatern beschäftigte Leute, kamen endlich bis zum Hintertheil unsers Schiffs mit ihrer Arbeit; hier fanden sie die Haspen am Ruder worin die Angeln gehen von Rost ganz durch gefressen, und die Angeln ganz nahe dran ausfallen, und ausser dem Kalfatern der Oefnungen und Fugen zwischen den Schiffsplanken, noch andere wesentliche Fehler. Diesen muste nothwendig abgeholfen werden, und alle andere Arbeit ward bis dahin aufgeschoben.

Alles ging nun nach Wunsch, und wir lebten mit den Wilden in der grösten Eintracht. Wenn die Vornehmen sahen, daß ihre Leute sich schlecht betrugen, oder den Verordnungen zuwieder handelten, so gaben sie sie selber an, und überlieferten sie uns zur Strafe. Sie waren so dienstfertig und gefällig, daß sie uns sogar die hölzerne Befriedigung ihres Marai, oder Begräbnißplatzes, der nahe bei der Stadt lag über liessen, wie uns Brennholz ermangelte.

Den vierten Tag nach unserer Ankunft, sahen wir einige grosse Canoes südwärts herkommen. Wir glaubten anfänglich es wären unsere alten Bekannten, mit denen wir an der andern Seite der Insel Handel getrieben hatten. Wie wir sie aber in der Nähe sahen, waren alle bewaffnet, nach ihrer Landesart kriegerisch gekleidet. Wir argwöhnten irgend eine verrätherische Absicht, aber der junge Prinz verscheuchte unsere Furcht, und versicherte, es wären Krieger die seinen Vater gegen den König von Mahwie begleitet hatten,

ten, und nun im Triumph wieder heimkehrten. Doch ungeachtet dieser Versicherung waren wir auf unserer Hut, zumahl die Weiber uns sagten, ihre Leute hätten die Absicht uns anzugreifen, und alle zu tödten, welches leztere sie durch mattu ausdrückten.

Um 9 Uhr des folgenden Tages umgaben mehr als 4000 Indianer das Schiff. Der Kapitain befahl zwei Kanonen ihnen über die Köpfe abzufeuern, um zu versuchen, was dies für eine Wirkung thun würde. In weniger als drei Minuten schwammen mehr als tausend Köpfe im Wasser herum, weil die meisten Krieger aus Schrecken über den unerhörten Knall, sich in die See stürzten. Auch kein einziges Kanoe blieb bey den Schiffen, oder ließ sich während einiger Tage sehen. Doch einige Weiber blieben an Bord. Diese konnte man des Tages nie überreden sich auf dem Verdeck zu zeigen, ob aber aus Furcht vor ihren Landsleuten oder unserer Artillerie, wußten wir nicht, da aller Handel aufhörte, und keine Lebensmittel uns zugebracht wurden, so gieng Kapitain Cook ans Land bey den Oberhäuptern Beschwerde zu führen, und sie durch einige Kleinigkeiten an Geschenken, wieder zum Handel zu ermuntern. Zugleich drohete er das Land zu verwüsten, wenn sie keine Lebensmittel am Bord bringen würden. Seine Vorstellungen hatten die gehofte Wirkung, und den andern Tag kauften wir 60 Schweine, nebst vielen Früchten, und eßbaren Gewächsen.

Nach einigen Tagen sahen wir auch den alten König von seiner Kriegsfahrt, nach Mahwie in den Hafen einlaufen. Ihn begleiteten über 150. grosse Kriegs-Kanoes, welche er in einem prächtigem Fahrzeuge anführte. An dessen beiden Enden waren zwei Götzenbilder, Männer von ungeheurer Grösse verstellend, die Mäntel von Federn umhatten, in denen rothe, schwarze, gelbe, und grüne Farben gewirkt waren.

ren. Sie nennen diese Bilder E-ah-tu-a, oder Kriegs=
götter, und ohne sie wird niemals ein Gefecht ange=
fangen. Sie fuhren die Schiffe vorbey, und schienen
sich wenig darum zu bekümmern. So bald sie ans
Land kamen, wurden die Kanoes ans Ufer gezogen.
Sie stellten sich in Kriegsordnung und marschirten un=
ter Anführung des Königs Gliederweise nach ihrem
Opferplatz, der etwa funfzig Ellen von unserm Zelte
entfernt war. Wie sie aber den Platz durch grüne
Büsche abgezeichnet fanden, welche unsere Grenzen an=
zeigten, giengen sie mit ihren Götzen in Prozeßion her=
um, bis sie auf den Morai ankamen, wo die Götzen
aufgestellt, und die Waffen niedergelegt wurden.

Nach dieser Cerimonie verfügte sich der König
von seinen Vornehmsten begleitet an Bord der Reso=
lution. Sobald er ins Schiff trat, fiel er auf sein
Antlitz, nebst dem ganzen Gefolge, zum Zeichen seiner
Verehrung und Unterwürfigkeit. Er hielt hierauf eine
Rede, die keiner von uns verstand, und überreichte
hierauf dem Kapitain drei Schweine, nach ihrer Koch=
kunst zubereitet. Ihm ward dafür ein Halsband, von
verschiednen Schnuren bunter Glaskorallen um den
Hals gethan. Der Kapitain Cook gab ihm zwei Spie=
gel, ein grosses Trinkgeschirr von Glas, einige Nägel
und andere Kleinigkeiten. Er nahm es alles mit gros=
sem Vergnügen an, und schickte alsobald einen Boten
ans Land, der mit einigen grossen Schweinen, mit Ko=
konüssen, Brodfrüchten und Zuckerrohr in unsern klei=
nen Kutter so viel er nur tragen konnte zurück kehrte.
Er blieb wohl eine Stunde auf dem Verdeck, und be=
wunderte den Bau des Schiffs, nachher ward er in
die Cajüte geführt, und ihm Wein angeboten, den er
aber nicht trinken wollte, er wollte auch nichts anders
kosten als Brodfrucht. Er war überhaupt so sehr
über alles was er sahe ergötzt, daß er nicht vor Abend

T die

die Schiffe verließ. Seine Statur war einnehmend, etwa sechs Fuß hoch, sonst war er stark und an verschiedenen Theilen des Leibes, wie die andern Krieger tatowirt. Seine Haut schälte sich wie in kleinen Schuppen, und sein graues Haar war kurz abgeschnitten. Kleider trug er nicht viel, sondern nur eine dicke Matte um seine Schultern, und auf dem Kopf eine Federmütze. Ehe er weggieng, sagte er uns, er habe 6000 Bewaffnete bereit gegen seine Feinde Krieg zu führen. Den andern Tag kamen unsere beide Kapitains in Begleitung ihrer Offiziers, dem Könige aufzuwarten. Sie wurden ehrerbietig empfangen. Nachdem das auf indische Manier zubereitete Essen geendigt war, stand der König auf, hing dem Kapitain Cook einen Indianischen Mantel um, den die grossen E‍a‍thu‍:ah‍:nu‍:eh nur zu tragen pflegen, und führte ihn an den Ort ihrer gottesdienstlichen Versammlungen, wo sein Haupt mit einem Kranz grüner Plantan Blätter bekränzt ward. Man sezte ihn ferner auf einer Art von Trohn, und ihr Priester in einem bunten Gewande, hielt eine lange Rede an den Kapitain. Diese beschloß er hernach mit einem feierlichem Gesang, in dem alle Anwesende einstimmten. Sie fielen hierauf dem Kapitain zu Füssen, und der König zeigte ihm an, das wäre sein Gebäude, und er selber ihr E‍:a‍thu‍:ha‍:nu‍:eh *). Von dieser Zeit bekam des Kapitains

---

*) Zimmermann erzehlt auch etwas von dieser Cerimonie, wodurch Kapitain Cook von den Einwohnern von O‍:waihi, vergöttert ward, aber zum Theil auf andere Art, zum Theil mit andern Nebenumständen. Er sagt die Einwohner hätten ihn zu Ehren ein Gözenbild aufgerichtet, das wie ihre gewöhnlichen geformt war. Diese flechten sie in der Form eines Brustbildes von einer Art dünnen und biegsamen Holzes, samt dem Halse, Kopf und Ohren. Sie sezen selbigen Augen von Perlenmutter

tains Pinnasse immer einen Befehlshaber von den Wilden, auf dessen Befehl die andern in ihren Kanoes, so oft Herr Cook vorbey fuhr, still waren, und sich niederwarfen, bis er ihnen aus den Augen war. Dies thaten sie auch wenn der Kapitain ganz allein war, überdem hatte der ihm zugeordnete wilde Begleiter den Befehl, daß wenn der Kapitain ans Land kam, er ihn immer nach seinem Hause auf dem Morai begleiten muste, den die Matrosen Cooks Altar zu nennen pflegten.

Wie wir zuerst bey dieser Küste ankamen, setzte uns der Anblick eines Berges, dessen hoher Gipfel mit Schnee bedeckt war, in nicht geringe Verwunderung. Dies war ein so seltner Anblick, auf einer tropischen Insel, so daß einige unserer Officiers von beiden Schiffen ein Verlangen trugen, den Berg näher zu untersuchen. Sie hielten beim König um Erlaubniß an, und erhielten solche, nebst einem Wegweiser, sie dahin zu führen. Ja auf zwanzig indische Oberhäupter stritten sich, um die Ehre ihre Karavanen zu vermehren.

Den 26. traten also Herr Nelson, und ein anderer von unsern Schiffen, ihre Reise nach dem Schneegebürge an. Sie fanden aber bald, daß mit derselben viele Beschwerlichkeiten, und mancherlei Gefahren verbunden waren, und sie musten unverrichteter Sachen zurück kehren, nachdem sie zwei Tage und eben so viel Nächte, in diesen unwegsamen Gegenden herumgeirrt waren. Sie wurden unterwegs oft von dem Pöbel beleidigt; dieser

T 2 *tümfte*

terschaalen, und grosse Schweinszähne ein. Von der Brust bis ganz über den Kopf besetzen sie selbige mit kleinen rothen Vögelfedern, in solcher Menge, daß man von dem innern Holze gar nichts mehr wahrnimt. Das dem Kapit. Cook zu Ehren errichtete Bild war statt den rothen mit weissen Federn geziert, und wie Hr. J. meint, aus der Ursache, weil Cook als ein Europäer eine weisse Gesichtsfarbe hatte.

rümfte die Nase, und machte allerhand Gesichter und verächtliche Mienen, womit sie im Kriege ihre Feinde zu reizen pflegen.

Den 29 kamen sie wieder zu den Schiffen zurück, und der ganze Vortheil von ihrer Wanderung bestand in einer vermischten Sammlung von Pflanzen, und allerhand natürlichen Merkwürdigkeiten, welche Herr Nelson mitbrachte. Während ihrer Abreise blieb alles bey den Zelten ruhig, und die Einwohner versorgten die Schiffe mit so viel Lebensmitteln aller Art, daß die Befehlshaber verbieten musten, nicht mehr Schweine zu kaufen, als in einem Tage geschlachtet, eingesalzen*), und gepackt werden konnten. Denn weil unsere Waaren so reissend bey den Eingebohrnen abgiengen, so brachten sie uns oft so viel Schweine, daß manche schnell wegstarben, weil wir nicht alle so schnell schlachten konnten.

Den 1. Febr. starb Wilhelm Watman, Konstapels Gehülfe. Sein Körper ward nach seinem Verlangen ans Land gebracht, und in des Königs Morai beerdigt. Die Eingebohrnen gruben sein Grab, etwa vier Fuß tief, deckten den Boden mit grünen Blättern, und legten sobald der Leichnam eingesenkt war, ein zum Speisen zubereitetes ganz gebratenes Schwein nebst Brodfrucht und Bananas zu seinem Haupt, und ein anderes zu seinen Füssen. Sie wollten ihm noch mehr Lebensmittel auf seiner langen Reise mit geben, als der Kapitain das Grab verscharren ließ. Zum Andenken des Verstorbenen ward dabei

---

*) Die Einwohner brachten den Engländern Salz zum Vertauschen. Es war schön, weiß, und das einzige, was sie nach Zimmermanns Zeugniß auf der ganzen Reise bey den Insulanern in der Südsee fanden. Ohne dasselbe wären sie nicht im Stande gewesen, ihre Mundprovision für die Fahrt nach Norden einzunehmen. Die Einwohner von O,wai,hi wußten es auch zu gebrauchen, und salzten sich Fische auf den Vorrath ein.

dabei ein Pfahl errichtet, mit seinem Nahmen, den Tag und Jahr seines Todes, und den Nahmen seiner Nation bezeichnet, und von seinem Grabe bekam der Hafen nachher den Nahmen Wattmanns Hafen. Den andern Tag rollten die Wilden grosse Steine über seine Gruft, und brachten abermals zwei ganz gebratene Schweine, Brodfrucht, Kokonüsse und Bananas, alles ward auf einem besonders dazu errichteten Gerüst gelegt.

Wir wollten nun abreisen, vorher aber bekam Kapitain Clerke noch vom Könige ein Geschenk von zwölf grossen Schweinen, drei mit Brodfrucht, Potatoes, Zuckerrohr, und Kokonüsse beladene Böte, und eben dergleichen erhielt Kapitain Cook auch.

Den 2. Febr. gieng der König zu uns am Bord, in Begleitung von zwanzig der vornehmsten Oberhäupter, und bat die Kapitains beider Schiffe, nebst den Officieren, am Lande ein Heiwah anzusehen, das von der königl. Familie aufgeführt werden sollte. Kapitain Clerke entschuldigte sich wegen seiner Unpäßlichkeit, aber Cook und die andern waren dabei zugegen. Der König und sein Gefolge speiseten bei uns am Bord der Resolution. Wir suchten sie durch unsere Schiffsmusik zu unterhalten, und diese gefiel ihnen so sehr, daß unsere Hautboisten und Trompeter kaum einen Augenblick Pause machen durften.

Gegen vier Uhr Nachmittags waren die Pinassen beider Schiffe in Bereitschaft, die Gesellschaft ans Land zu bringen. Sie liessen zu Ehren des Königs und aller Anwesenden Wimpel und Flaggen wehen. Ueber zwei hundert Kanoes begleiteten uns bis zur Küste. Hier empfiengen uns sehr viel Häuptlinge, die uns stillschweigend, nach dem zur Abendfeierlichkeit bestimmten Platze brachten. Aber die Schauspieler befriedigten unsere Erwartung schlecht, und wurden bei weiten von denen auf den andern südlichen Inseln übertroffen. Ihren Gesang fanden wir nur erträglich, mit dem der Heiwah, oder

das Schauspiel beschlossen war, und in dem ganzen Chor, stimten die jungen Princessinnen, die Hauptlinge, und selbst der König mit ein.

Sobald das Schauspiel vorbei war, gab Capitain Cook dem Könige zu verstehen, er werde mit seiner Erlaubnis ihm ein Feuerwerk geben, welches ihn zwar nicht erschrecken, doch aber in die größte Verwunderung setzen, sollte. Der König erlaubte es gern, und die Artilleristen erhielten Befehl so bald es dunkel geworden ihre Künste sehen zu lassen. Wie die erste Luftrakette in die Luft stieg, flohen die Wilden eilfertig weg, verbargen sich in die Häuser, oder wo sie Obdach fanden. Anfänglich waren einige tausend Zuschauer zugegen, aber in zehn Minuten blieben der König und sein Gefolge ausgenommen kaum funfzig, welche unsere Officiers nur mit der grösten Mühe zum Dableiben überreden konnten. Wie die zweite Rackete in die Luft stieg, hörten wir überall Wehklagen und Jammern, und als die Wasserraketten zu spielen anfiengen, wollte der König auch fort. Andre Arten Luftfeuer zu zeigen, hielten wir zu gefährlich, da diese die Zuschauer und den König schon in das gröste Schrecken versetzt hatten, wir nahmen also von ihnen Abschied. Den König hatten wir verständlich gemacht, daß unsere Abreise auf den ersten günstigen Wind erfolgen würde, er gab uns also des andern Morgens einem abermaligen Besuch, wie wir uns zum Absegeln rüsteten. Wie dies allgemein bekannt ward, bemerkten wir überall grosse Betrübnis, vorzüglich bei den andern Geschlecht, deren Klagen, und Weinen von allen Ecken her zu uns ertönte, den vierten musterten wir unsere Mannschaft, und keiner fehlte.

Wir verliessen den Hafen am fünften, und richteten unsern Lauf nach Mau-wih, wovon wir gehört hatten, daß auf dieser Insel ein guter Hafen, und trefliches Wasser zu finden wäre. Wir segelten noch nicht lange, als der König der noch nicht Abschied von uns genommen, und unsre Abreise nicht so nahe glaubte, uns, in einem Segelboote nach eilte, von seinem jungen Prinzen begleitet. Er brachte zehn grosse Schweine, Brodfrucht, viel Vögel, und eine kleine Schildkröte mit, letzteres war eine grosse Seltenheit, nebst Kokonüssen, Zuckerrohr, und Plantanen.

Unter des Königs Gefolge war auch ein alter Priester der Kapitain Clerke, immer grosse Zuneigung bewiesen, auch dafür nicht unbelohnt geblieben. Es war schon spät, wie sie unser Schif erreichten, ihr Aufenthalt war daher nicht von langer Dauer, und währte nur einige Stunden. Der alte Priester und einige Mädchen bekamen Erlaubnis bei uns zu bleiben, bis wir sie auf eine benachbarte Insel ans Land setzen konnten. Wir steuerten immer mit günstigen Winde fort, aber gegen Abend verwandelte sich derselbe in eine Windstille, wir geriethen an einen starken Strohm, der gerade an die Küste führte, uns aber besorgt machte auf den Klippen zu scheitern. Mitten in unsrer Verwirrung, und grossen Besorgniß auf Klippen zu geraten, und Schifbruch zu leiden, sprang der alte Priester, der die Nacht in der grossen Kajute geschlafen hatte über Bord, nahm ein Stück Seidenzeug fort, und eilte damit ans Land.

Den andern Tag bemerkten wir ein grosses Kanoe, zwischen uns und der Küste, wir näherten uns demselben, und sahen zu unserer grossen Verwunderung, den alten König nebst seinem gewöhnlichen Gefolge wieder, die den diebischen Priester an Hand und Fuß gebunden brachten. Sie wollten ihn dem Kapitain überliefern, und baten seinen Fehltritt zu verzeihen. Er that dies, und alsbald setzten sie ihn in Freiheit. Der König hatte ihn blos auf den Argwohn binden lassen, daß das Stück Seide, welches er bei sich hatte, vielleicht vom Schiffe entwandt worden, und wollte dadurch seine Achtung gegen uns beweisen. Eine merkwürdige Probe Indischer Gerechtigkeitsliebe und Edelmuths, die der Vergessenheit verdient entrissen zu werden. So bald sie den Raub wieder gebracht, den der Kapitain den König verehren wollte, schieden sie von uns, und kaum mochten sie die Küste erreicht haben, als wir von einem heftigen Sturme, nebst Hagel und Regenschauer überfallen wurden Wir hatten unglaubliche Mühe, uns vom Lande abzuhalten, und verlohren die Resolution bald aus dem Gesicht, die eben so wie wir sieben Tage lang nahe bei der Insel umhertrieb, und jeden Augenblick Schiffbruch befürchten muste. Den vierten Tag nach unserer beiderseitigen Trennung legte sich der Sturm ein wenig, und wir bekamen unser anderes Schiff wieder zu Gesicht; es lag unter dem Schutz einer hohen Ecke der Insel, mit heruntergenommener Focke Bramstange. Ihr Fockemars Raa war ganz heruntergelassen, und das Seegel gänzlich eingenommen. Dies gab uns aber Ursache zu glauben, daß der Resolution ein Unglück zugestoßen, und wir erfuhren bald nachher die nähern Umstände. Wir segelten auf sie zu, aber konten erst den andern Tag einander so nahe kommen, um zu sprechen. Kapitain Cook war selbst auf den Verdeck wie wir bei einander kamen. Er sagte, daß sein Vordermast an verschiedenen Stellen geborsten, daß sein Schiff leck wäre, und nur mit äußerster Mühe über Wasser gehalten würde. Wie sie den Leck des Morgens am 7. entdeckten, stieg das Wasser in drei Stunden,

den, dreißig Zoll, und daß seitdem sie Tag und Nacht mit Pumpen und Wasserablassen beschäftigt gewesen wären. Wir hörten auch, daß ihr Topfsegel am Hauptmast unbrauchbar geworden, und daß sie wieder nach Watmans Hafen zu gehen dächten, den Schaden auszubessern. Wir musten ihnen also folgen, konten aber nicht vor dem 11. an den Ort unserer Bestimmung kommen. Unsere alten Bekanten erneuerten ihre Besuche bald wieder, sie brachten uns Schweine und Brodfrucht, und warfen Bananas und Kokonüsse ins Schiff, ohne Bezahlung dafür zu verlangen. Der alte König, der Prinz und verschiedene Häuptlinge bewillkomten uns ebenfalls, und schienen froh über unsere Zurückkunft zu sein. Gegen zehn Uhr kamen beide Schiffe vor Anker, und alsbald waren alle beschäftigt den Mast loszumachen, und zum Ausbessern ans Land zu bringen.

Den andern Tag kam der König wieder an Bord, und wir erzeigten einander die gewohnten Freundschaftsbezeugungen. Aber gegen fünf Uhr des Abends kam ein grosses Kanoe auf uns zu, mit etwa sechszig bewafneten Kriegsleuten bemannt, sie führten wenig oder gar keine Lebensmittel mit sich, und schienen nichts Gutes im Schilde zu führen. Unser Kapitain beorderte sogleich jeden an seinen Posten, und ließ unsere Kanonen zum Schuß fertig machen. Um sechs Uhr ruderten sie weiter, ohne uns im mindesten Leides zuzufügen. Wir sahen aber auf einen hohen Berg einen andern zahlreichen Haufen versammelt, die Steine sammelten und häuften. Wie es dunkel ward zerstreuten sie sich wieder, aber die ganze Nacht erblickten wir Feuer, und Lichter brennen.

Den andern Tag, welches der 13te Febr. war, versammelten sie sich wieder, und rollten Steine von der abschüßigen Seite des Berges, die Schiffe zu beschädigen, wir aber waren zu entfernt, um Schaden zu bekommen. Unser Kapitain befahl daher mit Kanonen unter sie zu feuren, und in zehn Minuten sahn wir weiter keinen Wilden hier. Den Nachmittag kam der König an Bord der Resolution, und beschwerte sich bei Kapt. Cook, daß wir zwei seiner Leute getödtet hätten, und versicherte dabei, sie hätten nicht die mindeste Absicht uns zu schaden. Er blieb einige Stunden bei uns, und beschäftigte sich der Arbeit unserer Waffenschmiede zuzusehen. Beim Abschiede bat er noch ihm ein Pahawe zu schmieden, eine Art von Dolchen, die so dünn wie ein Degen, zweischneidig, und etwa zwei Schuh lang sind, und von ihnen beim Fechten in der Nähe gebraucht werden, und wir ließen dergleichen für ihn verfertigen.

Von dieser Zeit an wurden die Eingebohrnen immer unruhiger, und stahlen alles weg, was ihnen vor den Händen kam. Wir ließen zuweilen auf sie feuren, aber dies machte sie nur immer kühner. Einer der gerade die Schmiedezange gestohlen, und sich mit seiner Beute ans Land machte, ward von Kapitain Cook nebst einigen Seesoldaten wieder eingeholt. Aber seine Landesleute die seine Gefahr sahen, eilten haufenweise ans Ufer, dadurch er Gelegenheit fand sich zu verbergen. Die Menge aber anstatt ihn auszuliefern, griffen unsere Leute an, zerschlugen die Ruder, und zwangen die ganze Parthei zurückzugehen.

Kapitain Cook hatte nur wenig Marinen um sich, einige die bei den am Mast arbeitenden Schiffszimmerleuten Wache hielten, wollten das Gefecht nicht wieder anfangen, sondern zogen sich nach den Zelten zurück, hier ward die ganze Nacht genaue Wache gehalten, bis man die Sache wieder beyzulegen suchte. Eben deswegen ward Hr. Edgar unser Hochbotsmann,

an

an den gegen uns bisher gut gesinten Prinzen geschickt, ihm die Veranlassung des Gefechts zu hinterbringen, und den Verbrecher ausliefern zu lassen. Der Prinz anstatt auf seine Vorstellung zu achten, nahm eine andere Mine an, unser Gesandte ward sehr übel behandelt, und Hr. Edgar war froh mit einer guten Tracht Schläge wegzukommen. Die Eingebohrnen hatten sich überhaupt gänzlich geändert, und sie wurden täglich kühner und uns beschwerlicher.

Den 14. sahen wir einen zahlreichen Haufen von ihnen einen lauten Klaggesang anstimmen, sich langsam nach dem Schlag einer Trommel bewegen, die aber kaum alle Minuten geschlagen ward. Doch diesen Tag fielen keine Gewaltthätigkeiten vor, und es schien, als ob blos die den Tag vorher Getödteten begraben wurden. Die Mädchen aber die zu uns an Bord kamen, rieten auf unsrer Hut zu sein, indem ihre Leute nur eine günstige Gelegenheit abwarteten, unsere Schiffe anzugreifen.

Den 15. des Morgens fanden wir unser grosses Boot abgeschnitten, und dies überzeugte uns von ihrem Vorhaben. Beide Befehlshaber kamen also am Bord der Resolution zusammen, um über die Verbesserung unserer kritischen Lage zu berathschlagen. Alle anwesende Officiers waren der Meinung, den König zu greifen, und ihn an Bord zu behalten, bis das Boot zurückgegeben wäre.

In dieser Absicht gieng Capit. Cook des andern Morgens frühe mit 20 Marinen, unter den Kanonen beider Schiffe, ans Land. Die Indianer bemerkten unsere Bewegungen, und wie sie die Schiffe sich ihren beiden Wohnungsplätzen nähern sahen, die an beiden Seiten des Hafens lagen, glaubten sie, wir wollten uns ihrer Kanoes bemächtigen. Worauf sie mit ihren Kriegsfahrzeugen, die Flucht nahmen, sie
wurden

wurden aber mit Kartetschen zurückgetrieben, und Capitain
Cook landete ungehindert mit seinem Kommando. Wir
bemerkten jedoch, daß ihre Kriegsleute ihren kriegerischen Habit angezogen hatten, zwar noch nicht bewafnet waren, sich doch aber von allen Seiten her versammelten, und daß ihre Oberhäupter sich ganz anders als sonst gegen uns betrugen. Dem allen ungeachtet kehrte sich Kapit. Cook an alle diese Zurichtun-
gen nicht, und gieng nebst Lieutenant Philips, einem
Unterofficier, und zehn Gemeinen gerade nach des Königs Wohnung. Sie fanden ihn nebst zwölf Oberhäuptern, an der Erde sitzen. Sie standen aber in
grosser Bestürzung auf, wie der Kapitain mit seinen
Leuten hereintrat. Er wandte sich sehr freundlich an
den König, versicherte, daß sie ihm und seinen Leuten
nichts Leides thun wollten, sondern es nur mit denen
zu thun hätten, die sie aufs gröbste beleidigt hätten,
indem ihnen ein Schiffsboot weggenommen worden,
ohne welches sie weder Wasser ans Schiff bringen, noch
das Benöthigte vom Lande holen könten. Sie verlangten von ihm das Boot gleich zurückgeben zu lassen, und
er möchte so lange mit ihnen an Bord kommen, bis seine Befehle ausgerichtet wären. Der König bezeugte
seine gänzliche Unwissenheit von diesem Diebstahl,
und versicherte seine Bereitwilligkeit den Dieb zu entdecken, und ihn zur Strafe zu bringen; aber auch zugleich seine Abgeneigtheit seine Person Fremden zu
überlassen, die so ungewöhnliche Grausamkeit gegen
seine Leute ausgeübt hatten. Wir sagten ihm das
tumultuarische Betragen seiner Leute, und ihre wiederholte Räubereien, erforderten diese ungewöhnliche
Strenge. Dahingegen solte auch nicht der geringste
seiner Unterthanen irgend einige Beleidung von dem
Schiffsvolk ohne die härteste Strafe erdulden. Er
solte sich, nur zur fernern Fortdauer des Friedens,

mit

mit seiner Person, für die Ehrlichkeit seines Volks verbürgen. In dieser Absicht wolten wir nur den König bitten Vertrauen zu uns zu haben, unser Schiffe zu seiner Wohnung zu wählen, um auf solche Weise die täglichen und stündlichen Räubereien seiner Leute zu verhindern, die am Bord der Schiffe sowohl wie auf dem Lande begangen wurden. Der König wolte wirklich schon in den Antrag willigen, aber die Vornehmen, die anders dachten suchten sich nach und nach wegzuschleichen, bis die Wache sie daran verhinderte. Innerhalb einer halben Stunde war der König fertig zu uns an Bord zu gehen. Aber unter dessen hatten sich so viel Wilde versammelt, und die ganze Küste besezt. Sie wurden zulezt ganz ausgelassen, und verunglimpften sogar die Wache. Kapitain Cook gab daher Befehl Platz zu machen, und wenn sie sich wiedersetzen solten darunter zu feuern. Lieutenant Philips der die Marinnen kommandirte, suchte dies ins Werk zu richten, und sie öfneten eine lange Reihe, den König und seine Grossen bis ans Boot zu lassen. Kaum waren sie aber ans Ufer gelangt, als man ein Geschrei hörte, Tu=ti wolte den König wegführen um ihn umzubringen.*) Augenblicklich brachen einige von ihren Kriegern durch das Gedränge, und fielen die Wache mit Keulen an, wo bald vier Mann niedergemacht wurden. Ein Kerl der den Kapitain Cook mit einen Streich drohete, ward auf der Stelle von ihm erschos=

*) Zimmermann erzählt. Ein altes Weib habe ein Tuch zwischen Cook und dem König gebreitet, und damit anzeigen wollen, daß ihn der Kapitain, nicht über dasselbe bringen solle. Ferner daß Cook, als dann erst von den Wilden angefallen worden, wie er dem König nachher bei der Hand faßte, und ihn über das ausgebreitete Tuch mit sich fort riß.

schossen, und wie er mit seiner doppelten Flinte nach einen andern zielte, kam ein Wilder mit aufgehobener Keule hervor, schlug ihn auf dem Kopf, daß er zur Erde stürzte, und stieß ihn mit seinem Pahahi (eine Art von Dolch, die unser Waffenschmiede, auf des Königs Bitten den Tag vorher verfertigt hatten) mit solcher Macht durch die Schultern, daß die Spitze aus der Brust wieder hervor kam. Nun ward das Gefecht allgemein. Unsere Schiffskanonen, nebst den Marinen, und den Schiffssoldaten, die in den Böten geblieben waren, feuerten unter den Haufen, und obgleich das Gemetzel unter den Wilden ausserordentlich war, so behaupteten sie doch des mörderischen Feuers ungeachtet, ihren Platz mit Unerschrockenheit, und schlepten glücklich die Leichnahme der Erschlagenen als ein Siegeszeichen mit sich fort. Auffer Kapitain Cook, dessen Tod allgemein beweint ward, fielen Corporal Thomas, und drei Gemeine, Hinkes, Allen und Fadget als Opfer ihrer Rache. Allein diese schien vorzüglich gegen den Kapitain gerichtet zu sein, auf dessen Befehl wie sie glaubten, ihr König am Bord geschlept werden solte, um gebührende Strafe zu leiden. Denn so bald sie seinen Leichnahm in Sicherheit hatten, entflohen sie ohne sich um die andern Erschlagenen Engländer zu bekümmern wovon sie einen sogar in die See warfen. So beschloß der gröste Seefahrer sein Leben, dessen Gleichen keine Nation aufweisen konte. Dreimal hatte er glücklich eine Schaar tapferer Britten um die Welt geführt, und die oft von Gelehrten bezweifelte, und behauptete Existenz eines südlichen Welttheils völlig vernichtet. Er sezte die Grenzen der Erde und des Meers, und zeigte die Unmöglichkeit einer nordwestlichen Durchfahrt, aus dem atlantischen Meer in die Südsee, welche lange vergebens von den

be-

berühmtesten Seefahrern gesucht ward, um welche ungeheure Summen verschwendet worden, und eine Menge versuchter Seefahrer ihr Leben jämmerlich verloren haben. Leser wenn du einiges Gefühl für dein Vaterland bei diesem grossen Verluste hast, oder einiges Mitleiden für diejenigen die der Entleibte Befehlshaber zurückließ sein Schicksal zu beklagen, so opfere mit mir bei dieser traurigen Erzählung eine Thräne, daß er der so vielen Gefahren trozte, und den Tod in tausendfältiger Gestalt sah, zulezt von der Hand eines feigen Wilden fiel, der aus Furcht vor seinem unaufhaltsamen Zorn, sich hinter ihm schlich, und meuchelmörderisch den Rücken durchborte.

Wie dieser Auftritt vorbei war, musten wir auf die traurige Lage der übrig gebliebenen Rücksicht zu nehmen suchen. Die Resolution war ohne Mast, und in gewissen Betracht der Wilden Willkühr unterworfen, die das Schiff vielleicht von den Ankern schneiden konten, um an der Küste zu scheidern. Die erste Sorge des Kapitain Clerke, auf dem nunmehr das Commando fiel war daher, den Mast wegzuflössen, und Zelte nebst der übrigen Bagage aus Schiff bringen zu lassen. Zu diesem Behuf ward keine Zeit versäumt. Wir hielten dazu jezt die bequemste Zeit, weil viele von den Erschlagenen noch unbegraben auf der Küste lagen, und gemeiniglich ein Zwischenraum von Inactivität, irgend einen ausserordentlichen Trieb, wilder Grausamkeit zu begleiten pflegt. Wir zogen also unsere ganze Macht zusammen, versahen uns mit Waffen und Schiesgewehr, und wagten einen kühnen Versuch unser Vorhaben auszurichten. Wir landeten unter Bedeckung unserer Kanonen, marschirten mit aufgepflanzten Bajonnetten weiter, besezten den Morai, der auf einer ansehnlichen Höhe stand, und uns grossen Vortheil über=

über die Wilden verschafte. Denn sie durften sich uns so wenig von ihren Dörfern, als von der Küste nähern, ohne unsern Kanonen ausgesezt zu seyn. Sie wagten verschiedene Anfälle uns zu vertreiben, wurden aber immer mit Verlust abgewiesen. Nachdem sie drei Stunden lang ein ungleiches Gefecht ausgehalten, und mehr als dreißig Todte verlohren hatten; zerstreuten sie sich endlich, und liessen uns Meister unserer Zelten und aller unserer Geräthschaften. Sie konten mit ihrer ganzen Menge nichts gegen unsere kleine Anzahl ausrichten. Wir verlohren keinen einzigen Mann, obgleich einige von uns von ihren Schleudersteinen beschädigt wurden. Wir beschleunigten nun unsern Abmarsch. Alle Hände waren beschäftigt, und wir hielten uns sehr glücklich, wie wir alles an Bord gebracht hatten. Gern hätten wir auch die Leichnahme unsrer erschlagnen Freunde und Mitgefehrten gehabt. Wir schickten also in einigen Booten und Pinassen unsere Mannschaft aus, mit einer weissen Flagge zum Friedenszeichen, um die Erschlagenen abzuholen. Ihnen kam Ow=a=te ein Mann von Ansehen, an der Spitze eines grossen Haufens entgegen, ohne unser Signal zu beantworten. Diese sagten, ihre Krieger wären hinter dem Berge beschäftigt, die getödteten zu zerschneiden, und aufzuspeisen, wenn aber Tatee, so nannten sie Kapitain Clerke, landen wolte, so würden sie ihm den noch unverzehrten Theil des Kapitain Tu reh überliefern. *) Weil aber unsere Mannschaft in Vergleich mit ihrer Menge sehr geringe war, so befürchteten wir irgend eine verräterische Absicht, und unser Befehlshaber schlug ihre Einladung weislich aus. So

lange

---

*) Nach Zimmermanns sagten diese Ohwaljer spottend, der Gott Cook sey nicht todt, sondern schlafe im Walde, und würde morgen kommen.

lange wir mit den Böten nahe an unsere Küste blieben, kamen verschiedene Befehlshaber zu uns ans Wasser, einer vorzüglich mit Kapitain Cooks Hirschfänger, den er drohend über den Kopf schwang. Andere zeigten ihre von den Erschlagenen gemachte Beute. Einer hatte eine Jacke, ein anderer ein Hemde, und ein dritter ein paar Schifferhosen angezogen, und alle schienen uns mit diesen Trophäen ihres erfochtenen Sieges Hohn zu sprechen. Wir hielten es daher jezt Zeit vernünftiger unsern Eifer zu verhelen, und unsere Rache für einen gelegenern Zeitpunct aufzusparen. Denn wir brauchten Wasser, unsere Seegel und Thauwerk waren in einem elenden Zustande, und unsere Ausbesserungen noch lange nicht fertig. Wir musten daher nur blos vertheidigungsweise gehen, bis wir besser mit allen was uns abgieng versehen waren.

Gegen Abend sahen wir von den Schiffen in einer ziemlichen Entfernung einen Kanoe, mit acht oder neun Indiern, die sich uns von Nordwesten näherten. Wie sie näher kamen bemerkten wir einen davon der den Hut unsers gebliebenen Anführers trug, den Anschein nach drohete er uns indem er seine Hände zusammen schlug, und mit diesen schnell bald diesen bald jenen Theil des Körpers berührte. Doch fanden wir hernach, daß er uns seine Freude bezeugen wolte, weil er was zu geben hatte, das uns angenehm sein dürfte. Weil wir anfangs seine Meinung nicht erriethen, so ward eine Kanone auf ihn und sein Gefolge losgefeuert, wodurch er eine Wunde an der Lende bekam. Dem ungeachtet ruderte das Kanoe dicht aus Schiff, rief uns zu, und zugleicher Zeit ward von allen insgesamt mit lauter Stimme Tu:tee, Tu:tee geschrien. Jedermann war neugierig, die Bedeutung zu wissen, und sie wurden

also

also bald an Bord gelassen. Der Verwundete brachte uns ein Stück Fleisch, sorgfältig in ein Tuch gewickelt, und er versicherte uns, es wäre ein Stück aus dem dicken Bein unsers Kapitains. Er habe es sehen abschneiden, glaubte aber daß das übrige allbereits verzehrt worden. Wir liessen ihn nach dem Schiffschirurgus bringen, seine Wunden zu verbinden, und während dieser Operation befragten wir ihn ununterbrochen, um die überbliebenen Theile des Kapitains. Allein er blieb bei seiner ersten Aussage, daß der ganze Körper unter die Krieger vertheilt worden, und daß er glaubte, das übrige wäre jezt gewiß schon aufgegessen. Wie er wegen der andern Gebliebenen befragt ward, bezeugte er seine Unwissenheit. Er bat ihn in Freiheit zu setzen, so bald seine Wunden verbunden wären, und dies geschahe. Wie das Canoe abfuhr, baten wir die Indier, uns Schweine und Lebensmittel zu bringen, und ferner mit uns zu handeln, sie gaben aber zur Antwort, sie wären teboub.

Den 15. fielen auf unsern Schiffen verschiedene Avancements vor, und die Officiers wurden von einem Schiffe auf das andere versetzt. Kapitain Clerke kam an Bord der Resolution, und Herr Gore, erster Lieutenant der Resolution bekam das Kommando über die Discovery.

Den 16. Abends ward das Fleisch unsers getödteten Befehlshabers in eine Kiste gethan, und mit vieler Feierlichkeit, in die Tiefe des Meers gelassen.

Den 13. legten beide Schiffe näher an die Küste und man brachte vom Hintertheil des Schiffs am Ankertaue ein Tau an, daß die ganze Länge des Schiffes quer über dem Ufer zu liegen kam, um die Boote zu decken, die unsern Wasservorrath einnehmen sollten, im Fall die Einwohner der benachbarten Inseln, auf die Nachricht unserer neulichen Begebenheiten, uns Wasser ver-

versagen möchten. Bei diesem Geschäft liefen die Einwohner haufenweise zusammen, und liessen eine schwarze Fahne wehen, die wir als ein Kriegszeichen auslegten. Wir erfuhren aber bald, daß es zum Theil ihre Ceremonie anzeigte, mit denen sie ihre Todten zu begraben pflegten. Wegen dieses Misverständnisses wurden einige Kanonen abgefeuert, sie zu zerstreuen, wodurch des Königs zweiter Sohn sein Leben und eine arme alte Frau einen Arm verlor. Dies machte auf die Einwohner einen solchen Eindruck, daß wir diesen und den folgenden Tag unsere Ausbesserungen fortsetzen, und unser Schiff in völligen Stand setzen konnten.

Den 19. fiengen abermals allerlei Unruhen an. Unterdessen die Leute Wasser bei der Quelle einnahmen, flogen die Steine wie Hagel um unsere Matrosen her, von denen einige ein Pfund schwer waren. Einige schienen vorzüglich von einer unsichtbaren Hand zu kommen, und wir bemerkten bei genauerer Beobachtung, daß sie aus einer Höhle kamen, und von einem Wilden auf uns geworfen wurden, der sobald er seinen Steinvorrath weggeworfen, sich wieder in seinen Sicherheitsplatz zurückzog. Wir gaben auf ihn genaue Achtung, kehrten aber zu unsern Schiffen wieder zurück. Hier fanden wir alle einstimmig, daß durch gelinde Mittel bei den Wilden nichts auszurichten, und daß wir uns in Furcht bei ihnen zu setzen, Feuer und Schwerd brauchen müsten. Nachmittags um zwei Uhr wurden alle die Waffen tragen konnten, Marinen, Matrosen und Handwerker gemustert, und die Schiffe wurden in Bereitschaft gesetzt sie zu unterstützen, wie sie mit brennenden Lunten nach der Insel segelten. Alsbald ward der südöstliche Wohnplatz der Wilden in Feuer und Flammen gesetzt, die erschrockenen Einwohner mit äusserster Wuth vertrieben, und ihre Häuser in Aschenhaufen verwandelt. In dieser allgemeinen Verwüstung ward das Haus des hinterlistigen Wilden nicht vergessen, der unsere Leute aus der Höhle mit Steinen verfolgte. Seine Höhle hatten wir uns gemerkt, und wir erlegten ihn auch bald mit drei Musquetenschüssen, und einigen Bajonetstichen. Vorher aber verwundete er noch einen von unsern Leuten mit einem Steinwurf. Nachdem wir dies ausgerichtet hatten, kehrten wir mit unserer Beute, die aus Bogen, Pfeilen, Keulen, und andern in ihren Kriegen gewöhnlichen Waffen bestanden, zu den Schiffen gegen Abend zurück. Zwei Köpfe ihrer Krieger, worunter der Kopf des angeführten Steinschleuderers war, stellten wir an dem äussersten Ende unserer Pinnassen auf unsern Feinden ein Schrecken einzujagen.

Bey dem allen war es merkwürdig genug, daß mitten in der Nacht, die Eltern zweier Mädchen, die bei uns am Bord waren, in ihrem Kanoe, mit Brodfrucht, und Kokosnüssen zu uns kamen, die sie den Tag über für ihre eigene Nahrung gesammelt hatten. Sie sagten ihre Landesleute hätten die verrätherische Absicht, unser Ankertau abzukappen, um unser Schiff auf den Strand laufen zu lassen. Zu gleicher Zeit baten sie uns um Schutz, weil sie ihres Lebens auf der Küste nicht sicher wären. Sie wurden an Bord genommen, und blieben bis den andern Morgen unsere Gefangene. Kein einziger von den Wilden ließ sich dann auf der Küste sehen, ausser einigen alten und schwachen Leuten, die sich nicht mit der Flucht retten konnten. Wir behandelten unsere Gäste sehr liebreich, machten ihnen einige Geschenke, und schickten sie nach ihrem eigenen Verlangen nach einer benachbarten Insel. Nun konnten unsere Leute ihre Wasserfässer in Ruhe füllen, und bald hernach kamen einige Häupter der Insulaner um Frieden zu bitten.

Um vier Uhr Nachmittags kamen den 20. zehn Mädchens nach dem Bache, wo unsere Leute Wasser einnahmen. Sie brachten ihnen so viel Früchte, als sie nur tragen konnten, wofür sie nichts nehmen wollten; nur

baten

baten sie am Bord der Schiffe gebracht zu werden. Das musten sie ihnen abschlagen, weil Kapitain Clerke unbedingten Befehl gegeben, keinen von den Einwohnern an Bord zu bringen.

Den 21. kam einer von ihren Häuptlingen, den wir vorher nicht gesehen hatten, mit einer weissen Flagge, und von mehr als drei hundert Einwohnern begleitet, welche grüne Zweige in den Händen hatten, und singend und tanzend ans Ufer kamen. Wie sein Friedenszeichen durch eine weisse Flagge von unserm Mast beantwortet ward, kam er mit drei andern Vornehmen an Bord, und brachte Kokonüsse, nebst andern Früchten zum Geschenk, wofür er aber nichts wieder zurücknehmen wollte. Dieser sich unterwerfende Häuptling hies Anua, und versprach zum Zeichen seiner friedlichen Gesinnungen, die Gebeine unsers entleibten Kriegers zu sammlen, und zu unsers Kapitains Füßen zu legen. Dies war ein Beweis der vollkommensten Unterwerfung, die ein indischer Krieger seinem Sieger geben konnte, und Kapitain Clerke nahm sein Anerbieten an, und auf diese Bedingungen ward der Friede wieder hergestellt.

Den andern Tag kam derselbe alte Frie gegen neun Uhr wieder. Sein Gefolge war noch zahlreicher, er brachte einige Schweine zum Geschenk mit, und die Gebeine des Kapitain Cook, nur den Rückgrad nebst den Füßen nicht, die er das nächstemal versprach. Bey unserer Untersuchung fanden wir den Kopf scalpirt, und das Gesicht ganz und gar unkenntlich, auf den Händen war das Fleisch noch zu sehen, aber versengt, und eingesalzen. Unser Befehlshaber machte Zeichen, den Kutter wieder zu haben, aber dieser war nach ihrem Bericht bereits des Eisens wegen verbrannt. Wir gaben diesem freundschaftlichen Manne einige Geschenke, und er schied vergnügt von uns.

U 3

Wir

Wir schickten uns nun zur Abreise an, zumahl wir einen Ueberfluß von Lebensmitteln erhielten. Der Indianer hielt sein Wort, und brachte die übrigen Knochen des Kapitains *). Sie wurden insgesamt in einen Kasten gelegt, und unter dreifacher Absfeurung unsers Geschützes, in der Bay vergraben. Das Schrecken der Eingebohrnen ward dabei noch durch den Zufall vermehrt, daß ein vier Pfünder scharf geladen, abgefeuert ward, doch aber keinen andern Schaden verursachte, als daß die Wilden argwöhnten, unsere Friedensversicherungen wären nicht aufrichtig. Wahrscheinlich geschahe dieser Schuß absichtlich von unsern Leuten, und nur mit Mühe konnten wir sie abhalten aus Rache den Eingebohrnen Beleidigungen zuzufügen. Wie unsere Ausbesserungen so weit fertig waren, als es unsere Umstände erlaubten, richteten wir unsere Segel. Wir erhielten vor unserer Abfahrt noch verschiedene Besuche von unsern alten Freunden. Unter diesen war auch des Königs jüngster Sohn, ein Knabe von etwa vierzehn Jahren, den Cook sehr liebgewonnen und daher auch ihm sehr zugethan war. Er bezeugte seinen Schmerz über Cooks Tod, mit einem Zähsrenguß, und brachte uns die Nachricht, zwei von seinen Brüdern wären getödtet, und sein Vater habe sich mit der Flucht nach einer benachbarten Insel gerettet. Kapitain Clerke machte ihm einige Geschenke, und er verließ uns mit anscheinender Zufriedenheit.

Gegen 7 Uhr Abends ward der Wind uns günstig. Wir lichteten die Anker, und richteten unsern Lauf gegen N. W. Nichts wichtiges wiederfuhr uns bis den 28. Wir kamen an einen sehr guten Meerbusen, in einer von den Leewardinseln, welche bei den Ein-

---

*) Nach Zimmermann brachten sie auch Cooks doppelte Flinte wieder, sie war aber ganz breit geschlagen.

Eingebohrnen O-aa-ah hieß. Beide Schiffe ankerten hier, hielten sich aber nicht lange auf. Einige der Einwohner kamen am Bord und waren so sehr begierig nach Eisen, daß sie die Ringe von den Lucken reissen wollten. Die Familie die uns von O-why-e begleitete, ward ans Land gesezt, wir kauften etwas Brodfrucht und einige Schweine, und eine grosse Menge Wurzeln, welche die Wilden Ta-en nannten. Sie hatten Aehnlichkeit mit der Farrnkrautwurzel, war aber sehr groß, und manche wogen 60 bis 70 Pfunde. Es war ein fürtrefliches zuckerartiges antiscorbutisches Mittel. Gestoßen und gepreßt erhielten wir davon einen treflichen Saft, der sehr gesund war. Wir hatten noch guten Vorrath davon, wie wir nach Kamtschatka kamen, und er hielt sich so gut als wenn er ganz frisch gewesen wäre. Da wir keine Veranlassung hatten uns länger aufzuhalten, segelten wir von hier nach der Insel Ne-hu, und ankerten auf unsern alten Platz, wo wir den Winter zuvor Lebensmittel eingenommen, und unser Schiff ausgebessert hatten. Wir wurden hier dem Anschein nach freundschaftlich genug aufgenommen, Schweine und was die Insel an eßbaren Gewächsen hervorbrachte, ward uns überflüßig zugeführt. So bald wir aber unsere Wasserfässer ans Land brachten, Wasser einzunehmen, weil wir in O-whi-he nur schlechtes salzichtes, hier aber sehr gutes fanden, und die Böttcher ihr Geschäft anfangen wollten, nahm einer von den Wilden den Hammer, der andere den Meissel, der dritte etliche Nägel, und dies geschahe bey einem Gedränge von 4 bis 500 Leuten. Um diesen Diebereien zu hindern, liessen wir über ihre Köpfe feuern, und wie dies nicht den gewünschten Erfolg hatte, eine scharfgeladene Kanone unter den Haufen spielen. Zwei sahen wir fallen, aber nach dem Geschrei und Geheule der Weiber waren gewiß mehr getödtet, oder wenigstens verwundet, allein einige von ihren Anführern, die wahrscheinlich gehört hatten wir wären nicht unverwundlich, brachten sie bald wieder in Ordnung, und sie kamen in grösserer Anzahl zurück, worauf wir für dismal unser Geschäft Wasser einzunehmen, aufschoben, und für unsere Sicherheit sorgten. Jedermann trat auf seinen Posten, und das Gefecht ward wirklich ernsthaft, als die Wilden, nachdem einige von ihnen durch unser Feuer getödtet und verwundet waren, die Flucht ergriffen, und nachher während unsers Aufenthalts nie wieder etwas Feindliches unternahmen. Wir nahmen hierauf Wasser ein, daß uns bis Kamschatka hin dienen sollte. Vor unserer Abreise kam noch einer ihrer Anführer zu uns am Bord, und wolte uns auf unserer nördlichen Reise begleiten. Wie wir ihn aber sagten, daß wir nach diesen Inseln nicht wider zurückkehren würden, so bedauerte er, daß er sich dieser Gelegenheit nicht bei unserer vorigen Reise zu Nutze gemacht hätte.

Von diesem Hafen segelten wir den 9 ab und besuchten die gegenüberliegende Insel, wo wir einen Theil des vorigen Winters zugebracht hatten. Wir wurden hier sehr gastfreundlich empfangen, und kauften Gams und Potatoes für unsern Sommerunterhalt, welches die Manschaft beider Schiffe gern gegen ihre Brodportion vertauschten, welches schlecht und nur sehr mäßig unter ihnen vertheilt ward. Außer Früchten und Gewächsen, kauften wir hier einige Tonnen Salz, Thauwerk, Zeuge, Waffen, Fischerinstrumente; ihre Mäntel, Decken, Masken, musikalische Instrumente, Handwerkszeuge, kurz alles was uns bei ihnen neu und merkwürdig schien. Unter diesen Sachen war auch vieles von ihrem Hausgeräth, und Stempel oder Formen, womit sie

verschie=

verschiedene Farben auf ihre Kleider druckten. Diese Insel lag 21 Gr. 49 Min. N. Br. und fast 193 Gr. östlicher Länge.

Den 15. segelten wir ab, und bald nachher erfuhren wir, daß Kapit. Clerke krank geworden war. Anfänglich hielten wir uns westwärts, nachher aber mehr südlich, um eine kleine Insel aufzusuchen, wo viel Schildkröten sein sollten.

Den 30. änderten wir unsere Fahrt wieder, und giengen Nord Westwärts.

Den 3. April durchsegelten wir den nördlichen Wendezirkel, unter dem 176 Gr. 39 Min. Oestlicher Länge auf unserer Nord-westlichen Fahrt nach Kamschatka. Wir musten viel von einem Sturm ausstehen, der einige Tage anhielt, unser Schiff Leck machte, die Discovery aber in einem weit schlimmern Zustand versetzte.

Den 13. kamen wir unter den 39 Gr. 50 Min. und das Wetter war sehr kalt und neblicht. Wir musten nun unsere wollenen Schiffskleider wieder anlegen, die während unserer Fahrt bei den tropischen Inseln weg gepackt waren. Unsere Fahrt richteten wir nun mehr Ostwärts, und hatten mancherlei Anzeigen von Land an unserer Backbordseite.

Den 15. unter 41 Gr. 59 Min. vermehrten sich die Zeichen von Land. Das Wetter war schön und klar, wir suchten unser Leck zu stopfen, konten aber den Ort nicht genau entdecken. Viel schlimmer stand es dagegen mit der Resolution. Die Zimmerleute kamen in der Krankenkammer bis über die Schuhe ins Wasser, und bei nähern Untersuchen fanden sie die Fässer in dem Branteweins und Fischraum treiben, und ein Faß mit Franzbrantwein, ganz und gar in Stücken geschlagen. Sie suchten weiter in den Kolenraum nach, und fanden hier alles sechs Fuß unter Wasser, und überhaupt hatte das Schiff grossen Schaden gelitten. So lange der Sturm

Sturm währte, musten sie Tag und Nacht pumpen, und jederman nur den kranken Kapitain ausgenommen, muste gewöhnliche Matrosenarbeit verrichten. Dadurch wurden die Leute sehr abgemattet, und wir konten auch nicht den Umfang von de Gamas oder Compagnieland untersuchen. Doch fanden wir beim Vorbeisegeln, daß es sich nicht weiter Ostwärts erstrecke, als es in unsern gewöhnlichen Charten angegeben ist.

Den 18. verloren wir die Resolution aus dem Gesicht, wir waren aber dem Ansehn nach nicht weit mehr vom Lande entfernt. Grosse Stücken Zimmerholz trieben bei uns vorbei, und wir sahen gegen Westen, unter 46 Gr. 10 Min. Breite, unzählige Landvögel schwärmen.

Den 19. kam uns die Resolution wieder zu Gesicht, und ob es gleich sehr stark wehete, so gaben sie uns doch ein Zeichen, die Segel beizusetzen, woraus wir schließen musten, daß ihr Leck noch nicht gestopft war.

Den 20. uunter 48 Gr. 38 Min. Nördl. Br. 159 Gr. 10 Min. östlicher Länge, hatten wir Frost und viel Schnee. Letzterer fiel so stark, daß wir kaum Verdeck und Thauwerk im Stande halten konten, doch in der Nacht hörte der Frost wider auf.

Den 22. waren wir in der Breite von London, das Seewasser hatte eine weisse Milchfarbe, aber mit 85 Faden konten wir noch nicht den Grund erreichen. Gegen Abend gab die Resolution ein Zeichen zum Laviren, und seitdem bekamen wir sie nicht wieder, als in dem Hafen unserer Bestimmung zu Gesicht.

Den 23sten sahen wir wieder Land, aber rauh, unfruchtbar, und mit Schnee bedeckt. Wir waren etwa eine Seemeile davon entfernt. Das Wasser längst der Küste schien von den vielen Seevögeln ganz schwarz und von dem Lande streckte sich ein grosses Stück Eis,

mit

mit Seelöwen, Robben, und andern Meerungeheuren bedeckt. Wir fanden nach unsern Tagbuche, daß wir jetzt von dem Hafen unserer Bestimmung funfzig Meilen entfernt waren. Wir hatten drei Tage viel von Schnee und Kälte auszustehen, und bemühten uns wieder mit der Resolution in Gesellschaft zu kommen, aber vergebens, und musten von ihrem so gefährlichen Zustande das Schlimste befürchten. Zuweilen verloren wir auch das entdeckte Land aus dem Gesichte, allein den 29. zeigte es sich wieder, wir erkanten die Einfahrt von Kamschatka, welche zwischen sieben bis acht Meilen gegen Süden lag. Wir segelten gerade darauf zu, aber sie war zugefroren, und dies machte uns Glauben, die Resolution könne nicht hier sein, und daß sie wahrscheinlich zu Grunde gegangen.

Dem andern Morgen machten wir einen zweiten Versuch, in dem Meerbusen einzulaufen, wir fanden Treibeis. Dies ließ uns hoffen, durchzukommen, das Wetter war schön, und der Anblick des Eises nicht so fürchterlich, als vorher. Gegen Mittag enstand ein guter frischer Wind, und wir richteten unsere Fahrt nach einer am Ende der Bay errichteten Flagge. Unsere Fahrt gieng glücklich von statten, in kurzer Zeit waren wir nur noch drei Seemeilen von unsern Hafen entfernt, und konten innerhalb zwanzig Faden Wasser die Anker fallen lassen. Wie unsere Schiffsboote ausgeschickt wurden, eine weitere Durchfahrt zu suchen, kamen zwei Bote auf uns zu, wovon wir das eine bald als der Resolution gehörig erkanten. Das andere war ein Rußisches. Nichts konte uns so viel Freude machen, als die Ueberzeugung unsere Gefährten hier wohlbehalten vorzufinden. Die Resolution lag schon seit dem 27. in diesem Hafen, und hatte uns für verloren geschätzt. An Segel und Thauwerk hatte sie freilich Schaden gelitten, da sie aber vor uns

den

den Hafen erreichte, weniger von dem stürmischen Wetter ausgestanden, wodurch unser Schiff und Mannschaft so sehr mitgenommen wurden.

Den 1. May lichteten wir die Anker, und das Boot der Resolution diente uns bei weiterer Einfahrt in dem Hafen zum Führer. Gegen Abend erreichten wir den Leuchtthurm am Eingang des Hafens, aber ein heftiger Strom der vom Lande kam, und eine Menge Treibeis auf uns zuführte, machte unsere Fahrt sehr beschwerlich und gefährlich. Doch kamen wir gegen 5 Uhr Abends bis an die Stadt, und ließen nahe bei der Resolution unsere Anker fallen.

Den 2. veränderten beide Schiffe ihren Ankerplatz wieder, und näherten sich der Stadt bis auf eine englische Meile, und vom Eise, das die Bay gröstentheils bedeckte, etwa die Länge eines Ankerthaues. Wir fanden hier nur eine kleine Chaloupe von 50 Tonnen, die zu einer Handelsfahrt nach Norden bei Eisfreien Wasser bestimt war. Unser Kapitain nebst den übrigen Offiziers gieng hierauf zu Kapit. Clerke, um Verhaltungsbefehle zu erwarten. Wir fanden seinen Gesundheitszustand sehr verschlimmert.

Den 3. giengen beide Kapitains, und die vornehmsten Offiziers ans Land. Sie wurden von einem Rußischen Subalternoffizier bewillkomt, der das Kommando in der Festung hatte, welche dicht bei einer kleinen elenden Stadt Nahmens Awatscha belegen war. Sie schien uns so klein und unansehnlich zu seyn, daß wir kaum vermutheten hier so viel Lebensmittel zu finden, wovon unsere Equipage eine Woche möchte erhalten werden. Der Rußische Gouverneur wohnte in Bolscherezk, welches 70 englische Meilen Landeinwärts lag. Der angeführte Officier

ficier erzeigte uns. indessen alle Höflichkeit. Er hatte unsern kranken Kommodore fortzuschaffen, der, vor Schwäche nicht gehen konte, einen Schlitten mit Hunden bespannt in Bereitschaft, ihm nach der gewöhnlichen Gouverneurswohnung zu bringen, wo alle unsere Officiers ebenfalls Wohnzimmer bekamen. Seltsam war es sonst genug, daß man unser wartete, und die Rußische Kaiserin ihren Gouverneur Befehl ertheilt hatte, uns mit dem Benöthigten zu versehen, daß niemand dort unsere Sprache verstand, oder wir die ihrige, so daß wir alles durch Zeichen errathen, oder zu erkennen geben musten, weil wir keinen Dollmetscher hatten.

Kapitain Clerke schlief mit einigen Officiern der gesundern Luft halben, am Lande. Sie wurden mit gekochten Fischen, Wildpretbrühen und andern Gerichten bewirthet, die nach der Landesart zubereitet waren, und der Officier, welcher des Gouverneurs Stelle vertrat, behandelte uns aufs höflichste, und ließ es an nichts fehlen, unsern Aufenthalt angenehm zu machen. Er gab uns zu verstehen, daß sechzehn Werste weiter in Poratanka ein Geistlicher wäre, mit dem wir vielleicht uns unterreden könten, und schickte in dieser Absicht hin ihn holen zu lassen. Zugleich sagte er uns, daß der Gouverneur alle Sprachen verstünde, daß man uns den vorigen Sommer erwartet habe, und unsere Ankunft jezt ganz unvermuthet käme. Am Bord wären die Zimmerleute beschäftigt, die Seiten des Schiffs zu kalfatern, die Kranken ans Land zu bringen, nebst allem, was eiuer Nachsicht und Untersuchung bedürfte. Das Wetter war zwar sehr kalt, dem ungeachtet versäumten wir keine Zeit unser Schiff auszubessern.

Den 4ten solte eins von unsern Böten, den Gehülfen unsers Astronomen ans Land setzen, es ward

aber

aber so sehr von Triebeise umgeben, daß es weder rück= noch vorwärts kommen konte. Wir schickten ihnen ein ander Boot zu Hülfe, aber dies blieb eben wie das vorhergehende im Eise stecken. Sie musten bis zur Flutzeit, in dieser traurigen Lage bleiben, weil sich keiner unter das Treibeis wagen konte seine Rettung zu versuchen. Um zwölf Uhr Nachts wurden sie wieder befreit, und die Eingeschlossenen kehrten ganz erstarrt von Kälte wieder zu den Schiffen zurück.

Den 5ten kamen sechs Herren von Bolscherezk, und unter ihnen war ein Pelzhändler. Er kaufte uns dergleichen, unserer Meinung zu sehr hohen Preisen ab, ob er uns gleich kaum die Hälfte des Werths bezahlte. Der ganze Pelzhandel dieser Gegenden wird von einer besonders privilegirten Handelsgesellschaft getrieben, und von den Kamtschadalen ist nicht ein einziges Fell zu bekommen. Dieser Kaufmann hatte des Gouverneurs Secretair bei sich, der einen Brief vom Gouverneur voller Höflichkeiten und Freundschaftsversicherungen, mitbrachte. Der Gouverneur schrieb unsern Commodore, es solte ihm alles mögliche, so weit es Ort und Umstände erlaubten gereicht werden, und daß er bei der ersten Gelegenheit seine Aufwartung machen würde. Zu guten Glück verstand unser Zeichner Herr Weber deutsch. Beim Durchlesen fanden wir diesen Brief so freundschaftlich abgefast, und des Gouverneurs Betragen so sehr gütig, daß wir fürs Beste hielten, den Kapitain Gore bei unsers Befehlshabers Krankheit persönlich an den Gouverneur abzufertigen, über dem, da er mündlich besser als in einem Schreiben unsere mancherlei Bedürfnisse schildern, und deutlich machen konte.

Den

Den 6ten wurden unsere Rußischen Freunde am Bord der Schiffe bewirthet. Herr Weber war des Kaufmanns Dolmetscher, und da der Secretair des Gouverneurs französisch verstand, so konte er sich doch so viel ausdrücken, einige Unterredung anzufangen, oder wenigstens mit uns einige Bouteillen lustig auszuleeren.

Den 7ten traten Kapitain Gore, Lent. King, und Herr Weber nebst den zu uns gekommenen Rußen, ihre Reise nach Bolscherezk an, wo sie erst den sechsten Tag nach einer sehr ermüdenden Reise ankamen, und sie wurden vom Gouverneur mit einer Art behandelt, die seinem Posten die größte Ehre machte. Nach den ersten Complimenten und Unterredungen, fanden unsere Reisenden bald, daß der Gouverneur ein Mann von Erziehung und Kenntnißen war, daß der Rußische Hof ihm von unserer wahrscheinlichen Ankunft in Kamtschatka, benachrichtigt hatte, und daß er unsern verstorbenen Befehlshaber Cook, aus den vorhergehenden Reisen kannte, und seine gegenwärtige Route ungefehr muthmassen könne. Kapitain Gore gab ihm bei der Erzählung unserer westlichen Fahrt, den oben gemeldeten Brief, welchen wir von dem Rußischen Factor in Sanganuida erhielten. Dieser erhielt blos Nachrichten von dem Zustande der Factorei, von den Höflichkeiten, die wir ihn bewiesen hatten. Nur hielte er uns für Handelsschiffe, die in diesen Gewässern dem Rußischen Pelzhandel nachtheilig seyn könten. Die Rußen sind über diesen Handelszweig so eifersüchtig, und leiten ihr Recht aus den Entdeckungen her, die sie zuerst machten. Beering zeigte zuerst den Weg nach dem nordwestlichen Lande, und verlohr sein Leben in der Untersuchung.

Nach

Nach dem dieser Tag vergnügt zugebracht worden, übergab Kapitain Gove eine Liste von allen Artikeln, die unsere Schiffe brauchten, daß die Seegel und Thauwerk ganz ausser Stand wären, daß sie seit ihrer Ausfahrt aus England 1776, weder Brod noch gesalzen Fleisch einnehmen können, daß die Matrosen in drei Monat keinen Taback mehr gehabt hatten. Der Gouverneur versicherte, er habe Kaiserliche Ordre den Brittischen Entdeckungsschiffen alle mögliche Hülfe zu leisten, er wolle alles vorräthige Roggenmehl aus der unter seinem Befehlen stehenden Gegend zusammenbringen lassen, aber Weizenmehl anzuschaffen sei ausser seinem Vermögen, weil dieses Korn dorten gar nicht angebauet würde. Auch die Schiffe mit Rindfleisch zu versehen, würde manche Schwierigkeiten haben, weil man im Winter wenig Rindvieh schlachte, auch das Vieh nicht eher zum Schlachten tauglich sei, als bis mehr Gras zur Nahrung hervorgekommen. Taback wäre zwar nicht unter den Artikeln, welche die Kaiserin ihnen zu überlassen erlaubt habe, er wolle indessen von seinem Vorrath ihnen 400 Pfunde abgeben, auch so viel Segeltuch und Thauwerk als die Magazine missen könten. Der Rußische Gouverneur begegnete unsere Officier mit aller möglichen Politesse, er befahl zum Besten unsers kranken Befehlshabers ein Pferd bereit zu halten, und überließ ihm eine Kuh, um hinlänglichen Vorrath an Milch und Rahm zu haben. Weil er auch wohl muthmassen konte, daß wir nicht sehr mit Thee und Zucker versehen wären, so überließ er uns von dem einen zwanzig, und dem andern hundert Pfund.

Unsere Officier waren nicht lange in Awatscha wieder zurück, als der Gouverneur persönlich dahin abgieng, um zu sehen was man uns aus den Kaiserlichen Magazinen überlassen konnte. Wir empfingen ihn am Bord unserer Schiffe mit Zeichen der grösten Hochachtung. Neun tausend Pfunde Roggenmehl von entfernten Gegenden zusammen gebracht, wurden nebst zwanzig Stücken Hornvieh zu uns an Bord geschaft. Unsere Matrosen waren hoch erfreut diese leztere zu sehen, wenn sie gleich mit englischem Rindvieh verglichen, blosse Geribbe waren. Unsere Leute hatten seit drei Jahren kein frisches Rindfleisch gekostet, so daß sie hier mit grosser Begierde an den Knochen nagten, als wenn sie zu Hause das herrlichste Mahl hielten.

Den 25sten ward unsere Pinnasse ausgerüstet den Gouverneur zu holen, der den 23sten bereits in Poratanka angekommen war. Er ward von jedem Schiffe mit 11 Kanonen begrüst, und beim Eintritt mit Music empfangen. Es gefiel ihm hier so wohl, daß er zwei Tage bei uns an Bord blieb. Beim Abschiede beschenkten wir ihn mit manchen Merkwürdigkeiten, die wir auf den verschiedenen Inseln der Südsee gesamlet hatten, wir gaben ihn eine goldene Uhr, zwei Vogelflinten, ein Paar Pistolen mit Silber eingelegt, und andere Englische Manufactur Waaren von Werth. Unsere Matrosen machten zur Dankbarkeit für den Taback den er gratis unter ihnen austheilen lassen, ihm ein Geschenk von 100 Gallons Brantwein. Dieser war hier eine solche Seltenheit, daß der Gouverneur ihn eben so theuer als Silber wieder verkaufen konte.

Wir machten uns dabei zur Abreise fertig, kalfaterten unsere Schiffe, suchten die Lecken zu verstopfen, wovon der Leck in der Discovery sehr tief war, daß wenn wir nicht alles ausgeladen, ihn unmöglich zustopfen können. Unser Mehl hatten wir nun an Bord, und das Schiffsvolk bekam zur Speise halb

Weizenmehl und halb Rocken, dies war zwar eine gesunde Speise, weil sie aber derselben nicht gewohnt waren, so wolte sie ihnen anfangs nicht schmecken. Der Gouverneur hatte Kapitain Clerke eine Kuh*) überlassen, für welche wir Futter anschaffen musten, auch nahmen wir sehr viel Gänse, Enten und andere Seevögel mit um etwas frisches Fleisch zu haben. Denn ausser den angeführten war hier an eßbaren vierfüßigen Thieren, ein gänzlicher Mangel. Schafe hatten die Einwohner gar nicht, und Hunde dienten ihnen zur Jagd, und als Zugvieh. Kühe sahen wir auch weiter nicht als eine die der Gouverneur dem Kapitain Clerke zuschickte, und eine andere, welche der Priester in Patratauka hatte.

Den 4ten Junius feierten wir den Geburtstag unsers Königs auf der Küste, so wie auf dem Lande mit gewöhnlichen Cerimonien. Die Rußischen Herrn wurden an Bord unsrer Schiffe bewirthet, unsere Matrosen bekamen doppelte Portion an Fleisch und Getränk, und Erlaubniß ans Land zu gehen. Sie durchstrichen die Waldungen Wildpret zu erlegen, weil sie aber mit der Gegend nicht bekannt waren, so kamen sie leer wieder.

Vor unserer Abreise überlieferten wir dem Gouverneur einige Pakete, um sie über Petersburg der englischen Regierung und unsern dortigen Freunden zu be=

---

*) Nach diesem Bericht muß die Rindviehzucht in Kamtschatka doch weiter gediehen sein, als die gewöhnlichen, und selbst die neuesten Rußischen Berichte ergeben. Um 1737 war noch kein Rindvieh auf der Halbinsel nach und nach ist es erst von Ochotsk herübergebracht. Im Jahr 1773 zählte man in ganz Kamtschatka, nur 587 Stück. Eine kostete damals wenn man sie aus Noth! oder Ueberfluß verkaufte, 25 bis 50, und ein grosser Ochse 60 bis 100 zuweilen gar 130 Rubel Ein Pud oder 40 Pfunde frisches Fleisch 4 bis 6 Rubel. S.

befördern, und seegelten endlich den 12ten Juni weiter gegen Norden. Wir wurden aber in der Bay bis zum 15ten aufgehalten. Ein lauter Knall wie der lauteste Donner erschreckte uns diesen Tag, und wir wurden beinahe eine Stunde lang von herumfliegender Asche geblendet. Das ganze Verdeck war damit und mit Bimstein von der Grösse einer Wallnuß bedeckt, wir musten uns unter das Verdeck retten, und den andern Tag erst legte sich dieser Aschenregen. Wir fanden hernach, daß er von einem feuerspeienden Berge kam, aber Westsüdwest von uns etwa zwanzig Meilen entfernt lag.

Den 17ten und 18ten sezten wir unsere Farth ost und nordostwärts fort.

Den 20sten sahen wir ein hohes mit Schnee bedecktes Land das Beering Kamschatskoi Noss nennt. Es lag mehr südwärts als seine Karten angeben, und unter 55 Gr. 52 Min.

Den 21sten steuerten wir weiter Ostnordost, sahen einen Wallfisch einige Robben, und sehr viele Seelöwen.

Den 22sten hielten wir uns wieder gegen Nordosten, und liessen bei veränderter Farbe des Wassers das Senkblei fallen, allein wir fanden 100 Faden tief noch keinen Grund.

Den 25sten befanden wir uns 59 Gr. 9. M. N. Br. und 168 Gr. 30 Min. östl. Länge.

Den 26sten änderten wir unsere Farth, fanden die See mit Meven und andern Wasservögeln bedeckt, und kamen den 27ten bis 59 Gr. 57 Min. Wir änderten unsern Lauf abermals und hielten uns Nord-Nordwestwärts. Den 28sten frühe sahen wir wieder Land, es war sehr hoch und mit Schnee bedeckt. Die äusserste nordöstliche Spitze erstreckte sich auf 6 Seemeilen. Wir kreuzten längst der Küste,

fan=

fanden überall 54 Faden, und das Land war frei von Klippen.

Den 30sten um Mittag kamen wir unter 62 Gr. 1 Min. das Wetter war windicht und sehr neblicht. Dieser Nebel verminderte sich den 3ten Juli und es fing an zu regnen. Um 6 Uhr Morgens sahen wir eine hohe Landspitze etwa 7 Seemeilen von uns. Nachher segelten wir unsere Farth Ostnordostwärts gerichtet eine kleine Insel vorbey, welche die Russen St. Niclas nennen. Sie war wie alles was wir hier sahen, hoch und mit Schnee bedeckt. Wir befanden uns 63 Gr. 45. Min. N. Br. und 187 Gr. östl. Länge.

Vom 4ten bis zum 6ten segelten wir meistens gegen Nordosten, und sahen gemeiniglich westwärts hohes Land liegen. N. Br. 67 Gr. 10 Min. östl. Länge 187 Gr.

Seit dem 7ten stiessen wir an Treibeis und Eisfelsen, es war sehr kalt und wir segelten bald längst, bald mitten durch ungeheure Eisfelder nördl. Breite 69 Gr. 12 Min.

Den 11ten waren wir ganz mit Eis umgeben wir arbeiteten uns aber südwärts durch, und schifften viel Eisfelder vorbei auf denen Seekühe lagen. Wir fuhren dem ungeachtet immer weiter Nordwärts, und kamen endlich bis 70 Gr. 28 Min. Br. nach den von uns gemachten Observationen. Wir sahen sehr viel weisse Seebären auf dem Eise, die nach Osten gingen, auch Meerkühe in grosser Anzahl. Diese aber nahmen bei Annäherung der Bären eilfertig die Flucht. Den 12ten erblickten wir wieder Land in einer Entfernung von 5 bis 6 Seemeilen. Sahen auch grosse Eisinseln mit zahlreichen Heerden von Meerkühen bedeckt. Wir feuerten einige Kanonen unter sie ab, worauf sie mit erschrecklichen Gebrülle

wie-

wieder in See gingen. Den Abend bekamen wir in einer Entfernung von 6 Seemeilen, die amerikanische Küste wieder zu Gesicht. Die ganze Nacht segelten wir West gen Nord, fanden uns aber bei Tages Anbruch ganz mit Eis umgeben, daß südwärts trieb. Den 23sten waren wir so sehr vom Eise eingeschlossen, daß wir bis in einer weiten Entfernung nichts als eine dichte Masse um uns sahen. In dieser fürchterlichen Lage wurden alle Segel eingezogen, und das Schiff von beiden Seiten mit den Eisankern befestigt. Wir fiengen nun an unsern dermaligen Zustand in Erwegung zu ziehen. Der Winter kam immer näher, unser Vorrath nahm ab, was wir mit uns hatten war von schlechter Beschaffenheit. Unsere Leute wurden niedergeschlagen, und nur mit grosser Mühe konten wir sie überreden, zu ihrer eigenen Rettung an die Arbeit zu gehen. Zum Glück für uns drehete sich gegen Abend der Wind, das Eis schien südwärts allmählig sich vom Schiffe zu entfernen, und bald darauf hörten wir ein solches Krachen, als wenn tausend Felsen von ihrer Grundfeste wegspalteten. Nun zertheilte sich das Eis in verschiedenen Richtungen, und wir fanden uns bald ganz davon befreit. Wir lichteten unsere Anker, und nahmen unsern Lauf ostsüdostwärts. Häufig aber wurden wir von grossen Eismassen aufgehalten, die den Vordertheil des Schiffs sehr beschädigten, so daß das Wasser in der Zeit einer Stunde auf drei Zoll stieg.

Den 24sten bekamen wir die Resolution zu Gesicht, die ebenfalls sehr viel Schaden vom Eise erlitten hatte. Wir segelten bis drei Uhr Nachmittags in Gesellschaft, und waren ausser dem Eise. Wir fanden aber grosse Stücken hin und wieder umher treiben, auf denen die Meerthiere in grosser Anzahl lagen. Wir bemannten unsere Boote, und innerhalb

halb drei Stunden hatten wir davon eilf der allergrößten Thiere erlegt, die wir des Fettes und Trahns wegen den andern Tag zerstückten.

Den 25. unter 69 Gr. 12 Min. Breite, und nach der Beobachtung des Mondes unter 187 Gr. 16 Min. Länge, sahen wir die äusserste Spitze des östlichen oder amerikanischen Landes wieder.

Den 27. waren wir abermals von Treibeis umgeben, und unser Leck nahm so sehr zu, daß wir einige unserer Officiere am Bord der Resolution schickten, dem Kommodore unsern Zustand zu entdecken. Nach einer Berathschlagung aller Officier, ward einmüthig beschlossen, einen Hafen zu suchen, um unsere Schiffe auszubessern, und daß Kamtschatka unser Sammelplatz seyn sollte, im Fall Stürme und andere Unfälle uns trennen möchten.

Den 28. bekamen wir die Küste von Asien zu Gesicht, in einer Entfernung von etwa 8 Seemeilen. Wir sahen auch allerhand Seevögel in zahlreicher Menge, so daß wir wohl nicht weit vom Lande seyn konnten. Den 29. waren wir in 65 Gr. 50 Min. Br. und 188 Gr. 27 Min. Länge, aber Land konnten wir nicht zu Gesicht bekommen.

Den 30. segelten wir gegen Südost mit frischem Winde, und sahen zwei Inseln gerade vor uns. Wir waren nun ungefehr in der Gegend, wo wir wußten, daß Asien und Amerika nicht sehr weit von einander waren, wir konnten wegen Nebel und Stürmen nichts von einer der beiden Küsten erkennen. Gegen vier Uhr Nachmittags klärte sich das Wetter auf, wir sahen eine Straße, auf welche wir zusegelten und gegen sieben Uhr Abends konnten wir an beiden Seiten des Schiffs die Küsten beider Welttheile erkennen. Dies war Beeringsstraße, und eben dieselbe, welche wir oben beschrieben haben.

Der

Der Strom gieng aber sehr heftig, gegen Nordwesten, und machte unsere Fahrt schwer und gefährlich.

Den 31. schifften wir Tschukotskoi Noß vorbei, und bekamen C oks Fort zu Gesicht, von welchem Ort bereits gemeldet worden. Bis zum 10 August fiel auf unsern Schiffen nichts merkwürdiges vor. Wir kamen in dieser Zeit bis zum 56 Gr. 37 Min. Nördl. Breite. Zuweilen hatten wir Windstillen, denn pflegten wir zu fischen, und fiengen eine ziemliche Anzahl von Stockfischen für unsere Schiffsbedürfnisse. Unsere Kranken waren in traurigen Umständen, und unser Schiffschirurgus gab Kapitain Clerke gänzlich auf. Den 17. änderte sich der Wind zu unserm Vortheile, der uns einige Tage ganz zuwi r gewesen war. Wir sahen Land gegen Nordwest unter 53 Gr. 50 Min. und erkannten es als Beeringsinsel.

Den 21. sahen wir wieder Land, obgleich sehr weit von uns, und noch vor Mitternacht waren wir nur etwa 12:13 Seemeilen von dem Peter und Pauls Hafen, oder Awatsche entfernt.

Den 22. liessen wir Kapitain Gore den Tod unsers Befehlshabers wissen, wir sahen die Rußische Flagge an der Bay Einfahrt, liefen endlich gegen Westsüdwest, in dem Hafen ein, und fanden uns nach unsern Beobachtungen unter 52 Gr. 54 Min. Alle Boote wurden ausgelassen die Schiffe in den obern Hafen zu bringen, und um am Lande Zelter und die Schmiede zur Ausbesserung unserer Schiffe zu bringen.

Den andern Tag brachten wir unsere Kranken ans Land, unsere Schiffe waren aber recht in einem kläglichen Zustande. Von Junius bis zu Ende des August, waren wir in keinem Hafen gewesen, wo wir hätten unsern Schaden ausbessern können. Wir waren von einer Eisinsel bis zur andern umher getrieben, unsere Schiffe hatten alle zu ihrer Bekleidung dienende Planken verloren,

X 4 und

und sie waren von aussen ganz vom Eise zerstossen und zertrümmert.

Den 25. schickten wir einen Expressen nach Boltscherezk dem Gouverneur unsere Ankunft, und den Tod unsers vorigen Befehlshabers wissen zu lassen, einen andern liessen wir nach Poratanka abgehen, um mit dem Geistlichen das nöthige wegen der Beerdigung des Kapitain Clerke zu besprechen, welcher in der Kirche sein Grab zu haben verschiedentlich gewünscht hatte. Unterdessen wir beide Antworten erwarteten, wurden unter unsern Officiers verschiedene Avancements vorgenommen, und die erledigten Befehlshaberstellen wieder besezt. Herr Gore bekam das Kommando am Bord der Resolution, und Herr King, erster Lieutenant der Resolution, bekam das Kommando der Discovery. Ihre erste Beschäftigung war die Kranken zu verpflegen, die in ein besonders dazu angewiesene Haus gebracht wurden, und das Schiff auszubessern.

Das Wetter war ziemlich milde, und die Gegend umher sehr angenehm, die Officiers schliefen also in ihren Zelten auf dem Lande. Weil die Rußischen Officiers die einzigen waren, mit denen wir Umgang halten und unsere Zeit vertreiben konnten, baten wir sie oft zu Gast, und sie schienen auch gerne bei uns zu seyn.

Den 6. kam der von uns verlangte Geistliche an. Er schien wirklich über den abermaligen Verlust unsers Anführers betrübt, machte aber allerhand Schwierigkeiten des Verstorbenen Verlangen zu erfüllen. Er gab verschiedene Gründe an, worunter vorzüglich dieser war, daß die Kirche bald würde niedergerissen werden, weil sie den Winter über gemeiniglich drei Fuß im Wasser stünde. Man wollte daher eine andere nahe bei der Stadt Awatscha auf einen anderen und bequemeren Plaz erbauen. Er rieth uns dagegen, des Kapitains Leiche am Fuß eines Baums zu begraben, dessen Stelle nachher von der

neuen

neuen Kirche würde eingeschlossen werden. Gegen diese Gründe konnten unsre Kapitains nichts erhebliches einwenden, Sie liessen also auf Anweisung des Geistlichen das Grab in Ordnung bringen.

Den 30. war der Begräbnißtag, und um das Leichenbegängniß recht feierlich zu machen, musten alle Officiere in Uniform erscheinen. Die Marinen waren in den Waffen, und unsere Matrosen bestmöglichst gleichförmig gekleidet, um die Leiche vom Ufer bis zum Begräbnißplaz zu begleiten. Der Leichenzug nahm zehn Uhr Morgens seinen Anfang, jede Minute ward von den Schiffen eine Kanone abgefeuert, und mit gedämpften Trommeln der Leichenmarsch geschlagen. Wie die Leiche zum Grabe kam, gaben die Marinen eine dreifache Salve, und wie das Grab zugescharret worden, umgaben wir es mit einem Stacketenwerk, das inwendig mit Steinen und Erden aufgefüllt ward, zu verhindern, daß Wölfe und andere reissende Thiere, des Winters das Grab nicht wieder aufscharren möchten, wie in diesen Gegenden häufig genug zu geschehen pflegt.

Sobald diese Ceremonie vorbey war, stellte man in der Kirche von Porratanka ein Schild auf, worauf Herr Weber das Wappen des Kapitains mit vieler Nettigkeit gemalt hatte, und sezte die folgende Inschrift darunter.

Unter einem Baume,
neben dem Dorf St. Peter und Paul
liegt begraben
der Leib von
Charles Clerke, Esquire,
Befehlshaber von den Schiffen
Ihrer Brittanischen Majestät
die Resolution und Discovery;
Er gelangte zu dieser Stelle durch den Tod des
James Cook, Esquire,

welcher, nachdem er die Reise von Amerika vom 42
Grade 17 Minuten bis zum 70 Grade, 40 Minuten,
57 Secunden gen Norden erforscht hatte, um eine
Nordwestliche Durchfahrt von Europa nach
Ostindien zu suchen;
von den Eingebohrnen einer Insel
die er in der Süd-See entdeckt hatte,
getödtet ward.
Kapitain Clerke machte einen zweiten Versuch
und kam beinahe so weit als Kapitain Cook;
ward aber von einem dichten Eiskörper
welches sich von der Amerikanischen bis zur Asiatischen
Küste,
beinahe gerade von Osten nach Westen erstreckte
verhindert weiter zu seegeln.
Er starb zur See bey seiner Zurückreise
Südwerts, den 22sten August, 1779.
in einem Alter von 38 Jahren.

Eine andere Inschrift ward an dem Baume befestigt, unter welchem er begraben lag. Dieser Baum
war in einiger Entfernung von der Stadt neben dem
Hospitale: viele Leute waren schon hier herum begraben worden, aber keiner lag so hoch auf dem Hügel
als Kapitain Clerke. Diese Inschrift lautete beinahe
eben so als die in der Kirche von Porratanka.

Die Einwohner von beiden Städten, und von
dem ganzen Lande in dem Umkreiß vieler Meilen, versammelten sich bey dieser Gelegenheit; und die Equipagen beider Schiffe hatten Erlaubniß, am Lande zu
bleiben, und sich nach ihrem Belieben zu unterhalten.
Der Kapitain hatte verlangt, daß sie drey Tage lang
doppelte Portionen haben, und keine andere Arbeit thun
sollten, als die gewöhnlichen Schiffsdienste, da es aber
schon so weit in der Jahrszeit war, und wir noch eine
lange Fahrt auf einem unbekannten Meere zu machen

hatten, ehe wir China erreichen konnten, stellten die Offiziers ihnen die Beschwerden und die Unbequemlichkeiten vor, die sie auf sich selbst laden würden, wenn sie so viel Zeit verlöhren, und sie waren gleich bereit auf diesen Theil des Vermächtnisses ihres Kapitains Verzicht zu thun, und kehrten den andern Tag zu ihren jederseitigen Beschäftigungen zurück.

Den 3ten September kam der Gouverneur zu Paratanka an, und brachte einen Offizier mit, den die Russen Proposik*) heißen, und der in England Zolleinnehmer (Collector) oder Ober-Vorsteher (Surveyor) genant wird.

Sie ertheilten Capitain Gore die Nachricht, daß man alle Tage eine Schaluppe von Janeska erwartete, die mit Lebensmitteln und allen Arten von Vorrath zu unsern Gebrauch beladen sei; setzten aber hinzu, daß sie ihrer Sicherheit wegen in Furcht wären, weil die Boote schon seit verschiedenen Tagen ausgeschickt worden wären, um nach ihr zu sehen. Diese Nachricht war von zu viel Wichtigkeit um gering geachtet zu werden, man schickte also am 3ten die Pinnassen und Boote beider Schiffe zu den Eingang der Bay, um der Schaluppe beyzustehen, im Fall sie sie zu Gesicht bekämen.

Sie kam nicht vor den 11. an. Es war ein kleines Schiff von 100 Tonnen, und hatte 2 Kanonen, mit denen sie die Stadt begrüßte, als sie vor Anker kam, welches die Besatzung, die aus einem Unteroffizier und 25 Soldaten bestand, mit einer Salve erwiederte. Sobald sie vor Anker lag, kam der Kapitain zum Gouverneur, um sich Verhaltungsbefehle zu holen, und ging hernach an Bord der Resolution

*) Vermuthlich soll dies Properstschik oder Fähnrich heißen, der aber zugleich das Amt eines Aufsehers über den Zoll mag verwaltet haben. F.

tion. Er ward zum Kommodor geführt, und überreichte ihm das Verzeichniß seiner Ladung; welche zum Theil auch aus Kleidungsstücken und Toback bestand, zwei Dinge die der Schiffsgesellschaft äußerst angenehm waren. Als der Gouverneur seinen Auftrag ausrichtet, und den gesamten Vorrath dem Kapitain überliefert hatte, nahm er Abschied von ihm, und kehrte nach Bolschaia-reka zurück, die Schiffe wurden vorne erleichtet, und ihre Bort aufgehoben, damit die Zimmerleute zu den Lecks kommen könnten. Da die Kapitains und die vornehmsten Offiziers wenig zu ihrer Unterhaltung fanden, machten sie eine Parthie die Wälder zu durchstreichen, um Wildpret aufzusuchen, aber dieses war die schlimmste Jahrszeit zur Jagd. Man hatte ihnen gesagt, daß sie überall in den Wäldern Rennthiere, Wölfe, Füchse, Bieber und Steinböcke antreffen würden; nachdem sie aber zwei Tage und zwei Nächte ausgeblieben waren, und während dieser Zeit verschiedene Stürme ausgestanden hatten, kamen sie sehr ermüdet zurück, ohne ein einziges Thier getödtet zu haben. Die Leute welche man ausgeschickt hatte, um Holz und Wasser zu holen, waren viel glücklicher gewesen.

Sie waren fertig, und konten den Raum anfüllen, sobald das Schiff in die See gelassen wurde. Kurz wir beschleunigten unsere Abreise so sehr als möglich, und waren gegen das Ende des Septembers bereit in die See zu stechen. Man hätte glauben sollen, daß das Vieh mit dem wir jetzt versehen wurden, aus einer andern Gegend gekommen wäre. Die Geschwindigkeit mit welcher jede Pflanze und jedes Thier sein Ansehen in diesem Klima verändert, ist zu den Wundern der Natur zu rechnen.

Den

Den 12ten Junius, als wir den Hafen von Kamschatka verließen, kündigten die Knospen der Bäume, und das hervorsprossende Gras eben die Annäherung des Sommers an, und nun wir zurückgekommen waren, fanden wir zu unserem Erstaunen die Früchte gänzlich reif, und die Erndte in ihrer ganzen Vollkommenheit. Das Vieh welches wir damals bekamen, war nichts als Haut und Knochen; aber das so man uns jetzt schickte, war sett und schön, und würde auch in Smithfield Market in London guten Abgang gefunden haben. Das Gras reichte uns in vielen Oertern bis an die Knie, und das Korn versprach überall wo welches wuchs, die schönste Erndte. Mit einem Wort, das Land welches vorher ein finsteres, unfruchtbares und wüstes Ansehn gehabt hatte, both jetzt den herrlichsten Anblick dar, Herr Nelson sammelte eine Menge seltner Pflanzen in ihrer größten Vollkommenheit.

Während der Zeit, daß unsere Ausbesserungen zu Stande gebracht wurden, und ehe die Schiffe aus dem Hafen liefen, hatten wir Musse, die Stadt an der Küste wo wir zuerst vor Anker kamen, und die Stadt Porratanka wo der Priester lebt, und er die Kirche kriegt abzuzeichnen. Diese Städte haben wohl seit dem sie unter der Bothschaft der Russen stehen, einige Verbesserungen bekommen, sind aber doch noch immer sehr elende Wohnplätze. Ihre Häuser sind auf zwei verschiedene Arten gebaut, (wenn wir das ein Gebäude nennen können,) wovon die Hälfte in die Erde gegraben ist, und die Hälfte auf Stangen ruht; das eine ist ihre Wohnung im Sommer das andere im Winter.

Ihre Wohnart für den Winter machen sie auf folgende Art: Sie graben ein viereckigtes Loch in die Erde, welches ohngefähr fünf oder sechs Schuh hoch ist,

ist, uud daß nach der Anzahl der Personen die darinnen leben sollen, verhältnißmäßig lang und breit ist. An jeder Ecke dieses viereckigten Loches setzen sie einen dicken Pfosten, und in dem Raum zwischen diesen Eck-Pfosten, setzen sie andere in gewissen Entfernungen, und über diese legen sie Balken, welche sie mit Stricken zusammen binden, die sie aus Nesseln auf Art des Hampfes zubereitet, verfertigen. Unter diese legen sie noch andere Balken, wie eine Brücke, und bedecken das Ganze mit Stroh, indem sie nur in der Mitte eine viereckigte Oefnung lassen, die zu gleicher Zeit anstatt Thüre, Fenster, und Rauchfang dient. An der einen Seite dieser Oefnung ist ein Heerd, und gegenüber stellen sie ihr Küchengeräth in Ordnung. An den zwei andern Seiten der Hütte, sind breite Bänke von Erde gemacht, auf jeder von diesen Bänken schläft eine Familie, denn es leben verschiedene Familien in einer jeden solchen Hütte. Um in diese Hütten durch die Oefnung oben hinunter zu steigen, gebrauchen sie eine Leiter, welche aber nicht wie die unserige aus runden Hölzern zwischen zwei Latten gemacht ist, sondern aus kleinen Stückchen Holz besteht, die an einer Planke befestigt sind. Auf diesen Leitern steigen die Weiber mit ihren Kindern auf dem Rücken mit grosser Behendigkeit herauf. Der Rauch in diesen Hütten, würde diejenigen die nicht daran gewohnt wären, blind machen und ersticken, aber den Kamtschadalen verursachte er keine Beschwerde.

Um ihre Sommerhütten, welche sie Balagans nennen, zu machen, setzen sie Pfeiler in die Erde, die ohngefehr 14 Schuh über derselben stehen, und legen Balken darauf, wie bei den vorigen. Auf diesen machen sie einen Boden, und bauen alsdenn ein Dach darüber, das sie mit Gras bedecken. In
diesen

diesen Balagans haben sie zwei Thüren, zu welchen sie vermittelst der oben beschriebenen Leitern hinaufsteigen. Des Winters brauchen sie diese Balagans als Vorrathshäuser, das Dach sichert dies was sie bewahren vor dem Regen, und wenn sie die Leiter wegnehmen, ist es den wilden Thieren und dem Ungeziefer unzugänglich.

Da es Sommer war, wurden wir nicht in ihre Winterwohnungen hinein gelassen; sie waren alle zugemacht, und die Einwohner fanden eben kein Vergnügen daran, uns ihre Armuth vor Augen zu stellen, denn ob sie gleich wenig haben das sie sich rühmen können, besitzen sie dennoch Stolz. Der Hausrath der gemeinen Leute, besteht blos aus einigen Schüsseln, Schalen, Trögen und Kannen; ihre Kannen sind aus Birken Rinde gemacht, und ihr übriges Geräthe aus Holz, welches sie, ehe die Russen Eisen unter ihnen einführten, mit Instrumenten von Stein oder Knochen aushöhlten; aber mit diesen Werkzeugen ging ihre Arbeit sehr langsam und schwer von statten. In ihren Schalen bereiten sie ihr Essen zu, ob gleich sie, da sie von Holz sind, das Feuer nicht vertragen können.

Des Winters sind die Jagd, die Verfertigung der Schlitten, und das Holzholen die Beschäftigung der Männer; und die Weiber weben Netze, und spinnen Zwirn. Des Frühjahrs fangen die Flüsse an aufzuthauen, und die Fische die sich des Winters darinnen aufhielten, schwimmen nun nach der See; die Männer sind deswegen in dieser Jahreszeit mit dem Fischfang beschäftigt, und die Weiber machen die Fische welche sie fangen, ein. Des Sommers bauen die Männer ihre Sommer- und Winterhütten, richten ihre Hunde ab, und machen ihre Hausgeräthe und ihre Waffen; ihre Weiber aber
ver-

verfertigen alle ihre Kleidungsstücke, auch sogar die Schuhe. Ihre Kleider sind meistentheils aus den Fellen der Land- und Seethiere gemacht; gemeiniglich nehmen sie hiezu Seehunde und Seekälber; aber manchmal gebrauchen sie auch Vogelhäute, und sehr oft bestehen ihre Kleider aus den Fellen verschiedener Thiere. Sie tragen gewöhnlich zwei Kleider, das unterste mit der rauhen Seite inwendig, und das oberste mit der rauhen Seite auswendig. Die Weiber haben noch überdem ein Unterkleid, das den Holländischen Schifferhosen ähnlich ist, und mit Bändern bey den Beinen zusammengezogen wird.

Sie sind über alle Vorstellung schmutzig; sie waschen ihr Gesicht und ihre Hände niemals, auch schneiden sie niemals ihre Nägel ab. Sie essen aus den nemlichen Schüsseln mit ihren Hunden, und waschen sie niemals ab. Beide Geschlechter flechten ihr Haar in zwei Locken, welche sie niemals auskämmen; und diejenigen welche kurze Haare haben, gebrauchen falsche Locken. Dieses ist aber nur von ten Kantschadalen zu verstehen, die mehr nach Norden zu wohnen, denn die in den Städten welche wir sahen, hatten ein wenig Reinlichkeit von den Russen gelernt.

Sie sind sehr abergläubig; und die Weiber insbesondere geben vor, das sie Unglücksfälle abwenden, Krankheiten heilen, und zukünftige Begebenheiten vorher sagen können, wenn sie gewisse Zaubersprüche über die Finnen der Fische, mit einem gewissen Kraut vermischt, welches sie mit vieler Mühe des Frühjahrs in den Wäldern sammeln, hermurmeln. Sie geben auch vor, das sie Gutes und Böses aus den Linien der Hand, und aus ihren Träumen, die sie sobald sie aufwachen erzählen, deuten

deuten können. Sie fürchten sich den feuerspeyenden Bergen nahe zu kommen, aus Furcht die unsichtbaren Wesen welche sie bewohnen, mögten ihnen schaden, auch halten sie es für eine Sünde das Wasser der heissen Quellen die es häufig in ihrem Lande giebt zu trinken, oder sich darin zu baden, weil sie vermuthen daß die bösen Geister sie hervorbringen und erhitzen. Man sagt, daß sie ihre Todten niemals begraben; sondern ihnen einen Riemen um den Hals binden, und sie in den nächsten Wald schleppen, wo sie sie zur Speise der Bären, Wölfe und andere Wilden Thiere lassen. Sie glauben, daß diejenigen welche von den Hunden gefressen werden, in der andern Welt mit schönen Hunden fahren werden. Sie werfen alle die Kleider des Verstorbenen weg, weil sie dafür halten, daß diejenigen welche sie tragen vor der Zeit sterben werden.

Wilde Thiere giebt es in diesem Lande in Menge, und sie machen den vornehmsten Reichthum der Einwohner aus; insbesondre trift man eine grosse Anzahl Füchse, Zobel, Stein=Füchse, Hasen, Murmelthiere, Hermeline, Wiesel, Bären, Wölfe, Rennthiere und Steinböcke. Man hat hier eine Art von Wiesel die man Vielfraß heißt, und dessen Fell hier so sehr geschäzt wird, daß sie sagen, die guten Geister sind damit bekleidet. Die Pfoten dieses Thieres sind so weiß wie Schnee, aber die Haare des Leibes sind gelb. Man giebt zuweilen sechszig Rubel für ein Fell, und einen Seebieber für eine einzige Pfote.

Die Einwohner nützen die Bären sehr gut; aus ihren Fellen machen sie ihre Betten, Bettdecken, Mützen, Kragen und Handschuhe; und das Fleisch und Fett ist ihre köstlichste Speise. Die Kamtscha=

dalen an den nördlichen Küsten haben eine besondere Art ihre Speisen zuzubereiten, welche gerade das Gegentheil von der ist, welcher sich die Indianer im Süden bedienen. Dort traten oder dämpften sie alles mit heissen Steinen, die damit in die Erde vergraben werden, wodurch der Geschmack der Speisen viel treflicher wird. Aber hier kochen sie es vermittelst heisser Steine die sie ins Wasser legen, die den Speisen einen faden Geschmack geben. Indeß scheint die nämliche Nothwendigkeit den Völkern des heissen und des kalten Erdstriches diese verschiedenen Mittel eingegeben zu haben: denn beide haben kein Eisen, und müssen sich des Holzes bedienen, welches dem Feuer nicht widerstehen kann. Obgleich sie also die Wirkung des Feuers kannten, so war doch die Anwendung schwer; die Völker des heissen Erdstrichs riefen die Wärme der Erde zu ihrer Hülfe: indeß denen Einwohnern der kalten Himmelsgegenden das Wasser tauglicher dazu schien, da ohnehin in den kalten Ländern häufig heisse Quellen gefunden werden; in Kamtschatka insbesondere giebt es einige die beynahe so heiß als siedendes Wasser sind; sie getrauen sich aber nicht sie zu gebrauchen wie wir schon gesagt haben.

Die Hunde dieses Landes sind unsern Dorfhunden ähnlich, und von verschiedenen Farben. Sie nähren sich vornehmlich von Fischen, und ihre Herren gebrauchen sie ihre Schlitten zu ziehn, statt der Rennthiere oder Pferde.

Die Seen und Teiche wimmeln mit einer Menge verschiedener Amphibien, unter welchen die Seekälber, Seepferde und Seekühe die zahlreichsten und nüzlichsten sind. Aus den Häuten der Seekälber machen sie ihre Kanots, und ihr Fleisch und Fett ist
eine

eine köstliche Speise für sie. Zuweilen werden auch Wallfische ans Ufer geworfen, gewöhnlich aber sind sie verwundet.

Mit den Zähnen und Knochen der Seepferde und Seekühe spitzen sie ihre Pfeile, und andere Waffen zu; und aus ihrem Fett und Trahn machen sie ihr Oel. Sie haben Fisch=Otter in ihren Seen, deren Häute sehr geschäket werden.

Auch Vögel von verschiedenen Gattungen giebt es hier in grosser Menge. Unter andern Seevögeln haben sie den Meertaucher, die Seekrähe, die Grönländische Taube, und den Wasserraben. Sie haben Schweine, Gänse, eilf Gattungen von Enten, und Wasserhühner, Schnepfen und kleine Vögel ohne Zahl. Es giebt hier vier Gattungen Adler; den schwarzen Adler mit einem weissen Kopfe; den weissen Adler, den fleckichten Adler und den braunen Adler. Auch findet man hier Geyer, und unzählige Habichte.

Des Sommers wimmelt das Land mit Insekten, welche sehr beschwerlich sind; es giebt aber hier weder Frösche, Kröten noch Schlangen. Eidechsen sind nicht selten; aber sie glauben, daß diese Thiere Spione sind welche die höllischen Mächte ausschicken um ihr Leben zu untersuchen und ihren Tod vorher zu verkünden, wenn sie also eine sehen, so tödten sie sie und schneiden sie in kleine Stücke, damit sie keine Nachricht zurück bringen möge, die ihnen schädlich seyn könnte.

Die ausserordentliche Aehnlichkeit die zwischen den Kamtschadalen gegen Osten, und den Amerikanern auf der Küste die ihnen gerade gegen über liegt, herscht, ist sehr merkwürdig und verdient die Aufmerksamkeit der Naturforscher. Sie gleichen ihnen

an

an Gestalt, Gewohnheiten, Gebräuchen und Nahrung, sie kleiden sich auf die nämliche Art, und beide Völker schneiden Löcher in ihr Gesicht, in welche sie Knochen wie falsche Zähne einsetzen, wie wir es oben beschrieben haben; auch machen beide ihre Kanots auf dieselbe Art. Sie sind ohngefähr 12 Schuh lang und 2 breit, vornen und hinten zu spitz, und unten flach; sie bestehen aus flachen Stücken Holz, die an beiden Enden zusammen gefügt sind, und in der Mitte durch ein Holz, daß quer über gesteckt wird aus einander gehalten werden, durch dieses schneiden sie ein rundes Loch, welches gerade so groß ist daß ein Mann seine Beine hineinstecken, und sich auf eine Bank die zu dem Ende gemacht ist setzen kann; dieses Gerippe wird mit Fellen von Seekälbern die violet gefärbt sind überzogen, und das Loch wird mit einer losen Haut eingefaßt, welche der Mann wenn er sitzt, fest um seinen Leib zusammen zieht wie die Oefnung eines Beutels; er hat ein Kleid und eine Mütze von den nämlichen Fellen, welche seinen ganzen Leib bedecken, so daß der Mann und sein Boot von einem Stück zu seyn schienen; auf diese Art bekleidet, und umgeben, fürchtet er weder die rauhste See noch das stürmischste Wetter.

Und nun wir die Aehnlichkeit der Einwohner an den entgegengesezten Küsten von Asien und Amerika bemerkt haben; wollen wir diese Gelegenheit wahrnehmen, einen sehr wesentlichen Irthum in der Nachricht die wir von unser Reise in vorigen Jahren gegeben haben, zu verbessern; wir redeten nämlich von den Rußischen Endeckungen, und sagten, daß obgleich die Russen der Meynung wären, daß die Länder getrennt wären, so hätten wir doch, nachdem wir die Straffe von Bering untersucht hätten, gefunden,

daß

daß das feste Land zusammen hing, dieses wird die Leser ohne Zweifel verleitet haben, zu glauben, daß wir behauptet hätten daß die beiden festen Länder von Asien und Amerika zusammen hingen, dieses ist aber nicht der Fall; denn sie sind durch eine Meerenge getrennt, die zwischen zwey Vorgebürgen liegt, welche so nahe sind, daß man wenn man bey heiteren Wetter durchsegelt, sie mit dem blossen Auge auf beiden Seiten sehen kann. Dieser Ausdruck aber ist so zu verstehn. Als Bering seine Entdeckungsreise machte, und längst der Amerikanischen Küste seegelte, entdeckte er einen Sund oder eine Meerenge, und nachdem er durch dieselbe gesegelt war, fand er, daß er in einer grossen Bay war, welche er für ein andres Meer hielt, und glaubte, daß das Land welches er vorbey gesegelt hatte nicht das Amerikanische feste Land sey, sondern eine grosse Insel welche von dem festen Lande durch den eben erwähnten Sund getrennt würde. Diesen Sund also und diese Bay untersuchten wir und fanden, daß das was die Russen irrigerweise für eine Insel gehalten hatten, ein Theil des festen Landes von Amerika ist. Hieraus erhellt, daß ohngeachtet alles dessen was dawider geschrieben worden ist, Bering doch mit Recht Anspruch auf die Ehre machen kann, den ganzen Theil des nordwestlichen festen Landes von Amerika, welches bis jetzo in den Karten als unbekannt bezeichnet worden ist, entdeckt zu haben.

Jezt müssen wir noch eine kurze Beschreibung von der Bay und dem Hafen machen, wo wir unser Schiff ausbesserten; an dem Eingange liegt sie zwischen zwey hohen stumpfen Felsen; an der rechten Seite wenn man hineinläuft ist der Leuchtthurm, dessen wir schon erwähnt haben, und in der Entfernung

nung von ohngefähr 20 Meilen liegt der feuerspeyende Berg, der manchmal zu grossen Schrecken der
Einwohner Flammen und Asche in einer gewissen Weite
auswirft. Die Bay ist ohngefähr 8 Meilen tief,
und liegt von Süd-Osten nach Nord-Westen, und
von Nord-Osten nach Süd-Westen. Des Winters
ist sie unzugänglich wegen des Eises, des Sommers
aber ist sie sehr sicher und bequem.

Der Hafen in welchem wir lagen, um unsere
Schiffe rein zu machen und auszubessern, könte ohne
alle Gefahr 20 Schiffe von der Linie enthalten; denn
er ist rund um, ausser am Eingange, mit hohen Hügeln umgeben. Das Volk ist sehr höflich und dienstfertig, aber ihre Art zu leben hat nicht viel Reize
für den Seefahrer.

Da unsere Schiffe nun wiederum in so gutem
Stande waren, als wir nach der Länge der Reise
die sie gemacht hatten, den rauhen Wetter dem sie
ausgesezt gewesen waren, den ungestümen Meeren
die sie durchstrichen hatten, und den heftigen Stös-
sen des Eises die sie durch und durch erschüttert und
die Planken unten weggerissen hatten erwarten konten, und da wir durch die Großmuth der Kaiserin
von Rußland, und die Sorgfalt, und den guten
Willen ihres Gouverneurs und anderer Officiers,
reichlich mit Provision und allen Arten von Vorrath versehen waren, lichteten wir den 9ten October
1779 die Anker, und verloren den Leuchtthurm bald
aus dem Gesicht.

Wir richteten unsern Lauf südwärts, und waren den 10ten unter dem 52 Grade 36 Minuten
der Breite. Hier hatten wir eine gänzliche Stille,
und waren sehr glücklich im Kabeljaufang. - Das
Thermometer stand auf 52 Grad.

Den

Den 11ten sezten wir unsern Lauf fort, und waren um Mittag unter dem 51 Grade 1 Minute der Breite.

Den 12ten steuerten wir gegen Süd-Westen, und fanden in der Nacht Grund mit 62 Faden, nachdem wir des Nachmittags bey drey kleinen Inseln die gen Westen lagen, vorbey gesegelt waren. Wir waren unter dem 50 Grade 19 Minuten der Breite, und das Thermometer stand auf 48 Grad 53½ Minuten.

Den 13ten waren wir unter dem 50 Grade der Breite, und sezten unsern vorigen Lauf fort.

Den 15ten änderten wir unseren Lauf um einige Inseln aufzusuchen, von denen die Russen sagten, daß sie von Leuten von einer riesenmäßigen Grösse und mit Haaren bedeckt bewohnt wären; die dem ohngeachtet sehr höflich wären, und uns mit Vieh und Schweinen, welche sie in Menge auf ihren Inseln hätten, versehen würden. Diese Inseln konten wir aber nicht finden ob wir sie gleich bis den 19ten suchten. An diesem Tage erhub sich ein Sturm, und wir verloren die Discovery aus dem Gesicht; den folgenden Tag aber sahen wir sie wieder, und sezten unsern vorigen Lauf mit einander fort.

Wir hatten noch immer starken Wind, bis den 22sten da wir unter dem 41 Grade der Breite, und den 149 Grade 20 Minuten der östlichen Länge von London waren. Der Wind welcher den Tag über nachgelassen hatte, bließ wieder frisch um 9 Uhr des Abends, und ward bald so heftig, daß wir genöthigt waren beizulegen, und aus den gewöhnlichen Zeichen und einer Tiefe von 80 Klaftern vermutheten, daß wir nicht weit vom Lande wären.

Den 23ten des Morgens steuerten wir gegen Nord-Nord-Westen, um Land zu suchen, fanden aber keines. Um Mittag waren wir unterm 41 Grade 48 Minuten der Breite und 146 Grad 17 Minuten östlicher Länge. Um zehn des Nachts änderten wir unsern Lauf nach West-Süd-Westen. Den 25ten waren wir nach der (time piece) Längen Uhr unter dem 145 Grad 29 Minuten östlicher Länge. Um drei des Nachmittags trieb ein grosses Stück Holz nordwärts bey uns vorbey.

Und den 26ten des Morgens früh rief der Mann vom Mastkorbe Land, in der Entfernung von 7 oder 8 grossen Seemeilen, gegen O. bei Norden bis N. W. gelegen. Wir sahen also nunmehro Japan vor uns, im 40 Grade Norder Breite, und 140 Grade 17 Minuten östlicher Länge. Das Thermometer stand von 52 bis 55 Grade.

Früh Morgens den 27ten sahen wir ein Schiff dem Anscheine nach sehr groß, welches von dem Lande gerade auf uns zusegelte. Wir räumten das Schiff auf, und machten der Discovery ein Zeichen das nämliche zu thun. Es war ein Schiff mit grossen breiten Segeln, sehr kurz und nach Art der Chinesischen Junken gebauet; wir steckten die Englische Flagge auf, sie segelten aber nach Westen ohne sich aufzuhalten, und wir sezten unsern Lauf auch fort.

Den 28ten sahen wir Land gegen W. N. W. nach S ½ W. ungefähr 6 Seemeilen entfernt. Wir sondirten und fanden 64 Faden, worauf wir nach N. O. bey O. segelten. Breite 39 Grad. Länge 140 Grad. 10 Thermometer 59 und einen halben Grad.

Den 29. richteten wir unsern Lauf S ½ W. Wir bemerkten diesen Morgen wieder ein Schiff, welches nach Osten segelte in einer grossen Entfernung. Wir steckten wie-

wieder die Englische Flagge auf; sie gaben aber nicht Achtung darauf und wir sezten unsern Lauf fort.

Den 30. waren wir im 36 Gr. der Breite, Lauf nach S. W. Thermometer 64½.

Den 31ten sahen wir das Land in einer grossen Entfernung von W. ½ N. nach N. W. sehr hoch liegen. Breite 34 Grad 35 Minuten.

November. Den 1ten segelten wir den ganzen Tag von S. nach S. W. sahen einen hohen Berg, welches ein Volkan zu seyn schien, er war aber sehr weit entfernt. Wir legten das Schiff um und segelten nach Norden.

Den zweiten legten wir wieder um, und segelten nach O. ½ S. Weil das Wasser hier eine milchigte Farbe hatte wurde sondirt, wir fanden aber mit 150 Faden keinen Grund. Breite 36 Grad 30 Minuten. Thermomet. 70½.

Den 3ten war der Wind S. S. O. wir segelten aber immer fort nach Süden; ob wir gleich wenig weiter kamen.

Den 4ten kamen wir schlecht fort, weil der Wind uns entgegen war und gegen Mittag waren wir noch in 35 Grad 19 Minuten. Es war hier eine starke Strömung von S. W. Ther. 72½.

Den 5ten avancirten wir nur zwei Minuten.

Den 6ten wandte sich der Wind nach N. O. wir segelten den ganzen Tag S. bey W. nach S. S. W. Breite 35 Grad 15 Min.

Den 9ten war die See rund um uns mit Bimsstein bedeckt, welcher nach Norden trieb. Wir kamen jezt dem Klima nahe, wo die Bonetos, Albatrossen, Seehunde, Dolphine und fliegende Fische ihren Wohnplatz erwählt haben.

Den 8ten sahen wir Seegraß, Stücke Holz, eine grosse Menge Bimsstein, und andre Kennzeichen des nahen Landes. Noch erblickten wir aber keines; gegen Abend zogen wir unsre Seegel ein.

Den 9ten segelten wir den ganzen Tag S. W. Breite 32 Gr. 18 Min. Ther. 71½.

Den 10ten hatten wir starken Wind aus N. N. W. wir giengen so dicht am Winde als es uns möglich war.

Den 11ten richteten wir unsern Lauf nach S. bey W. Da aber der Wind gegen Abend stärker wurde, giengen wir dicht unter demselben nordwärts.

Den 12ten verstärkte sich der Wind, und wir musten beiliegen mit dem Vordertheile des Schiffes gegen Westen. Die Wellen schlugen stark ins Schiff und der Regen ergoß sich in Strömen.

Den 13ten ließ der Sturm nach: wir segelten den ganzen Tag nach S. S. W. Breite um Mittag aus 25 Grad 56 Min. Länge 140 Grad 18 Minuten.

Den 14ten segelten wir W. S. W. um eilf Vormittags machte die Discovery das Signal daß Land da wäre, welches wir erwiederten. Es lag S. W. und schien ein Volkan zu seyn, aus welchem aller Bimsstein herausgeworfen war, den wir gesehen hatten. Des Nachts sahen wir zwei grosse Flammen aus demselben heraus steigen, welches ein sehr fürchterlicher Anblick war.

Den 15ten verloren wir den Volkan aus dem Gesicht, erblickten aber gegen Abend einen noch schrecklichern. Wir waren jezt 23 Grad 56 Min. der Breite, und 189 Grad 20 Minuten der Länge O. Thermomet. 72½.

Den 16ten segelten wir W. ½ S. frischen Wind aus O. N. O. Um Mittag fanden wir uns im 24 Grad 25 Min. der Breite, indem wir durch die Ab-

wei-

weichungen und Richtung der Strömungen 20 Meilen nach Norden gekommen waren. Länge nach der Uhr 138 Gr. 16 Min. 20 Secunden O. Ther. 75 und ein halber Grad.

Den 17ten früh da wir jezt bey den Wendezirckeln waren und erwarten konnten, daß das Wetter schön bleiben würde, ward es für rathsam befunden unser Tauwerk und Segel zu verändern und die alten hervorzusuchen, indem wir wußten was uns vor unserer Rückkehr nach unserm Vaterlande noch bevorstund; wir machten der Discovery ein Signal recht nach der Gegend der Seite unsers Schiffs sich nach Land umzusehen. Sie fand aber keines, Breite um Mittag 23 Gr. 16 Min.

Den 18ten segelten wir den ganzen Tag mit frischem Winde nach W. S. W.

Den 19ten waren wir im 22 Grade 30 Min. der Breite.

Den 20ten sezten wir unsern Lauf fort, ohne daß etwas bemerkungswürdiges vorfiel.

Den 21. waren wir 21 Grad 42 Min. der Breite, starker Wind und viel Regen.

Den 22. sezten wir unsern Lauf fort. Breite 20 Grad 46 Min.

Den 23. änderten wir unsern Lauf und segelten W. bey N. Breite 21.

Den 24. segelten wir dicht unter dem Winde, nach N. N. W. heftiger Wind aus N. O.

Den 25. nahm der Sturm zu, und wir mußten beidringen mit dem Vordertheil nach Norden. Breite 21. 29.

Den 26. segelten wir den ganzen Tag nach W. S. W.

Den 27. setzten wir denselben Lauf fort, zogen gegen Abend unsre Segel ein, und segelten dicht unter dem Winde N. N. W.

Den 28ten Früh wurden wir sehr erschreckt, da wir einige Brandungen dicht vor uns sahen. Wir machten der Discovery ein Signal, und legten um nach Süden. Um 1 Uhr legten wir das Schiff wieder um, und segelten nach N. W. Um zehen sahen wir Brecher von N. O. nach W. bei O. wovon die nächsten vier Meilen weit ab waren. Wir warfen das Bleiwurf aus, und fanden 54 Faden, und segelten nach W. S. W. indem wir in einer gehörigen Entfernung von den Riefs blieben. Um Mittag wandte sich das S. W endl. nach N. N. W. in einer Entfernung von zwey grossen Seemeilen Breite 22 Grade 30 Min. Länge 135 Grad 17 Min. 23 Secunden. Wir segelten jetzt die ganze Nacht nach N. N W.

Den 29ten erblickten wir eine ganze Flotte kleiner Gefässe, die wir für Fischerböte ansahen. Sie waren in sehr grosser Entfernung, und kein einziges verließ sein Gewerbe, um uns näher zu kommen. Wir waren jetzt nicht mehr als sechs und zwanzig Seemeilen von Macao dem Hafen nach welchen wir segelten, entfernt.

Den 30. legten wir um und segelten, nach Süden, und gegen eilf Uhr rief der Mann im Mastkorbe Land, welches gegen W. ½ S. lag, 3 Seemeilen entfernt. Dies war eine der Nördlichsten der Ladronischen Inseln, und sobald wir nahe genug kamen, löseten wir zwei Kanonen um einen Lootsen zu bekommen, welcher auch sogleich an das Schiff kam. Der Kapitain akkordirte mit ihm für 35 Thaler uns nach Macao zu führen.

Den 1sten December um zwei Uhr Nachmittages kamen wir nach einer Fahrt von 21 Tagen vier Meilen

len vom Hafen vor Anker, wo wir zwei Chinesische Herren trafen, welche uns von dem Kriege mit Frankreich benachrichtigten, und daß eines seiner Majestät Schiffe das Seepferd den Ort um dieselbe Zeit verlassen hätte, da wir Kamtschatka verließen. Um 8 Uhr Abends wurden unsere Böte bemannt, und unser dritter Lieutenant gieng nach der Englischen Faktorey um Neuigkeiten zu erfahren. Gegen 10 Uhr kam er wieder und brachte die Monathsschriften und Zeitungen von den Jahren 1776, 77 und 78, welches die letzten waren die sie empfangen hatten. Er brachte eine Bestätigung des Französischen Krieges, und die Nachricht von der Fortdauer des Amerikanischen; und erzählte uns daß fünf Englische Schiffe jetzt zu Wampu bei Canton in China wären.

Den 2ten Frühmorgens segelten wir ab, und ankerten der Insel gegenüber, wo wir den Gouverneur mit 13 Kanonen begrüßten, und mit einer gleichen Anzahl vom Fort begrüßt wurden. Wir hatten kaum das Anker geworfen, als wir von zwei Engländern besucht wurden, die, nachdem sie erfahren hatten, wer und wo wir gewesen wären, unser Comodore überredeten, unsere jetzige Lage zu verlassen, und die Schiffe in einem sichern Orte, an der Leeseite einer kleinen Insel die ungefehr zwei Meilen entfernt war vor Anker zu bringen.

Es waren jetzt drei Jahre, daß wir in keinen andern Hafen gewesen waren, als wo wir uns durch Zeichen verständlich machen mußten, und ehe es irgend jemand verstattet wurde an Land zu gehen, ließ der Kommodore alle Leute aufs Verdeck rufen, und befahl ihnen ihre Journale zu übergeben, nebst allen Schriften, Bemerkungen und Nachrichten, die sie etwa von den auf dieser Reise vorgefallenen Begebenheiten

heiten gemacht haben könten, indem er sie im Falle der Verhelung mit der strengsten Strafe bedrohete; weil alle diese Journale, Bemerkungen und Schriften die Reise betreffend, versiegelt den Lords von der Admiralität zugeschickt werden sollten. Er verlangte zu gleicher Zeit, daß jede Charte von den Küsten, oder einem Theile der Küsten, oder Zeichnung von irgend einer Seltenheit mit übergeben werden sollte, um zu den Journalen beigefügt zu werden. Alles dieses ward sogleich ausgerichtet, und die Papiere wurden vor dem ganzen Schiffsvolke eingepackt und versiegelt. Die Papiere der höhern Officiere allein, die der geringeren auch allein, und die der Seesoldaten und Matrosen zusammen. Die Böte wurden dann ausgeschickt, um aus Macao Lebensmittel zu holen, welche den andern Tag den Leuten in ganzen Portionen zugetheilt wurden. Ehe aber noch diese Böte zurückkommen konnten, kamen schon andre von der Stadt, welche Rindfleisch, Kalbfleisch und Schweinfleisch, Enten, Gänse, Rüben, Möhren, Citronen, Pomranzen, und alle andre Arten von Lebensmitteln welche die Insel trägt, mitbrachten. Einige dieser Sachen waren zu Geschenken für den Kapitain und die Officiere bestimmt, bei weiten der grössere Theil aber zum Verkauf.

Da wir jetzt in völliger Sicherheit vor Anker waren, war es die erste Sorge des Commodores zu veranstalten, daß die Schiffe eben so sicher nach Hause kämen. Die Nachricht von einem französischen Kriege, beunruhigte uns sehr, weil uns der Befehl, den der König von Frankreich zu unserm Vortheil gegeben hatte, nicht bekannt war. Unsre Schiffe waren zum Kriege schlecht eingerichtet; das hintere und vordere Verdeck, weil es in großer Eile verfertiget worden war, hatte keine Bedeckung für die Officiere

oder

oder Gemeinen; es ward daher für nöthig befunden, die Pfosten und das Geländer zu verstärken, und eine Art von Brustwehr auf beiden Verdecken aufzuführen, welche dem Musketenfeuer widerstehen könnte; und gleichfalls die Kajüte auf dem Fall einer Aktion so viel als möglich zu befestigen. Und da es eingesehen wurde daß beide Schiffe mehr Kanonen führen konnten, wenn nur welche zu haben wären, beschloß unser Kommodore nach Canton zu segeln, welches ihm aber einige Herren von der Englischen Faktorey abriethen.

Diese unternahmen die ganze Sache zu vermitteln, ohne bey den Chinesern einen Verdacht zu erregen, welche sich durch die Erscheinung eines Kriegesschiffes in ihrem Flusse gewiß für beleidiget halten würden und sich dessen Fortgang widersetzen; zugleich erinnerten sie ihn an die Verdrießlichkeiten in welche Kommodore Anson bey einer ähnlichen Gelegenheit verwickelt wurde; und wie sehr diese dem Handel der Gesellschaft noch verschiedene Jahre nachher geschadet hätten. Auf diese Vorstellungen ließ der Kommodore sein Vorhaben fahren, und Kapitain King nebst verschiedenen Officieren ward in einem Schiffe der Compagnie in Begleitung zweier Herren von der Faktorey nach Canton geschickt, um Kanonen und andern Vorrath zu kaufen, der in Macao nicht zu bekommen war.

Den 18ten segelten sie ab, und zu gleicher Zeit kamen zwei Portugiesische Schiffe aus dem Hafen von Macao und ankerten dicht bey uns. Sie waren nach Bengalen und Madras bestimmt, und gaben uns sehr freiwillig einige Stricke zu unserm Tauwerk, Segeltuch und sechszig Faden Kabeltau. Sie vertauschten auch vier kleine Kanonen, und einige Kugeln mit der Discovery gegen ein Anker.

Den

Den 25. feierten wir das Weynachtsfest wie gewöhnlich unter Englischen Matrosen mit Fröhlichkeit und Trinken; und das Vergnügen der Leute ward noch dadurch vermehrt, daß in beiden Schiffen kein einziger Kranker war.

Den 28ten erhielt der Kommodore einen Brief vom Kapitain King, der ihm alle die Unfälle meldete, welche sie auf ihrer Reise gehabt hatten, indem sie zwey Anker und ihr Boot verloren hatten, und verschiedenemale in Gefahr gewesen waren an Land zu laufen; sie waren in Canton nicht vor den 24sten angekommen; hoften aber bald mit den Kanonen und andern Vorrath, welchen sie zu einen hohen Preise behändelt hatten, zurückzukehren.

Zu Canton erfuhren sie auch, daß die Felle welche wir auf den N. Westlichen Continent von Amerika gekaufet hatten, dort beinahe doppelt so viel gölten als zu Kamtschatka.

Früh morgens den 29ten kam eine Spanische Gallion aus Manilla in den Hafen von Macao, von welcher gesagt wurde, daß sie über vier Millionen Thaler an Bord hätte; und ehe wir unsren Ankerplatz verliessen, kam noch eine andre welche noch einmal so viel hatte. Der Spanische Krieg war uns unbekannt, sonst hätten wir von diesen beiden Schiffen eine leichte Beute machen können. Es ist Erstaunend, daß keine von unsern Schiffen je auf diese Schiffe gelauert haben, da ihre Reise jährlich, und ihr Lauf bekannt ist.

Denselben Tag fiel eine Schlägerey zwischen einer Parthie unsrer Matrosen, welche die Erlaubniß hatten an Land zu seyn, und den Leuten in der Stadt vor. In welcher an beiden Seiten verschiedene gefährlich verwundet wurden, und Herrn Burney ersten

ſten Lieutenant der Reſolution ward ein Dolch durch den linken Arm geſtoſſen, indem er verſuchte dem Gemenge ein Ende zu machen= Der Gouverneur ſchickte zu uns für die Beleidigung eine Genugthuung zu fordern, da man aber die Sache unterſuchte, fand es ſich, daß die Stadtleute die Beleidiger geweſen waren. Der Gouverneur machte alſo eine artige Entſchuldigung wegen ſeines Irrthums und die Sache hatte keine ernſthaften Folgen.

Wir wurden jezt täglich von vielen Fremden beſucht, welche neugierig waren Schiffe zu ſehen, welche ſo viele Jahre auf Entdeckungen geweſen waren; und jeder wünſchte ſo viel als möglich von unſerm Laufe zu erfahren, welches uns aber zu entdecken verbothen war. Unter andern kamen zwey franzöſiſche Spions, wie wir uns einbildeten; da wir ſie aber keiner ſträflichen Handlung beſchuldigen konten, ward ihnen geſtattet ruhig fortzugehn. Der Verdacht kam von einigen unſrer Leute, welche ſie genau beobachtet hatten, und alsdenn darauf befunden, daß ſie ehmals mit ihnen in franzöſiſchen Dienſten geweſen wären.

Bis zum 8ten Jan. fiel nichts merkwürdiges vor, da Kapitain King mit den Officieren welche ihn begleitet hatten in dem Schiffe der Kompagnie zurück kam, und die Kanonen, Ammunition und andren Vorrath mitbrachte. Sobald dieſe Sachen eingeſchiffet waren blieb uns nichts zu thun übrig, als den lebendigen Viehvorrath, welchen die Kapitains für ſich gekauft hatten, nebſt neun Stück Vieh die unterweges zum Gebrauch der Leute, weil unſer Rind und Schweinfleiſch aus Engelland beinahe unbrauchbar geworden war, geſchlachtet werden ſollten, an Bord zu bringen. Lebensmittel von allen Arten waren

ren hier sehr theuer und sehr schlecht. Wir wurden aber dadurch schadlos gehalten, daß sie uns unsre Bieberfelle, auf die sie einen grossen Werth sezten, sehr gut bezahlten,

Den 11ten Januar lichteten wir die Anker und da der Wind gut war, so konten wir gut absegeln. Allein da gegen Abend der Wind sich legte, warfen wir die Anker. In der Nacht lief der Quartiermeister John Cave und Robert Spencer mit dem grösseren Boote davon.

Den 12ten brachten wir den ganzen Tag zu, mit unsern, obwohl vergeblichen Bemühungen, sie wieder zu bekommen.

Den 13ten gingen wir bei dem Forte vorbei, und begrüßten es mit 13 Kanonen, welche sie mit derselben Zahl beantworteten.

Den übrigen Theil der Reise sahen wir alle an als eine gebähnte Landstrasse, die allen bekannt ist. Dies wird uns auch der Mühe überheben den Lesern, irgend etwas mehr, als blos die allerwichtigsten Vorfälle noch anzumerken. Alle waren voll Freude und guten Muthes, weil sie nach einigen wenigen Monaten die Hoffnung hatten wieder ihr Vaterland zu sehen.

Am 20sten erblickten wir eine kleine Gruppe von Inseln, die unter dem Namen Pulo Kondor bekannt genung sind, im 8ten Grade 4 Minuten nördlicher Breite. Wir anketten nahe bei einer derselben, und fanden sie bewohnet. Wir versorgten uns hier mit Holz und Wasser, und die Zimmerleute fälleten einige grosse Bäume, die nachgehends an Bord zu Planken zersägt wurden. Das Holz auf der Insel besteht vornämlich in Zedern, Eisenholz, Manglebäumen, Manschenillenbäumen und

Buchs-

Buchsbaum. Einige wilde Muskatennußbäume, die eine Frucht ohne Geruch und Geschmack tragen, wachsen hier. Da unsre Herren dem Wilde auf der Jagd nachsezten, davon hier eine grosse Menge war, stiessen sie auf eine Parthei der Eingebohrnen, deren einer sie bis zum Schiffe begleitete. Wir gaben ihm zu verstehen, daß wir Lebensmittel brauchten und da er uns nur auf eine kurze Zeit verlassen hatte, kamen schon mehr als 20 Boote mit Früchten, Hühnern und andern Lebensmitteln um die Insel herum gefahren. Sie vertauschten dieselbe gegen alles was wir ihnen anboten, ob sie gleich nicht ganz mit dem Gebrauche des Geldes unbekannt waren. Denn da wir erfuhren, daß Büffelochsen auf der Insel zu haben wären, so kauften wir sieben, davon drey sehr groß waren, das Stück zu vier harten Spanischen Thalern. Wir fanden hier auch die Kohlpalme und andere saftige Küchengewächse, welche unsere Leute, ohne lange um Erlaubniß zu fragen, gebrauchten.

Den 28sten lichteten wir die Anker.

Den 31sten sahen wir die Insel Banka und gingen durch die darnach genannte Strasse.

Den 5ten Februar sahen wir Sumatra, und am 7ten die Insel Java, woselbst wir zwei Schiffe entdeckt. Wir gaben der Discovery das Signal sich zum Gefechte zu bereiten, und wir hißten die Englischen Flaggen auf. Nach einiger Zeit zeigten die Schiffe die Holländische. Wir schickten unser Boot an Bord und erhielten die erste Nachricht vom Spanischen Kriege. Wir sezten unsre Reise fort.

Am 11ten erblickten wir die Insel Kokoterra. Hier befiel verschiedene vom Schiffsvolke der Blutfluß. Wir sahen den 13ten Prinzen Eiland, und den 15ten
liefen

liefen wir in die Bay ein. Wir kauften Seeschild́-
kröten, Hüner, und kleine Rehe: und versorgten uns
mit Kokonüssen, Pisangs und andern Gewächsen, und
nachdem wir uns hinlänglich mit frischem Wasser versehen, so segelten wir den 18ten ab, und richteten unseren Lauf nach dem Vorgebürge der guten Hofnung,
woselbst wir in Falsebay den 12ten April einliefen.
Wir begrüsten das Fort, und hatten kaum das Anker-
fallen lassen, als der Gouverneur mit einem grossen
Pakete Briefen ankam, das schon seit dem Anfange
von 1779 daselbst gelegen hatte. Wir trugen Sorge
daß unsere Kranke ans Land gebracht wurden, besser-
ten das Schiff aus, nahmen Holz und Wasser ein

Den 29. nachdem sich unsere 16 am Blutflusse
krank gewesene gänzlich erholt hatten, alle Lebensmittel eingeschifft, die Verbesserungen beendiget, und alles beinahe bereit war, erfuhren wir, daß in der Tafel Bay die Fregatte Sibbald in 10 Wochen von
Plymouth angekommen wäre, und uns sowohl, als
auch den Ostindischen Schiffen, Verhaltungsbefehle
mitgebracht hätte, und gleich zurücke kehren sollte.
Wir schickten also Herrn Portlock Piloten Gehülfen
mit den Briefschaften ab.

Sie ging auch sogleich den 30ten in See.

Wir aber thaten es erst den 7ten May.

Am 19. Junius gingen wir über die Mittagslinie,
und sahen in nicht gar grosser Entfernung eine Wind-
hose.

Den 22. August erblickten wir Land, und liefen in
Stromneß einer der Orkadischen Inseln ein.

Den 20 September ging Kapitain King von der
Discovery, nebst dem Astronomen Herrn Bailey, und
dem Mahler Herrn Weber nach Schottland über, um
von da nach London zu gehen, und Herr Burney, erster
Lieute-

Lieutenant der Discovery, übernahm auf derselben das Kommando.

Den 4. Oktober langten wir beim Nore, im Ausfluß der Themse, an, und den 6ten ankerten wir gegenüber Deptford, nachdem wir 4 Jahre 3 Monathe und 2 Tage abwesend gewesen.

Es sind auf der Resolution Kapitain Cook nebst 5 Mann auf Owhaihi erschlagen worden. Zwei Leute ertrunken, und einer ward im Sturme gegen den Mast zu tode gequetscht. Auf der Resolution starben ausser dem Kapitain Klerke, und dem Oberwundarzte Anderson, noch 5 Mann, durch Krankheit. Auf der Discovery starb keiner. In allem sind nebst den beiden Kapitains 16 Menschen umgekommen. Merkwürdig ist es, daß durch den langen Aufenthalt zu Stromneß, wir auf der Reise nach der Themse, noch zwey Mann durch Krankheiten verlohren. Uberhaupt aber hat keine allgemeine Krankheit auf beiden Schiffen geherrschet.